Hermann Schlüter

Das Handbuch der Rhetorik

Hermann Schlüter

Das Handbuch der Rhetorik

Geschichte, Technik
und Praxis der Redekunst

Anaconda

Titel der Originalausgabe: Grundkurs der Rhetorik
© 1974 Deutscher Taschenbuch Verlag GmbH & Co. KG, München

Die Deutsche Bibliothek verzeichnet diese Publikation in der
Deutschen Nationalbibliographie; detaillierte bibliographische
Daten sind im Internet unter http://dnb.ddb.de abrufbar.

© 2006 Anaconda Verlag GmbH, Köln
Alle Rechte vorbehalten.
Umschlagmotiv und Gestaltung: dyadesign, Düsseldorf, www.dya.de
Printed in Czech Republic 2006
ISBN 3-938484-81-0
info@anaconda-verlag.de

Inhalt

Seit einiger Zeit begegnet man in weiten Kreisen einem zunehmenden Interesse für Rhetorik. Dieses Interesse stößt jedoch auf Schwierigkeiten: es fehlen geeignete Beispiele, und es fehlt an zugänglichen Einführungen in die Rhetorik-Theorie. In Lehrbüchern der Rhetorik findet man nur kurze Redeausschnitte, und die greifbaren Sammlungen von Reden sind alle unter historischem Aspekt zusammengestellt worden. In diesem Band wurde daher erstmals wieder eine größere Anzahl vollständiger Reden nach rein rhetorischen Kriterien vereinigt. Die Sammlung enthält Texte aus verschiedenen Jahrhunderten, verschiedenen Kulturen und aus allen Bereichen rhetorischer Rede. Es sind Plädoyers, Manifeste, Predigten, Parlamentsreden, Bittschriften und Werbetexte.

Die Rhetorik-Theorie ist deshalb so schwer zugänglich, weil sie an die zweitausend Jahre alt ist. Während der griechischen und römischen Antike haben mehr als dreißig Generationen von Philosophen, hervorragenden Anwälten und Politikern das Geheimnis der Redewirkung zu ergründen gesucht. Die Ergebnisse dieser gewaltigen Forschungsarbeit wurden von Quintilian (30–ca. 60 n. Chr.) und anderen systematisch geordnet und in umfangreichen Lehrbüchern der Nachwelt überliefert. Diese Lehrbücher und die ganze antike Rhetorik-Theorie sind nur Spezialisten zugänglich.

Das wurde auch nicht viel anders, als vor einigen Jahren der Romanist Heinrich Lausberg ein zweibändiges ›Handbuch der literarischen Rhetorik‹ vorlegte, in dem er einen Abriß der antiken Rhetoriksysteme vermittelte. Lausbergs Werk ist eine hervorragende wissenschaftliche Leistung und eine reiche Fundgrube – doch sie ist sogar für den Germanistikstudenten ein schwerer Brocken. Man verliert sich leicht in den Verästelungen des komplizierten Systemgefüges, erkennt nur schwer, welche Redefiguren die wichtigsten sind und worin ihre eigentliche Leistung besteht. Auch muß man sich mit griechischen, lateinischen und einigen französischen Beispielen zufriedengeben.

Nun hat es zwar neben den gelehrten Handbüchern immer wieder praktische Ratgeber der Redekunst gegeben – sehr empfehlenswert ist Heinz Lemmermanns ›Lehrbuch der

Rhetorik‹ –, und solche Ratgeber zeigen auch in übersichtlicher Weise die Wirkung der wichtigsten rhetorischen Techniken und liefern auch moderne Beispielsammlungen dazu – sie haben aber naturgemäß den Nachteil, daß sie keine Einsicht in die systematischen Zusammenhänge und in die Grundlagen rhetorischer Wirkung vermitteln.

Die vorliegende Einführung ist eine Art Kompromiß. Sie vereinfacht, setzt Akzente, bemüht sich aber gleichzeitig um eine systematische Darstellung und um eine Erklärung des Phänomens. Wo vom antiken System die Rede ist, fußt die Darstellung auf Lausbergs ›Handbuch‹. Nur jene Stilfiguren wurden aufgeführt, die vom modernen Standpunkt aus als wesentlich erscheinen. Die systematische Anordnung beruht auf einem genetischen Prinzip: es wurde von der Frage ausgegangen, auf welche Weise rhetorische Figuren überhaupt zustande kommen. Dabei zeigte sich, daß es gewisse Grundmöglichkeiten gibt, in wirksamer Weise von den Regeln korrekten Sprechens abzuweichen. Der systematischen Darstellung der Stilfiguren folgen ein Versuch über die von der klassischen Rhetorik stiefmütterlich behandelte Argumentationstheorie (Dialektik) und ein Kapitel über Werbung. Auf diese Weise soll dem Leser nicht nur ein Einblick in moderne Forschungsbereiche gegeben werden. Er soll auch sehen, daß es in der Rhetorik neben zweitausend Jahre alten Rezepten noch viele offene Fragen gibt.

Bis vor wenigen Jahren haftete der Redekunst etwas Schmutziges und Verbotenes an. Das Wort »rhetorisch« tauchte nur noch in abwertender Bedeutung auf: man sprach von »rhetorischen Fragen« und meinte Fragen, die keine echten sind. Man sagte etwas von »reiner Rhetorik« und meinte hohles Pathos, leeres Gerede, Schönrednerei, sprachliche Spiegelfechtereien. Zwar gibt es nun seit einigen Jahren auch bei uns in Deutschland wieder einige wenige Lehrstühle und -aufträge für Rhetorik. Doch was ist das im Vergleich zu der Bedeutung, die der Rhetorik etwa an amerikanischen Universitäten traditionsgemäß zukommt?

Wenn gerade im deutschen Sprachbereich ein so starkes Mißtrauen gegen die Rhetorik besteht, so hat das gewisse Gründe. Der Mißbrauch, den Demagogen der Wilhelminischen Ära und des Dritten Reichs mit der Redekunst getrieben haben, die tödliche Verführung, die von einer zentral gelenkten Massenpropaganda ausging, haben einen tiefen Schock hinterlassen. In der Folge schlug das Pendel in die andere Richtung aus. Während der zwanziger Jahre suchte Bertolt Brecht seinen Stil der »neuen Sachlichkeit«. Und nach dem Zweiten Weltkrieg entstand ein Stil der Untertreibung (understatement), der Abstraktion, der »Eigentlichkeit«. Man hoffte, auf diese Weise das Rhetorische ein für alle Mal loszuwerden. Heute wissen wir, daß es ein Pathos der Untertreibung gibt, daß auch das »Eigentliche« rasch zum Jargon werden kann. Man wird die Rhetorik also offenbar nicht los. Ist es da nicht sinnvoller, sie als Gegebenheit des gesellschaftlichen Lebens anzuerkennen und sie zu beherrschen, indem man sie begreift?

Dem Verständnis der Rhetorik stehen aber noch andere Hindernisse im Weg. Da ist vor allem die uns seit der Goethezeit anerzogene Verachtung der Redekunst überhaupt. Seit der zweiten Hälfte des 18. Jahrhunderts, seit der »Geniezeit«, hat sich die Überzeugung festgesetzt, daß die »natürlichen« Kräfte höher einzuschätzen sind als die künstlich und durch Regelverständnis erworbenen. Goethe glaubte, daß die starke Wirkung einer Rede immer nur der ehrlichen Begeisterung des Redners und der suggestiven Kraft einer unmittelbar sich aussprechenden Innerlichkeit zuzuschreiben sei. So kann man in Goethes ›Faust‹ lesen:

Wenn ihrs nicht fühlt, ihr werdets nicht erjagen,
Wenn es nicht aus der Seele dringt
Und mit urkräftigem Behagen
Die Herzen aller Hörer zwingt.

Sei er kein schellenlauter Tor:
Es trägt Verstand und rechter Sinn
Mit wenig Kunst sich selber vor.

Diese Form der Kritik an der Redekunst ist so alt wie die Redekunst selbst. Von Cato dem Älteren, einem der bedeutendsten Redner und Staatsmänner der römischen Republik, wird überliefert, daß er die Techniken der eingewanderten griechischen Redelehrer verachtete und seinen Schülern riet: »rem tene – verba sequentur« (faß nur klar, worum es geht – dann werden dir die Worte von selbst zufließen). Nun stimmt zwar, daß man dem blumigen und kunstbewußten Redestil gewöhnlich dort begegnet, wo es weniger um die Sache als um das Vergnügen an der literarisch-theatralischen Virtuosenleistung geht. Andererseits war aber natürlich auch Cato in seinen Reden auf Wirkung bedacht. Daß auch der junge Goethe die Mittel wirksamer Rede kunstvoll einzusetzen wußte, zeigen seine Rede ›Zum Schäkespears Tag‹ und sein ›Prometheus‹. Zwar muß zugestanden werden, daß ein von seinem Ziel begeisterter, mit natürlicher sprachlich-dramatischer Begabung ausgestatteter Mensch auch ohne Studium der rhetorischen Regellehre zum großen Redner werden kann. Auch wird eine Rede, die nur vom Kunstverstand aufgebaut wurde, notwendigerweise mittelmäßig bleiben. Andererseits aber stimmt keineswegs, daß, wie Cato und Goethe behaupten, die Wörter »von selbst« kommen. Gute Vorbilder und Übung sind notwendige Voraussetzungen für Erfolge. Geschadet hat die Kenntnis der rhetorischen Techniken sicherlich nie. Und vor allem: Wer ihnen verächtlich den Rücken kehrt, wird vermutlich ihr erstes Opfer.

Die Redekunst muß noch gegen eine dritte Kritik verteidigt werden: Seit dem Auftreten der ersten geschulten Redner in Griechenland, den sogenannten »Sophisten«, ist der Vorwurf nicht mehr verstummt, daß der Redner nichts anderes sei als ein geschickter Lügner und Verführer, daß »gut« reden nichts anderes bedeute als Begriffsverwirrung und Sinnbetörung. Rousseau hat fast zweitausend Jahre später diese These noch vehementer verfochten als alle seine Vorgänger; er behauptete, alle Kunst, besonders aber die Rede- und Bühnenkunst, sei nichts als Lüge. Jede geplante, vom Kunstverstand überwachte Wirkung sei Betrug; mit der Kunst sei die Verstellung in die Welt gekommen; Wahrheit und Aufrichtigkeit finde sich nur in der spontanen Äußerung des Gefühls. Auf die verfängliche Frage, wie sich denn die ungeheure Wirkung seiner eigenen Schriften erkläre, weshalb man ihn denn in ganz Europa als Magier der Rede fürchte und bewundere, pflegte Rousseau zu antworten, diese Wirkungen seien nicht irgendeiner Sprach-kunst, sondern nur dem »accent de vérité«, dem »Brustton der Überzeugung«, in seinen Schriften zuzuschreiben. Er überzeuge, weil er die Wahrheit verkünde und aufrichtig sei. Daß er stark von der Lektüre heroisch-empfindsamer Romane und vom Pathos der berühmten Reden des Hofpredigers Bossuet beein-flußt war, war ihm nicht bewußt. Daß er an seinen Texten solange herumkorrigierte, bis ihm beim Lesen selbst Tränen der Rührung oder der Empörung kamen, verschwieg er (vgl. das 9. Buch der ›Bekenntnisse‹). Rousseaus Freund, der nüch-terne Diderot, vertrat die entgegengesetzte These. In seiner Schrift ›Le paradoxe sur le comédien‹ behauptet er, die Wir-kung einer Rede oder einer Rolle sei um so größer, je kälter der Redner und Schauspieler dabei sei, je besser er seine Effekte kenne und je besonnener er sie einsetze.

Weder Rousseau noch Diderot haben recht. Die Wahrheit liegt in der Mitte: Ohne ehrliche Überzeugung, ohne Begeiste-rung für eine Sache ist sicher keine durchschlagende Redewir-kung zu erreichen. Andererseits wäre es naiv zu glauben, daß dem Begeisterten die Worte von selbst zuströmten. Gerade wenn man begeistert ist, fehlen einem ja bekanntlich oft die Worte. Begeisterung kann beflügeln, aber sie kann auch läh-men. Außerdem ist Mitteilung etwas Mittelbares, gebunden an eine Zeichenkonvention, an einen Code. Das Publikum erlebt von außen, aus der Distanz. Es versteht die Zeichen (Wörter, Gesten) nicht so, wie sie gemeint sind, sondern so, wie sie ihm erscheinen. Die Welt der Zeichen ist eine Welt der Konvention. Es gibt keine unmittelbare Äußerung, es gibt kein »Zungen-reden«. Man kann also nur dann sicher sein, daß man beim Publikum »ankommt«, wenn man auf Grund von Erfahrungen die Wirkung aller zur Verfügung stehenden Zeichen und Effekte genau kennt und sie gezielt einsetzt. Wir müssen uns damit abfinden, daß wir den Gesetzen des Scheins unterworfen sind. Uns bleibt nur übrig, diese Gesetze kennen und beherrschen zu lernen.

Ebenfalls abfinden muß man sich mit der Tatsache, daß alle Rede, die auf Wirkung und nicht bloß auf Information bedacht ist, darauf abzielt, einen Parteistandpunkt durchzusetzen. Rede im engeren Sinn ist immer Parteirede. Und gerade wenn der Redner von der Richtigkeit seines Standpunkts überzeugt ist, wird er sich nicht scheuen, alle Mittel der Überredung einzusetzen, um die Hörer zu ihrem Glück zu zwingen. Man pflegt in solchen Fällen oft zu sagen, daß die Machtmittel der Rede »mißbraucht« werden. Was heißt hier aber »mißbrauchen«?

Soll es heißen, daß der Redner ein Ziel anpreist, an das er selbst nicht glaubt, daß er Empfindungen vortäuscht, die er nicht hat? Wenn Rousseau mit seiner These vom »accent de vérité« auch nur halbwegs recht hat, dann wären Redner dieses Schlages ungefährlich, weil sie nie wirklich mitreißen könnten. Und Hitler? Und Bonaparte? wird man einwenden. So schockierend es auch klingen mag: wir müssen uns mit dem Gedanken vertraut machen, daß es auch bei ihnen unter anderem der »accent de vérité« war, der sie zu Volksverführern machte. Natürlich werden von allen Demagogen gewisse Triebe, Vorurteile des Volks bewußt ausgenützt und einbezogen. Aber hätten Napoleon und Hitler nicht fanatisch an ihre Sache geglaubt, hätten sie nicht so überzeugen können. Der eigentliche »Mißbrauch« liegt also wohl darin, daß ein Redner an die falsche Sache glaubt und sein Publikum ins Unglück stürzt.

Quintilian, der letzte große Redetheoretiker der Antike, definierte den Redner als einen »guten Menschen, der in der Redekunst erfahren ist« (vir bonus dicendi experitus). Auch Quintilian meinte mit »gut« nicht nur, daß der Redner nach bestem Wissen und Gewissen um das Gemeinwohl besorgt sein muß. Um »gut« zu sein, muß ein Redner außerdem noch genügend staatsmännische Erfahrung und philosophische Weisheit besitzen, um das Rechte zu erkennen,

Zur Ehrlichkeit, zum Verantwortungsbewußtsein müßten also auch Intelligenz und Erfahrung treten, ehe man jemandem das Recht geben dürfte, in der Öffentlichkeit für eine Sache Partei zu ergreifen. (Schiller und Goethe haben übrigens ähnliche ideale Forderungen an den Dichter gestellt.)

Da »Mißbrauch« also ein durchaus relativer Begriff ist, da wir nicht Unfehlbarkeit fordern können, sondern höchstens

Ehrlichkeit, da wir nicht hoffen können, daß unsere Politiker das Ideal des »vir bonus« erfüllen, bleibt uns nur eins übrig: wir müssen ihnen auf die Finger schauen. Und wir müssen unseren eigenen Standpunkt mit gleicher Kraft verteidigen. Das können wir nur, wenn wir die stilistischen und argumentatorischen Techniken beherrschen. Nur dann können wir auch, wenn jemand faule Tricks benützt, ihm nötigenfalls mit gleicher Münze heimzahlen. Es gibt Situationen, wo man den Gegner nur noch mit dessen eigenen Waffen schlagen kann.

Das hat sogar Augustinus eingeräumt. Er ermahnte die christlichen Prediger, rhetorische Techniken nicht zu verachten und sich mit ihrer Hilfe gegen falsche Propheten zur Wehr zu setzen. Denn auch die Wahrheit setze sich nicht von selbst durch: »Es ist wahr, daß die Kunst der Rhetorik dazu verwendet wird, um ebensowohl Wahrheit wie Falschheit zu empfehlen. Aber wer möchte zu sagen wagen, daß die Wahrheit in den Händen ihrer Vorkämpfer schutzlos bleiben sollte?«

Solche und ähnliche Überlegungen mögen dazu beigetragen haben, daß man sich in den letzten Jahren wieder ernsthafter mit der Redekunst beschäftigte. Die entscheidenden Anstöße kamen aber wohl aus anderer Richtung.

Da ist vor allem die moderne Wirtschaftswerbung, in deren immer raffinierter gemachten Texten fast alle Kniffe wieder auftauchen, auf die schon vor zweitausend Jahren in antiken Rednerschulen und Lehrbüchern hingewiesen wurde. Mit der wissenschaftlichen Untersuchung dieser Werbetechniken wäre man sicher rascher vorangekommen, wenn man sich rechtzeitig dieser alten Lehren der Rhetorik erinnert hätte.

Wichtig war auch die Wiedergeburt der freien politischen Meinungsäußerung nach dem Krieg, vor allem soweit sie, etwa bei der »außerparlamentarischen Opposition«, agitatorische, kämpferische Formen annahm. Ein beredtes Beispiel dafür ist der ›Offene Brief‹ des SDS an die Parteien des Deutschen Bundestages.

Eine wichtige Rolle spielte natürlich auch das Fernsehen. Als im 19. Jahrhundert die Presse an Bedeutung gewann (Erfindung der Rotationspresse), reduzierte sich die Redekunst auf jene Wirkungen, die im schriftlichen Text übertragbar sind. Die Bedeutung von Mimik, Gestik und Intonation ging vorübergehend verloren. Erst mit dem Radio wurde der Rede das musikalische Element zurückgewonnen; mit dem Fernsehen ist nun auch das optisch-szenische Element zurückgekehrt. Ein Politiker, der auf dem Bildschirm erscheint, muß sich ähnlich geschickt in Szene setzen wie einst Cicero auf dem römischen Marktplatz. Vielleicht wird es nicht mehr lange dauern, und unsere Politiker werden wieder, wie Cicero, in Redner- und Schauspielschulen Unterricht nehmen müssen. Es ist sicher kein Zufall, daß in den letzten Jahren in den USA der ehemalige Schauspieler Ronald Reagan politische Karriere machte.

Trotz seiner Abneigung gegen den Begriff »Rhetorik« hat im Grunde auch der moderne Deutschunterricht zur Renaissance der Redekunst beigetragen. An die Stelle des Geniekults ist eine handwerklichere Einstellung zum Sprachkunstwerk getreten. Es ist nicht mehr respektlos, bei der Erklärung von gewissen Sprachwirkungen von Kunstverstand, ja sogar von Technik und Trick zu sprechen. Das hängt wohl auch damit zusammen, daß man den Deutschunterricht von der Pflege der Tradition weg auf einen pragmatischeren Kurs zu legen beginnt. Die Schüler sollen nicht mehr nur in die Welt unserer »Dichter und Denker«, sondern vermehrt in die Techniken prägnanter, eindringlicher Formulierung, zwingender Argumentation und geschickter Komposition eingeführt werden. Die Werke der Dichter und Denker können dabei, wie in der Antike, als Beispiele dienen, gemeinsam mit Werbetexten, Parlamentsreden und anderen Formen der Gebrauchsprosa. Ganz im Sinn der alten Rhetoriübungen ist es auch, wenn man neben dem Aufsatz (einer klassischen Schulrhetorik-Übung!) wieder vermehrt Kürzungs-, Erweiterungs-, Transformations- und Imitationsübungen durchführt. Alle diese Übungen finden sich schon bei Quintilian!

Obwohl man also mit Recht eine gewisse Renaissance der Rhetorik erwarten kann, wird sie wohl nie wieder jene Macht und Bedeutung zurückgewinnen, die sie in ihrer Blütezeit, in der Zeit der griechischen und römischen Antike, genoß. Damals, aber auch noch im Mittelalter, ja bis ins Barockzeitalter hinein beruhten Bildung und beruflicher Erfolg des Mannes von Welt auf der rhetorischen Schulung. Jahrhundertelang war die Rhetorik die wichtigste der »artes liberales«; sie war jene »freie Kunst«, die zur Ausbildung aller Juristen, Diplomaten, Politiker, Verwaltungsbeamten, ja sogar der Prediger gehörte. Die Rhetorik war ein Sammelbecken nicht nur aller stilistischen und dialektischen Fertigkeiten, sondern auch aller psychologischen und historischen Kenntnisse jener Zeit.

In einer Zeit, als die Naturwissenschaften noch in den Anfängen steckten, wo Mathematik und Physik als brotlose Künste galten, wo Medizin allenfalls ein bürgerliches Auskommen garantierte, war die Rhetorik *das* Studium, da es den Weg zu höchsten Staatsämtern und zu politischer Macht öffnete. Vor allem in Krisenzeiten, wenn die politische Macht nicht mehr fest in den Händen eines Mannes oder einer Partei, sondern in den Händen aufgebrachter, verängstigter Volksmassen lag, standen dem geschickten Redner ungeahnte Möglichkeiten offen. Und er hatte, verglichen mit den Demagogen unserer Tage, ein verhältnismäßig leichtes Spiel, denn das allgemeine Bildungsniveau war niedrig, das kritische Vermögen der Menge gering. Dazu kam das ungestillte Schaubedürfnis von Menschen, für die es weder Illustrierte noch Film, ja kaum einmal echtes Theater gab. Auch die besonderen politischen Einrichtungen jener Zeit – Gerichtsentscheide durch eine große Zahl meist unerfahrener Schöffen, politische Entscheidungen im Direktverfahren – begünstigten das Geschäft des Redners.

Die Glanzzeiten der Redekunst waren meist Perioden innenpolitischer Machtkämpfe im Rahmen einer Verfassung, die die freie Meinungsäußerung garantierte. Die Geschichte der Rhetorik folgt daher der Geschichte der Republik. Die ersten Zeugnisse für die Existenz von Redeschulen und wissenschaftliche Beschäftigung mit der Rede stammen aus dem Sizilien des

5. Jahrhunderts vor Christus. Damals waren gerade die Alleinherrscher vertrieben und die Republik wieder aufgerichtet worden. Es gab zahllose Wiedergutmachungsprozesse zugunsten der Opfer der Diktatur, Strafprozesse gegen ihre Anhänger. Geschickte Anwälte erhielten dadurch Gelegenheit zu großen öffentlichen Auftritten. (Vgl. zu diesen historischen Zusammenhängen das Werk von M. L. Clarke ›Die Rhetorik bei den Römern‹.) Sie kamen rasch zu Ansehen, Reichtum und politischer Macht. Denn von der Anwaltskanzlei auf die politische Bühne war es unter solchen Bedingungen nur ein kleiner Schritt. Erstmals zeigte sich, daß berühmte Anwälte in Krisenzeiten leicht zu Partei und Volks(ver)führern (Demagogen) werden: In Athen Demosthenes, in Rom Cicero, in der Französischen Revolution Danton, Vergniaud, Saint-Just, Robespierre u. a.

Zu Reichtum und Einfluß kamen auch die Direktoren der Rednerschulen. Der Privatlehrer von Demosthenes soll ein Jahresgehalt von umgerechnet etwa 50 000 DM bezogen haben, Isokrates, einer der berühmtesten Redelehrer, soll zeitweise bis zu 100 Schüler gleichzeitig ausgebildet und von jedem ein Schulgeld von 1000 Drachmen genommen haben, was einem Jahreseinkommen von 500 000 DM entspräche. Wie hoch der Propagandawert einer guten Rede damals eingeschätzt wurde, zeigt die Anekdote, daß der gleiche Isokrates für eine kurze und nach heutigem Geschmack eher kitschige Lobrede auf die Tyrannis und die »Pflicht des Untertanen zum Gehorsam« 20 Talente (das wäre der Gegenwert von mehr als 100 kg Silber) erhielt.

Die sizilische Redekunst hat sich schnell über Griechenland verbreitet. In Athen bildete sich ein eigener, weniger blumiger und pathetischer Stil aus. Noch Cicero scheint die Vor- und Nachteile des »attischen« (klassisch-gemäßigten) und des »asianischen« (barock-affektischen) Stils gegeneinander abgewogen und sich dann für eine der sizilischen Redeschulen entschieden zu haben. Man sagt denn auch Cicero einen asianischen, Caesar hingegen beispielsweise einen attischen Stil nach. Ein Beispiel des attischen Stils ist in der vorliegenden Sammlung die Rede des Perikles für die Gefallenen. Ihr rhetorisches Raffinement liegt weit mehr in Psychologie und Dialektik als in stilistischen Effekten. Er verachtet, wie er selbst sagt, »den leeren Prunk der Worte, ersonnen, um den Augenblick zu schmücken«.

Die Geschichte der griechischen und römischen Rhetorik beweist, daß immer, wenn die Republik wieder der Diktatur weichen mußte, auch die Streitrede aus dem öffentlichen Leben verschwand. Mit der Redefreiheit war der Rhetorik ihr eigentliches Element genommen, und sie konnte nur noch in den Rednerschulen ein akademisches Schattendasein fristen. Da man in die öffentlichen Angelegenheiten nicht mehr eingreifen konnte, begnügte man sich mit der Analyse und Imitation älterer Reden. Oder man übte sich an akademischen Streitfragen. Damals entstanden vermutlich viele jener Aufsatzthemen, an denen seither Generationen von Gymnasiasten gekaut haben: ob es besser sei, Unrecht zu tun oder Unrecht zu leiden, ob man immer die Wahrheit sagen müsse, ob man sich selbst erziehen könne, und so fort. Freilich gab es auch unter der Diktatur eine öffentliche Rede. Sie hatte jedoch keinen dialektischen Charakter mehr, sie durfte sich nicht mehr mit strittigen Entscheidungen und schwebenden Fragen beschäftigen. Ihr fiel die Aufgabe zu, das Regime in ritueller Weise zu verherrlichen, seine Gegner verächtlich zu machen, gewisse staatserhaltende Werte einzuhämmern. In dieser Propaganda-, Schmuck- und Schaufunktion begegnet die Redekunst zu allen Zeiten, auch im privaten Bereich: als Gelegenheitsrede anläßlich von Begrüßungen, Abschieden und Festen wird Rhetorik fast zu einem Genre der sogenannten »schönen« Literatur.

Republik oder Diktatur – die Rednerschulen blühten weiter. Sie genossen sogar die besondere Protektion der römischen Kaiser. Denn sie produzierten Diplomaten, Kanzleibeamte, Experten für die kunstvoll ziselierte Verlautbarung und gelenkte Information. Ein Beispiel aus der Spätantike: Der Rhetor Cassiodor wurde vom Gotenherrscher Theoderich zum Quästor ernannt und sorgte in dieser Stellung für das kulturelle »Image« der »Barbaren«-Regierung. Die unter den letzten römischen Kaisern in allen größeren Städten ins Leben gerufenen Rednerschulen waren Vorläufer der heutigen Gymnasien. Man pflegte in ihnen »Grammatik« im alten Wortsinn, d. h. die stilistisch-philologische Analyse vorbildlicher Texte; sodann die »Dialektik«, d. h. die Kunst der Problemanalyse und der Disposition; schließlich die Ausdruckskunst durch Rezitations- und Schauspielübungen. Unter den von Quintilian empfohlenen Übungsformen finden sich Berichterstattung von geschichtlichen Ereignissen aus vorgetäuschter Augenzeugenperspektive, Lob- und Tadelrede auf berühmte Männer der Vergangenheit, Vergleich zweier Charaktere aus irgendeinem Drama, Diskussion von Gemeinplätzen (Sprichwörtern, Sentenzen), Diskussion von berühmten Rechtsentscheiden, Verteidigung berühmter Verbrecher. Beispiele für solche Themen: »Angenommen, Antonius hätte Cicero wählen lassen zwischen Tod und Verbrennung seiner Bücher – was hätte Cicero wählen sollen?« Oder »Lob des Staubes«. Oder jenes Thema, das noch der junge Schiller bearbeitete: »Rede des Alexander am Grab des Achill«!

Die Zeit der akademischen Rhetorik während der Kaiserherrschaft war auch die Zeit der großen Lehrwerke. Um 85 vor Christus, kurz vor Ciceros ›De oratore‹, entstand die von unbekannter Hand verfaßte Abhandlung ›Ad Herennium‹. Sie fußt auf der im 4. Jahrhundert entstandenen ›Rhetorik an Alexander‹ (Aristoteles?) und wurde ihrerseits Vorbild des größten rhetorischen Regelkompendiums der Antike, der ›Institutio oratoria‹ des Quintilian. Alle moderneren Lehrbücher der Rhetorik, als letztes Lausbergs ›Handbuch der literarischen Rhetorik‹, schöpfen wesentlich aus dem Werk Quintilians.

Bis in spätrömische Zeit hinein führten die Rhetoren ein feingeistiges, behagliches Literatenleben. Durch die Einfälle der Germanen wurde die politisch-ökonomische Grundlage dieser Kultur zerstört. Nur in Nordafrika, Sizilien und Südfrankreich konnten sich einige Rednerschulen halten. Sie spielten eine wichtige Vermittlerrolle zwischen der antiken und der entstehenden christlichen Kultur. Einige der Kirchenväter (u. a. Augustinus) hatten selbst noch die römische Rhetorik-Ausbildung genossen. Und wenn bei der Verkündigung des Evangeliums auch zunächst das Stilvorbild der Bibel und die christlichen Tugenden der Demut und Wahrhaftigkeit den Ausschlag gaben, so bediente sich doch der mittelalterliche Klerus bald wieder immer mehr der antiken Techniken. Die berühmten Volksprediger allerdings (von Berthold von Regensburg bis Abraham a Santa Clara) verließen sich wohl eher auf ihren Instinkt und ihre Erfahrung. (Eine ihnen gemeinsame Technik war das »Beispiel«: sie zitierten eine Anekdote, Fabel oder Skandalgeschichte und bedienten sich ihrer als Illustration, Auflockerungs- oder Lockmittel.)

Eine neue große Zeit der Redekunst kam mit der Reformation, mit den Bauernkriegen und der Gegenreformation.

Luthers rhetorische Wirkung in Schrift und Wort beruhte zum Teil auf der Begeisterung, mit der er für seine Sache focht, zum Teil auf seinem Sinn für die bildhafte, volkstümliche Ausdrucksweise. Daß er sich aber nicht darauf beschränkte, »dem Volk aufs Maul zu schauen«, sondern vor allem auch anwandte, was er im Rhetorikunterricht oder im Rhetorik-Werk seines Freundes Melanchthon gelernt hatte, ist kürzlich wieder von Birgit Stolt bestätigt worden.

Zur Zeit des Ancien régime verschwand die Redekunst abermals von der politischen Bühne. Und wieder wurde, trotz allem, der Redeunterricht weiter gepflegt. Besonders die Jesuiten schulten so ihre Kader für die Glaubenspropaganda; sie bildeten aber auch viele der bedeutendsten Diplomaten, Juristen und Schriftsteller aus. Bei fast allen Schriftstellern der Barockzeit ist der starke Einfluß der antiken Rhetorik spürbar, z. B. bei Corneille und Racine, und bis hin zu Schiller. Schiller hat man seinen rhetorischen Stil oft vorgeworfen. Der Vorwurf des »hohlen Pathos« trifft aber weniger Schiller selbst als die Theaterdirektoren und Schillerepigonen des 19. Jahrhunderts. Das Pathos, das bei Schiller noch echt war, hat sich erst in der gedankenlosen Wiederholung zur Phrase entleert.

Die nächste große Stunde der Redner kam mit der Französischen Revolution, der Napoleonischen Ära und den Befreiungskriegen. Während der Revolutionsjahre traten vorwiegend ehemalige Anwälte als Redner auf. Da Leute wie Mirabeau, Robespierre, Saint-Just in der literarischen Tradition des Ancien régime aufgewachsen waren, wurde die revolutionäre Szene groteskerweise noch lange vom geschraubten Stil königlicher Kanzleien und von den sentenzen- und metaphernüberladenen Tiraden à la Racine beherrscht.

Erst der ungebildete Danton schuf einen neuen, revolutionären Stil, der die Massen in Bewegung setzte. Dantons Sprache, das zeigt noch seine Verteidigungsrede vor Gericht, war unmittelbar, plastisch, leidenschaftlich, gedrungen. Auch in den Schmäh- und Hetzreden eines Marat und Martel meldete sich stellenweise ein neuer, brutalerer, spontanerer Stil. Gemeinsam war allen Revolutionsrednern die Vorliebe für pathetische Vergleiche mit der römischen Republik und eine immer greller, immer drastischer werdende, auf Schockwirkung berechnete Metaphorik.

Napoleon scheint – jedenfalls am Anfang – weit weniger eindrucksvoll gesprochen zu haben, als seine nachträglich stilisierten Reden glauben machen. Er pflegte, wie viele Militärs vor ihm, in bewußter Opposition gegen den Wortschwall gewisser Politiker, eine Art »attischen« Stils: lakonisch, energisch, entschieden.

Der Stil eines Danton und eines Napoleon hat sicherlich bei einzelnen Autoren des 19. Jahrhunderts Schule gemacht (z. B. bei Büchner). Aber zunächst kam die Restauration und mit ihr die Rückkehr zum »schönen«, ganz auf kunstvolle Fassade und Wohllaut bedachten Redestil. Grillparzers Grabrede auf Beethoven zeigt die eher opernhafte Variante, Vischers Grabrede auf Mörike ist vergleichsweise subtile Kammermusik. Die Rückkehr zum Gepflegten und Vorsichtigen in Wortwahl und Satzbau war vielleicht auch eine Reaktion auf die vielen großen Rufe, die wirkungslos verhallt waren.

Zur Erneuerung des politischen Lebens, zu politischer Rede kam es vorübergehend während der Revolution von 1848. Ein eigentlicher Parlamentarismus, wie ihn England seit langem, Frankreich immerhin periodenweise gekannt hatte, entstand in Deutschland erst vor der Jahrhundertwende mit dem Einzug der Sozialisten in den Reichstag. Der Erste Weltkrieg führte erneut zum Verstummen jeder Opposition. Die Sozialisten hatten ein Stillhalteabkommen getroffen. Und die Kirchen, so zeigte sich nun, waren in geradezu erschreckender Weise auf den nationalistischen Kurs eingeschwenkt. Sie wurden in ihren Kriegspredigten zu Hauptträgern der Hetz- und Durchhaltepropaganda. Die in unsere Sammlung aufgenommenen Predigten sind repräsentativ und keineswegs, wie man meinen könnte, krasse Einzelerscheinungen.

Nach dem Krieg folgten die grellen, expressionistisch gefärbten Manifeste der Pazifisten, die erbitterten Debatten um den Versailler Vertrag. Wie sehr sich die regierenden Parteien der Weimarer Republik um die Rückkehr zu Legalität, Ordnung, Besonnenheit und Maß bemühten, zeigt auch ihr politischer Redestil. Doch diese Vorsicht und Zurückhaltung war der falsche Stil zur falschen Zeit. Die von Ressentiment und Angst getriebenen Volksmassen suchten nicht die Wahrheit, sondern den Rausch. Sie wurden zum Spielball der Demagogen; die Republik wurde zum Schlachtfeld kommunistischer und nationalistischer Agitation. Schon bald zeigte sich, daß auch die massive Propaganda der Kommunistischen Partei den moderneren Methoden von Hitlers Leuten nicht mehr gewachsen war. Der Stil der marxistischen Propaganda war, wie das

Reichstagswahlmanifest von 1930 zeigt, überlebt: schwerfällig, barock, erstarrt in parteiinternem Jargon. Hitler hatte nicht umsonst Gustave Le Bons ›Psychologie der Massen‹ gelesen und sich vom Reichswehrkommando als Propagandist anstellen lassen (1919): sein ganz auf geschickte Vereinfachung, sture Wiederholung und erregende Rhythmisierung abstellender Redestil hatte Erfolg. Hitlers Genie lag in seinem Spürsinn für die triebhaften Bedürfnisse der Menschen. In besonders unheimlicher Weise zeigt dies seine letzte Radioansprache im Winter 1945, wo er Opfertrieb, Gruppeninstinkt und Eitelkeit beschwört durch die Vision von einem Untergang, der zum größten aller Zeiten werden soll.

Nach dem Zweiten Weltkrieg kam dann, wie schon angedeutet, als Reaktion auf Pathos und auf heroische Schlagwörter, der Stil des Lakonismus, der Untertreibung und der Abstraktion. Eigenartig für den Stil der letzten zwanzig Jahre ist aber z. B. auch das klassenkämpferische Kokettieren mit der Umgangssprache, mit dem Schockeffekt des Vulgären. Im Feuilleton-Journalismus der letzten Jahre begegnet man immer häufiger dem Spiel mit dem Schein-Paradox, mit der Stilmischung. Zu diesen Modetendenzen gehört auch die Technik, wichtige Aussagen von den Hauptsätzen in die Nebensätze zu verlegen und übertrieben von der Klammer Gebrauch zu machen. Aus der Umgangssprache drangen Abkürzungsgewohnheiten und der aufgelöste Satzbau in die Literatur ein. Solche Stilerscheinungen erinnern merkwürdig an den Journalismus der frühromantischen Zeit, was sich dadurch erklären ließe, daß wir, wie damals, eine ausgesprochene Reizkultur ohne überzeugende Zielsetzungen haben. Da jeder Text, der in dieser Weise auf Wirkung ausgeht, rhetorisch ist, können wir annehmen, daß wir wieder einmal in einer ausgesprochen rhetorischen Welt leben. Offenbar kommen wir ohne Rhetorik gar nicht aus.

Der Überblick über Geschichte und Geschicke der Redekunst hat diese nicht sympathischer gemacht. Nichts ist leichter, als im Aufleben der Rhetorik ein Zeichen der Radikalisierung oder der Dekadenz zu sehen. Andererseits erweist sich die Geschichte der Rhetorik als die Geschichte der Revolution. Und sie erweist sich als eine Macht, mit der wir rechnen müssen.

»Rhetorik« ist Praxis und Theorie der auf Wirkung bedachten Rede.

In der Antike wurde Rhetorik definiert als die »Kunst gut zu reden« (ars bene dicendi). Unter »Kunst« verstand man die Verbindung von natürlicher Fähigkeit (ingenium) und technischer Fertigkeit (lat. ars, gr. techne). Zur Kunstfertigkeit gelangt man durch Nachahmung guter Vorbilder (imitatio), Begreifen der Regeln (doctrina) und Übung (exercitium).

»Reden« im Sinne der Rhetorik bedeutet soviel wie »überreden«. »Rhetorisch« ist nur die auf praktische Wirkung, d. h. die auf Auslösung einer Handlung gerichtete Rede. Rhetorik dient weniger der Information als der Suggestion. Der Hörer soll der vom Redner vertretenen Parteisache (causa) »anhängen«. Von den drei Zielen, die ein Schriftsteller verfolgen kann, nämlich den Verstand lehren (docere), das Gemüt bewegen (movere), den Sinnen schmeicheln (delectare), ist vor allem das »movere« rhetorisch. Natürlich enthält auch die rhetorische Rede informative und schmückende Elemente. Sie sind aber nur Diener des »movere«. Der Rhetor ist also entweder Agitator, wo er unmittelbar zur Aktion aufruft, oder aber Propagandist, wo er indoktriniert. In beiden Fällen ist er (Ver)Führer des Volks, »Demagoge«. Rhetorik ist ihrem eigentlichen Wesen nach Streitrede; Gegenstand der Überredung ist gewöhnlich eine strittige Sache (res anceps, res dubia). Man rechnet ihr jedoch auch jene Reden zu, wo in propagandistischer Weise anerkannte Werte (res certa) untermauert werden.

Der Redner hat es mit zwei verschiedenen Objekten oder Materialien zu tun: mit der Sprache (verba) und mit dem zur Diskussion stehenden Sachverhalt (res). Soweit sie mit der Sprache umgeht, ist Rhetorik eine Kunst der *Stilistik* (elocutio), wo sie sich um die Sache bemüht, ist sie Kunst der *Dialektik* (im alten Wortsinn), d. h. Kunst des Problemerkennens (intellectio), Kunst der Argumentfindung (inventio) und Kunst der Gedankenführung (dispositio).

Eigentlich gehört zur Redekunst nicht nur, daß man eine Rede verfaßt, sondern auch, daß man sie vorträgt (lat. representatio, gr. mimesis). Der echte Redner findet seine Befriedigung erst im Kontakt mit dem Publikum. Die Trennung beider

Funktionen kommt jedoch vor. Grillparzer hat seine Grabrede für Beethoven durch einen Schauspieler des Wiener Burgtheaters verlesen lassen, Politiker haben meist Leute zur Hand, die ihnen ihre Reden vorbereiten. Da Deklamationstechnik, Mimik und Gestik nicht systematisch erfaßt, sondern nur durch Nachahmung erlernt werden können, müssen sich rhetorische Lehrbücher darauf beschränken, Regeln für das Abfassen einer Rede aufzustellen. So wird auch hier von der Vortragstechnik nicht weiter die Rede sein. Einige praktische Winke finden sich in Lemmermanns ›Lehrbuch der Rhetorik‹.

Die klassische Rhetorik hat von der Funktion her *drei Gattungen der Rede* unterschieden:

1. Die Gerichtsrede (genus iudiciale), allgemeiner gesagt: die Rede mit anklagender oder verteidigender Funktion. In der Gerichtsrede wird über die Beurteilung vergangener Vorgänge gestritten.

2. Die Beratungs- und Ermahnungsrede (genus deliberativum). Man streitet darüber, wie die gegenwärtige Situation zu beurteilen sei und welche Maßnahmen zukünftig ergriffen werden müssen.

3. Die Lob-und-Tadelrede (genus demonstrativum). Hier beschränkt sich der Redner darauf, eine Sache, eine Person, eine Institution etc. in rühmender oder tadelnder Weise darzustellen; äußerlich zumindest fehlt der Appell zur Tat. Dem entspricht, daß die Lob-und-Tadelrede im Gegensatz zu den beiden anderen Redegattungen keine strittige Sache (res anceps), sondern (zumindest äußerlich) eine »sichere Sache« (res certa) zum Gegenstand hat. Die Lob-und-Tadelrede ist also nur demonstrativ. Der dialektische Charakter der beiden anderen Redegattungen fehlt ihr. Man kann daher, wie manche antike Theoretiker, zu der Ansicht kommen, daß das genus demonstrativum nicht ganz zur Rhetorik zu rechnen sei und eher der Poesie angehöre. Man muß dem entgegenhalten, daß die Lob-und-Tadelrede rhetorische Funktion behält, solange sie Propagandazwecken dient. Und es gehört zum Wesen der Propaganda, daß sie häufig nur so tut, als seien die von ihr verkündeten Werte eine »sichere Sache«. Die Auseinandersetzung fehlt nicht, sie wird nur verschleiert. Wenn die Propaganda darauf verzichtet, eine unmittelbare Entscheidung zu erzwingen, so besagt das noch nicht, daß sie auf praktische Wirkung verzichtet. Indem sie Gesinnungen schafft, bereitet sie ja den Boden für künftige Entscheidungen.

Der theoretischen Unterscheidung dreier Redegattungen steht in der Praxis eine Vielzahl von Redeformen gegenüber, welche zeigen, daß die drei Redegattungen in vielfältige Mischungsverhältnisse treten können und daß die Übergänge fließend sind: Vorwiegend zur Gattung der Gerichtsrede gehört natürlich das *Plädoyer;* aber auch *Bittschrift* (Supplik) und *Streitschrift* haben eine dem Plädoyer ähnliche Funktion. Als Form der Anklage wird gern der *Offene Brief* gewählt (in unserer Sammlung Zola, Jankowski). *Manifeste, Aufrufe* (Proklamationen), *Petitionen* haben vorwiegend beratenden oder ermahnenden Charakter, enthalten aber natürlich auch Angriffe und Werturteile. *Kommuniqués* (Verlautbarungen), *Kritik, Pamphlet* (Schmähschrift), *Laudatio* (»epideiktische« oder Lobrede) und *Nekrolog* (Totenrede, Nachruf) – sie alle gehören zwar vorwiegend in den Bereich der lobenden und tadelnden Rede, können aber auch Entschuldigungen, Angriffe, Ratschläge und Ermahnungen einschließen. Die *Predigt* gehört allen drei Redegattungen an.

Für den *Aufbau der Rede* gibt es ein seit der Antike erprobtes, immer neu variiertes Rezept: Die Rede gliedert sich naturgemäß in Anfang, Hauptteil und Schluß.

Der Anfang (exordium) soll die Kontaktnahme mit dem Publikum (Begrüßung) und die Einleitung ins Problem besorgen. Er dient dazu, das Publikum wohlgesonnen (benevolum) und aufmerksam (attentum) zu machen. Der Anfang einer Rede ist also eine Art Köder und Wegweiser. Bei brennenden Tagesfragen kann es allerdings besser sein, mit einer dramatischen Frage oder Behauptung mitten ins Problem zu springen (»in medias res« – Technik).

Der Hauptteil bringt gewöhnlich zunächst eine Darstellung der vergangenen Ereignisse oder der gegenwärtigen Lage (narratio), dann die Folgerungen daraus (argumentatio) und schließlich die Widerlegung der gegnerischen Argumentation (refutatio).

Der Schluß soll die Argumente nochmals zusammenfassen und eine Forderung daraus ableiten. Cicero verlangte, daß sich der Redner am Schluß zu einem pathetischen Appell aufschwinge (peroratio).

Dieser Bauplan ist natürlich häufig durchbrochen worden, allein schon deshalb, weil er sich nicht im gleichen Maß auf die drei Redegattungen und auf die verschiedenen Redesituationen anwenden läßt.

Rhetorik wird, so haben wir gesehen, als »Kunst *gut* zu reden« definiert. Dem »gut« (bene) wird in der antiken Theorie das »richtig« (recte) entgegengesetzt. Dahinter steht die Einsicht, daß man rhetorisch »gut«, d.h. wirksam sprechen kann, ohne sich genau an die Regeln der Grammatik und der Stilkonvention (Idiomatik) zu halten; daß umgekehrt korrektes Sprechen selten wirksames Sprechen ist. Mehr noch: wenn man die rhetorischen Stilfiguren näher betrachtet, sieht man, daß sie sämtlich durch Abweichungen von den Regeln der Grammatik und der Idiomatik gewonnen werden. Freilich darf dabei weder eine Sinnstörung noch der Eindruck mangelhafter Sprachbeherrschung entstehen. Die rhetorische Intention muß sichtbar sein.

Das Ziel »richtigen« Redens ist die Information, nicht mehr. Die sprachlichen Kriterien eines Informationstextes sind daher:

1. die Üblichkeit des Ausdrucks (latinitas),
2. die Angemessenheit des Ausdrucks (proprietas) und
3. die Eindeutigkeit des Ausdrucks (claritas).

Die wenigen Fälle, wo sich innerhalb der Konvention Variationsmöglichkeiten des Ausdrucks anbieten, wird der nur auf Information bedachte Sprecher nicht etwa der Abwechslung oder des Wohlklangs wegen ausnützen, sondern dabei der übersichtlicheren und kürzeren Variante den Vorzug geben (z.B. bei der Wahl zwischen Aktiv- und Passivkonstruktion, zwischen Nominal- oder Verbalkonstruktion, zwischen Infinitiv- oder Nebensatzkonstruktion). Auch wo z.B. ein Abweichen von der normalen Satzstellung den Sinn nicht gefährden würde, wird man um der leichteren Faßlichkeit willen beim Üblichen bleiben.

Das Ziel rhetorischer Rede ist die Suggestion, ihre Stilkriterien sind die Gefälligkeit und Eindrücklichkeit der Formulierungen (delectare/movere). Die auf Wirksamkeit bedachte Rede ist gezwungen, den Bereich der Konvention zu verlassen, da sich in ihm nicht genug Variationsmöglichkeiten finden lassen, mit denen man die Langeweile bekämpfen könnte, und da nur das Ungewohnte auffällt.

Es gibt übrigens neben der Rhetorik noch einen anderen Bereich, wo es nicht auf das »richtig«, sondern nur auf das »gut« reden ankommt: die Poesie. Der Unterschied zwischen Rhetorik und Poesie besteht – nach Auffassung der antiken

Theoretiker – darin, daß die Poesie nicht auf praktische, sondern nur auf ästhetische Wirkung abzielt, also nicht die Veränderung der Wirklichkeit, sondern nur den Reiz des schönen Scheins will. So gesehen ist engagierte Poesie ein Unding: sie wäre entweder zu gefällig, um ein Handeln auszulösen, oder zu sehr auf praktische Wirkung gerichtet, um schön zu sein.

Redeweisen, die um der Wirksamkeit willen gegen grammatische oder idiomatische Regeln verstoßen, heißen (rhetorische) *Figuren* (lat. figura, gr. schema). Alle rhetorischen Figuren gründen in *vier Änderungskategorien*, nämlich:

auswechseln	(immutatio),
umordnen	(transmutatio),
wegnehmen	(detractio),
zufügen	(adiectio).

Man kann diese Figuren gliedern nach den Bereichen, aus denen sie stammen.

Da sind zunächst diejenigen Figuren, die durch Abweichungen vom normalen Wortgebrauch gewonnen werden. Wir nennen sie *lexikalische Figuren*.

Dann gibt es die Figuren, die durch Abweichungen vom normalen Satzbau gewonnen werden. Sie heißen *syntaktische Figuren*.

Weiter gibt es Figuren, die aus den unterschiedlichen Möglichkeiten, Einzelaussagen im Redezusammenhang anzuordnen, gewonnen werden. Man kann sie nicht eindeutig als Regelverstoß bezeichnen, eher als Abweichungen vom natürlichen Gedankengang. Man unterscheidet natürliche und künstliche Ordnung (ordo naturalis und ordo artificilis). Die durch künstliche Ordnung gewonnenen Reihenfolgen wollen wir *kompositorische Figuren* nennen.

Ob es auch im Bereich der Dialektik »Figuren« im erläuterten Sinn gibt, läßt sich nicht leicht entscheiden. Abweichungen vom »recte« könnten nur in einem bewußten Abweichen von der Wahrheit des Arguments oder in einem absichtlichen Verstoß gegen die Richtigkeit der Argumentation (Verstoß gegen die Logik) bestehen. Obwohl es solche unsauberen Tricks natürlich gibt, kann man sie, auch wenn sie vielleicht ihren Zweck erfüllen, doch nicht gut zum »bene« rechnen. Es gibt aber neben solchen Täuschungsmanövern eine Reihe erlaubter argumentatorischer Techniken. Sie beruhen auf der Möglichkeit, den Argumenten unterschiedliches Gewicht zu geben und sie mit Hilfe der Zusammenhänge, in die man sie stellt, in bestimmter Weise zu relativieren. Man nennt solche Manöver *dialektische Figuren* (oder auch »Sinnfiguren«).

Nicht alle dialektischen Manöver lassen sich unmittelbar im Wortlaut greifen. Wir sprechen in diesem Fall besser von argumentatorischen »Techniken« (dazu gehören beispielsweise alle psychologischen Tricks).

Die Trennung zwischen stilistischen und dialektisch-argumentatorischen Figuren läßt sich natürlich nicht immer klar vollziehen. Meistens bringen Abweichungen von der üblichen Ausdrucksweise auch Akzentverlagerungen.

Zwei wichtige rhetorische Stilmittel werden sowohl im lexikalischen wie auch im syntaktischen und kompositorischen Bereich gewonnen. Wir wollen sie daher vorausnehmen.

Figuren der Wiederholung

Wiederholungen verstoßen streng genommen weder gegen die grammatischen Regeln, noch verändern sie den Inhalt einer Mitteilung. Wohl aber verstoßen sie gegen das Prinzip der Prägnanz und der Ökonomie. Außerdem verändern sie – und darin liegt ja ihre rhetorische Bedeutung – das Gewicht der Aussage. Die klassische Rhetorik unterschied mehrere Typen der Wiederholung. Die wichtigsten sind:

Doppelung (geminatio)
Z. B. »niemals, niemals würde ich...« Die Doppelung wirkt pathetisch.

Anapher
Benachbarte Sätze beginnen mit den gleichen Wörtern, z. B.:
»Das ist, Mönche, die heilige Wahrheit vom Weg...
Das ist, o Mönche, die heilige Wahrheit vom achtfachen Pfad«
(Rede des Gotamo Buddho). Die Anapher kommt zustande, indem ausformuliert wird, was normalerweise abgekürzt und miteinander verklammert wird. Sie ist die Gegenfigur zur *Klammer*.

Kette
Der folgende Satz nimmt einen Ausdruck des vorangehenden wieder auf.

»Sie haben selbst gesagt, die Geschichte werde Sie...danach fragen, was Sie getan haben. Was haben Sie getan ...?« (Jankowski).

Refrain

In Abständen wird ein Ausdruck oder ganzer Satz wiederholt, z. B.: »doch Brutus sagt, daß er voll Herrschsucht war, und Brutus ist ein ehrenwerter Mann« in der Rede des Antonius (Shakespeare, ›Julius Cäsar‹). Der Refrain hat nicht nur eine akzentuierende und eine architektonische Funktion, sondern gelegentlich auch einen ironischen Effekt: Sobald der Hörer das Schema erfaßt hat, wartet er gespannt auf die Wiederkehr des Motivs, genießt sein Vorauswissen und macht sich dadurch unbewußt zum Komplizen des Autors. Ein ironischer Effekt entsteht auch dann, wenn der gleiche Refrain in wechselnden Zusammenhängen auftritt, sich dadurch selbst relativiert und ad absurdum führt.

Verdeutlichung

»es gibt eine Gemeinde, eine stille Gemeinde...«; »er war ein guter Mensch, gut im Sinne jenes Adels...« (Vischer, ›Grabrede auf Mörike‹). Auch die verdeutlichende Wiederholung ist ein pathetischer Effekt, der indessen natürlich wirkt, da er scheinbar zufällig aus dem Streben nach Präzisierung entsteht. Diese Figur ist in der Werbung häufig anzutreffen.

Bekräftigung

»Liebe ... Ja, Liebe, das war es ...« (Vischer, ›Grabrede auf Mörike‹); »Wir stehen an den zerrissenen Saiten des verklungenen Spiels. – Des verklingenden Spiels! Laßt ihn mich so nennen!« (Grillparzer, ›Grabrede auf Beethoven‹).

Zu den Figuren der Wiederholung gehört auch die *Variation*, eine gewöhnlich durch Umschreibung oder Verneinung des Gegenteils gewonnene Möglichkeit, das gleiche mit anderen Worten zu wiederholen.

Auch bei den *musikalischen Figuren* handelt es sich im Grunde um Figuren der Wiederholung, nämlich der Wiederholung im phonetischen Bereich. Dazu gehören:

Alliteration

Die Stammsilben mehrerer Wörter eines Satzes beginnen mit dem gleichen Konsonanten. Die Alliteration dient dem Nachdruck und der Verklammerung der betroffenen Wörter. Sie hat mnemotechnische Wirkung und erscheint daher oft in stehenden Wendungen. Häufig bei Hitler (»felsenfest«, »daß eben dann doch...«, »nach reichem Wissen und bestem Wollen«) und in der Werbung. Unter den Oberbegriff »Alliteration« fassen wir hier auch gleichklingende Vokalanlaute (Assonanzen) und gleichklingende Vorsilben (z. B. »unbeugsames, unerbittliches Schicksal«, Danton).

Rhythmisierung
Wiederkehr gewisser Gruppierungen von betonten und unbetonten Silben. Die Rhythmisierung läßt sich nur durch Ausnützen der Freiheiten im lexikalischen und syntaktischen Bereich erlangen. Rhythmische Strukturen wirken je nachdem dynamisch oder beruhigend. Sie helfen Akzente setzen und zwingen den Hörer zum rhythmischen Mithören. Sie erzeugen die unauffälligsten aber mächtigsten rhetorischen Wirkungen. Sie sind besonders häufig im genus demonstrativum, wurden aber z. B. auch von Hitler immer wieder eingesetzt.

Allzu starke Rhythmisierung nähert die Rhetorik der Poesie an und lähmt ihre Wirkung, da sich die Sprachmusik wie ein Schleier über die Aussage legt. Rhythmische Strukturen finden sich besonders häufig am Schluß von Reden oder Redeteilen. Der rhythmisierte Schluß heißt *Coda* (lat. clausula). Die antike Rhetorik kannte ein kompliziertes System von Coda-Wirkungen. Die in der deutschen Sprache wirksamsten und gängigsten sind:

x́ × × x́	»Junker und Ruh« (cursus planus)
x́ × × x́ ×	»(Gott) helfe mir, Amen« (cursus planus)
x́ × × x́ × ×	»(WILKINSON – es) gibt keine bessere!« (cursus tardus)
x́ × × / × × x́ ×	»(der moderne Typ einer) klassischen Zigarette!« (cursus velox)

Der Coda muß eine andere rhythmische Struktur vorausgehen, weil ohne den rhythmischen Wechsel keine Bremswirkung spürbar wird.

Zu den musikalischen Figuren gehört auch die *Figur der zunehmenden und abnehmenden Glieder*. Benachbarte Satzglieder oder Sätze werden so formuliert, daß sich, gewöhnlich im Dreischritt, eine Zunahme oder Abnahme ihres Silbenumfangs ergibt. Die Folge davon ist je nachdem eine Beschleunigung mit Tonerhöhung oder eine Verlangsamung mit Tonsenkung. Ein Beispiel für wachsende Glieder: »...immer wieder haben wir gemahnt, aufgerufen, Wege geebnet und praktische Vorschläge unterbreitet.« Ein Beispiel für abnehmende Glieder: »Voraussetzungen zu schaffen für eine Gesundung von Wirtschaft, Staat und Volk« (Aufruf der Zentrumspartei, 1930).

Figuren des lexikalischen Bereichs

Die Figuren des lexikalischen Bereichs heißen *Tropen*.

veralteter Ausdruck (antiquitas)
Um der Abwechslung und der Verfremdung willen werden gelegentlich altertümliche Wendungen benützt. Sie setzen ein gebildetes Publikum voraus. Häufig im Feuilleton-Journalismus: »die trutzige Schildhornfeste«; »weiland Cutter« (Bond-Film-Kritik); »ein Quentchen Luxus«

Neubildung (Neologismus)
Neubildungen haben, wenn sie nicht einer echten Notwendigkeit entspringen, etwas Witzig-Verspieltes: »Weltüblichkeit«, »bigamig« (Kerr, Kritik zu ›Vor Sonnenuntergang‹ und ›Dreigroschenoper‹). Oft enthalten sie Wortspiele: »Kulissenschiebung« (Kerr, ›Dreigroschenoper‹). In der Werbung vertreten sie oft den umständlicheren Attributsatz (»Leichtschwung-Kurzski«).

Fremdwörter
Während Lehnwörter noch im Bereich des »eigentlichen« Ausdrucks (proprium) und des »recte« liegen, gehören Fremdwörter in den Bereich der Tropen. Unter »Fremdwort« versteht man den Gebrauch eines Wortes fremder Sprache, für das eine adäquate Bezeichnung in der eigenen Sprache zur Verfügung steht. Wie veraltete Ausdrücke haben Fremdwörter einen gewissen »Snob-Appeal«. Sie spiegeln Bildung vor und wirken exotisch. In der Werbung vermitteln sie oft den Eindruck von Wissenschaftlichkeit. Wenn sie unverständlich genug sind, haben sie sogar eine Art magischer Aura (»PEPSODENT mit Irium«).

Stilbruch
Der Stilbruch hat einen aggressiv oder ironisch wirkenden Kontrasteffekt. Er entsteht durch Mischung von Ausdrucksweisen aus verschiedenen Sprachebenen oder Jargons (Soziolekten). Eine Art von Stilbruch ist im Grunde auch das Einmischen altertümlicher Wendungen. Die Stilbruch-Figur findet sich häufig im Feuilleton-Journalismus (Beispiele in der Bond-Film-Kritik, auch in den Filmkritiken von Gunter Groll). Auch in die politische Rede kann sie eindringen; vgl. den proletarischen Schockeffekt eines Ausdrucks wie »kapitalistische Scheiße«!

Antiquitas, Neologismus, Fremdwort und Stilbruch weichen zwar vom normalen Sprachgebrauch ab, enthalten aber keine Sinnverschiebung. Sie haben eine rein stilistische Funktion und dienen vor allem dem Kampf gegen die Langeweile (taedium) des Zuhörers oder Lesers. Sie beschränken sich darauf, den üblichen Ausdruck durch einen unüblichen mit äquivalenter Bedeutung zu ersetzen.

Die nun folgenden kühneren Tropen (»Sprungtropen«) setzen statt des eigentlichen Ausdrucks die Bezeichnung einer anderen Sache, die der gemeinten ähnlich ist. Anstelle der Äquivalenz tritt also die Analogie. Sprungtropen beruhen auf dem Vergleich. Vergleiche hinken bekanntlich. Sprungtropen sind also nicht nur harmlose Variationen, sondern sie verschieben den Sinn der Aussagen.

Metapher
Metaphern sind Schein-Synonyma. Sie entstehen durch die »Übertragung«: ein Wort wird statt zur Bezeichnung des ihm eigentlich korrespondierenden Begriffs zur Bezeichnung eines anderen, verwandten Begriffs benützt. »...eine Wortbedeutung wird in einem ihr von Hause aus nicht zukommenden Sinne verwendet.« (Wolfgang Kayser) Gewisse Wörter werden so oft in der gleichen übertragenen Weise verwendet, daß sie in ihrer neuen Funktion heimisch und in den konventionellen Sprachschatz aufgenommen werden. Da in solchen Fällen der ursprüngliche Wortsinn gar nicht mehr mitgedacht wird, spricht man von »verblaßten Metaphern«. Unsere Sprache ist voll davon. Verblaßte Metaphern haben keine rhetorische Funktion mehr.

Aristoteles hat die Metapher einen abgekürzten Vergleich

genannt. Sein Beispiel: Man sagt etwa von Achilleus, er sei »ein Löwe in der Schlacht« und meint dabei, er habe *ähnlichen* Mut, ähnliche Kraft *wie* ein Löwe. Der Vergleichscharakter der Metapher wird deutlicher in Formulierungen wie: Der Löwe ist »der König der Tiere«. (Vgl. »Lebensabend«, »Drahtesel«.)

Man hat darüber gestritten, inwieweit z. B. ein Dichter, der eine Metapher verwendet, wirklich die innere Verwandtschaft als eine Art Identifikation miterlebt (Hugo von Hofmannsthals ›Gespräch über Gedichte‹). Wir wollen auf solche Spekulationen nicht weiter eingehen. Die informationstheoretische Situation ist klar: die Übertragung wird möglich, weil das betreffende Wort nicht in seinem ganzen Begriffsumfang, sondern nur in einem Teil desselben aktualisiert wird. Welcher Teil aktualisiert werden soll, muß dem Leser durch den Kontext, in dem die Metapher erscheint, nahegelegt werden. »Eine Metapher...ist ein Wort in einem Kontext, durch den es so definiert wird, daß es etwas anderes meint, als es bedeutet.« (Harald Weinrich) Wenn die Analogie-Basis zu schmal, bzw. wenn der Vergleich an den Haaren herbeigezogen ist, wirkt die Metapher »schief«, »überzogen« oder wird einfach unverständlich. Es gibt umgekehrt den Fall, wo die Analogie-Basis zu breit ist, bzw. wo vom Kontext her nicht genau entschieden werden kann, welche der möglichen Analogien eigentlich gemeint ist. In diesem Fall wird die Metapher zur Quelle von Mißverständnissen und Zweideutigkeiten (in der Poesie häufig ein beabsichtigter Effekt, in der Rhetorik jedoch eher gemieden).

Wenn ein Text allzu sorglos mit Metaphern überladen wird, kann es zum Konflikt einer bildlichen Ausdrucksweise mit einer anderen kommen. Berühmtes Beispiel für einen solchen »Bildbruch« (katachrese): »Der Zahn der Zeit, der schon manche Träne getrocknet hat, wird auch über diese Wunde Gras wachsen lassen.«

Die antike Rhetorik hat die verschiedenen Möglichkeiten der Übertragung vom Art-Gattungs-Verhältnis her logisch bestimmt:

Es gibt die Übertragung *von der Art zur Gattung*; d. h. man meint die Gattung und nennt statt dessen die Art. Wo man »Vermögen« meint, sagt man z. B. »Gold«, da Gold eine Art von Vermögen darstellt, als Inbegriff von Vermögen aufgefaßt werden kann. Ähnlich sagt man möglicherweise statt »Zuflucht« metaphorisch »Hafen«. Eine Unterform dieser

Übertragungsweise begegnet in Wendungen wie: »Du bist ein richtiger Casanova«, »Ich bin ein ›Berliner‹« (John F. Kennedy). Bei der Übertragung von der Art zur Gattung wirkt die Metapher im Sinne einer Verdinglichung (Konkretion).

Übertragung *von der Gattung zur Art:* Man meint die Art und nennt die Gattung, z. B. spricht man von einer »Sitzgelegenheit«, meint aber einen Stuhl. Diese Form der Übertragung wirkt als Abstraktion. Sie ist daher recht selten.

Übertragung *von der Art zur Art:* Man meint die eine Art und nennt eine andere. Auf diese Weise lassen sich alle Wörter füreinander einsetzen, deren Begriffsinhalte irgendeine kleine Analogie aufweisen, für die sich also ein gemeinsamer Oberbegriff (Gattung) finden läßt. So fallen z. B. »Achilles« und »Löwe« unter die Gattung des »Kühnen«. Diese Art der Übertragung ist die extremste, da sie von uns fordert, daß wir nicht nur von einer, sondern von zwei Arteigenheiten absehen. Weil sie die kühnste Form der Metapher ist, ist sie auch die rhetorisch wirksamste und wird am meisten gebraucht.

Innerhalb dieses Metapherntyps kann man weiter unterscheiden: Übertragungen von Lebendem auf Lebendes, von Unbelebtem auf Unbelebtes, von Unbelebtem auf Lebendes und von Lebendem auf Unbelebtes. Diese letzte Art ist die beliebteste, weil sie erlaubt, Lebloses bewegt-sinnlich darzustellen (man meint z. B. »Leidenschaft« und sagt statt dessen »Glut«). Überträgt man von Beseeltem, Menschlichem auf Unbeseeltes, so nennt man das »Personifizierung«. Die *Personifizierung* ist häufig, z. B. »der sprudelnde Scherz...milde hinlächelnd über menschliche Schwächen« (Vischers Grabrede auf Mörike), »Autos lieben SHELL«.

Zu den metaphorischen Figuren gehört auch die *Synästhesie:* es handelt sich um die Übertragung von Eigenschaftsbezeichnungen aus einem Sinnesbereich in einen anderen. Weil gewisse Ähnlichkeiten in der Wirkung auf das zentrale Nervensystem bzw. auf das Gemüt bestehen, kann man z. B. von einer »warmen« Farbe oder von einem »hellen« Ton sprechen.

Metonymie

Das ist der antike Ausdruck für eine Übertragungsweise, in der das eigentliche Wort ersetzt wird durch die Bezeichnung eines Gegenstandes, der mit dem gemeinten in realer und nicht nur, wie bei der Metapher, in begrifflicher Beziehung steht. Zu den Metonymien gehört die Figur des »pars pro toto« (Teil fürs

Ganze), z. B. »Meine Stimme wird ohne Mühe die Verleumdung zurückweisen« (Danton). Daneben gibt es die Technik des »rei signum«, wo man eine Person oder einen Vorgang durch einen charakteristischen Teilaspekt ausdrückt, z. B. »sie nahm den Schleier« (sie trat ins Kloster ein). Gelegentlich nennt man auch statt eines Inhalts dessen *Gefäß*: »er hat Herz«, »England wird Weltmeister«; ähnlich: »Ich habe dem Königtum den Krieg erklärt« (Danton).

Die Metonymie hatte in der antiken, barocken und noch in der klassizistischen Literatur eine wichtige Stellung. Gegenwärtig ist sie außer Mode, vermutlich, weil sie als künstlich empfunden wird.

Umschreibung (Paraphrase)

Statt eine Person oder Sache mit ihrem Namen zu bezeichnen, nennt man gewisse ihrer Eigenschaften. Dies sollte normalerweise in Form einer Definition geschehen: ein »Schimmel« z. B. sollte umschrieben werden als »weißes Pferd«, d. h. durch Nennung dessen, was ihn zu einer besonderen Art innerhalb seiner Gattung macht (definitio per genus proximum et differentiam specificam).

Oder die Umschreibung sollte die Form der einfachen »Kennzeichnung« haben: man bestimmt die Sache durch Nennung einer nur ihr eigentümlichen Eigenschaft, z. B. Willy Brandt als »4. deutschen Bundeskanzler«.

In Form der exakten Definition oder Kennzeichnung würde die Umschreibung noch in den Rahmen der »eigentlichen«, regelrechten Ausdrucksweisen gehören. Da aber Definitionen sozusagen nie genau sind, da alle Kennzeichnungen einen Gegenstand zwar identifizieren, seinem vollen Wesen aber nie ganz gerecht werden können, gehören Umschreibungen de facto in den Bereich der Tropen. Außerdem wird häufig absichtlich schief definiert und einseitig gekennzeichnet; unter dem Vorwand der Definition erstrebt der Redner eine Erweiterung, Verengung oder Verschiebung des Begriffs: »Arbeiter- und Bauernstaat«, »Republikflucht«, »Rechtsstaat«. Besonders deutlich wird das in den Euphemismen (verschönernden Umschreibungen): »Stuhlgang«, »Seitensprung«, »Intimspray«, »preisgünstig«, »Zweitfrisur« (für Perücke), »Anpassung« (für wirtschaftliche Stagnation). Es gibt auch karikierende Umschreibungen: »Eierkopf« (Intellektueller), »Halbkreisingenieur« (Straßenkehrer), »Froschfresser« (Franzosen). Eine offen demagogische Art der Umschreibung ist die *Apostrophierung*; man nennt eine Person oder Sache immer mit dem gleichen auf- oder abwertenden Eigenschaftswort: »das perfide Albion« (England in bonapartistischer Propaganda), »unser heiliger Kampf« (Hitler).

Die Umschreibung dient gelegentlich der Abwechslung und der Amplifikation (Aufbauschung), meist jedoch verbirgt sich dahinter eine argumentatorische Absicht.

Hyperbel (Übertreibung)
Streng genommen ist die Hyperbel gar keine rhetorische »Figur«, da sie mit üblichen Ausdrucksformen auskommt. Rhetorisch ist es indessen, wenn der Redner um der besseren Wirkung willen (Pointierung, Schockeffekt) extremer formuliert, als er dem Sinne nach sagen will. Im anderen Fall handelt es sich einfach um eine Verzerrung der Tatsachen, z. B.: »Männer meines Schlages sind in Revolutionen unschätzbar« (Danton).

Litotes (Verneinung des Gegenteils)
Man könnte meinen, die Bezeichnung einer Sache durch die Verneinung ihres Gegenteils gehöre, da sie den Begriff der Sache nicht verändere, zu den Formen »eigentlichen« Ausdrucks. In Wahrheit wird der Begriff aber doch verschoben: die Verneinung läßt nämlich mehrere Bedeutungen zu (»nicht arm« kann sowohl »wohlhabend« wie »reich« bedeuten). Die Litotes hat also eine verschleiernde Wirkung. Sie gehört zu den Anspielungstechniken und kann z. B. als Bescheidenheitsfloskel (humilitas) angewandt werden: »er ist keine Offenbarung«. Die Litotes ist eine Art Untertreibung. Wie alle Untertreibungen kann sie in verstohlener Weise betonen.

Emphase (Nachdruck)
Man kann durch betontes Aussprechen einem Wort einen ungewöhnlichen Sinn geben. Durch die Betonung aufmerksam gemacht, läßt sich der Hörer dazu bringen, dem Wort eine eingeschränkte oder erweiterte Bedeutung zu geben; so kann »er ist ein *Mensch*« je nach Kontext bedeuten: »er ist nur ein schwacher Mensch« oder »er ist immerhin ein Mensch, nicht irgendein Tier«.

Auch die Emphase gehört zu den Techniken der Anspielung. Besonders wichtig ist sie in der Werbung, wo sie gewöhnlich einen versteckten Superlativ enthält: »Männer mögen MEN« (lies: »echte Männer«).

(Schein-) Paradox

Scheinparadox nennt man eine Aussage, die sich zu widersprechen scheint. Es entsteht, wenn ein Wort versteckt in eingeschränkter oder erweiterter Bedeutung verwendet wird, z. B.: »merken, daß Kunst nicht immer Kunst ist« (zu ergänzen: *echte* Kunst).

Das Scheinparadox gehört also zu den Anspielungstechniken. In politischen Reden kommt es selten vor, da es zu intellektuell und zu subtil ist, häufig dagegen im Feuilleton-Journalismus. In der Werbung erscheint das Paradox gelegentlich als Lockmittel: »Der Sorglos-Tarif – Sie zahlen nichts, die VOLKSWOHL alles« (»nichts« zahlt man nachher den Ärzten, der Versicherung dafür vorher um so mehr!).

Wortspiel (Doppelsinn)

Der Redner kann sich die Tatsache zunutze machen, daß gelegentlich auch in der normalen Sprachweise das gleiche Wort verschiedene Bedeutungen hat. Da das Wortspiel zu den komischen Effekten gehört, taucht es meist nur im Feuilleton, in der Festrede oder in der Werbung auf. Es dient dann dazu, den Leser aufzuheitern und zu entspannen (delectare), vgl. »das Raum-Schiff« (Werbung für ein Großflugzeug). Es kann aber auch der Satire dienen: »Es kostet nichts, die allgemeine Schönheit zu sein, als die gemeine sein für alle!« (Elisabeth zu Maria in Schillers ›Maria Stuart‹). Vgl. auch: »soll doch Bauer ruhig (oder eher unruhig) Feste feiern!«.

Teils Wortspiel, teils Anspielung sind die Halbzitate; vgl. in der Bond-Film-Kritik: »der beste Bond, den es je gab« (Waschmittel-Reklame).

Ironie

Man sagt das Gegenteil dessen, was man meint. Daß Ironie im Spiel sein muß, erkennt der Hörer entweder aus dem Kontrast, in dem die Äußerung zum Kontext steht, oder aus ihrem Widerspruch zu Person und Situation des Sprechenden. Die Ironie kann dem Redner entweder dazu dienen, sich ein Alibi zu schaffen und gewissen Leuten seine wahre Meinung zu verbergen (dissimulatio); dann wird so formuliert, daß der Widerspruch nur Eingeweihten erscheint. Oder die Ironie ist nur eine spöttische Maskerade (simulatio), ein Spiel, das jedermann sofort erkennen kann; vgl. die Rede des Antonius in ›Julius Cäsar‹.

Eine Sonderform der Ironie ist die Bumerang-Technik (reflexio): man greift Formulierungen des Gegners auf und wendet sie gegen ihn; vgl. Jankowski: »Sie haben selbst gesagt...«. Ein ironischer Effekt ist es auch, wenn man Formulierungen des Gegners aufgreift und durch besondere Betonung oder durch Anführungszeichen zu erkennen gibt, daß man sich von ihnen distanziert.

Rhetorische Frage

Die rhetorische Frage gehört zu den Tropen, weil sie keine echte Frage ist. Eine Antwort wird gar nicht erwartet, weil sie sich (scheinbar) von selbst versteht. Die rhetorische Frage ist eine Behauptung, die umgekehrt und zur Frage gewendet wird. Sie ist eine der wichtigsten und häufigsten Stilfiguren, weil sie die Rede zum dramatischen Dialog steigert, die innere Beteiligung des Hörers erzwingt und den Eindruck eines Einverständnisses zwischen Redner und Hörer erweckt. Besonders wirksam ist die rhetorische Frage in Verbindung mit der Anapher. Beispiele dafür finden sich besonders häufig in der Rede Jankowskis und im Wahlmanifest der NSDAP.

Figuren des syntaktischen Bereichs

Man kann auf drei verschiedene Weisen vom schulmäßigen Satzbau abweichen:

durch Umstellung (Veränderungskategorie der »transmutatio«),

durch Auslassung, d. h. durch Ellipse (Veränderungskategorie der »detractio«),

durch Satzbruch (Anakoluth) (die Veränderungskategorien sind hier kaum anwendbar).

Nur der Satzbruch steht in allen seinen Formen jenseits des Üblichen. Umstellung und Auslassung hingegen kommen in gewissen Formen auch beim normalen Sprechen vor.

Umstellung

Die Regeln für die Stellung eines Satzglieds sind entweder logisch oder idiomatisch bedingt. Logisch bedingt sind sie dann, wenn sie den Sinn der Aussage entscheiden helfen (zum Beispiel: die Stellung der Negation im Satz). In solchen Fällen sind keine Variationen möglich. Idiomatisch sind syntaktische Regeln dann, wenn ein Verstoß gegen sie zwar den Sprachgewohnheiten zuwiderläuft, den Sinn der Aussage aber intakt läßt. Hier liegen also Möglichkeiten für rhetorische Figuren. Die wichtigsten sind:

emphatische Umstellung (gr. anastrophe): da ein aus seiner ursprünglichen Satzposition herausgelöstes Satzelement auffällt, benützt man die Umstellung, um irgendeinen Teil der Satzaussage besonders zu betonen. Anfang und Schluß des Satzes sind bevorzugte Positionen. Eine besonders wirksame Art der Voranstellung ist die des prädikativen Adjektivs. Sie klingt pathetisch-erhaben und kommt besonders in der feierlichen Rede oder in der Werbung vor: »Hinabgesunken, teurer Freund, ist nun. . .« (Vischers Grabrede für Mörike); »zehn Jahre haben Sie gebraucht. . .« (Jankowski). Beispiele für Nachstellung: »Ist es demokratisch, daß. . .einige Mächtige die Entscheidungen treffen – über den Kopf der Abgeordneten, Mitglieder, Arbeitnehmer und Studenten hinweg?« (Jankowski). Zur Nachstellungs-Technik gehört die Figur des »vorlaufenden Pronomens«: »noch lebt er zwar, der Held« (Grillparzer).

Kreuzstellung (Chiasmus): »wir waren dabei, als sie ihn begruben – und als er starb, haben wir geweint«; »der letzte Meister der Lieder, der Tonkunst holder Mund« (Grillparzers Grabrede für Beethoven). Die Kreuzstellung dient der Rhythmisierung und der Abwechslung. Häufig wird sie gekoppelt mit einer Antithese: »die Kunst ist lang, und kurz ist unser Leben« (Goethe, ›Faust‹ I). Der Chiasmus ist eine sehr komplizierte Figur, wirkt daher leicht gekünstelt und begegnet in moderneren Reden selten.

Ellipse

Da die Ellipse der Abkürzung dient, sind manche ihrer Formen zur allgemeinen Gewohnheit geworden. Zu diesen konventionellen und daher rhetorisch nicht sonderlich ergiebigen Formen der Ellipse gehört die *Klammer* (gr. zeugma): »Cäsar kam, Cäsar sah, Cäsar siegte« wird zu »Cäsar kam, sah und siegte« verklammert. (Rhetorisch ist unter Umständen der Verzicht auf die Klammer, da sich so gewisse Wiederholungseffekte erzielen lassen, Anapher.) Rhetorisch wirksamer ist die *Schiefe Klammer* (gr. syllepse): Man verklammert, obwohl man nicht gleiche, sondern nur ähnliche Formulierungen vor sich hat: »Zu Beginn war alles noch unbefangen, schien wohlgelaunt, schien vieles möglich« (Festspielkritik). Da die schiefe Klammer oft sinngemäß Disparates in eine formale Verbindung zwingt, kann sie komisch wirken: »Er bekam Schwinger in die Magengrube und Trümpfe in die Hand« (Bond-Film-Kritik).

Zu den üblichen Formen der Ellipse gehört auch die Unterdrückung des »und« in Attributsreihen (beim Schreiben wird es durch ein Komma ersetzt). Rhetorische Figuren entstehen erst durch Abweichen von dieser Gewohnheit, also entweder durch Verzicht auf die Ellipse: »mit Jazz und Kitsch und Orgelharmonien und Leierkasten« (Kerr über die ›Dreigroschenoper‹) oder aber durch völligen Verzicht auf die Konjunktion. Diese Figur heißt *Asyndeton*. Sie wirkt straffend: »so war er, so starb er, so wird er leben für alle Zeit« (Grillparzer), »appetitlos – nervös – anfällig – unsere hektische Zeit ist daran schuld...« (Werbetext).

Neben der Ellipse von Wiederholungen im Satz gibt es die Ellipse von jenen Elementen der Aussage, die sich in einer bestimmten Situation von selbst verstehen und daher für die Information überflüssig werden (»Redundanz«). Ellipsen dieser Art sind in der Literatursprache verpönt, kommen jedoch in der Umgangssprache oft vor. (Man spricht in Andeutungen, in Brocken, im Telegrammstil.) Besonders beliebt ist diese Art der Ellipse in der auf Kürze und Volkstümlichkeit bedachten Werbesprache: »Egal, wie Sie sich rasieren. Ob trocken oder naß. Nach der Rasur sollten Sie etwas für sich tun. TARR extra herb nehmen. Prickelt und erfrischt...«

G. N. Leech (›English in Advertising‹) hat diese syntaktische Figur »disjunktive Sprache« genannt. In der disjunktiven Sprache führen Ellipsen bis zur Auflösung der Satzstruktur.

Anakoluth (Satzstörung)

Störungen der Satzordnung kommen beim spontanen Sprechen häufig vor. Die Rhetorik läßt solche Störungen gelegentlich bewußt zu, um den Eindruck von Improvisation zu erwecken. Die harmloseste Art des Satzbruchs ist der *Einschub*:

durch das Einblenden eines Kommentars oder einer Assoziation wird der normale Satzfluß gestört. Der Einschub wird oft durch Gedankenstriche, in moderneren Texten auch durch Klammern markiert: »die Moriballade vom tiefgesunkenen (aber netten) Verbrecher« (Kerr, Brecht-Kritik). Der Einschub kann sich auch auf das Dazwischenschalten der Anrede beschränken: »welche Ungeheuerlichkeit! Den Gemetzeln der indianischen Skalpiermesser die heilige Sanktion Gottes und der Natur zuzuschreiben, den kannibalischen, wüsten Folterungen, den Morden, den Verbrennungen und der Menschenfresserei – buchstäblich, meine Herren – dem barbarischen Verzehren der zerstückelten Opfer!« (William Pitts Rede für den Friedensschluß in den amerikanischen Kolonien).

Die seltenere Form der Satzstörung ist der *Satzbruch*. Er gehört zum »kühneren Redeschmuck« (audacior ornatus). Seine harmlosere Variante ist die Umgehung der Nebensatzstruktur: »Eine Sehbeteiligung von 9% ist bei weitem kein Rekord. Dennoch: diese 9% sahen...« (Werbetext). Seine extremen Varianten kommen fast nur in der Dichtung vor. Wolfgang Kayser fand ein Beispiel in Kleists ›Penthisilea‹: »Sie schlägt, die Rüstung ihm vom Leibe reißend, den Zahn schlägt sie in seine weiße Brust...« Der Satzbruch soll die Erregtheit des Redners zeigen.

Allgemein gilt für die rhetorische Syntax die Regel, daß zur Vermeidung von Monotonie verschiedene Satzstrukturen miteinander abwechseln müssen. Es kann jedoch vorkommen, daß die syntaktische Wiederholung zur rhetorischen Figur gemacht wird. Man spricht in diesem Fall von *Parallelstruktur* (gr. isokolon). Sie tritt meist in Verbindung mit der Anapher auf. Zur Vermeidung der Monotonie wird die Parallelstruktur gern mit einer Steigerung oder mit wachsenden Gliedern konstruiert: »so war er, so starb er, so wird er leben für alle Zeit« (Grillparzer).

Figuren des kompositorischen Bereichs

Eine Scheidung zwischen gewöhnlichen und ungewöhnlichen Kompositionsweisen ist nur in denjenigen Fällen möglich, wo von der Sache her eine »natürliche Ordnung« (ordo naturalis) gegeben ist. Das ist z. B. der Fall bei der Schilderung von Abläufen in der Zeit; hier gibt es als Formen einer künstlichen Ordnung die Figuren des Vorgriffs, des Rückgriffs und des Sprungs:

Vorgriff
Ein späteres Ereignis, z. B. ein tragisches Ende, wird im voraus angedeutet. Gewöhnlich geschieht es, um Furcht oder Neugier zu wecken.

Rückgriff
Vor allem bei längeren Reden ist es nötig, auf bereits Gesagtes zurückzugreifen. Gewöhnlich geschieht es in der abschließenden Zusammenfassung.

Sprung
Der Sprung gehört zu den Figuren, die durch Weglassen (detractio) entstehen. Er ist der Ellipse verwandt. Das mittlere Glied einer Informationsreihe wird übersprungen. Dadurch entsteht ein Überraschungseffekt (Pointe). Vgl. »Ihren Namen, Bürger« – »Die Revolution nennt meinen Namen« (Danton).

Ein Abweichen von der natürlichen Ordnung entsteht auch, wenn man den durch das Thema gesteckten Bereich verläßt:

Exkurs
Er soll das Publikum unterhalten oder von der eigentlichen Schwierigkeit ablenken. Er kann aber gelegentlich auch der Argumentation dienen: der Sachverhalt wird durch den Exkurs in einen unerwarteten Zusammenhang gebracht und erscheint daher in neuem Licht.

Zur natürlichen Ordnung gehört, daß man mit einer Einleitung beginnt. Deshalb ist es eine Art rhetorische Figur, wenn man das heiße Eisen sofort anpackt und »in medias res«, mitten in die Sache hineingeht. (Wenn der Redner als zweiter oder dritter in die Debatte eingreift, ergibt sich das »in medias res« allerdings ganz natürlich.)
Teils zu den kompositorischen, teils schon zu den argumentatorischen Figuren gehören alle Effekte, die durch die gezielte Plazierung und Zuordnung der Aussagen entstehen:

Zweier- und Dreiergruppe (»Paare« und »Tripel«)
Aussagen werden zu Paaren oder zu dritt zusammengestellt.
Der gesuchte Effekt kann rein rhythmisch sein. Meist sollen
die Gruppen aber Totalität vorspiegeln (die Begriffe ergänzen
sich scheinbar zu einem Ganzen): »Zeichen am Himmel und
Wunder auf der Erde« (Luther); »Mit reichem Wissen und
bestem Wollen« (Hitler); »Mehr kann ein Volk nicht tun, als
daß jeder, der kämpfen kann, kämpft, und jeder, der arbeiten
kann, arbeitet, und alle gemeinsam opfern, nur von dem einen
Gedanken erfüllt...« (Hitler).

Gegensatz (lat. oppositio, gr. antithesis)
Die Fakten werden so ausgedrückt und aufeinander zugeord-
net, daß sich klare Kontraste zu ergeben scheinen. Wo der
Gegensatz nicht wirklich besteht, kann er durch zugespitzte
(pointierte) Formulierung und grobe Vereinfachung erzeugt
werden: »Heinrich, nicht durch Anmaßung, sondern durch
Gottes Einsetzung König, an Hildebrand, nicht mehr den
Papst, sondern den falschen Mönch!« (Heinrich IV.).

Steigerung (Klimax)
Verschiedene Behauptungen werden so aneinandergereiht,
daß sich eine Steigerung ergibt: »Ich habe dem Königtum den
Krieg erklärt, ich habe es...geschlagen, ich habe es...getötet
und den Königen einen Königskopf als Fehdehandschuh hingeworfen!« (Danton, nach Büchner ›Dantons Tod‹); »ich bin
erstaunt, empört« (William Pitt).

Häufung (congeries)
Der Redner ordnet so an, daß sich alle für seine Sache günstigen Fakten gesammelt vor Augen stellen lassen (gewöhnlich
am Schluß und mit Hilfe des Rückgriffs). Eine Art von Häufung läßt sich auch dadurch erzeugen, daß man Beispiele auf-
zählt: »O verdammter Zorn...du schwächest den Leib, be-
nimmst die Kräften, kürzest ab das Leben, verursachest Krankheiten, erweckest Gallfluß, quälest mit Podagra...« (Clemens
von Burghausen). Die Häufung gehört zu den Techniken der
Aufbauschung (»amplificatio«).

Figuren des argumentatorischen Bereichs

Damit sind Floskeln und Tricks gemeint, die den Redner in psychologischer und argumentatorischer Hinsicht unterstützen. Man kann Figuren der Publikumszugewandtheit und Figuren der Sachzugewandtheit unterscheiden:
Zu den Figuren der Publikumszugewandtheit gehören:

Aufrütteln (»tua res agitur«)
Man sucht dem trägen Publikum klarzumachen, welche Bedeutung die verhandelte Sache hat und wie dringlich sie ist. (Wenn es dem Redner darum geht, die Sache hinauszuschieben, kann er argumentieren, man dürfe in so wichtiger Sache nicht überstürzt entscheiden.) Ein gutes Beispiel der Aufrüttelungstechnik findet sich bei William Pitt: »Nur die tiefe Sorge hat mich dazu bewegt, das Wort zu ergreifen...« Das »tua res agitur« gehört in die Einleitung und ist die wichtigste der Techniken des Aufmerksam-Machens (attentum parare).

Versprechen der Kürze (brevitas)
Um das Publikum aufmerksam und bei guter Laune zu erhalten, verspricht man ihm, daß man sich kurz fassen bzw. demnächst zum Schluß kommen werde.

Bescheidenheit (humilitas)
Man setzt sich selbst herab und sucht damit dem Selbstgefühl des Publikums zu schmeicheln. Wo die vorausgeschickten Entschuldigungen nicht sachlich begründet werden können, durchschaut das Publikum sie als Floskel und ist verstimmt. In der modernen Rede wird die Bescheidenheitsformel seltener verwendet, vielleicht, weil Demut nicht mehr recht in die demokratischen Lebensformen paßt.

Anheimstellung
Man überläßt die letzte Entscheidung scheinbar dem Publikum. Man schmeichelt dadurch dessen Bedürfnis nach Selbständigkeit. Gleichzeitig demonstriert man, wie sicher man seiner Sache und wie selbstverständlich die Entscheidung ist. Berühmtes Beispiel: »Wollt ihr Butter oder Kanonen?« in Goebbels' Sportpalastrede.

Zugeständnis

Man beginnt seine Rede mit einem Zugeständnis an den Gegner; natürlich schränkt man sofort wieder ein (nach der »zwar – aber«-Formel) oder zeigt, daß das Hauptproblem ganz woanders liegt. Solche Schein-Zugeständnisse sind nötig, wenn der Gegner im Publikum viele Sympathien besitzt oder wenn man von der Sache her einen schweren Stand hat. Wie das Versprechen der Kürze, wie Bescheidenheits- und Anheimstellungs-Formel gehört auch das Zugeständnis zu den Techniken des Einschmeichelns (captatio benevolentiae).

Anruf

Die unmittelbare Zuwendung zum Publikum gehört zu den affekthaftesten Figuren der Rhetorik. Um den Kontakt nicht abreißen zu lassen, vielleicht auch um sich selbst eine Gedankenpause zu verschaffen, streut der Redner z. B. immer wieder ein »Meine Damen und Herren« ein. Stärker wirkt die rhetorische Frage, der dramatische Appell. Die pathetischste Form des Anrufs ist das Beschwören von Göttern, irgendeiner toten Autorität oder des armen toten Opfers (fictio personae). Das kann sublim, aber leicht auch lächerlich wirken: »Adelaide und Leonore... Musen des Liedes und des Saitenspiels – stellt euch rings um sein Grab und bestreut es mit Lorbeeren!« (Grillparzer).

Zu den Figuren der Sachzugewandtheit gehören:

Detaillierung

Was sich mit einem treffenden Wort sagen ließe, wird in allen Einzelheiten ausgemalt. Statt z. B. einfach von »Massaker« oder »Elend«, von »Begeisterung« oder »Tapferkeit« zu sprechen, fügt man zahlreiche Beispiele hinzu. Man wirkt auf diese Weise viel stärker auf die Einbildungskraft des Hörers, steigert ihn zu Gefühlen des Abscheus oder der Bewunderung. Vgl. Martels Hetzrede an das Volk von Paris: »Im Juli 1789 belagerte euch außen der Krieg, drückte euch innen die Hungersnot, verrieten euch die Häupter der frechen Verwaltung, starrten die Türme der Bastille, des despotischen Ungeheuers, von Kanonen und Soldaten. Das Todesschwert schwebte über euren Köpfen, auf euer Eigentum warteten die Plünderer, auf eure Häuser die Flammen, auf eure Kinder die Bajonette und auf eure Frauen die Brutalität eines blutrünstigen und lasterhaften Feindes...« Beispiele finden sich z. B. auch im ›Aufruf der NSDAP‹, bei Grimmelshausen, in Philipp Scheidemanns ›Rede gegen den Versailler Vertrag‹.

In einfacherer Form dient die Detaillierung der Versinnlichung von Wörtern wie »überall«, »jedermann«, »immer«. Vgl. »in Dorf und Markt, auf dem Land und in den Städten« (Hitler).

Die Detaillierung gehört zu den rhetorischen Kunstgriffen bei der Schilderung der Lage (narratio). Sie ist den Figuren der Umschreibung und der Häufung verwandt.

Augenschein (evidentia)

Ein extremes Mittel der Veranschaulichung und der Beeindruckung ist das Vorzeigen von Gegenständen (z. B. eines blutigen Dolches) oder das Vorführen von Personen (z. B. des mißhandelten Opfers). So nützt z. B. Antonius bei seiner Rede den Schockeffekt des Augenscheins von Cäsars blutigem Kleid und Leichnam.

Beispiel (exemplum)

Man erwähnt eine bestimmte Tatsache, um eine allgemeine These zu beweisen oder um eine allgemeine Feststellung zu illustrieren. Beispiele wirken eindringlicher als die allgemeine Formulierung des Sachverhalts. Die Beispiel-Technik ist der Detaillierung verwandt.

Es gibt negative Beispiele (man zeigt, was passiert, wenn man das Gegenteil tut), und es gibt fiktive Beispiele (man stellt Vermutungen darüber auf, was passieren würde bzw. passiert wäre, wenn man...). Die Bergpredigt erinnert z. B. an die »Vögel unter dem Himmel« und »die Lilien auf dem Felde«, um die Güte und Allmacht Gottes zu demonstrieren; Lloyd George zeigt die Notwendigkeit einer Sozialreform am Extrembeispiel der Bergarbeiter; Jeremias Gotthelf scheut sich nicht, den tragischen Unglücksfall, über den er als Pfarrer sprechen muß, als warnendes Beispiel zu benützen!

Auch erfundene Beispiele begegnen gelegentlich, vor allem dort, wo die Auswirkungen irgendeiner neuen Maßnahme erläutert werden sollen: »Angenommen...«

Vergleich

Mit Vergleichen sucht man einen Sachverhalt zu veranschaulichen und zu qualifizieren. Vergleiche »schaffen Klarheit, da sie an Bekanntes anknüpfen« (Lemmermann). Besonders unanschaulich und daher auf Vergleiche angewiesen sind große Zahlen und statistisches Material. Lemmermann zitiert den Verkehrsrichter einer Kleinstadt, der über die 14000 Verkehrstoten der letzten Jahre sprach und hinzufügte: »Machen Sie sich einmal klar: in jedem Jahr wird in Deutschland eine Stadt wie die unsere ausgerottet, nur weil eben viele Menschen genauso leichtsinnig handeln wie Sie.« Saint-Just verglich in seiner Rede vor dem Nationalkonvent die Opfer der Französischen Revolution mit den Opfern der großen Naturkatastrophen. Er erreichte damit eine Distanzierung, Verschleierung und Bagatellisierung des Sachverhalts. Vergleiche wirken qualifizierend, weil sie den Sachverhalt in Zusammenhänge stellen, die ihn in anderem Licht erscheinen lassen: »Sie wechseln die Namen ihrer Parteien heute, wie man Hemden wechselt, wenn sie schmutzig geworden sind« (Wahlmanifest der NSDAP).

Zu den Vergleichen gehören die Gleichnisse (besonders zahlreich in der Bergpredigt).

Gerade weil Vergleiche »hinken«, gehören sie zu den bevorzugten Mitteln der rhetorischen Dialektik. Vgl. dazu die Argumentationstheorie.

Sentenz

Um die eigene These zu stützen, kann man Aussprüche von irgendwelchen Autoritäten oder Gemeinplätze (locus communis) in Form von Sprichwörtern zitieren. Beispiele finden sich besonders bei Luther. Da sich Zitate immer mit einem Gegenzitat beantworten lassen, ist die Sentenz für die Streitrede nicht gut geeignet. Sie setzt eine »res certa«, also weitgehendes Einverständnis zwischen Redner und Publikum voraus. Ein Redner, der sich der Sentenz bedient, nützt bestehende Vorurteile aus.

Definition

Unter dem Vorwand, einen Begriff erklären zu wollen, gibt man eine Interpretation im Parteisinn; vgl. Sergej Murawjew-Apostols ›Rechtgläubiger Katechismus der Dekabristen‹. Gelegentlich wird ein Redner einen Begriff des Gegners definieren, um zu zeigen, wie verschwommen oder wie widersprüchlich dessen Terminologie ist. Es geht dann gewöhnlich um Unterscheidungen (distinctio).

46

Streifen
Tatsachen, die sich mit der vertretenen Auffassung nicht gut vereinen lassen, die man aber nicht gut totschweigen kann, werden nur kursorisch erwähnt und möglichst abstrakt formuliert. Oft verbunden mit der Figur des Zugeständnisses.

(Schein) Übergehen (percursio)
Ereignisse, die nicht unmittelbar zur Sache gehören oder dem Publikum schon bekannt sind, werden eingeschmuggelt mit Floskeln wie »ich will hier nicht noch einmal hinweisen auf...«; vgl. Louis Napoleons ›Aufruf an die Armee‹.

Alles Argumentieren vollzieht sich in zwei Phasen: zuerst schildert und deutet man dem Hörer die Lage, in der er sich befindet; dann erklärt man ihm, zu welchen Maßnahmen eine solche Lage zwingt. Mit anderen Worten: der Redner sucht die Hörer dazu zu bringen, daß sie die Situation genau so sehen und beurteilen, wie er selbst, damit sie dann auf diese Situation so reagieren, wie er es von ihnen fordert. Was wir hier als »Lage« oder »Situation« bezeichnen, hat zwei verschiedene Aspekte: erstens den äußeren Zustand, in dem man sich befindet; zweitens das Ziel, welches man anstrebt.

Man reagiert auf eine Situation, indem man jene Maßnahme ergreift, von der man erwarten kann, daß sie trotz der gegebenen Zustände zum Ziel führt. Genauer gesagt: der Redner muß den Hörer dazu bringen, daß er die empfohlene Maßnahme für erfolgreich hält und daß er fest glaubt, es gebe keine andere Wahl. Die empfohlene Maßnahme muß als allein erfolgversprechend oder zumindest als das kleinere Übel erscheinen.

Die Argumentation hat es also mit drei Grundgrößen zu tun: mit *Zustand, Ziel* und *Maßnahme.*

Daraus ergeben sich vier Aufgaben der Argumentation:

1. den Hörer dazu bringen, daß er den Zustand so sieht, wie man ihn darstellt,

2. ihn davon überzeugen, daß das Ziel, das man ins Auge faßt, das einzig erstrebenswerte ist,

3. ihm zeigen, daß die vorgeschlagene Maßnahme Erfolg verspricht,

4. ihm zeigen, daß keine andere Maßnahme Erfolg verspricht.

Entsprechend gibt es vier Aufgaben der Kritik:

1. zeigen, daß der Zustand gar nicht so ist, wie ihn der Gegner darzustellen suchte,

2. zeigen, daß es andere, erstrebenswertere Ziele gibt,

3. zeigen, daß die vorgeschlagene Maßnahme von zweifelhaftem Erfolg ist,

4. zeigen, daß es andere und bessere Maßnahmen gibt.

Wer eine Maßnahme ergreift, befolgt dabei bewußt oder unbewußt eine *Regel,* welche ihm sagt, daß in Lagen von der Art derjenigen, in welcher man sich jetzt gerade befindet, nur die eine bestimmte Maßnahme Erfolg hat. Logisch betrachtet steht also hinter jeder Entscheidung ein Urteil von der Form »wenn A, dann B« (Implikation).

In rationaler Deutung ist jede Entscheidung das Ergebnis einer *Deduktion:* man weiß, daß in einer bestimmten Art von Situation nur eine bestimmte Art von Maßnahme erfolgreich ist. Man weiß weiterhin, daß man sich gegenwärtig in einer Situation im Sinne dieser Regel befindet. Man folgert (deduziert), daß also auch in der gegebenen Situation die besagte Maßnahme ergriffen werden muß.

Deduktionen dieser Art werden seit Aristoteles als »Syllogismen« bezeichnet. Es gibt theoretische Syllogismen, in denen eigentlich nur Begriffe definiert werden. Solche Syllogismen, mit denen sich besonders die Logiker beschäftigen, sind z. B.:

»Wenn alle Dreiecke Rechtecke sind, und wenn alle Quadrate Dreiecke sind, so sind alle Quadrate Rechtecke.« Oder: »Alle Menschen sind sterblich; Sokrates ist ein Mensch; also ist Sokrates sterblich.« Oder: »Kein Fisch bringt lebendige Junge zur Welt; der Wal bringt lebendige Junge zur Welt; also ist der Wal kein Fisch.«

Hier interessieren uns vor allem die praktischen Syllogismen, die aus Erfahrungen Maßnahmen ableiten. Ein Beispiel aus der Politik: »Wenn man den Frieden will, muß man den Krieg vorbereiten. Du willst den Frieden? Also mußt du den Krieg vorbereiten!« Oder ein Beispiel aus der Werbung: »Wo ein (wahrer) Mann ist, da ist auch die Marlboro-Zigarette. Du willst doch ein wahrer Mann sein? Also mußt du Marlboro rauchen!« (»Where there's a man, there's a Marlboro.«)

Den theoretischen wie den praktischen Syllogismen liegt das gleiche logische Schema zugrunde: Man geht aus von einer Regel, derzufolge ein Umstand A notwendig immer von einem Umstand B begleitet ist: »Immer wenn A, dann B« (»Obersatz«). Dann behauptet man, daß eine dem Umstand A entsprechende Situation gegeben sei: »nun ist aber A« (»Untersatz«, propositio minor). Aus diesen beiden Voraussetzungen (auch »Prämissen« genannt) ergibt sich dann, sind sie erst einmal akzeptiert, zwingend die Schlußfolgerung: »also ist auch B« (conclusio).

Bei einem sauber konstruierten Syllogismus ist die Schlußfolgerung immer zwingend, auch wenn die beiden Voraussetzungen Irrtümer, Vorurteile oder sogar Lügen enthalten. Man muß also vor allem die angeführte Regel und die behauptete Situation genau überprüfen. Die Regelsätze theoretischer

Syllogismen tun nicht viel mehr als entfalten, was in einem Begriff spontan mitgedacht wird (z. B. daß »sterblich« zur Definition von »Mensch« gehört); sie können daher allgemeingültige Aussagen liefern. Die Regelsätze der praktischen Syllogismen hingegen enthalten bestenfalls einen Gemeinplatz, eine Erfahrungsweisheit, die wie alle aus der Erfahrung gewonnenen Sätze höchstens Wahrscheinlichkeit, nie aber Gewißheit beanspruchen kann.

Eigentlich müßte der Redner also formulieren:

> Soweit uns bekannt ist, fordert die Situation A die Maßnahme B.
> Es hat den Anschein, als befänden wir uns gegenwärtig in einer Situation vom Typ A.
> Also ist es vermutlich am besten, wenn wir eine Maßnahme des Typs B ergreifen.

Gewöhnlich hütet er sich, das zu tun, sondern stellt das (mehr oder weniger) Wahrscheinliche als Gewißheit und das (mehr oder weniger) Ratsame als absolute Notwendigkeit hin.

In der Rede und in der Werbung kommt der praktische Syllogismus außerdem sehr selten in seiner oben dargestellten ausführlichen Form vor. Meist wird er abgekürzt. Solche abgekürzten, typisch rhetorischen Syllogismen nannte Aristoteles »Enthymeme«.

Im Enthymem werden oft einer, gelegentlich sogar zwei der genannten drei Schritte ausgelassen: Wenn der Redner darauf vertrauen kann, daß die von ihm zugrundegelegte Verhaltensregel im Publikum als Trieb oder als Vorurteil fest verankert ist, braucht er sie nicht nur nicht zu begründen, sondern nicht einmal zu formulieren; er kann unmittelbar von der Darstellung der Sachlage zu seinen Forderungen übergehen. Meist ist die Regel also nur unterschwellig lebendig. Wenn sie zutage tritt, so oft nur noch im Zitieren eines Sprichworts, als pure Behauptung, ohne Versuch einer Beweisführung.

Gelegentlich gelingt es dem Redner, die Sachlage so eindeutig und eindringlich darzustellen, daß sie im Publikum eine spontane Reaktion (z. B. Aggression oder Flucht) auslöst. In diesem Fall kann der Redner sogar auf die Schlußfolgerung, auf sein »also müßt ihr . . .« verzichten. Die besten Beispiele für diese Möglichkeit finden sich in Werbetexten.

Wo die Regel ausgesprochen wird und begründet werden muß, kann dies im wesentlichen auf vier Arten geschehen:

1. durch *Beispiele:* Man zeigt einen oder einige der Fälle, wo die empfohlene Regel zum Erfolg geführt hat. Das positive Beispiel ist nie zwingend. Da kein Fall genau dem anderen gleicht, kann natürlich auch von der größten Zahl repräsentativer Beispiele keine zwingende Regel abgeleitet werden.

Oder man zeigt Fälle, wo die empfohlene Maßnahme nicht getroffen wurde und wo es zur Katastrophe kam (argumentatio e contrario). Der negative »Beweis« sagt natürlich im Grunde gar nichts über die Tauglichkeit der empfohlenen Maßnahme.

Negative Beispiele werden meist angeführt, wo man ins andere Extrem will. Es ist Aufgabe der Widerlegung zu untersuchen, ob nicht auch eine Teilkorrektur (z. B. eine Milderung) der fehlgeschlagenen Maßnahme genügen würde. Man kann z. B. auch argumentieren, daß die Maßnahme an sich nicht falsch war, daß sie aber nicht rasch oder nicht kraftvoll genug durchgeführt wurde. Die negative Beweisführung beruht, wie Aristoteles in den »sophistischen Scheinwiderlegungen« gezeigt hat, wesentlich auf einer Verwischung des Unterschieds zwischen »kontradiktorischem« (absolutem) und »konträrem« (relativem) Gegensatz. Der konträre Gegensatz besagt, daß als Alternative zu einer Maßnahme alle Grade der Stufenleiter und nicht nur ihr absolutes Gegenteil in Frage kommen.

Es gibt sogar fingierte negative Beispiele: Oft wird versucht, dem Publikum vor Augen zu führen, was passieren würde, wenn man eine andere als die vorgeschlagene Maßnahme ergriffe, bzw. was passiert wäre, wenn man einst entgegengesetzt gehandelt hätte (argumentatio ex absurdo).

2. durch *Autoritäten:* Man zitiert Aussprüche oder erinnert an Handlungen von Leuten, denen das Publikum Bewunderung oder Vertrauen entgegenbringt. Die Kritik wird sich bemühen, die vom Gegner zitierten Äußerungen entweder umzudeuten oder mit gegensätzlichen Äußerungen der gleichen oder anderer Autoritäten zu konfrontieren.

3. durch *Gemeinplätze* (locus communis): Man packt das Publikum an dessen eigenen Vorurteilen, Erfahrungen, Prinzipien, Normen (Sprichwörter, Gesetzestexte usw.). Die Kritik muß in diesem Fall bemüht sein, entgegengesetzte Gemeinplätze zu zitieren oder zu zeigen, wie oft gewohnheitsmäßiges

Verhalten in ungewöhnlichen Situationen zur Katastrophe geführt hat.

4. durch *Triebappell*: Man appelliert versteckt oder offen an Triebe und Wunschdenken im Publikum. Die Verhaltensregel braucht nicht mehr begründet zu werden, da sie den vorhandenen Bedürfnissen entspricht.

Hier hat die Kritik die größten Schwierigkeiten. Mit der Aufdeckung und Bewußtmachung der Triebe, an die der Gegner appelliert, ist wenig ausgerichtet; man löst dadurch beim Publikum eher Aggressionen als Verständnis aus. Hingegen ist es sinnvoll, an andere, entgegengesetzt wirksame Triebe zu appellieren.

Zur sachlichen Argumentationsweise (argumentatio ad rem) gehört eigentlich nur die Beispieltechnik. Am unsachlichsten und unmittelbar auf die Schwächen des Publikums gerichtet ist der Triebappell (argumentatio ad hominem).

Deutung des Zustands

Der Redner hat nur ein einziges erlaubtes Mittel, um den Sachverhalt in seinem Sinn umzudeuten: die Relativierung der einzelnen Fakten. Eine Relativierung ergibt sich entweder durch die unterschiedliche Gewichtsverteilung unter den einzelnen Gegebenheiten oder durch ihre Eingliederung in größere Zusammenhänge (Vergleich). Je nach der Beziehung, in die man es stellt, kann ein Ereignis relativ bedeutend oder relativ unbedeutend erscheinen. Außerdem ist es möglich, den momentanen Zustand als etwas Vorläufiges, als Glied einer Kette zu zeigen, ihn mit Vergangenem oder mit Künftigem zusammenzusehen und dadurch in verändertem Licht erscheinen zu lassen.

Zur Gewichtsverteilung bedient sich der Redner der schon beschriebenen Mittel des Bagatellisierens und Dramatisierens, des Verhüllens und Aufbauschens, der Abstrahierung und der Veranschaulichung. Dem Bagatellisieren, Verhüllen und Abstrahieren dienen z. B. die Figuren der euphemistischen Umschreibung, des Streifens, des Vergleichs. Dem Dramatisieren, Aufbauschen und Veranschaulichen dienen z. B. die Figuren der Wiederholung, der Häufung, der Steigerung, der Detaillierung, des Augenscheins und des Vergleichs.

Die primitivste Technik, ein Ereignis herauszuheben, ist die wiederholte Behauptung, es sei das »entscheidende« gewesen. Hitler hat sich dieser Technik häufig bedient.

Es muß auch berücksichtigt werden, daß das Überschaubare

eindringlicher wirkt als das Komplizierte. Hitlers Geschichts-fresken beispielsweise leuchteten deshalb so ein, weil in ihnen so energisch »klare« Verhältnisse geschaffen wurden. Die Kritik hat die Aufgabe, Vereinfachungen und Irrtümer zu ent-larven, Unterstellungen zurückzuweisen, Akzente zurecht-zuschieben und notfalls durch komplizierte Unterscheidungen wieder zu verwirren, was der Gegner vorher geklärt hatte.

Der Vergleich ist, wie schon erwähnt, wichtiges Mittel der Bedeutungsverschiebung, der Problemverlagerung und un-merklichen Wertung. Indem Hitler seine eigenen Kriege mit denen Friedrichs des Großen verglich, verschaffte er sich eine Basis für seine These vom Endsieg.

Festlegung des Zieles

Oft besteht zwischen Redner und Publikum Einverständnis über das Ziel. Oft tut der Redner nur so, als bestände dieses Ein-verständnis. Selten wird das Ziel selbst Gegenstand der Argu-mentation. Eine Scheinform von Zieldiskussion enthält die »Fangfrage«, jene Mischung von rhetorischer Frage und Di-lemma: Wenn Friedrich der Große seinen Offizieren äußer-lich die Entscheidung läßt, ob sie sich zurückziehen oder das Entscheidungsgefecht wagen wollen, so tut er gleichzeitig alles, um sie innerlich festzunageln. Goebbels konnte seine »Wollt ihr Butter oder Kanonen«-Frage wagen, weil das Volk der Propaganda längst erlegen war und »Butter« verstand, wie es gemeint war, nämlich als Synonym für »bolschewistische Diktatur«.

Quintilian unterschied zwei Grundziele für politische Maß-nahmen. Er fragte: Ist die Maßnahme nützlich (utile), schafft sie Macht, Reichtum und Sicherheit? Ist die Maßnahme »ehren-haft« (honestum), entspricht sie unserem guten Ruf und unserer Selbstachtung? Außerdem unterschied er, ob es mög-lich oder unmöglich, leicht oder schwer sei, das Ziel zu errei-chen, ob der Gewinn in echtem Verhältnis zum nötigen Auf-wand stehe.

Offenbar hat schon Aristoteles versucht, die möglichen Beweggründe für Entscheidungen zugunsten eines Ziels oder einer Maßnahme systematisch zu erfassen. In seiner ›Topik‹ findet sich eine freilich nicht ganz durchsichtige Anwendung seiner Kategorienlehre auf den Handlungsbereich:

Kategorie der *Qualität:* man entscheidet sich für das, was von den Besten, von der Elite, für gut gehalten wird.

Kategorie der *Quantität:* man entscheidet sich für das, was von den meisten für gut gehalten wird.

Kategorie der *Ordnung:* man führt entweder die Altehrwürdigkeit (Tradition) oder die Modernität (Fortschritt) der Maßnahme ins Feld.

Kategorie des *Seins:* man hält sich an das schon Erprobte bzw. an das, was immerhin realisierbar ist (?).

Kategorie des *Wesens:* man richtet Ziel und Maßnahme nach einem Ideal (?).

Kategorie der *Person:* man folgt einem Führer, der mit seiner Person für Sinn und Erfolg des Unternehmens bürgt (?).

Die Vertretbarkeitsstufen

Die antike Rhetorik unterschied verschiedene Stufen der Vertretbarkeit eines Standpunkts:

1. Die vom Redner verfochtene These entspricht der Meinung der Mehrheit (honestum genus). Der Redner vertritt also eine »sichere Sache« (res certa).

2. Die verfochtene These ist eine echte Alternative (dubium genus). Es geht um eine »strittige Sache« (res dubia, res anceps). Beide Parteien haben gleiche Aussicht auf Erfolg.

3. Die verfochtene These widerspricht dem Rechts-, Wahrheits- oder Wertempfinden der Mehrheit. Der Redner geht ein Wagnis ein, wenn er gegen das herrschende Vorurteil in die Schranken tritt. Sein Mut verdient Bewunderung (admirabile genus).

Jede dieser drei Stufen bedingt eine andere Technik. Das honestum genus kann auf lange Vorreden verzichten. Das admirabile genus verlangt eine behutsame, weit ausholende Einleitung, kunstvolle Verwendung des »Zugeständnisses« und der Relativierungstechniken.

Die Handikaps

Neben der Schwierigkeit, eine These vertreten zu müssen, die von der Mehrheit abgelehnt wird, gibt es zwei weitere Handikaps:

Der Redegegenstand kann dem Publikum als bedeutungslos oder als längst bekannt erscheinen (humile genus). In diesem Fall hilft nur die pointierte Einleitung, das Versprechen von Neuigkeiten oder die Technik des »tua res agitur«.

Oder der Gegenstand kann zu kompliziert sein (genus obscurum). Auch hier ist die Einleitung wichtig. Man muß klarmachen, um welches Problem es sich eigentlich handelt, auf welche These man hinauswill, wie man vorzugehen gedenkt. Man wird die Technik der Vor- und Rückgriffe anwenden und ständig auf Veranschaulichung und Vereinfachung bedacht sein müssen.

Die »Standpunkte« (in der Gerichtsrede)

Die Gerichtsrede ist jener Redebereich, der am ehesten eine Art von Argumentationstheorie zuläßt. Die antike Rhetorik hat sich daher diesem Bereich besonders zugewendet und festgestellt, daß es verschiedene Streitpunkte oder Standpunkte (status) gibt, die unterschiedlichen Stärkegrad besitzen. Da die Stärkegrade dieser Standpunkte von der Rechtspraxis abhängen, entspricht die folgende Stufenleiter nur annähernd der heutigen Situation:

1. Fragwürdigkeit des Beweisverfahrens (status coniecturae): Man bestreitet, daß der Klient die ihm vorgeworfene Tat begangen hat. Man diskutiert also, *ob* der Angeklagte die Tat begangen hat (an fecit). »Status coniecturae« besteht nach moderner Rechtspraxis streng genommen in allen Fällen, wo kein Geständnis vorliegt, also auch bei perfektem Indizienbeweis.

2. Fragwürdigkeit der Definition (status finitionis): Man gibt zwar zu, daß der Klient die Tat begangen hat, stellt sich aber auf den Standpunkt, daß diese Tat kein Vergehen im Sinne der Anklage sei. Man sucht entweder zu zeigen, daß die Tat nicht strafbar ist (man weist z. B. Notwehr nach), oder man sucht zu zeigen, daß die Tat in eine andere (harmlosere) Kategorie von Straftaten gehört (man beweist z. B., daß es nicht Mord, sondern nur Totschlag oder nur fahrlässige Tötung war). Man fragt in diesem Fall, *wie* die Tat begangen wurde (ut fecit).

3. Fragwürdigkeit der Verantwortung (status remotionis): Man gibt zu, daß der Klient die Tat begangen hat, bestreitet aber, daß er voll dafür verantwortlich zu machen sei (mildernde Umstände): man schiebt die Verantwortung z. B. auf die Geistesschwäche (Unzurechnungsfähigkeit) oder auf andere Personen (z. B. »Befehlsnotstand«). In der Antike hatte die Technik der remotio einen geringeren Stärkegrad als heutzutage, da die antike Rechtsprechung hinsichtlich der Verantwortung viel weniger differenzierte. Unzurechnungsfähigkeit wurde nur in den extremsten Fällen zugestanden (vgl. Aristoteles' Ethik). Und was die Zwangslagen betrifft, so forderte z. B.

Aristoteles, daß man »unter Umständen eher den Tod erdulden müsse«, als gegen das Gesetz zu verstoßen. Von »Milieugeschädigtheit« ist erst in neuester Zeit die Rede.

4. Fragwürdigkeit des Gerichtsverfahrens (status translationis): Man gibt sowohl die Tat wie auch die Rechtsnorm und die Verantwortlichkeit zu, bestreitet aber die Ordentlichkeit des Gerichtsverfahrens, sucht zum Beispiel Prozedurfehler oder Befangenheit nachzuweisen, eine in den USA wegen der Jury-Gerichtsbarkeit häufig angewendete Taktik. Zum status translationis gehört z. B. auch das Argument der Maria Stuart, daß man sie nur in Schottland und nur vor Richtern ihres Ranges aburteilen dürfe. Ähnlich der heute oft verwendete Vorwurf der »Klassenjustiz«. Hier fragt man nicht, ob der Angeklagte schuldig sei, sondern ob man ihn verurteilen dürfe.

5. Fragwürdigkeit der Rechtsordnung (status comparationis): Man stellt die herrschende Gesellschaft und ihre Rechtsordnung in Frage. Dieses Argument taucht natürlich vor allem in politischen Prozessen, genauer gesagt bei Straftaten mit politischen Motiven auf. Das wohl älteste Beispiel dieser Art von Argumentation findet sich in Sophokles' ›Antigone‹: Antigone verstößt gegen die herrschende Rechtsordnung im Namen einer anderen Rechtsordnung, die sie für richtiger hält (die der Götter). Zum status comparationis gehört auch das Argument, die begangene Tat sei das kleinere von zwei Übeln gewesen.

6. Bei politischen Prozessen kommt zu den eigentlich juristischen Argumenten noch das politische Kriterium der Nützlichkeit (utile, opportune). Eine Schwierigkeit für den Anwalt besteht darin, daß er den Standpunkt des Nützlichen nur versteckt geltend machen kann, da gewöhnlich der Schein der Legalität gewahrt werden soll.

Die wichtigste Aufgabe eines Anwalts ist es also, zu erkennen, welchen Standpunkt er verteidigen kann, welchen Stärkegrad die verhandelte Sache zuläßt. Teilweise ist die Lehre von den Stärkegraden auf die Situation der beratenden (politischen) Rede übertragbar. So wird sich z. B. auch ein politischer Redner darüber klar sein müssen, ob er eine Maßnahme als solche oder nur die Art ihrer Anwendung diskutieren will (*ob* sie angewendet bzw. *wie* sie angewendet werden soll).

Im *Bereich der politischen und beratenden Rede* ist die Argumentationstheorie in den Ansätzen steckengeblieben, wahrscheinlich weil die beratende Rede von der Sache her weniger scharf bestimmt ist als die Gerichtsrede. Fast alle Versuche in dieser Richtung stammen erst aus neuerer Zeit. Hans-Dieter Zimmermann hat in seiner Untersuchung über die politische Rede einige Wahlreden führender Vertreter der Parteien des Deutschen Bundestages untersucht. Was er über Ziel und Methodik der Argumentation ermittelt hat, ist recht interessant:

Jede politische Rede hat zwei Grundziele: Aufwertung und Abwertung: Die Stärken der eigenen Partei und die Schwächen der anderen Partei werden akzentuiert und aufgebauscht. Die Schwächen der eigenen Partei und die Leistungen der anderen Partei werden verschleiert und bagatellisiert. Aus der besonderen Situation der *Wahlrede* ergibt sich noch ein drittes Redeziel: Beschwichtigung. In der Tat muß sich der moderne Parteistratege vor allem darum bemühen, durch geschickte Abstimmung des Parteiprogramms heterogene Interessengruppen auf ein Ziel hin zu einigen. Dazu gehört die Verwischung der Gegensätze, die Beschwichtigung von Mißtrauen und Furcht. Zimmermann konnte folgende *Beschwichtigungstechniken* feststellen:

Verständnis bekunden (vgl. die Figur des Zugeständnisses);

auf Gemeinsamkeiten hinweisen (vgl. dazu die Reden von de Gaulle);

Widersprüche verschweigen (Technik der Vereinfachung);

»Irren ist menschlich« (Zugeständnis);

»unabwendbares Schicksal« (Abschieben der Verantwortung);

Hinweis auf das Gemeinwohl (»alle müssen Lasten tragen«);

unverbindliche Schlagwörter, die jedermann in seinem Sinn auslegen kann (z. B. »Fortschritt«);

Tabuisierung von gewissen Problemen, um sie der Diskussion zu entziehen (so kann man z. B. Kritik am Staat als »Beschmutzung des eigenen Nests« diskriminieren);

»Einheit macht stark«-Argument zur Diskriminierung von Sonderinteressen;

Schmeichelei, Versprechungen, Einschüchterung.

Zimmermann nennt auch einige Wahlkampftricks, die nicht der Beschwichtigung im eigenen Lager, sondern der Auseinandersetzung mit dem Gegner dienen:

eigene Fehler der Gegenpartei zuschieben oder Leistungen der Gegenpartei (falls diese Amtsvorgänger war) für sich selbst beanspruchen;

Kritiker in den eigenen Reihen als Agenten der Oppositionspartei diskriminieren, Kritiker in den Reihen der Gegner als Gesinnungsgenossen begrüßen und als Symptom für die innere Widersprüchlichkeit der Politik des Gegners deuten;

innenpolitische Gegner mit dem außenpolitischen Feind identifizieren.

Die »faulen Tricks«

Da nie über das »an sich« einer Situation, sondern über ihre Bedeutsamkeit verhandelt wird, da diese Bedeutsamkeit etwas Relatives ist, da jede Sache mindestens zwei Seiten und jeder Mensch widersprüchliche Triebe hat, kann der geschickte Redner die Meinungen lenken, ohne faule Tricks zu benützen. Dennoch werden sie natürlich immer wieder verwendet, und man tut gut daran, sie zu kennen.

Die allerprimitivsten Lügen, Wortverdrehungen und Trugschlüsse sind glücklicherweise aus der Rede verschwunden, da das allgemeine Bildungsniveau gestiegen ist und immer mehr Reden aufgezeichnet werden. Zwei *Trugschlüsse* (Sophismen) gibt es allerdings, die immer noch schwer zu durchschauen sind und zum Teil sogar unabsichtlich angewandt werden. Da ist einmal die verbotene Urteilsumkehrung, wonach eingeschränkte negative Urteile nicht umgekehrt werden dürfen: »viele Brandt-Anhänger sind keine Sozialisten« heißt keineswegs, daß viele Sozialisten keine Brandt-Anhänger sind.

Da ist außerdem die schon erwähnte Verwechslung des kontradiktorischen (absoluten) mit dem konträren (relativen) Gegensatz. Mit ihrer Hilfe kann man eine Scheinalternative konstruieren: »Sieg oder Tod« (als ob es keine Zwischenlösungen gäbe). Man bezeichnet diese Scheinalternative auch als *Dilemma-Technik* (ein Beispiel liefert Friedrich der Große in seiner Ansprache an die Offiziere: »Ich muß diesen Schritt wagen, oder alles ist verloren«, »in kurzem haben wir den Feind geschlagen, oder wir sehen uns nie wieder«.

Heinz Lemmermann hat in seinem ›Lehrbuch der Rhetorik‹ die wichtigsten der unredlichen Argumentationsweisen treffend beschrieben:

»ad personam«-Technik: anstatt sachlich (ad rem) zu argumentieren, greift man die Person des Gegners an.

Verdrehungs-Technik: man nimmt Thesen und Termini des Gegners auf und gibt ihnen einen falschen Sinn (Perversion der reflexio-Figur).

Übertreibungs-Technik: man übertreibt die These des Gegners ins Gefährliche oder Absurde. Man ignoriert alle vom Gegner gemachten Einschränkungen.

Unterstellungs-Technik: man unterstellt dem Gegner Absichten und zieht aus seiner These Folgerungen, die in ihnen gar nicht enthalten sind.

Ausweich-Technik: man geht auf die Argumente des Gegners gar nicht ein, sondern weicht auf ein anderes Problem aus.

Verdrängungs-Technik: man ignoriert die Hauptpunkte der gegnerischen Argumentation und konzentriert seine Angriffe auf Details.

Verwirrungs-Technik: durch komplizierte Unterscheidungen und Problem-Vermischungen sucht man die gegnerische Position zu vernebeln.

Diese Zusammenstellung läßt vermuten, daß Lemmermann gelesen hat, was 150 Jahre vorher der englische Parlamentarier und Logiker William Gerald Hamilton aus der Schule plauderte. In seiner Sammlung brillanter Aphorismen ›Parlamentarische Logik und Rhetorik‹ gab Hamilton künftigen Parlamentariern seine rhetorischen Tricks preis; da kann man unter anderem lesen:

»Nachteilige Argumente übergehe nicht ganz, stelle sie nur in den Schatten.«

»Wenn die Argumente gegen dich sind, verweile so kurz dabei, wie es der Anstand noch gerade erlaubt, gehe dann zu den Wirkungen über, die sich wahrscheinlich aus dem Befolgen oder Vernachlässigen der empfohlenen Maßnahmen ergeben. Da die Wirkungen jeder Maßnahme meist problematisch sind, kannst du sie immer zu deinen Gunsten verwerten.«

»Stelle den Teil als den stärksten des gegnerischen Arguments hin (mit der Miene des freimütigsten Zugeständnisses), den du am sichersten widerlegen kannst.«

»Übertreibe oder verschlimmere die gegen dich erhobenen Vorwürfe, dann bist du leicht in der Lage, sie als unwahr abzutun; oder bagatellisiere sie und gib sie dann teilweise mit einer Entschuldigung zu.«

»Wenn die Frage als Ganzes gegen dich ist, sprich über einen Teil, als ob dieser das Ganze wäre.«

»Bist du im Unrecht, verwende allgemeine und mehrdeutige Ausdrücke, denn sie sind von schillernder Bedeutung. Und häufe Unterscheidungen und Unterscheidungen ohne Ende.«

»Ziehe je nach Bedarf dein Argument so eng zusammen, daß sich sein Sinn verwischt.«

»Es ist ein Kunstgriff, persönlich zu werden oder durch Einwurf bestimmter Dinge einen Streit vom Zaun zu brechen, um damit die Aufmerksamkeit des Hauses von der Hauptsache abzulenken.«

»Wenn die Sache, die du vertrittst, nichts taugt, so gib acht, ob einer von der Gegenseite sein Argument nicht auf falschem oder unsicherem Fundament aufbaut (was meist geschieht). Dann knüpfe deine Rede nicht an die Sache, sondern an dieses Argument.«

»Wenn du einen Mann oder mehrere Männer angreifst, bemühe dich stets, noch etwas Rühmenswertes zu sagen; damit versöhnst du nicht nur jeden Unbeteiligten, sondern auch die Angegriffenen selbst. Außerdem gibt es dir den Anschein der Redlichkeit und deinen Angriffen ein verstärktes Gewicht.«

»Wenn du etwas lächerlich machst, bemühe dich immer, am Schluß eine ernste Nutzanwendung zu bringen; nicht nur, weil der Ernst, wenn er dem Spott folgt, viel wirksamer ist, sondern auch, weil es dir den Schein der Leichtfertigkeit nimmt und beweist, daß du den Scherz nicht aus Mutwillen treibst...Beantworte Ernst mit Spott und Spott mit Ernst.«

»Bemühe dich, einen sittlichen Grundsatz anzubringen, wo man ihn am wenigsten erwartet.«

Hamiltons Anweisungen klingen recht diabolisch. Wieder einmal scheint es, als sei die Redekunst nur eine Technik der Verführung und des Betrugs. Freilich gründet die rhetorische Argumentation darauf, daß man Wahrscheinliches als gewiß, Relatives als absolut, Ähnliches als gleich darstellt. Da es aber in der geschichtlich-sozialen Wirklichkeit überhaupt nur ähnliches und nichts gleiches gibt, ist das Verallgemeinern und Analogisieren notwendiges Prinzip jeder Argumentation. Verallgemeinern und Analogiedenken setzen voraus, daß man sich darüber einigt, wo man die Akzente setzen und welchen Aspekt eines Sachverhalts man für den wesentlichen halten will. Auf dieser Basis wird dann verglichen, bewertet und entschieden.

Diese Akzentsetzung ist nur zum Teil eine Frucht geschickter Überredung. Zum anderen Teil beruht sie auf den Vorurteilen und dem Wunschdenken des Publikums. Letzten Endes kann man Menschen nur dann dazu bringen, Ähnliches als gleich zu behandeln, wenn ihnen diese Entscheidung aus irgendeinem Grund angenehm ist. Im Grunde *lassen* sich die Leute überreden. Jedes Publikum hat die Demagogen, die es verdient.

Die Werbung

Argumentationstechnik

Jüngstes Kind der Redekunst ist die Wirtschafts-Werbung. Natürlich hat es Reklame gegeben, seit es den Handel gibt. Neu ist jedoch, daß man begonnen hat, Techniken und Wirkungen der Werbung systematisch zu erforschen.

»Werbung« im engeren Wortsinn ist die Überredung zum Kauf eines Produkts, d. h. einer Ware oder einer Dienstleistung. Nicht zur Werbung gehören streng genommen die Anzeigen, soweit in ihnen nicht überredet, sondern nur informiert wird.

Im allgemeinen wird für ein bestimmtes Markenerzeugnis geworben. Es gibt jedoch auch die Werbung für eine bestimmte Warenart (»Trinkt mehr Milch«), für eine bestimmte Branche (»Fragt den Drogisten«) oder für eine bestimmte Firma (»AEG – aus Erfahrung gut«). Neben der eigentlichen Verkaufswerbung gibt es die sogenannte »Image-« oder »Good Will«-Werbung, in der sich eine Firma oder Branche beim Publikum beliebt zu machen sucht (etwa der Kampf Schweizer Banken gegen das Odium der Profitgier oder die Kampagne der Chemieriesen gegen das Odium der Umweltvergiftung). Hier verschwimmt der wirtschaftliche im politischen Bereich.

Man unterscheidet schließlich noch die »Einführungs«- von der »Repräsentations«-Werbung. Die Einführungswerbung sucht die Aufmerksamkeit auf ein neues Produkt zu lenken, die Repräsentationswerbung sorgt dafür, daß ein bereits bekannter Name oder eine bereits vorhandene Konsumgewohnheit in Erinnerung bleibt.

Die verschiedenen Werbearten fordern verschiedene Techniken, verschiedene Arten der Annäherung an das Publikum. Die Verkaufswerbung muß aggressiv und massiv, die Good Will-Werbung einschmeichelnd und nuanciert wirken. Einführungswerbung kommt ohne ein gewisses Maß von Argumentation und Beschreibung nicht aus. Repräsentationswerbung kann sich auf einen einzigen Leitsatz (Slogan) oder sogar auf die bloße Namensnennung beschränken.

Endlich macht es natürlich auch einen Unterschied, ob für Konsum- oder für Investitionsgüter geworben wird. Vor allem wenn es sich bei den Konsumgütern um reine Genußwaren handelt (Zigaretten), wo der Kaufimpuls nicht vom Verstand, sondern vom Trieb ausgeht, wird sich der Werbetexter viel weniger um rationale Argumentation und eigentliche Beweisführung bekümmern als etwa in einer Werbung für Ölbrenner. Wo der Trieb angesprochen wird, tritt an die Stelle der rationalen Argumentation der Appell. Soweit es um die Befriedigung von Trieben geht, die als niedrig oder als Zeichen von Charakterschwäche gelten, tritt der Appell in verschleierter Form auf oder wird durch ein Pseudoargument verdeckt (»Rationalisierung« in der Sprache der Psychologie). Es ist erstaunlich, welche Halbwahrheiten, Verharmlosungen, Übertreibungen, leere Behauptungen man geschmeichelt in Kauf nimmt, wenn man verführt werden *will*.

Werbetheoretiker haben immer wieder versucht, ein möglichst vollständiges System möglicher Werbeargumente, d. h. möglicher Konsum- und Investitionsziele aufzubauen. Ein etwas seltsames, aber recht eindrucksvolles Ergebnis dieser Bemühungen ist der »Argumenter« von Egon Juda: Von der Sache her gewinnt er als Argumente 8 Gründe, weshalb man sich für ein bestimmtes Fabrikat entscheidet: Grundsätzliches, Ausführung, Material, Erscheinung, Leistung, Unternehmen, Absatz, Sonstiges. Und vom Käufer her gewinnt er als Argumente 10 »Kauftriebe«: Allgemeines, Selbsterhaltung, Besitz, Macht, Gewinn, Genuß, Gewohnheit, Schwäche, Gemeinsinn, Neigung. Da jeder Kaufentscheid gleichzeitig den Entscheid für ein Produkt und den Entscheid für ein bestimmtes Fabrikat enthält, gibt es also 10 × 8 Kriterien. Dazu kommen noch Varianten nach den folgenden 9 Kategorien: Art, Beschaffenheit, Maß, Ort, Zeit, Herkunft, Ursache, Wirkung, Zweck. Es gibt nach Egon Juda also insgesamt 10 × 8 × 9 verschiedene Verkaufsargumente!

Von der klassischen Gattungstheorie her gesehen gehört die Werbung in die rhetorische Gattung des genus deliberativum: es soll ja zum Kauf eines bestimmten Produkts geraten oder zur Bevorzugung einer bestimmten Herstellerfirma überredet werden. Oft ist diese Zugehörigkeit der Werbung zur beratenden Rede jedoch kaum mehr zu erkennen; oft nämlich fehlt der zur beratenden Rede, d. h. zur Behandlung einer strittigen Sache (res anceps) gehörende dialektische Teil, d. h. die Auseinandersetzung mit der Alternative. Gewöhnlich wird im Werbetext die Alternative des Kaufverzichts oder der Wahl eines Konkurrenzartikels ignoriert. Man tut, als handle es sich, wie im genus demonstrativum, um eine sichere Sache (res certa) und beschränkt sich auf das Hochloben des Produkts. Mit gutem Grund: Bei vielen Produkten, besonders im Bereich der Konsumgüter (z. B. Waschmittel), ist ja das Angebot durchaus gleichwertig und eine Entscheidung zugunsten des einen oder anderen Fabrikats sachlich kaum zu begründen. Außerdem würde ein Abwägen des Für und Wider den Verstand auf den Plan rufen, was den Zwecken der Werbung eher hinderlich wäre, da ja meist doch unmittelbar an den Trieb appelliert werden muß. Ausführlich und rational argumentiert wird lediglich, wie erwähnt, in der Investitionsgüterwerbung (auch etwa bei Arznei-, Grundnahrungs- und Körperpflegeartikeln). Um einen Anschein von Argumentation kommt die Werbung auch dort nicht herum, wo »Bedürfnisse geweckt« werden müssen, d. h. wo man ein Produkt an den Mann bringen will, das bisher niemand für nötig hielt.

Die erste Eigentümlichkeit der Werbung besteht also darin, daß sie ihrem Wesen nach zwar ins genus deliberativum gehört, äußerlich aber ihren Gegenstand meist wie im genus demonstrativum als sichere Sache darstellt; die zweite Eigentümlichkeit liegt im »humile genus«: die Werbung hat das Handikap, über einen besonders banalen, langweiligen, ungefragten Gegenstand sprechen zu müssen. Die Fülle einander konkurrierender Werbeaktionen und die eingeschränkte Zielsetzung haben dazu geführt, daß Argumente und Formulierungen schnell abgedroschen sind. Während ein Abgeordneter im Parlament oder ein Anwalt vor Gericht immerhin offiziell im Zentrum der Aufmerksamkeit steht, kann der Werbefachmann allenfalls mit der »schweifenden« Aufmerksamkeit (Seyffarth) seines Publikums rechnen: die Werbung erscheint überall nur als Zutat. Man liest eine Illustrierte nicht wegen, sondern trotz der Anzeigen. Ähnlich ist es mit den Fernsehspots. Werbung wird meist als störend empfunden. Man nimmt sie vielleicht gnädig in Kauf, aber doch fast immer nur sehr flüchtig zur Kenntnis. (Eine Ausnahme bildet die Werbung für Investitionsgüter und gewisse Dienstleistungen, da hier ein Bedürfnis meist nicht erst geschaffen werden muß, und der Kunde von sich aus das Angebot erforscht.)

Das Handikap des »humile genus« hat dazu geführt, daß die wichtigste und schwierigste Aufgabe der Werbung in der Erregung und Fesselung der Aufmerksamkeit liegt: Die Werbung benützt der unmittelbaren Wirkung wegen viele optische und einige akustische Reizmittel: Komposition (layout) und Plazierung, Begleitbild und Druckform können ein Inserat, Bildschnitt und Bildton können einen Fernsehspot auffällig machen. Neben diesen Effekten der Darstellungsweise gibt es solche der Aussage. Die wichtigste ist die »Aufhänger«- oder Lockvogel-Technik: Wenn die angebotene Ware selbst nichts besonders Neues, Reizvolles an sich hat (z. B. Stahlrohre), nichts, was auf den ersten Blick hin wirkt, dann zeigt man an ihrer Stelle ihren ungewöhnlichsten Teilaspekt oder eine ihr mittelbar verbundene andere Sache. Die Kunst besteht dann darin, vom Aufhänger in müheloser Weise zur Sache selbst überzuleiten. Je gesuchter der Aufhänger ist, desto mühsamer ist natürlich die Überleitung. Gelingt sie nicht, fühlt sich der Leser genarrt, und die ganze Wirkung ist dahin. Man kann verschiedene Formen des Aufhängers unterscheiden: die »story«-Technik (man lockt den Leser durch eine reizvolle Anekdote, durch eine Scheininformation oder durch die Abbildung einer verführerischen Szenerie); die Verfremdungs-Technik (man zeigt Vertrautes in ungewöhnlicher Perspektive oder ungewöhnlicher Umgebung, nutzt den Reizeffekt des Abnormen); die Rätsel-Technik (man weckt die Neugier, indem man rätselhafte Gegenstände abbildet, in Scheinpara-doxen spricht, die Aussage mit unvollständigen Sätzen ein-leitet: »Wenn Sie auf dem Zuckerhut stehen...«). Neben dem Aufhänger steht als normales Mittel, um Aufmerksamkeit zu erzwingen, die direkte Wendung ans Publikum durch provo-zierenden Zuruf, Aufforderung, Frage: »Wissen Sie, was Schiller 1971 macht? –«

Zu den ungewöhnlichsten Werbeeffekten gehört die Technik des »*under-sell*«: VW beispielsweise zeigt einen VW-Fahrer mit Reifenpanne und kommentiert: »Niemand ist perfekt.« AVIS-Mietwagen argumentieren: »Wir geben uns mehr Mühe. Wir müssen es. Wir sind nämlich nur die Zweit-Größten.«

In beiden Fällen werden kokett (scheinbare) Schwächen eingestanden – die altbewährte rhetorische Technik der »concessio«! Ihre Vorteile: zunächst einmal erhält man mit Argumenten, die aus dem Rahmen der üblichen Lobhudelei herausfallen, einen guten Aufhänger. Außerdem dient das Zugeständnis der »captatio benevolentiae«, der Erzeugung von Wohlwollen; denn wer kleine Schwächen hat, weckt Sympa-thie, wer sie offen zugibt, weckt Vertrauen. Und schließlich sind diese Zugeständnisse ja zugleich Formen des Eigenlobs:

Wenn ein VW keinen anderen Mangel aufweist, als daß ab und zu mal ein Reifen platt ist... Die AVIS-Reklame ist noch etwas raffinierter. Sie spekuliert mit dem David-Goliath-Effekt und der aus dem Sportbereich stammenden Sympathie des Publikums für den »under-dog«, d. h. für den mutigen Herausforderer des Titelverteidigers.

Der Text einer vollständigen Einführungswerbung hat gewöhnlich, wie der Text jeder Rede, drei Teile. Der erste Teil, die Einleitung, bestehend aus Zuruf oder Aufhänger, hat wie in der klassischen Rhetorik die Funktion des Aufmerksam-Machens (attentum parare). Der Hauptteil enthält die Überleitung und das eigentliche Argument, je nachdem als sachliche Beweisführung oder als Entfaltung eines Wunschzustands. Der Schluß faßt gewöhnlich die Argumentation zu einem einzigen Urteil oder Appell zusammen. Da er immer auch den Namen des Produkts noch einmal wiederholt, wirkt er als eine Art Unterschrift. Die englischen Bezeichnungen dieser drei Teile heißen »head-line«, »body-copy«, »signature-line«.

Entsprechend unterscheidet der Werbetheoretiker Michlingk (in Anlehnung an Cicero) drei Funktionen des Werbetextes:

1. Anlocken, einschmeicheln (conciliari),
2. Bekanntmachen (docere),
3. appellieren, antreiben (permovere).

Die Amerikaner prägten die bekannte AIDA-Formel: *a*ttention, *i*nterest, *d*esire, *a*ction.

Da in der modernen Illustrierten- und Fernsehwerbung ein immer größerer Teil der Werbewirkung vom Bild übernommen wird, begegnet im Textteil nur noch ein Teil des Überredungsprozesses. Das Anlocken und das Beschreiben des Produkts überläßt man gewöhnlich dem Bild. Der Sprache bleibt die Argumentation und die Einprägung des Markennamens vorbehalten. In der letzten Zeit hat die Fernsehwerbung die einschmeichelnde, suggestive Wirkung der Stimme offenbar wiederentdeckt. Zum Teil handelt es sich dabei um einen rein akustischen Effekt. Aber nach wie vor hat das Wort eine stärkere Gedächtniswirkung als das Bild.

Der Kern- und Kulminationspunkt jedes Werbetextes liegt im *Slogan*, dem Leit- und Kampfspruch. Repräsentationswerbung besteht vor allem in der Wiederholung des Slogans.

Die natürlichste Form des Slogans wäre eigentlich der Aufruf zum Kauf des Artikels, gekoppelt mit einer Kurzform der

Begründung: »Kaufen Sie X, denn...« In Wahrheit ist dieser *Aufruf*-Typ des Slogans keineswegs der häufigste. Meist wird nämlich der Aufruf zum Kauf fallengelassen, sei es, weil er sich von selbst versteht, sei es, weil man verschleiern will, daß der Genuß der versprochenen Güter mit Geldausgeben und der Profitsucht verbunden ist. Wo der Aufruf noch begegnet, erscheint er in Verkleidung: »Schenken Sie...«, »Gönnen Sie sich...« (»Schenk Vollkommenheit – schenk BRAUN«). Häufiger tritt an seine Stelle eine einfache Qualifizierung des Produkts, d. h. eine Beschreibung seiner vorzüglichsten Eigenschaften und Wirkungen. Solche *»Kennzeichnungen«* haben äußerlich die Form eines einfachen Urteils; innerlich enthalten sie natürlich doch einen Appell, da die Beschreibung der Qualitäten eines Artikels den Wunsch nach seinem Besitz auslöst.

Die Kennzeichnung kommt in einfacher Form vor: »BACARDI schenkt den Zauber der Karibischen See«; oder raffinierter mit Abkürzung: »EXECUTIVE – die neue topherrenserie«; oder mit Umstellung: »Unsagbar bequem – WK-Möbel«.

Es ist typisch für die Situation der Werbung, daß sie mit dem Slogan in Form einer einfachen Behauptung auskommt. Während ein Redner zur Überredung eine Art von Beweisführung braucht, kann sich der Werbefachmann auf die Wirkung der Wiederholung verlassen. Er befindet sich ja in der günstigen Lage, seine These immer wieder vorbringen zu können. Da wir bekanntlich die Tendenz haben, allgemein Anerkanntes mit oft Gehörtem gleichzusetzen, genügt es, wenn man uns eine Behauptung oft genug wiederholt, damit wir sie schließlich unbesehen für etwas allgemein Anerkanntes halten.

Es werden ohne Zögern Behauptungen nicht nur über Unbewiesenes, sondern auch über Unbeweisbares aufgestellt. Etwa über subjektive Qualitäten, von denen sich allgemeinverbindlich gar nichts aussagen läßt (»ROTH HÄNDLE FILTER – der moderne Typ einer klassischen Zigarette«); oder es werden durch Superlative Absolutheitsansprüche angemeldet: »LADY L von SIEMENS – es gibt keinen besseren Geschirrspüler«; eine besondere Blüte der unbeweisbaren Behauptungen ist endlich auch der sogenannte »unqualifizierte« Komparativ: »ein LOEWE ist mehr«.

Gelegentlich begegnet man allerdings auch einem Slogan-Typ, in dem ein Rest von Beweisführung enthalten ist, z. B.: »CAPITAL – denn Wissen ist Geld« (Wirtschaftsjournal). Bei

66

diesem *Kausal-Typ* des Slogans handelt es sich eigentlich um die Verknüpfung eines abgekürzten Zurufs mit einem Kausalsatz: »Kaufen Sie CAPITAL, denn CAPITAL bringt Wissen, und Wissen ist Geld.«

Viel häufiger, fast so häufig wie der Kennzeichnungs-Typ erscheint unter den Slogans eine andere Form der reinen Behauptung, die *Implikation*. Sie enthält die Behauptung über den notwendigen Zusammenhang zwischen dem Glück eines Menschen und der Verwendung des angepriesenen Produkts. Die Implikation begegnet selten in der Normalform »wenn, dann«, sondern häufiger in Umschreibungen wie z. B. »Wer jetzt startet, gewinnt« oder »Mit HENKELL begonnen – glücklich das Jahr«; »Für den ›Ständig-auf-100-Typ‹ – VIVIOPTAL« (Vitaminpräparat).

Besonders raffiniert sind Slogans von der Form: »Männer mögen MEN«: äußerlich ein einfacher Urteilssatz vom Typ der Kennzeichnung, ist diese Aussage in Wahrheit eine Implikation: »Wer ein Mann ist, mag MEN« bzw., mit emphatischer Sinneinschränkung: »Wer ein richtiger Mann ist, mag MEN.« Dazu kommt noch, daß die Aussage zwischen Aufforderung und Feststellung bzw. Behauptung hin- und herschwankt. Man versteht gleichzeitig: »alle richtigen Männer...« und »wenn Sie ein richtiger Mann werden wollen, müssen Sie...«

Im Grunde genommen enthalten natürlich auch einfache Kennzeichnungen eine Art Implikation: hinter jeder Waren-Kennzeichnung steht ja die Behauptung, die genannte Ware sei die einzige, die die genannten Qualitäten aufweist. Damit ist gleichzeitig gesagt: »Wenn Sie solche Qualitäten wollen, müssen Sie unser Produkt kaufen.«

Man kann die logische Analyse noch einen kleinen Schritt weitertreiben und dabei feststellen, daß Implikationen wie »Männer mögen MEN« eigentlich abgekürzte Syllogismen darstellen: aus den beiden behaupteten Grundtatsachen

1. alle richtigen Männer benutzen MEN
2. Du bist ein richtiger Mann (oder willst es sein)
ergibt sich zwingend die Forderung:
Also mußt du...

Die hier getroffene Unterscheidung von vier logischen Formen des Slogans (Aufruf, Kennzeichnung, Kausal-Typ, Implikation) stellt einen Versuch dar. Es ist nicht zu erwarten, daß sich alle Sloganformen auf diese vier Typen zurückführen lassen.

Da vom Handikap des »humile genus« ein starker Zwang zum Auffälligen und Gefälligen, zu ständiger Veränderung ausgeht, gibt es kaum eine Stilfigur, die von der Werbung nicht ausgebeutet worden wäre. Es gibt indessen doch einige Figuren, die sie mit Vorliebe verwendet und einige andere, die sie meidet.

Da die Werbung nur mit schweifender und flüchtiger Aufmerksamkeit rechnen kann, da sie hauptsächlich auf Gedächtniswirkung ausgeht, und nicht auf das Erzeugen einer momentanen Stimmung, müssen ihre Texte vor allem kurz und einfach sein. In der Argumentation wirkt sich diese Regel in der Einschränkung auf ein Hauptargument und in der Beschränkung auf den Slogan aus. Stilistisch entspricht dem der Verzicht auf komplizierte Sätze. Relativsätze beispielsweise werden deshalb, soweit wie irgend möglich, durch Adjektive oder durch Wortverbindungen ersetzt: »atmungsfreudig«, »der ›Ständig-auf-100-Typ‹«.

Dem Streben nach Kürze entspricht auch der ausgiebige Gebrauch der *Ellipse:* Besonders auffällig und häufig ist das Auslassen des Verbums in der Kennzeichnung: »NICE AND EASY-CLAIROL (ist, bietet) die erfolgreichste Haarkosmetik der Welt«, »Vielseitig, sicher und schnell: IBM Büromaschinen«.

Anstelle des ausgelassenen Verbs tritt ein Gedankenstrich oder ein Doppelpunkt. Rhetorisch gesehen vollzieht sich hier mit der Ellipse die Umwandlung eines normalen Urteilssatzes in einen Hinweis: zur Rede tritt ein Zeigevorgang. Als würde man eine Person einer anderen vorstellen, weist man auf ein Produkt und nennt einige seiner hervorstechenden Eigenschaften. Man kann, wie Lemmermann in seinem ›Lehrbuch der Rhetorik‹, in diesem Zusammenhang von »Doppelpunkt-Technik« sprechen, oder, wie der Engländer G. N. Leech (›English in Advertising‹), von »disjunktivem« Stil. Interessant ist, daß sich mit der Verbal-Ellipse nicht nur eine Kürzung des Satzes, sondern zugleich eine Aktualisierung und Dramatisierung der Aussage erzielen läßt. Anstelle eines Urteils tritt ein zweiteiliger Ausruf. Der Markenname wird isoliert und dadurch hervorgehoben. Genau umschrieben müßte der zitierte Slogan lauten: »Da ist NICE AND EASY-CLAIROL! Das ist die erfolgreichste Haarkosmetik der Welt!«

Auch in Implikationen fehlt das Verbum häufig: »Wenn

(Sie) Wäsche (haben), dann (müssen Sie) SUWA (verwenden)!«

Weniger leicht zu deuten ist eine modernere Variante der Verbal-Ellipse: »BELDAM DE LUXE und ein außergewöhnliches Vergnügen« – das soll doch wohl heißen: »Benützen Sie BELDAM, und Sie werden ein außergewöhnliches Vergnügen genießen!« Wir hätten demnach auch hier eine abgekürzte Implikation vor uns.

Auch andere Formen der Ellipse werden in der Werbesprache häufig verwendet, z. B. das Asyndeton (Unterdrückkung der Konjunktion »und«): »elegant – korrekt – bequem – DIOLEN«; auch dem Zeugma (Klammer bzw. Ellipse sich wiederholender Satzelemente) begegnet man: »Kennen Sie den LSK-COMPAKT? Den Leichtschwung-Kurzski von ATTENHOFER?«

Auf der Zeugma-Technik beruht auch die Möglichkeit, ergänzende Aussagen eines Satzes abzuspalten, die Information sozusagen in Raten mitzuteilen:

»Wir machen Rohre aus allen Stählen. Aus Kunststoffen. Oder kombiniert.« Dieser Stil macht die Aussage übersichtlicher. Er wirkt vertrauenerweckend, weil er den lockeren Stil der Alltagssprache imitiert. Außerdem wirkt er dynamisch.

Wie immer in der Redekunst steht der Forderung nach Einfachheit und Kürze die Forderung nach Eindringlichkeit und Nachdruck (Emphasis) entgegen. Der Emphase dienen die verschiedenen Figuren der Wiederholung. Die Werbung verwendet sie fast alle. Verpönt scheint lediglich die wörtliche Wiederholung (iteratio) zu sein. Wohl deshalb, weil hier die Gefahr der Langeweile (taedium) droht. Eine Ausnahme bildet natürlich der Markenname, den der Werbetexter möglichst häufig zu plazieren sucht. Im übrigen herrscht die Technik der Wiederholung durch Variation vor: »Es ist eine Freude, Frau zu sein. Ganz Frau und wirklich schön zu sein.« Hier haben wir die Form der verdeutlichenden Wiederholung. Ähnlich: »Geben Sie Ihren Lieben FLORA – pflanzliche FLORA.« Die Verdeutlichung hat eine deutliche Emphase-Wirkung.

Der Anapher (gleiche Satzanfänge) begegnet man oft in Zurufen: »Schenk Vollkommenheit – schenk BRAUN«; »Nimm's leicht – nimm SCHARLACHBERG«; »Come to where the flavor is – come to MARLBORO country«.

Die letztzitierten Slogans sind gleichzeitig Beispiele für die Technik der »*emphatischen Umstellung*«. Besonders häufig trifft man sie, wir sahen es schon, in der Kennzeichnung: »Ein großer Cognac – ein COURVOISIER«.

Die Vorausnahme der Qualifizierung hat einen ausgesprochen dramatischen Effekt. So kündigen Conférenciers oder Zirkusdirektoren ihre Stars an.

Im übrigen trifft man in Werbetexten die bekannten *musikalischen Effekte*, die eine Aussage zugleich eindrücklich und gefällig machen:

Rhythmisierung: »Weg mit der Bürste! Jetzt gibt es SAPTIL«; »sicher und gut – JUNKER und RUH«.

Alliteration: »Männer mögen MEN.«

Dreiergruppen: »Erlesene Zutaten, reiche Erfahrung und das richtige Rezept: das ist STORCK.«

Abnehmende Glieder: »vielseitig, sicher und schnell – IBM Büromaschinen«.

Zunehmende Glieder: »klar und spritzig – jung und modern – und köstlich frisch und erquickend – FANTA«.

Aufdringlichere Techniken der Musikalisierung, Reim und Vers, scheinen in den letzten Jahren weniger Verwendung gefunden zu haben.

Recht häufig werden *Wortspiele* verwendet. Sie gefallen, prägen sich gut ein, erlauben pointierte Formulierungen und geben oft Gelegenheit zu einem Aufhänger: »Gehen Sie einer Pfanne auf den Grund« (TEFLON-Pfannenbelag).

Der *Personifizierungs-Technik* wird eine besondere Wirkung auf das Gefühl zugesprochen. Wahrscheinlich benützt man sie auch deshalb gern, weil sie ungewohnte Formulierungen erlaubt: »Autos lieben SHELL«; »Afrika wartet darauf, von Ihnen entdeckt zu werden«.

Textsammlung

Vorbemerkung

Die hier vereinten Texte sollen die verschiedenen Funktionen und Ausgangslagen rhetorischer Rede zeigen und einen Überblick über die rhetorische Tradition vermitteln. Wollte man sich auf das heutzutage Wirksame beschränken, dürfte man fast nur Texte aus jüngster Zeit bringen. Und nach zehn Jahren wären auch diese wohl schon wieder veraltet. Denn wie alle Reizwirkungen sind auch die Effekte der Rhetorik der Mode unterworfen.

Es gibt allerdings –• man wird das vor allem bei lautem Lesen feststellen können – auch manche Effekte, die zeitlos gültig sind; sie zeigen, daß es der Redner immer wieder mit den gleichen psychischen Grundsituationen zu tun hat.

Die Texte sind der Einfachheit halber historisch angeordnet.

Der Überblick zeigt, daß zu allen Zeiten die Art des Publikums und der Situation den Redestil mitbestimmte: Ciceros Rede im Senat (4.) benützt andere Effekte als Antonius bei seiner Rede auf dem Forum (13.). De Gaulle spricht in seiner Proklamation zur Algerienfrage (69.) anders als in einer Fernsehansprache für das polnische Volk (73.). Wichtig ist auch die Zusammensetzung des Publikums. Hitler konnte bei Parteianlässen anders sprechen als bei seiner Regierungserklärung.

Das gestiegene Bildungsniveau hat dazu geführt, daß die primitivsten Sophismen aus der Rede verschwunden sind. Dafür sind unsere Politiker immer erfahrener geworden in der Ausnützung elementarer Triebmomente. Und die alten Tricks der Schmeichelei und Drohung, des Aufstachelns und der Beschwichtigung funktionieren wie eh und je.

Einige Reden sind durch ihr historisches Gegenstück ergänzt. Der Brief Heinrich IV. (7.) findet sich neben der päpstlichen Bulle (6.), Luthers Sendschreiben wider die Bauern (12.) neben Thomas Müntzers Aufruf an die Bergleute (11.). Napoleons Aufruf an die Truppen ist konfrontiert mit jenem seiner Gegner. Durch diese und ähnliche Kombinationen sollte der Sammlung etwas von der Dramatik der Auseinandersetzung mitgegeben werden, die das Lebenselement echter Rede ist.

Die Sammlung enthält Beispiele aus den drei Gattungen der Rede, aus dem Bereich der Gerichtsrede (genus iuridiciale), der Beratungsrede (genus deliberativum) und der Lob-und-Tadelrede (genus demonstrativum).

Die reine Gerichtsrede (Plädoyer) ist fast ausschließlich durch Reden aus politischen Prozessen vertreten. Politische Reden geben Gelegenheit zu besonders wirksamen rhetorischen Kunstgriffen; sie haben aber den Nachteil, daß sie das genus iuridiciale immer vermischt mit dem genus deliberativum zeigen (es wird gleichzeitig in Richtung des »gerecht« und in Richtung des »nützlich« argumentiert). Ein Schulbeispiel juristischer Argumentation liefert Schiller in ›Maria Stuart‹, wo alle Standpunkte (status) der Verteidigung durchgespielt werden (23. 24.). Charakteristisch für den politischen Prozeß ist, daß mit Verteidigung oder Anklage, versteckt oder offen, ein Rat verbunden ist: Luther beschränkt sich in seiner Wormser Rede (10.) nicht auf seine Verteidigung, sondern beendet sein Plädoyer mit einem politischen Rat an den jungen Kaiser; des Antonius Plädoyer für Cäsar (13.) schürt gleichzeitig den Aufruhr; Zolas ›Offener Brief‹ ist eine politische Kundgebung (44.).

Die Beratungsrede ist in vielen Spielarten vertreten. Die meisten Beispiele kommen aus dem Bereich der Politik. Die politische Streitschrift hat viel von der Gerichtsrede. Der offene Brief Norbert Jankowskis an die Parteien des Deutschen Bundestags (74.) ist eine reine Anklage. Sie enthält bemerkenswerterweise keine Vorschläge oder Ratschläge. Die Anworten der Parteien (75.–77.) ihrerseits beschränken sich weitgehend darauf, Gegenangriffe zu formulieren, Gegensätze zu verwischen, mildernde Umstände ins Feld zu führen oder auf vorhandene Erfolge oder den guten Willen hinzuweisen.

Wahlpropaganda enthält, wie die Kundgebungen zur Reichstagswahl 1930 zeigen (56.–59.), zu ungefähr gleichen Stücken Rückblicke in die Vergangenheit (anklagend, verteidigend) und Ratschläge, Versprechungen für die Zukunft.

Eine subtile Mischung von beratenden und juristischen Elementen enthält auch Brockdorff-Rantzaus eindrucksvolle Rede in Versailles (52.). Sie ist ein Kunstwerk diplomatischer Rhetorik. Er mußte alles tun, um den Sieger nicht zu provozieren, verstand es aber dennoch, Argumente der Rechtfertigung und sogar versteckte Drohungen einfließen zu lassen.

Eine Extremform politischer Rhetorik ist die Hetzrede.

Beispiele dafür liefern ein Presseartikel des Revolutionärs Martel (18.), ein Flugblatt aus der Revolution von 1848 (35.) und, befremdend genug, der Aufruf aus einem Flugblatt von ›Christentum und Gegenwart‹ (49.).

Ein Teil der Beispiele für das genus deliberativum kommt aus der religiösen Beredsamkeit (Homiletik): Predigten von Gotamo Buddho (1.), Jesus (5.), Burghausen (15.), Löhe (34.) und Blumhard (45.). Ihr eigentümlicher Stil entsteht nicht dadurch, daß sie Formelemente aus allen drei Redebereichen enthalten, sondern aus dem besonderen Verhältnis zwischen Redner und Publikum: in der Predigt wendet sich der Hirte an die Herde, der Lehrer an den Schüler, der Vorgesetzte an den Untergebenen. Den gleichen Ton kann man übrigens in Luthers Sendschreiben (12.), in Savonarolas Strafpredigt (9.) oder in Gotthelfs brutaler ›Leichenrede‹ feststellen (33.).

Verwandt, wenn auch natürlich lakonischer im Ton sind die Ansprachen der Truppenbefehlshaber: Friedrich II. (16.), Napoleon (27.), der Generalgouverneur von Berg (29.), Andreas Hofer (26.), Max Dortu (37.) und Regierungsproklamationen (Louis Napoleon; 38.)

Einen ganz anderen Ton nimmt die beratende Rede an, wenn sich umgekehrt der Untergebene mahnend oder bittend an den Mächtigeren wendet. Marquis Posa spricht mit König Philipp noch recht selbstbewußt (22.) – er kann es sich leisten, da er nicht unmittelbar von ihm abhängig ist. Wesentlich unterwürfiger klingt die Petition der Wiener Studenten an den Minister des Innern (36.), in nichts zu vergleichen mit dem schon erwähnten offenen Brief des Studentendelegierten Jankowski. Und die Supplik Heinrich von Kleists (25.) mutet vollends wie ein untertäniger Kratzfuß an – ist allerdings ein kleines psychologisch-rhetorisches Meisterwerk. (Kleist war gezwungen, seinen mächtigen Gönner gleichzeitig vor den Kopf zu stoßen und um weitere Protektion zu bitten.)

Eine Extremform der Bittrede ist das Gebet, in der Sammlung vertreten allein durch einen Text von Lamennais (32.).

Die »Lob-und-Tadelrede« (genus demonstrativum) ist in der Hauptsache vertreten durch Fest- und Feierreden (»Gelegenheitsreden«). Bei religiösen oder politischen Feiertagen, bei Künstlergedenkfeiern, Preisverteilungen usw. gehört die lobende Rede (laudatio) zum Zeremoniell. Es liegt in der Natur der Sache, daß Stil und Gehalt (z. B. der Lobeskatalog) der zeremoniellen Rede einem viel stärkeren Regelkanon unterworfen sind als die Beratungsrede. Die Situation erzwingt immer wieder den gleichen leutseligen, pathetischen oder elegischen Ton, ähnliche Argumente, ähnliche schmückende Adjektiva, ähnliche Vergleiche. Immer wieder wird der Redner nicht anders können, als das Vergangene nachzuerzählen, die Beziehungen zur Gegenwart zu zeigen und in einem Wunsch für die Zukunft zu gipfeln. Daß auch so unabhängige Geister wie Dichter nicht anders können, als sich diesen Regeln zu fügen, zeigt z. B. Gottfried Benns Rede anläßlich der Verleihung des Büchnerpreises (67.).

Freilich gibt es Abweichungen: Perikles nützte die Rede auf die Gefallenen (2.) zu politischer Propaganda, Grillparzer seine Grabrede für Beethoven (31.) zu einer Huldigung an Goethe.

Zu den Randerscheinungen der »Lob-und-Tadelrede« gehört die Kunstkritik. Kritiken sind rhetorisch, sofern sie durch besondere stilistische Effekte auffallen wollen, sofern sie den Bereich schlichter Meinungsäußerung verlassen und versuchen, bei den Lesern Meinung zu machen. Da die Kunstkritik gewöhnlich keine unmittelbaren Entscheidungen herbeiführen will, gehört sie normalerweise rein zum genus demonstrativum. Natürlich gibt es auch hier Ausnahmen. Eine Kritik kann vom Besuch einer Aufführung abraten und gerät dadurch in den Bereich der beratenden Rede. Oder ein Kritiker kann mutig dem gängigen Urteil entgegentreten. Dann wird die Kritik zum Plädoyer oder Verriß und gehört in den Bereich der Gerichtsrede. Beim Theaterkritiker Kerr (54. 60.) überwiegt gewöhnlich das kämpferische Element, beim Filmkritiker Groll (68.) das spielerische. Daß Kerrs Technik des witzigen Verrisses Schule machte und gelegentlich ausartete, zeigt die Filmkritik (80.) aus einer Provinzzeitung (›Winter über James Bond‹).

1. Aus einer Predigt Gotamo Buddhos (um 520 v. Chr.)

Höret, ihr Mönche, der Weg ist gefunden.

Erkennet, ihr Mönche, daß alles Dasein leidvoll ist. Geburt ist Leid, altern ist Leid, der Tod ist leidvoll, leidvoll ist auch, mit jemandem vereint zu sein, den man nicht liebt, von jemandem getrennt zu sein, den man liebt, und das nicht erlangen zu können, was man wünscht.

Der Ursprung des Leidens in der Welt ist der Durst nach Wiedergeburt, der Durst nach Befriedigung der fünf äußeren und inneren Sinne, der Durst nach dem Tod.

Was ist, ihr Mönche, der mittlere Weg, der zur Ruhe, zur Erkenntnis, zur Erleuchtung, zum Nirwana führt?

Vernehmet zuerst, daß er zwischen der Kasteiung und dem sinnlichen Leben liegt, erkennt dann, daß es ein achtfacher Weg ist, rechter Glauben, rechte Gesinnung, rechtes Reden, rechtes Handeln, rechtes Leben, rechte Absichten, rechtes Denken und rechte Meditation.

Das ist, o Mönche, die heilige Wahrheit vom Leid. Das ist, o Mönche, die heilige Wahrheit von der Vernichtung des Leids.

Das ist, o Mönche, die heilige Wahrheit von dem Weg, der zur Vernichtung des Leids führt. Das ist, o Mönche, die heilige Wahrheit vom achtfachen Pfad...

2. Perikles' Rede auf die Gefallenen (431 v. Chr.)

Die meisten, die bisher hier gesprochen haben, rühmen den, der zuerst den alten Bräuchen diese Rede beifügte, weil es schicklich sei, am Grabe der Gefallenen sie zu sprechen. Mich aber würde es genug dünken, Männern, die ihren Wert durch ein Tun erwiesen haben, auch ihre Ehre durch ein Tun zu bezeugen, wie ihr es jetzt bei diesem öffentlichen Begängnis der Totenfeier seht, und nicht den Glauben an vieler Männer Heldentum zu gefährden durch einen einzigen guten oder minder guten Redner. Es ist nämlich schwer, das rechte Maß der Rede zu treffen, wo man auch die Vorstellungen, die jeder sich von der Wahrheit macht, kaum bestätigen kann: denn der wohlwollende Hörer, der dabei war, wird leicht finden, die Darstellung bliebe hinter seinem Wunsch und Wissen zurück, und der unkundige, es sei doch manches übertrieben, aus Neid, wenn er von Dingen hört, die seine Kraft übersteigen. Denn so weit ist Lob erträglich, das andern gespendet wird, als jeder sich fähig dünkt, wie er's gehört hat, auch zu handeln; was darüber hinausgeht, wird aus Neid auch nicht mehr geglaubt. Nachdem es aber den Ahnen sich bewährt hat, daß dies so recht sei, muß auch ich dem Brauche folgen und versuchen, jedem von euch Wunsch und Erwartung zu erfüllen, so gut es geht.

Zunächst will ich unserer Vorfahren gedenken; es ist recht und geziemend, ihnen in solchem Augenblick diese Ehre des Gedächtnisses zu erweisen. Denn die Freiheit dieses Landes haben sie, in der Aufeinanderfolge der Nachwachsenden immer die gleichen Bewohner, mit ihrer Kraft bis jetzt weitergegeben. So sind sie preiswürdig, und noch mehr als sie unsre Väter. Denn diese erwarben zu dem, was sie empfingen, noch unser ganzes Reich, nicht ohne Mühe, und haben es uns Heutigen mit vererbt. Das meiste davon haben jedoch wir selbst hier, die jetzt noch Lebenden, in unseren reifen Jahren ausgebaut und die Stadt in allem so ausgestattet, daß sie zu Krieg und Frieden sich völlig selber genügen kann. Was davon Kriegstaten sind, durch die Teil um Teil erworben wurde, oder wenn wir selbst oder unsre Väter einen fremdländischen oder griechischen Feind, der angriff, opferfreudig abgewehrt haben, das will ich, um nicht weitschweifig von Bekanntem zu reden, beiseite lassen. Aber aus welcher Gesinnung wir dazu gelangt sind, mit welcher Verfassung, durch welche Lebensform wir so groß wurden, das will ich darlegen, bevor ich dann zum Preis unsrer Gefallenen mich wende – es ist dieser Stunde, glaube ich, vielleicht ganz angemessen, daß dies ausgesprochen werde, und von Vorteil, wenn die ganze Menge von Bürgern und Fremden es anhört.

Die Verfassung, die wir haben, richtet sich nach keinen fremden Gesetzen; viel eher sind wir für sonst jemand ein Vorbild als von anderen abhängig. Mit Namen heißt sie, weil der Staat nicht auf wenige Bürger, sondern auf eine größere Zahl gestellt ist, Volksherrschaft. Es haben aber nach dem Gesetz in dem, was den Einzelnen angeht, alle gleichen Teil, und der Geltung nach hat im öffentlichen Wesen den Vorzug, wer sich irgendwie Ansehn erworben hat, nicht nach irgendeiner Zugehörigkeit, sondern nach seinem Verdienst; und ebenso wird keiner aus Armut, wenn er für die Stadt etwas leisten könnte, durch die Unscheinbarkeit seines Namens verhindert. Sondern frei leben wir miteinander im Staat und im gegenseitigen Geltenlassen des alltäglichen Treibens, ohne dem lieben Nachbar zu grollen, wenn er einmal seiner Laune lebt, und ohne jenes Ärgernis zu nehmen, das zwar keine Strafe und doch kränkend anzusehen ist. Bei soviel Nachsicht im Umgang von Mensch zu Mensch erlauben wir uns doch im Staat, schon aus Furcht, keine Rechtsverletzung, im Gehorsam gegen die jährlichen Beamten und gegen die Gesetze, vornehmlich die, welche zu Nutz und Frommen der Verfolgten bestehn, und gegen die ungeschriebnen, die nach allgemeinem Urteil Schande bringen. Dann haben wir uns bei unsrer Denkweise auch von der Arbeit die meisten Erholungen geschaffen: Wettspiele und Opfer, die jahraus, jahrein bei uns Brauch sind, und die schönsten häuslichen Einrichtungen, deren tägliche Lust das Bittere verscheucht. Und es kommt wegen der Größe der Stadt aus aller Welt alles zu uns herein. So können wir von uns sagen, wir ernten zu grad so vertrautem Genuß wie die Güter, die hier gedeihn, auch die der übrigen Menschen.

Anders als unsre Gegner sorgen wir auch in Kriegssachen. Unsere Stadt verwehren wir keinem, und durch keine Fremdenvertreibungen mißgönnen wir jemandem eine Kenntnis oder einen Anblick, dessen unversteckte Schau einem Feind vielleicht nützen könnte; denn wir trauen weniger auf die Zurüstungen und Täuschungen als auf unsern eigenen, tatenfrohen Mut. Und in der Erziehung bemühen sich die andern mit angestrengter Übung als Kinder schon um Mannheit, wir aber mit unsrer ungebundenen Lebensweise wagen uns trotz allem in ebenbürtige Gefahren. Der Beweis: die Spartaner rücken nicht für sich allein, immer nur mit dem ganzen Bund gegen unser Land aus, während wir selbst, wenn wir unsre Gegner heimsuchen, unschwer in der Fremde die Verteidiger ihrer Heimat im Kampfe meist besiegen. Und auf unsre gesammelte Macht ist noch kein Feind je gestoßen wegen unsrer gleichzeitigen Sorge für die Flotte und vielfachen Verteilung auf dem Lande. Treffen sie dann irgendwo auf einen Splitter und besiegen einige von uns, so prahlen sie, sie hätten uns alle geworfen, und unterliegen sie: sie seien der Gesamtheit gewichen. Doch hat dieser mehr sorglose als mühselig eingeübte Wagemut, diese weniger gesetzliche als natürliche Tapferkeit für uns noch den Vorteil, daß wir zukünftige Not nicht vorausleiden, und ist sie da, doch nicht geringere Kühnheit bewähren als die ewig sich Plagenden, und darin verdient unsre Stadt Bewunderung – und noch in anderem.

Wir lieben das Schöne und bleiben schlicht, wir lieben den Geist und werden nicht schlaff. Reichtum dient bei uns dem Augenblick der Tat, nicht der Großsprecherei, und seine Armut einzugestehn ist nie verächtlich, verächtlicher, sie nicht tätig zu überwinden. Wir vereinigen in uns die Sorge um unser Haus zugleich und unsre Stadt, und den verschiedenen Tätigkeiten zugewandt, ist doch auch in staatlichen Dingen keiner ohne Urteil. Denn einzig bei uns heißt einer, der daran gar keinen Teil nimmt, nicht ein stiller Bürger, sondern ein schlechter, und nur wir entscheiden in den Staatsgeschäften selber oder denken sie doch richtig durch. Denn wir sehen nicht im Wort eine Gefahr fürs Tun, wohl aber darin, sich nicht durch Reden zuerst zu belehren, ehe man zur nötigen Tat schreitet. Denn auch darin sind wir wohl besonders, daß wir am meisten wagen und doch auch, was wir anpacken wollen, erwägen, indes die andern Unverstand verwegen und Vernunft bedenklich macht. Die größte innere Kraft aber wird man denen mit Recht zusprechen, die die Schrecken und Freuden am klarsten erkennen und darum den Gefahren nicht ausweichen. Auch in der Hilfsbereitschaft ist ein Gegensatz zwischen uns und den meisten. Denn nicht mit Bitten und Empfangen, sondern durch Gewähren gewinnen wir uns unsre Freunde. Zuverlässiger ist aber der Wohltäter, da er durch Freundschaft sich den, dem er gab, verpflichtet erhält – der Schuldner ist stumpfer, weiß er doch, er zahlt seine Leistung nicht zu Dank, sondern als Schuld. Und wir sind die einzigen, die nicht so sehr aus Berechnung des Vorteils wie aus sicherer Freiheit furchtlos andern Gutes tun.

Zusammenfassend sage ich, daß unsre Stadt insgesamt die Schule von Hellas sei, und daß der einzelne Mensch, wie mich dünkt, bei uns wohl am vielseitigsten und voll Anmut und leichtem Scherz in seiner Person wohl alles Notwendige vereine. Daß dies nicht Prunk mit Worten für den Augenblick ist, sondern die Wahrheit der Dinge, das zeigt gerade die Macht unsres Staates, die wir mit diesen Eigenschaften erworben haben. Unsre Stadt ist die einzige heute, die stärker als ihr Ruf aus der Probe hervorgeht; nur sie erregt im Feind, der angegriffen hat, keine Bitterkeit – was für ein Gegner ihm so übel mitspiele – und auch im Untertan keine Unzufriedenheit, daß er keinen würdigen Herrn hätte. Und mit sichtbaren Zeichen üben wir wahrlich keine unbezeugte Macht, den Heutigen und den Künftigen zur Bewunderung, und brauchen keinen Homeros mehr als Sänger unsres Lobes noch wer sonst mit schönen Worten für den Augenblick entzückt – in der Wirklichkeit hält dann aber der Schein der Wahrheit nicht stand; sondern zu jedem Meer und Land erzwangen wir uns durch unsern Wagemut den Zugang, und überall leben mit unsern Gründungen Denkmäler unsres Wirkens im Bösen wie im Guten auf alle Zeit.

Für eine solche Stadt also sind diese Männer hier, nicht bereit, auf ihren Besitz zu verzichten, in edlem Kampfe gefallen, und von denen, die bleiben, ist keiner, der nicht für sie wird leiden wollen. Darum habe ich ja auch so ausführlich von der Stadt geredet, und um euch zu zeigen, daß wir nicht für das gleiche kämpfen wie andere, die all das nicht so haben, und um zugleich den Lobspruch auf die, denen meine Rede gilt, durch Beweise zu erhärten. Ja zum wichtigsten Teil ist er schon gesprochen: denn was ich an unserer Stadt pries, damit haben diese und solche Vortrefflichen sie geschmückt, und nicht bei vielen Hellenen wird man so wie bei ihnen Lob und Leistung im Gleichgewicht finden. Mich dünkt, den Wert dieser Männer enthüllt als erste Verkündung und als letzte Bekräftigung ihr jetziger Untergang. Denn selbst wenn einige sonst minder taugten, darf man ihren im Krieg für die Heimat bewiesenen Mannesmut höher stellen: Schlimmes durch Gutes tilgend, haben sie gemeinsam mehr geholfen als im einzelnen geschadet. Von ihnen aber hat keiner wegen seines Reichtums, um ihn lieber noch länger zu genießen, sich feig benommen; keiner hat in der Hoffnung der Armut, er könne, wenn gerettet, vielleicht noch reich werden, Aufschub der Gefahr gesucht; weil ihnen verlockender als all dies die Rache an den Feinden war, von allen Wagnissen dieses als das schönste galt, so erwählten sie dieses und damit Rache an ihnen, Verzicht auf das andere; der Hoffnung überließen sie das Ungewisse des Erfolgs, im Handeln aber für die sichtbare Gegenwart mochten sie auf sich selber trauen, und indem sie hier das Sichwehren und Erleiden für schöner hielten als weichend sich zu retten, haben sie schimpflichem Gerede sich entzogen, aber die Tat mit ihrem

Leibe bestanden: und in kürzestem Augenblick sind sie, auf der Höhe ihres Geschicks, nicht aus der Furcht so sehr als von ihrem Ruhme geschieden.

So haben sich also diese Männer, wie es unsrer Stadt würdig ist, so wohl gehalten; die übrigen aber müssen zwar um besseres Heil beten, aber keine minder mutige Gesinnung gegen unsre Feinde haben wollen, und darum nicht nur in Gedanken auf den Nutzen schauen, von dem euch einer lang ausführen könnte, was ihr selbst gerade so gut wißt, wieviel Gutes die Abwehr des Feindes in sich faßt, sondern müssen vielmehr noch Tag für Tag die Macht unsrer Stadt in der Wirklichkeit betrachten und mit wahrer Leidenschaft lieben, und wenn sie euch groß erscheint, daran denken, daß Männer voll Wagemut und doch mit Einsicht in das Nötige und voll Ehrgefühl beim Handeln das erworben haben, die, wenn sie einmal bei einer Unternehmung Unglück hatten, es unrecht gefunden hätten, wenn der Staat auch auf ihren hohen Mut nicht mehr zählen dürfte, und ihm das schönste Opfer brachten. Denn gemeinsam gaben sie ihre Leiber hin und empfingen dafür jeder den nicht alternden Lobpreis und ein weithin leuchtendes Grab, nicht das, worin sie liegen, meine ich, sondern daß ihr Ruhm bei jedem sich gebenden Anlaß zu Rede oder Tat unvergessen nachlebt. Denn hervorragender Männer Grab ist jedes Land: nicht nur die Aufschrift auf einer Tafel zeugt in der Heimat von ihnen, auch in der Fremde wohnt, geistig, nicht stofflich, in jedermann ungeschriebenes Gedächtnis. Mit solchen Vorbildern sollt auch ihr das Glück in der Freiheit sehn und die Freiheit im kühnen Mut und euch nicht zuviel umblicken nach den Gefahren des Krieges. Nicht der Elende nämlich, der auf kein Gut mehr hoffen kann, hat soviel Grund, sein Leben hinzugeben, als wem der umgekehrte Umschwung im Leben noch droht, und bei wem der Unterschied am größten ist, wenn er einmal stürzt. Denn schmerzhafter ist für einen Mann, der Stolz besitzt, wenn er sich feige zeigt, die Schmach als der in Kraft und gemeinsamer Hoffnung treffende, kaum gespürte Tod.

Darum will ich jetzt auch die Eltern der Gefallenen, so viele von euch da sind, weniger beklagen als trösten. Sie wissen ja, in wie wechselvollen Geschicken sie groß geworden sind, und daß die glücklich heißen, die des rühmlichsten Todes – wie diese jetzt – oder Kummers – wie ihr – teilhaftig wurden, und denen für ihr Leben, drin glücklich zu sein und drin zu sterben, das gleiche Maß gesetzt ward. Es ist freilich schwer, das zu glauben, ich weiß, und noch oft werdet ihr euch an sie gemahnt fühlen bei anderer Segen, mit dem ihr einst auch prangtet, und schmerzlich ist nicht dies, Güter, die man nie gekostet, zu vermissen, aber wenn einem ein Liebgewordenes genommen wird. Doch muß man es ertragen, auch in der Hoffnung auf andere Söhne, wer noch im Alter steht, Kinder zu zeugen, denn im Haus werden sie, die nicht mehr sind, bei manchen in Vergessenheit sinken über den Nachgeborenen, und der Stadt bringt es doppelten Vorteil: weil sie nicht entvölkert wird, und wegen ihrer Sicherheit: es kann nämlich keiner mit gleichem und gerechtem Sinn zum Rat beitragen, der nicht auch mit dem Einsatz von Kindern an den Gefahren sein Teil trägt. Ihr andern aber, die ihr über das Alter hinaus seid, achtet das größere Stück des Lebens, worin ihr glücklich wart, für Gewinn, und daß das übrige kurz sein wird, und richtet euch auf an eurer Söhne Ruhm. Denn die Ehrliebe allein altert nicht, und im nutzlosen Rest des Lebens ist nicht der erzielte Gewinn, wie manche sagen, die größte Freude, sondern die erwiesene Ehre.

All ihr Söhne nun und Brüder unsrer Helden, für euch sehe ich einen harten Wettkampf voraus; wer nicht mehr ist, wird ja gern von jedermann gelobt, und kaum mit überschwenglich großen Taten werdet ihr – nicht gleich wie sie, aber als doch nur ein wenig geringer gelten. Denn Eifersucht trifft die Lebenden von ihren Gegenspielern, was aber aus der Bahn ausschied, wird mit unumstrittener Gunst geehrt.

Soll ich nun auch der Tugend der Frauen noch gedenken, die jetzt im Witwentum leben werden, so wird mit kurzem Zuspruch alles gesagt sein: für euch ist es ein großer Ruhm, unter die gegebene Natur nicht hinabzusinken, und wenn eine sich mit Tugend oder Tadel unter den Männern möglichst wenig Namen macht.

Gesagt habe nun auch ich in der Rede, die der Brauch will, was ich Geeignetes wußte, und auch getan ist bereits ein Teil zur Ehre der Begrabenen; zum andern wird der Staat ihre Söhne von heute an auf öffentliche Kosten aufziehn, bis sie mannbar sind, womit er einen nutzbringenden Kranz den Gefallenen und den Überlebenden für solche Kämpfe aussetzt; denn wo die größten Preise der Tapferkeit lohnen, da hat eine Stadt auch die besten Bürger. Und nun erhebt den Klagruf, jeder um den er verlor, und dann geht.

3. Tiberius Gracchus: Aus der Rede zur Landreform
(133 v. Chr.)

Die wilden Tiere, welche in Italien hausen, haben ihre Höhle, jedes weiß, wo es sich hinlegen, wo es sich verkriechen kann – die Männer aber, die für Italien kämpfen und sterben, sie haben nichts außer Luft und Licht. Heimatlos, gehetzt irren sie mit Weib und Kind durch das Land. Die Feldherren lügen, wenn sie in der Schlacht die Soldaten aufrufen, für ihre Gräber und Heiligtümer sich zu wehren gegen den Feind, denn von all diesen Römern besitzt keiner einen Altar, den er vom Vater ererbt, keiner ein Grab, in dem seine Vorfahren ruhen, vielmehr kämpfen und sterben sie für anderer Wohlleben und Reichtum. Herren der Welt werden sie genannt und haben nicht eine Scholle Landes zu eigen.

4. Marcus Tullius Cicero: Vierte Rede gegen Catilina
(63 v. Chr.)

Ich sehe, versammelte Väter, wie euer aller Mienen und Blicke auf mich gerichtet sind; ich sehe, wie euch nicht nur eure eigene und die Gefahr des Staates, sondern auch, für den Fall, daß diese gebannt ist, die meinige Sorge bereitet. Euer Mitgefühl mir gegenüber ist mir willkommen im Unglück und tröstlich im Schmerz, doch, bei den unsterblichen Göttern!, laßt davon ab und denkt, ohne euch um meine Rettung zu kümmern, an euch und eure Kinder. Wenn mir mein Konsulamt unter der Bedingung anvertraut ist, daß ich alle Bitternisse, alle Schmerzen und Martern ertrüge: ich will sie ertragen und nicht nur gefaßt, sondern auch mit Freuden, wenn nur meine Mühen euch und dem römischen Volke Ehre und Heil einbringen. Ich bin der Konsul, versammelte Väter, für den nichts je sicher war vor tödlicher, tückischer Gefahr: nicht das Forum, von dem alle Gerechtigkeit ausgeht, nicht das Marsfeld, das durch die konsularischen Auspizien geweiht ist, nicht die Kurie, der höchste Hort aller Völker, nicht das Haus, jedermanns Zuflucht, nicht das Bett, zur Ruhe bestimmt, und endlich auch nicht dieser Ehrensitz. Ich habe vieles verschwiegen, vieles ertragen, vieles zugestanden, vieles, während ihr in Furcht wart, durch meinen einsamen Schmerz geheilt. Wenn jetzt der Wille der unsterblichen Götter mein Konsulat so enden läßt, daß ich euch und das römische Volk dem jammervollsten Blutbad, eure Frauen und Kinder und die vestalischen Jungfrauen der bittersten Unbill, die Tempel und Heiligtümer sowie unser aller herrliche Vaterstadt der scheußlichsten Feuersbrunst, ganz Italien dem Krieg und der Verwüstung entreiße: jedes Geschick soll ertragen werden, das über mich allein verhängt ist. Denn wenn Publius Lentulus, von den Wahrsagern verleitet, glaubte, sein Name sei schicksalhaft für das Verderben des Staates, warum soll ich mich nicht freuen, daß mein Konsulat geradezu schicksalhaft für die Rettung des römischen Volkes geworden ist?

Denkt daher an euch, versammelte Väter, sorgt für das Vaterland, schützt euch, eure Frauen, Kinder und Vermögen, verteidigt Ansehen und Heil des römischen Volkes; laßt ab, mich zu schonen und auf mich Rücksicht zu nehmen. Denn einmal darf ich hoffen, daß mir alle Götter, die diese Stadt beschirmen, meinem Verdienste gemäß ihre Dankbarkeit erzeigen; zum anderen werde ich, falls mir etwas zustößt, gefaßt und bereitwillig sterben. Denn kein schimpflicher Tod kann dem Tapferen zustoßen, kein allzu früher dem Konsular, kein beklagenswerter dem Weisen. Doch bin ich nicht der Fels, der sich nicht von der Trauer seines anwesenden Bruders, des teuersten und geliebtesten, noch von den Tränen aller derer rühren ließe, von denen ihr mich umgeben seht. Und keineswegs wenden sich meine Gedanken nicht oft nach Hause zurück zu meiner niedergeschlagenen Gattin, zu meiner vor Furcht vergehenden Tochter und zu meinem kleinen Sohne, den mir das Gemeinwesen als Bürgen für mein Konsulat in Gewahrsam zu halten scheint, endlich zu meinem Schwiegersohne, den ich dort stehen sehe, wie er den Ausgang des heutigen Tages erwartet. Alles dies beeindruckt mich, doch nur in dem Sinne, daß ich wünsche, sie alle möchten mit euch zusammen überleben, auch wenn mich irgendeine Macht vernichten sollte, statt daß sowohl sie als auch wir durch eine und dieselbe Katastrophe des Staates zugrunde gehen.

Seid daher auf das Heil des Staates bedacht, versammelte Väter, achtet auf die Stürme, die ringsum drohen, wenn ihr euch nicht vorseht. Nicht Tiberius Gracchus wird zur Aburteilung und vor euer strenges Gericht geführt, weil er zum zweiten Male Volkstribun werden wollte, noch Gaius Gracchus, weil er versucht hat, die Landbevölkerung aufzuwiegeln, noch Lucius Saturninus, weil er Gaius Memmius getötet hat:

wir haben die in unserer Gewalt, die in Rom blieben, die Stadt in Brand zu stecken, euch alle zu ermorden, Catilina aufzunehmen; wir haben ihre Briefe, Siegel, Schriftzüge, schließlich das Geständnis jedes Einzelnen. Man stiftet die Allobroger zum Aufruhr an, wiegelt die Sklaven auf, ruft Catilina herbei; man hat ein Komplott von der Art geschmiedet, daß nach dem allgemeinen Blutbad nicht einmal mehr jemand übrigbleibt, der den Namen des römischen Volkes beweinen und das Unglück eines solchen Reiches beklagen könnte. Dies alles haben die Anzeigenden berichtet, die Beschuldigten gestanden, habt ihr bereits durch manches Urteil anerkannt. Denn erstens habt ihr mich mit einzigartigen Worten eures Dankes versichert und befunden, daß durch meine Tüchtigkeit und Umsicht eine Verschwörung verworfener Menschen aufgedeckt worden sei; ferner habt ihr Publius Lentulus gezwungen, sein Amt als Prätor niederzulegen; außerdem habt ihr beschlossen, ihn und die übrigen Verurteilten in Haft zu nehmen; vor allem habt ihr um meinetwillen ein Dankfest anberaumt, eine Ehre, die vor mir keinem Zivilbeamten zuteil wurde; schließlich habt ihr am gestrigen Tage für die Gesandten der Allobroger und für Titus Volturcius sehr hohe Belohnungen festgesetzt. Alles dies berechtigt ohne jeden Zweifel zu der Annahme, daß die von euch auch für schuldig befunden wurden, die ihr mit Nennung des Namens in Haft gegeben habt.

Doch ich habe beschlossen, versammelte Väter, euch zu befragen, als stünde noch alles offen: was ihr von der Tat haltet und wie ihr über die Strafe urteilt. Ich will nur vorausschicken, worauf zu dringen der Konsul verpflichtet ist. Ich sah schon seit langem, daß unser Staat von einer großen Raserei befallen sei, daß sich ein Umsturz zusammenbraue und man Übles im Schilde führe, aber daß Mitbürger von uns eine so große und verderbliche Verschwörung anzetteln, hätte ich niemals gedacht. Jetzt müßt ihr, wohin auch eure Meinungen und Ansichten sich neigen mögen, vor Einbruch der Nacht einen Beschluß fassen. Ihr seht, was für ein Verbrechen euch kundgetan wurde. Wenn ihr glaubt, nur wenige seien darin verwickelt, so irrt ihr euch sehr. Dieses Übel hat sich weiter verbreitet, als man denken möchte; es hat sich nicht nur über Italien ergossen, sondern auch die Alpen überstiegen und im verborgenen vorankriechend schon viele Provinzen erfaßt. Durch Aufschieben und Hinhalten kann man es keineswegs beseitigen; wie ihr euch auch entscheiden wollt, ihr müßt rasch durchgreifen.

Wie ich sehe, liegen bis jetzt zwei Anträge vor. Den einen hat D. Silanus gestellt; er meint, diejenigen, die all dies hier zu vernichten suchten, seien mit dem Tode zu bestrafen. Den anderen hat Gaius Caesar vorgebracht; er sieht von der Todesstrafe ab, will jedoch alle Härten sonstiger Strafmaßnahmen angewandt wissen. Ein jeder befleißigt sich äußerster Strenge, wie es seinem eigenen Ansehen und dem Gewicht der Sache entspricht. Silanus meint, wer uns allen, wer dem römischen Volk das Leben zu rauben, wer das Reich zu zerstören, wer den Namen des römischen Volkes auszulöschen versucht hat, der dürfe sich keinen Augenblick mehr des Lebens und der allen gemeinsamen Atemluft erfreuen, und hierbei erinnert er sich, daß diese Art von Strafe in unserem Staate oft über gewissenlose Bürger verhängt worden ist. Caesar berücksichtigt, daß die unsterblichen Götter den Tod nicht als Strafe, sondern als natürliche Notwendigkeit oder zur Ruhe von Mühsal und Elend eingerichtet haben. Deshalb haben Weise ihn niemals mit Sträuben, Standhafte oft sogar freudig auf sich genommen. Die Haft aber, und jedenfalls die lebenslängliche, ist sicherlich als äußerste Strafe eines ruchlosen Verbrechens vorgesehen. Caesar empfiehlt, die Häftlinge auf die Landstädte zu verteilen. Dieser Vorschlag brächte wohl Ungerechtigkeiten mit sich, wenn man befehlen, Schwierigkeiten, wenn man bitten wollte. Doch man mag sich für ihn entscheiden, wenn er einleuchtet. Denn ich werde die Ausführung übernehmen und, wie ich hoffe, Leute finden, die nicht glauben, im Namen ihrer Würde ablehnen zu müssen, was ihr zum Wohle aller beschlossen habt. Caesar fügt eine hohe Buße für die Landstädte hinzu, falls jemand die Verurteilten entkommen lassen sollte; so umgibt er sie mit furchtbarer Bewachung, wie es dem Verbrechen verworfener Menschen angemessen ist. Er setzt fest, daß niemand die Strafe derer, die er verurteilt wissen will, über den Senat oder über die Volksversammlung mildern dürfe; so beraubt er sie auch der Hoffnung, die allein den Menschen im Elend zu trösten pflegt. Er empfiehlt außerdem, ihr Vermögen einzuziehen; nur das nackte Leben läßt er diesen ruchlosen Menschen. Nähme er's ihnen, so würde er sie durch die Pein eines Augenblicks von vieler Qual an Leib und Seele und von der Buße für ihre Verbrechen befreien. Deshalb hat man einst, damit den Gewissenlosen bei Lebzeiten ein Schreckbild vor Augen stehe, angenommen, derartige Strafen seien in der Unterwelt über die Frevler verhängt; denn offensichtlich erkannte man, daß ohne sie der Tod an sich nichts Furchtbares habe.

Nun sehe ich, versammelte Väter, was für mich von Vorteil ist. Wenn ihr den Antrag des Gaius Caesar billigt, so werde ich vielleicht, da er für diesen Beschluß eintritt und bürgt, die Angriffe der Volksfreunde weniger zu fürchten haben; denn er hat ja in der Politik den Weg eingeschlagen, der für volksfreundlich gilt. Billigt ihr jedoch den anderen, so erwachsen mir möglicherweise größere Schwierigkeiten. Doch trotzdem siege das Staatswohl über die Rücksicht auf meine Risiken. Wir haben ja von Caesar, wie es sein eigenes Ansehen und der Glanz seiner Vorfahren erheischte, ein Urteil, das gleichsam als Bürge für seine dauernde Loyalität gegenüber dem Staate dienen kann. Hier ist ersichtlich, wodurch sich die Leichtfertigkeit der Demagogen von einer wahrhaft volksfreundlichen Gesinnung unterscheidet, die für das Wohl des Volkes Sorge trägt. Ich bemerke ja, daß mancher von denen, die für volksfreundlich gelten wollen, fehlt; sie möchten eben nicht über den Kopf römischer Bürger abstimmen. Und doch haben sie vorgestern römische Bürger der Haft überantwortet und mir zu Ehren ein Dankfest beschlossen; ferner haben sie am gestrigen Tage den Anzeigern sehr hohe Belohnungen zuerkannt. Da ist doch niemandem mehr zweifelhaft, wie die über den ganzen Fall und Sachverhalt urteilen, die für den Beschuldigten Haft, für den Untersuchenden eine Danksagung, für den Anzeigenden eine Belohnung festsetzen. Gaius Caesar hingegen erkennt, daß für römische Bürger das Sempronische Gesetz besteht, daß jedoch ein Staatsfeind keinesfalls Bürger sein könne; endlich habe der Urheber des Sempronischen Gesetzes auf Befehl des Volkes selber dem Staate gebüßt. Auch glaubt er nicht, daß man eben den Lentulus, der doch mit Geschenken um sich warf, noch einen Volksfreund nennen könne, da er so schlimm, so grausam auf das Verderben des römischen Volkes, auf den Untergang dieser Stadt bedacht war. Caesar, ein Mann von größter Milde und Nachgiebigkeit, zögert daher nicht, Publius Lentulus immerwährender Finsternis und Haft auszuliefern, und er sieht vor, daß in Zukunft niemand auf eine Straferleichterung für diesen Mann pochen und später einmal zum Verderben des römischen Volkes als Volksfreund auftreten kann. Er fügt noch die Einziehung des Vermögens hinzu, damit alle Pein der Seele und des Leibes noch von Dürftigkeit und Bettelarmut begleitet sei.

Wenn ihr daher in diesem Sinne entscheidet, so gebt ihr mir einen Begleiter für die Volksversammlung mit, der ihr teuer und angenehm ist; wenn ihr euch aber lieber der Meinung des Silanus anschließen wollt, so wird das römische Volk mich und euch ohne Zögern von dem Vorwurf der Grausamkeit freisprechen, und ich werde beweisen, daß diese Entscheidung weit milder gewesen sei. Indes, versammelte Väter, wie kann von Grausamkeit überhaupt die Rede sein, wenn es ein derart ungeheuerliches Verbrechen zu bestrafen gilt? Ich urteile nämlich nach meinem Empfinden. Denn so wahr ich wünsche, mit euch zusammen in einem heilen Gemeinwesen zu leben: wenn ich diese Sache mit größerem Nachdruck verfolge, so lasse ich mich nicht von Härte bestimmen (denn wer wäre milder als ich?), sondern von ungewöhnlicher Menschlichkeit und Barmherzigkeit.

Ich glaube nämlich vor Augen zu sehen, wie diese Stadt, die Leuchte des Erdenrundes und die Schutzburg aller Völker, plötzlich in *einer* Feuersbrunst zusammenstürzt. Mein Geist nimmt am Grabe unseres Vaterlandes die bejammernswerten und unbegrabenen Leichenhaufen von Bürgern wahr; mir schwebt der Anblick des Cethegus vor Augen und sein Taumel, wie er über eure Ermordung frohlockt. Wenn ich mir vollends vorstelle, Lentulus sei König (dies hatte er sich, wie er selbst gestand, von den Schicksalssprüchen erhofft), Gabinius sei sein Minister und Catilina erscheine mit dem Heer, dann erschaudere ich über die wehklagenden Mütter, über die fliehenden Mädchen und Knaben, die mißhandelten Jungfrauen der Vesta, und weil ich glaube, daß all dies überaus jammervoll und bejammernswert ist, deshalb will ich denen gegenüber, die das ins Werk setzen wollten, streng und scharf verfahren. Denn ich möchte fragen: gesetzt, einem Familienvater hat ein Sklave die Kinder getötet, die Frau ermordet, das Haus in Brand gesteckt – wenn er nun seine Sklaven nicht mit äußerster Härte bestraft, gilt er dann für milde und mitleidig oder für höchst unmenschlich und grausam? Ich jedenfalls halte den für gefühllos und hartherzig, der nicht durch die Qual und Marter des Schädigers seine eigene Qual und Marter lindert. So werden auch wir für mitleidig gelten, wenn wir bei diesen Leuten mit äußerster Schärfe vorgehen, bei Leuten, die uns, unsere Frauen, unsere Kinder niedermetzeln wollten, die es unternahmen, das Haus eines jeden Einzelnen von uns und die gesamte Wohnstatt unseres Gemeinwesens zu vernichten, die es darauf anlegten, den Stamm der Allobroger auf den Überresten dieser Stadt und auf der Asche des niedergebrannten Reiches anzusiedeln. Wenn wir jedoch allzu milde sein wollen, so müssen wir den Makel auf uns nehmen, wir seien in tödlicher Gefahr für Vaterland und Mitbürger äußerst unbarmherzig gewesen.

Oder hat etwa jemand am vorgestrigen Tage Lucius Caesar, einen überaus tüchtigen und vaterlandsliebenden Mann, für allzu hart gehalten? Erklärte er doch, der Mann seiner Schwester, einer vortrefflichen Frau, habe das Leben verwirkt, und der war anwesend und hörte zu! Erklärte er doch auch, schon sein Großvater sei auf Befehl des Konsuls hingerichtet und dessen noch nicht erwachsener Sohn, den der Vater als Unterhändler entsandt hatte, im Gefängnis getötet worden. Was haben *die* Vergleichbares begangen; welches Komplott, den Staat zu vernichten, haben sie geschmiedet? Damals war in unserem Staate die Bereitschaft zum Geschenkemachen verbreitet, und es gab etwas Streit unter den politischen Richtungen. Und doch hat in jener Zeit der Großvater des Lentulus, ein erlauchter Mann, mit bewaffneter Hand den Gracchus verfolgt. Er trug damals sogar eine schwere Verwundung davon, damit das Ganze der Verfassung nicht irgendwie Schaden erleide; dieser Mann aber ruft die Gallier herbei, um die Grundlagen des Staates zu zerstören, er wiegelt die Sklaven auf, holt Catilina, weist dem Cethegus die Aufgabe zu, uns niederzumetzeln, und dem Gabinius, die übrigen Mitbürger zu ermorden, dem Cassius, die Stadt in Brand zu stecken, und dem Catilina, ganz Italien zu verwüsten und auszuplündern. Ich möchte meinen, ihr solltet weniger den Anschein fürchten, ihr hättet bei einem so ungeheuerlichen und frevelhaften Verbrechen irgendwie zu streng geurteilt; wir müssen uns viel mehr davor hüten, daß man glaubt, wir hätten uns mit einer milden Strafe unbarmherzig gegen das Vaterland verhalten, als davor, wir seien durch die Strenge der Ahndung allzu scharf gegen die gefährlichsten Feinde vorgegangen.

Doch was ich da vernehme, versammelte Väter, kann ich nicht überhören. Mir kommen nämlich die Stimmen derer zu Ohren, die zu befürchten scheinen, ich sei nicht ausreichend mit Schutzmannschaften versehen, die Dinge, die ihr am heutigen Tage beschließt, durchzuführen. Alles ist vorgesehen, angeordnet und festgesetzt, versammelte Väter, teils durch äußerste Sorgfalt und Aufmerksamkeit von meiner Seite, und noch weit mehr durch die Bereitschaft des römischen Volkes, die Staatsgewalt aufrechtzuerhalten und die allgemeine Wohlfahrt zu schützen. Jedermann ist zur Stelle, jeden Standes, jeder Art und auch jeden Alters; dicht besetzt ist das Forum, dicht besetzt sind die Tempel rings um das Forum, dicht besetzt alle Eingänge dieser heiligen Stätte. Denn diese Sache hat sich seit Gründung der Stadt als die einzige erwiesen, von der man allgemein eines und dasselbe denkt – außer jenen, die, den sicheren Untergang vor Augen, lieber alle darin einbeziehen als allein untergehen wollten. Diese Leute nehme ich gern aus und sondere sie ab, und ich meine, daß man sie nicht für schlechte Mitbürger, sondern für äußerst gefährliche Feinde halten muß.

Doch die übrigen, bei den unsterblichen Göttern! In welcher Zahl, mit welcher Bereitschaft, mit welcher Tatkraft treten sie gemeinsam für das Wohl und die Ehre der Allgemeinheit ein! Was soll ich hier die römischen Ritter eigens erwähnen? Sie überlassen euch die Ordnungs- und Entscheidungsgewalt, doch wetteifern sie mit euch an Vaterlandsliebe. Sie sind nach langjähriger Zwietracht mit unserem Stande zu gemeinsamem und übereinstimmendem Handeln zurückgekehrt: der heutige Tag und dieses Ereignis hier verbindet sie mit euch; wenn wir dieses Bündnis, das mein Konsulat gefestigt hat, in unserer Politik ständig aufrechterhalten, dann versichere ich euch: in Zukunft wird kein die Bürger trennendes, inneres Übel mehr irgendeinen Teil unseres Staatswesens antasten. Mit gleicher Bereitschaft, die Verfassung zu verteidigen, haben sich, wie ich sehe, die Ärartribunen eingefunden, lauter tüchtige Männer, ebenso sämtliche Schreiber, die heute zufällig in großer Zahl bei der Schatzkammer versammelt waren und sich, wie ich sehe, von der Erwartung ihrer besonderen Aufgabe dem Gesamtwohl zugewandt haben. Die ganze Zahl der freigeborenen Bürger, auch der geringsten, ist zur Stelle. Denn wem wären nicht diese Heiligtümer, der Anblick der Stadt, der Besitz der Freiheit, endlich das Tageslicht selbst und der gemeinsame Boden des Vaterlandes teuer, ja süß und wonnevoll? Es verlohnt die Mühe, versammelte Väter, die Bereitschaft der Freigelassenen zur Kenntnis zu nehmen; sie haben den Vorzug unseres Bürgerrechts durch eigene Tüchtigkeit erlangt und glauben aufrichtig, dies sei ihre Heimat, die einige von hier und aus bestem Hause Stammende nicht für ihre Heimat, sondern für eine feindliche Stadt angesehen haben. Doch wozu erwähne ich diese Leute und Gruppen, die der eigene Besitzstand, die das gemeinsame Staatswesen, die endlich die Freiheit, das teuerste Gut, aufgerufen hat, für die Rettung des Vaterlandes einzutreten? Es gibt keinen Sklaven, vorausgesetzt, daß ihm seine Unfreiheit erträgliche Bedingungen gewährt, der nicht verabscheut, wozu Bürger sich erdreisten, der nicht wünscht, daß all dies hier Bestand hat, der nicht seinen guten Willen, so viel er wagt und so viel er vermag, zum Gemeinwohl beisteuert.

Wenn also etwa jemanden von euch das Gerücht beeindruckt, ein Kuppler im Dienste des Lentulus laufe bei den Verkaufsläden umher und hoffe, Bedürftige und Unerfahrene gegen Bezahlung aufwiegeln zu können: man hat das zwar angezettelt und versucht; doch hat sich niemand in so erbärmlicher Lage oder von so verworfener Gesinnung gefunden, der nicht eben diesen Platz seines Schemels, seiner Betätigung und seines täglichen Broterwerbs, der nicht seine Schlafstatt und sein Bett, der nicht überhaupt den ruhigen Verlauf seines Lebens bewahrt wissen möchte. Wirklich, der größte Teil der Leute in den Verkaufsbuden, vielmehr (denn man muß sich eher so ausdrücken) dieser ganze Schlag schätzt nichts so sehr wie die Ruhe. Denn jeder Betrieb, jedes Handwerk und Verdienst erhält Auftrieb, wenn die Bürger sich drängen, und nährt sich von ruhigen Verhältnissen; da die Einkünfte zurückzugehen pflegen, wenn die Geschäfte schließen, was würde dann erst geschehen, wenn sie in Flammen aufgingen?

Da es so steht, versammelte Väter, fehlt es euch nicht an Schutz von seiten des römischen Volkes; seht ihr zu, daß man nicht glaubt, ihr lasset es dem römischen Volke gegenüber fehlen. Ihr habt einen Konsul, der aus zahlreichen Gefahren und Nachstellungen und vom Angesicht des Todes nicht um seines Lebens willen, sondern zu eurem Heil gerettet worden ist. Alle Stände bekunden gemeinsam durch Gesinnung, Bereitschaft und Rufe ihren Willen, die Staatsordnung zu wahren. Unser von den Fackeln und Geschossen einer ruchlosen Verschwörung bedrängtes gemeinsames Vaterland streckt euch bittflehend die Arme entgegen; euch vertraut es sich selber an, euch das Leben aller Bürger, euch die Burg und das Kapitol, euch die Altäre der Penaten, euch das ewige Feuer der Vesta dort, euch die Tempel und Heiligtümer aller Götter, euch die Mauern und Dächer der Stadt. Außerdem habt ihr am heutigen Tage über euer Leben, über das Schicksal eurer Frauen und Kinder, über das Hab und Gut aller, über euer Haus und euren

Herd zu befinden. Ihr habt einen Leiter, der an euch denkt und sich selbst vergißt, eine Lage, die nicht immer gegeben ist; ihr habt auf eurer Seite alle Stände, alle Bürger, das gesamte römische Volk, das eines und dasselbe denkt – was wir bei einer innenpolitischen Angelegenheit am heutigen Tage zum ersten Male erleben. Bedenkt, unter welchen Mühen das Reich gegründet, durch welche Anstrengung die Freiheit gefestigt, durch welchen Segen der Götter unser Besitz vermehrt und vergrößert worden ist, und all dies hätte *eine* Nacht beinahe zerstört. Daß dies in Zukunft niemals mehr von Bürgern nicht nur nicht vollbracht, sondern nicht einmal geplant werden kann, dafür muß man am heutigen Tage sorgen. Und dies habe ich nicht gesagt, um euch, die ihr mir in eurem Eifer fast vorauseilt, anzutreiben, sondern damit man sieht, daß ich mit meiner Stimme, die sich in unserem Staate als die erste erheben muß, meiner konsularischen Pflicht genüge.

Jetzt will ich, bevor ich auf den Beschlußantrag zurückkomme, einiges über mich sagen. Ich stelle fest, daß ich, so groß die Menge der Verschworenen ist (und ihr seht, sie ist sehr groß), eine ebenso große Zahl von Feindschaften auf mich genommen habe; aber sie ist, meine ich, ehrlos und schwach und verachtet. Wenn einmal dieser Haufe, von irgend jemandem in verbrecherischer Raserei aufgepeitscht, mehr vermögen sollte als eure und des Staates hoheitliche Gewalt, dann werde ich gleichwohl meine Taten und Entschlüsse niemals bereuen, versammelte Väter. Denn der Tod, mit dem diese Leute vielleicht drohen, steht jedem bevor; im Leben aber hat niemand so hohes Lob erlangt, wie ihr es mir durch eure Ehrenbeschlüsse zuerkannt habt; den anderen nämlich habt ihr stets wegen guter Leitung, mir allein wegen der Erhaltung des Staates eine Danksagung zugesprochen.

Mag jener Scipio berühmt sein, dessen Plan und Tatkraft Hannibal zwang, nach Afrika zurückzukehren und Italien zu verlassen; man mag den anderen Africanus durch höchstes Lob auszeichnen, der die Städte Karthago und Numantia, zwei Todfeindinnen unseres Reiches, vernichtet hat; man mag Paullus für einen ausgezeichneten Mann halten, dessen Triumphwagen Perseus, einst der mächtigste und erlauchteste König, geziert hat; der Ruhm des Marius mag ewig währen, der Italien zweimal von Besetzung und Furcht vor Sklaverei befreit hat; man mag allen Pompeius voranstellen, dessen Taten und Fähigkeiten dieselben Länder und Grenzen erreicht haben wie der Sonne Lauf: Wahrhaftig, der Lobpreis dieser Männer wird auch für unseren Ruhm etwas Raum übriglassen – es sei denn, es wäre wichtiger, uns Provinzen zu erschließen, in die wir ziehen können, als Sorge zu tragen, daß auch die in der Ferne Weilenden wissen, wohin sie als Sieger zurückkehren können.

Indes, in *einem* Punkte ist es mit einem auswärtigen Siege besser bestellt als mit einem einheimischen: fremdländische Feinde werden unterjocht und versklavt, oder sie glauben sich, in Gnaden angenommen, der guten Behandlung wegen verpflichtet; doch wer sich einmal aus der Zahl der Bürger, durch irgendeine Wahnsinnsvorstellung betört, zum Feind des Vaterlandes aufgeworfen hat, den kann man, wenn man ihn gehindert hat, den Staat zugrunde zu richten, weder mit Gewalt im Zaume halten noch durch gute Behandlung zur Vernunft bringen. So sehe ich denn, daß ich einen Krieg ohne Ende gegen verworfene Bürger auf mich genommen habe. Aber ich bin fest überzeugt, daß ich und die Meinen sich seiner leicht erwehren können, dank eurer und aller Rechtschaffenen Hilfe und dank der Erinnerung an derart schwere Gefahren, die sich auf immer nicht nur in diesem, dem geretteten Volke, sondern im Gespräch und Gedächtnis aller Nationen erhalten wird. Und wahrhaftig, es wird sich keine Macht von solchem Ausmaß finden, die imstande wäre, das Bündnis zwischen euch und den römischen Rittern und eine derart große Übereinstimmung unter allen Rechtschaffenen zu zerbrechen und ins Wanken zu bringen.

Da es so steht: für die Befehlsgewalt, für das Heer, für die Provinz, auf die ich verzichtet habe, für den Triumph und die übrigen Ruhmesauszeichnungen, die ich verschmäht habe, um über der Stadt und eurem Heil zu wachen, für die Bande der Gefolgschaft und Gastfreundschaft in der Provinz, die ich freilich durch meinen Einfluß in der Stadt mit gleichem Eifer erhalte wie anknüpfe, für alle diese Opfer also, für meine einzigartige Bereitschaft euch gegenüber und für die von euch bemerkte Umsicht, den Staat zu erhalten, verlange ich nichts von euch als die Erinnerung an diese Zeit und an mein ganzes Konsulat: solange die in eurem Gedächtnis haftet, werde ich glauben, von der stärksten Mauer umgeben zu sein. Sollte indes die Macht der Gewissenlosen wider meine Erwartung die Oberhand gewinnen, so lege ich euch meinen kleinen Sohn ans Herz: er wird sich wahrlich in guter Obhut nicht nur für seine Sicherheit, sondern auch für sein Ansehen befinden, wenn ihr daran denkt, daß er der Sohn dessen ist, der durch sein persönliches Wagnis all dies hier gerettet hat.

Entscheidet daher mit Umsicht und Tatkraft, wie ihr begonnen habt, über euer und des römischen Volkes gesamtes Wohl, über eure Frauen und Kinder, über Herd und Altar, über Tempel und Heiligtümer, über die Häuser und Zinnen der ganzen Stadt, über Herrschaftsmacht und Freiheit, über das Heil Italiens, über das gesamte Staatswesen. Ihr habt einen Konsul, der nicht zögert, eure Beschlüsse zu befolgen, und der bis zu seinem letzten Atemzuge für das, was ihr festsetzt, einzutreten und sich selbst zu verbürgen vermag.

5. Aus der Bergpredigt

Ihr sollt euch nicht Schätze sammeln auf Erden, wo sie die Motten und der Rost fressen und wo die Diebe nachgraben und stehlen. Sammelt euch aber Schätze im Himmel, wo sie weder Motten noch Rost fressen und wo die Diebe nicht nachgraben noch stehlen. Denn wo euer Schatz ist, da ist auch euer Herz.

Das Auge ist des Leibes Leuchte. Wenn dein Auge lauter ist, so wird dein ganzer Leib licht sein. Wenn aber dein Auge böse ist, so wird dein ganzer Leib finster sein. Wenn nun das Licht, das in dir ist, Finsternis ist, wie groß wird dann die Finsternis sein!

Niemand kann zwei Herren dienen: entweder er wird den einen hassen und den andern lieben, oder er wird dem einen anhangen und den andern verachten. Ihr könnt nicht Gott dienen und dem Mammon. Darum sage ich euch: Sorget nicht um euer Leben, was ihr essen und trinken werdet; auch nicht um euren Leib, was ihr anziehen werdet. Ist nicht das Leben mehr als die Speise und der Leib mehr als die Kleidung? Sehet die Vögel unter dem Himmel an: sie säen nicht, sie ernten nicht, sie sammeln nicht in die Scheunen; und euer himmlischer Vater nährt sie doch. Seid ihr denn nicht viel mehr als sie? Wer ist unter euch, der seines Lebens Länge *eine* Spanne zusetzen kann, ob er gleich darum sorget? Und warum sorget ihr für die Kleidung? Schauet die Lilien auf dem Felde, wie sie wachsen: sie arbeiten nicht, auch spinnen sie nicht. Ich sage euch, daß auch

Salomo in aller seiner Herrlichkeit nicht bekleidet gewesen ist wie derselben eine. So denn Gott das Gras auf dem Felde also kleidet, das doch heute steht und morgen in den Ofen geworfen wird: sollte er das nicht viel mehr euch tun, o ihr Kleingläubigen? Darum sollt ihr nicht sorgen und sagen: Was werden wir essen? Was werden wir trinken? Womit werden wir uns kleiden? Nach solchem allen trachten die Heiden. Denn euer himmlischer Vater weiß, daß ihr des alles bedürfet. Trachtet am ersten nach dem Reich Gottes und nach seiner Gerechtigkeit, so wird euch solches alles zufallen. Darum sorget nicht für den andern Morgen, denn der morgende Tag wird für das Seine sorgen. Es ist genug, daß ein jeglicher Tag seine eigene Plage habe.

Richtet nicht, auf daß ihr nicht gerichtet werdet. Denn mit welcherlei Gericht ihr richtet, werdet ihr gerichtet werden; und mit welcherlei Maß ihr messet, wird euch gemessen werden. Was siehest du aber den Splitter in deines Bruders Auge und wirst nicht gewahr des Balkens in deinem Auge? Oder wie darfst du sagen zu deinem Bruder: Halt, ich will dir den Splitter aus deinem Auge ziehen? Und siehe, ein Balken ist in deinem Auge. Du Heuchler, zieh zuerst den Balken aus deinem Auge; danach sieh zu, wie du den Splitter aus deines Bruders Auge ziehest.

Ihr sollt das Heilige nicht den Hunden geben, und eure Perlen sollt ihr nicht vor die Säue werfen, auf daß sie dieselben nicht zertreten mit ihren Füßen und sich wenden und euch zerreißen.

Bittet, so wird euch gegeben; suchet, so werdet ihr finden; klopfet an, so wird euch aufgetan. Denn wer da bittet, der empfängt; und wer da sucht, der findet; und wer da anklopft, dem wird aufgetan. Welcher ist unter euch Menschen, so ihn sein Sohn bittet ums Brot, der ihm einen Stein biete? oder, so er ihn bittet um einen Fisch, der ihm eine Schlange biete? So nun ihr, die ihr doch arg seid, könnt dennoch euren Kindern gute Gaben geben, wieviel mehr wird euer Vater im Himmel Gutes geben denen, die ihn bitten.

Alles nun, was ihr wollt, daß euch die Leute tun sollen, das tut ihnen auch! Das ist das Gesetz und die Propheten.

Gehet ein durch die enge Pforte. Denn die Pforte ist weit, und der Weg ist breit, der zur Verdammnis führt, und ihrer sind viele, die darauf wandeln. Und die Pforte ist eng, und der Weg ist schmal, der zum Leben führt, und wenige sind ihrer, die ihn finden.

Sehet euch vor vor den falschen Propheten, die in Schafs-
kleidern zu euch kommen, inwendig aber sind sie reißende
Wölfe. An ihren Früchten sollt ihr sie erkennen. Kann man
auch Trauben lesen von den Dornen oder Feigen von den
Disteln? Also ein jeglicher guter Baum bringt gute Früchte;
aber ein fauler Baum bringt arge Früchte. Ein guter Baum
kann nicht arge Früchte bringen, und ein fauler Baum kann
nicht gute Früchte bringen. Ein jeglicher Baum, der nicht gute
Früchte bringt, wird abgehauen und ins Feuer geworfen.
Darum: an ihren Früchten sollt ihr sie erkennen.

Es werden nicht alle, die zu mir sagen: Herr, Herr! in das
Himmelreich kommen, sondern die den Willen tun meines
Vaters im Himmel. Es werden viele zu mir sagen an jenem
Tage: Herr, Herr, haben wir nicht in deinem Namen geweis-
sagt? Haben wir nicht in deinem Namen böse Geister ausge-
trieben? Haben wir nicht in deinem Namen viele Taten getan?
Dann werde ich ihnen bekennen: Ich habe euch nie gekannt;
weichet von mir, ihr Übeltäter!

Darum, wer diese meine Rede hört und tut sie, der gleicht
einem klugen Mann, der sein Haus auf den Felsen baute. Da
nun ein Platzregen fiel und die Wasser kamen und wehten die
Winde und stießen an das Haus, fiel es doch nicht; denn es war
auf den Felsen gegründet. Und wer diese meine Rede hört und
tut sie nicht, der ist einem törichten Mann gleich, der sein Haus
auf den Sand baute. Da nun ein Platzregen fiel und kamen die
Wasser und wehten die Winde und stießen an das Haus, da fiel
es und tat einen großen Fall.

6. Papst Gregor VII.: Bannfluch gegen Kaiser Heinrich IV.
   (1076)

Heiliger Petrus, Du Fürst der Apostel, ich flehe Dich an, neige
gnädig Dein Ohr zu mir und höre Deinen Knecht, den Du von
Kindheit an beschirmt und bis auf diesen Tag aus der Hand der
Gottlosen gerettet hast, die mich um Deinetwillen gehaßt haben
und jetzt noch hassen. Du bist mein Zeuge und die heilige Mutter Gottes und Sankt Paulus, Dein Bruder in Christo, und alle
Heiligen, daß Deine Heilige Römische Kirche mich wider
meinen Willen zu ihrer Leitung berufen hat, daß kein Raub
mich Deinen Stuhl besteigen ließ und ich lieber als Pilger mein

Leben in der Fremde beschließen wollte, als mit weltlichem Sinn um eitlen Ruhmes willen Deinen Stuhl mir anzumaßen. Und deshalb glaube ich um Deiner Gnade, nicht um meiner Werke willen, daß es Dir gefallen hat und noch gefällt, daß das christliche Volk, das Dir besonders anvertraut ist, mir besonders gehorsam sei, da Du mir Deine Stellvertretung anvertraut hast. Und mir ist durch Deine Gnade von Gott die Gewalt verliehen, zu binden und zu lösen im Himmel und auf Erden.

Auf diese Zuversicht vertrauend, zur Ehre und Verteidigung Deiner Kirche, verbiete ich im Namen des allmächtigen Gottes des Vaters, des Sohnes und des Heiligen Geistes, kraft Deiner Gewalt und Vollmacht dem König Heinrich, dem Sohne des Kaisers Heinrich, der wider Deine Heilige Kirche in unerhörtem Übermut aufgestanden ist, die Lenkung des ganzen Deutschen Reiches und Italiens. Ich entbinde alle Christen von dem Bande des Treueides, den sie ihm geleistet haben oder noch leisten werden, und untersage, daß ihm irgend jemand als dem Könige diene.

Denn es ist Recht, daß, wer die Ehre Deiner Kirche zu mindern trachtet, selbst die Ehre verliert, die er zu haben vermeint. Und weil er es verschmäht hat, wie ein Christ zu gehorchen, und nicht zu Gott zurückgekehrt ist, von dem er abgefallen war, weil er mit Ausgestoßenen Umgang hatte und vielerlei Sünden beging, weil er meine Mahnungen, die ich um seines Heiles willen an ihn richtete – Du bist mein Zeuge – verwarf. Von Deiner Kirche hat er sich abgewandt, er trachtet danach, sie zu zerreißen.

So binde ich ihn an Deiner Stelle mit der Fessel des Anathems. Und ich binde ihn im Vertrauen auf Dich, damit alle Völker es wissen und erkennen sollen, daß Du Petrus bist und auf Deinen Felsen der Sohn des lebendigen Gottes seine Kirche erbaut hat und daß die Pforten der Hölle sie nicht überwältigen werden.

7. Kaiser Heinrich IV.: Schmähbrief an Papst Gregor VII. (1076)

Heinrich, nicht durch Anmaßung, sondern durch Gottes heilige Einsetzung König, an Hildebrand, nicht mehr den Papst, sondern den falschen Mönch.

Solchen Gruß hast Du zu Deiner Schmach verdient, der Du

keinen Stand in der Kirche verschont, sondern über jeden Beschimpfung statt Ehre, und Fluch statt Segen gebracht hast. Denn um von vielem nur weniges und das Bedeutendste anzuführen: Die Vorsteher der heiligen Kirche, nämlich die Erzbischöfe, Bischöfe und Priester, die Gesalbten des Herrn, hast Du Dich nicht nur nicht gescheut anzutasten, sondern wie Knechte, die nicht wissen, was ihr Herr tut, hast Du sie mit Füßen getreten. Durch ihre Beschimpfung hast Du Dir Beifall im Munde des Volkes verschafft. Sie alle, meintest Du, wüßten nichts, Du aber wüßtest alles. Diese Wissenschaft aber hast Du nicht zur Erbauung, sondern zur Zerstörung anzuwenden Dich bemüht, so daß wir mit Recht glauben, der heilige Gregor, dessen Namen Du Dir angemaßt hast, habe von Dir prophezeit, als er sagte: »Durch Überfluß an Untergebenen wird meistenteils der Sinn des Vorgesetzten zum Hochmut verleitet, so daß er glaubt, mehr als alle zu wissen, wenn er sieht, daß er mehr als alle durchzusetzen vermag.« Und wir nun haben dies alles ertragen, indem wir die Ehre des Apostolischen Stuhles zu wahren suchten. Aber Du hieltest unsere Demut für Furcht und hast Dich deshalb auch nicht gescheut, gegen die königliche Gewalt selber, die uns von Gott verliehen ist, Dich zu erheben, und Du hast die Drohung gewagt, daß Du sie uns nehmen würdest, als wenn wir von Dir das Reich empfangen hätten, als wenn in Deiner und nicht in Gottes Hand Königtum oder Kaisertum gelegen sei. Dieser unser Herr Jesus Christus hat *uns* zur Königsherrschaft, Dich aber nicht zum Priesteramt berufen. Denn auf folgenden Stufen bist Du emporgestiegen: Durch List nämlich hast Du, obwohl dies dem Mönchsgelübde ganz zuwider ist, Geld, durch Geld Gunst, durch Gunst die Gewalt des Schwertes erlangt. Mit dem Schwert aber bist Du dann dem Sitze des Friedens genaht und hast von dem Sitze des Friedens den Frieden vertrieben, indem Du die Untergebenen gegen ihre Vorgesetzten bewaffnet hast, indem Du sie unsere von Gott berufenen Bischöfe – Du, der nicht Berufene – zu verachten gelehrt hast, indem Du den Priestern ihr Amt entrissen und es in die Hände der Laien gegeben hast, daß sie jene absetzen oder verdammen, die sie selber von der Hand Gottes durch die Weihe der Bischöfe zu ihrer Belehrung empfangen hatten. Mich auch, der ich, wenn auch unwürdig, unter den Gesalbten des Herrn zum Königtum gesalbt bin, hast Du angerührt, der doch, wie die Überlieferung der Heiligen Väter lehrt, allein von Gott zu richten ist und, wie sie ausdrücklich erklärt, für kein Verbrechen, außer für Abirrung vom Glauben, was ferne von uns sei, abgesetzt werden darf. Denn selbst Julian den Abtrünnigen maßte die Klugheit der Heiligen Väter sich nicht an zu richten und abzusetzen, sondern überließ ihn Gott allein. Ruft doch der wahre Papst selbst, der heilige Petrus, aus: »Fürchtet Gott, ehret den König.« Du aber, der Du Gott nicht fürchtest, entehrst mich, den von ihm Eingesetzten. Darum hat auch der heilige Paulus da, wo er des Engels vom Himmel nicht schonte, wenn er anders predigte, auch Dich nicht ausgenommen, der Du auf Erden anderes lehrst. Denn er sagt: »Aber so auch wir oder ein Engel vom Himmel euch würde Evangelium predigen, anders als wir euch gepredigt haben, der sei verflucht.« Du also, durch diesen Fluch und durch den Urteilsspruch aller unserer Bischöfe und den unsrigen Verdammter, steige herab, verlaß den angemaßten Apostolischen Stuhl. Ein anderer besteige den Thron des heiligen Petrus, der nicht Gewalt hinter angeblicher Frömmigkeit verstecke, sondern die reine Lehre des heiligen Petrus verkünde. Ich, Heinrich, von Gottes Gnaden König, mit allen meinen Bischöfen, sage Dir: Steige herab, steige herab, Du durch Jahrhunderte zu Verdammender!

8. Papst Urban II.: Aufruf zum Kreuzzug beim Konzil zu Clermont (1095)

Die Lehre Jesu Christi, welche das Abendland in ursprünglicher Reinheit bewahrt, ist auch Jahrhunderte lang in Asien frei verkündet und bekannt worden. Zwar hat das gerechte Bestreben, jede falsche Ansicht und Deutung zu vertilgen, uns bisweilen in Zwiespalt erscheinen lassen mit den Bewohnern jener Länder; allein wir haben sie stets geachtet als Christen und nie vergessen, daß wir alle Brüder *eines* Hauses, Kinder *eines* Vaters sind. Soll ich wiederholen, was jeder weiß? Wie jene über das Heidentum gewonnenen Länder den Christen wieder entrissen und eine Beute der Ungläubigen sind? Wer kann es hören ohne Jammer? – Und doch gibt es einen Schmerz, der noch tiefer, ein Unglück, das noch größer ist: denn auch Palästina und Jerusalem sind in den Händen der Feinde!

Der Erlöser unseres Geschlechts, welcher zum Heile aller menschlichen Wesen Leib und Gestalt annahm, wandelte in jenem ausgewählten Lande. Jede Stelle ist dort geweiht durch die Worte, welche er gesprochen, durch die Wunder, welche er verrichtet hat; jede Zeile des Alten und Neuen Testamentes beweiset, daß Palästina als Erbteil des Herrn, und Jerusalem als der Sitz aller Heiligtümer und Geheimnisse, rein bleiben soll von jeder Befleckung. Und diese Stadt, die Heimat Jesu Christi, die Wiege unseres Heils, ist nicht mehr teilhaft der Erlösung! In dem Tempel, aus welchem Christus die Kaufleute vertrieb, damit das Heiligtum nicht verunreinigt würde, wird jetzt des Teufels Lehre öffentlich verkündet. – Wer darf noch zu Maria der Jungfrau flehen, wer in der Kirche des heiligen Grabes andächtig den anrufen, welcher dem Tode die Macht genommen hat? Lasttiere stehen in den heiligen Gebäuden, und für die Erlaubnis, solch Elend zu schauen, verlangen die Frevler sogar noch schweren Zins. Die Gläubigen werden verfolgt, Priester geschlagen und getötet, Jungfrauen geschändet und gemartert. Wehe uns, wenn wir leben und solchem Unheile nicht steuern; besser ist sterben als der Brüder Untergang länger dulden!

Jeder verleugne sich selbst und nehme Christi Kreuz auf sich, damit er Christum gewinne; kein Christ streite mehr wider den anderen, damit das Christentum selbst nicht untergehe, sondern verbreitet und gefördert werde. Es höre auf Mord und Feindschaft und Bedrückung; es beweise jeder Mut und Tapferkeit, nicht wo sie den Fluch, sondern wo sie Vergebung der Sünden und die Krone der Märtyrer erwerben. Keiner fürchte Gefahr, denn wer für den Herrn streitet, dem sind die Kräfte der Feinde untertan; keiner fürchte Mangel und Not, denn wer den Herrn gewinnt, ist überall reich; keiner lasse sich durch Klagen der Zurückbleibenden vom Zuge abhalten, denn die Gnade des Herrn wird auch diese schützen!

Hier wurde die Rede von dem Ruf der Versammlung unterbrochen: »Gott will es!« Als wieder Ruhe eingetreten war, verkündete der Papst:

Es gehen die Worte der Schrift in Erfüllung: wo auch nur zwei oder drei versammelt sind in meinem Namen, werde ich mitten unter ihnen sein; denn nur des Herrn Einwirkung machte es möglich, daß der gleiche Eifer sich erzeugte in euch allen, und das gleiche Wort ausgesprochen wurde von jedem einzelnen. So möge dies Wort euer Feldgeschrei sein in jeder Gefahr, welche ihr übernehmet für die Lehre Christi, das Kreuz aber euer Zeichen zur Kraft und zur Demut. Des Apostolischen

Stuhles Fluch soll jeden treffen, der sich unterfängt, das heiligste Unternehmen zu hindern; sein Beistand dagegen im Namen des Herrn eure Bahn ebnen und euch geleiten auf allen Wegen!

9. Savonarola: Aus der letzten Predigt (1498)

Wenn die Kirchengewalt die Kirche verwüstet, so ist sie keine Kirchengewalt, sondern eine Höllengewalt, eine Satansgewalt. Ich sage dir: wenn sie den Huren hilft, den Lustbuben und den Dieben, wenn sie die Guten verfolgt und das christliche Leben zu zerstören trachtet, dann ist sie eine höllische und teuflische Gewalt, welcher man entgegentreten und entschiedene Zurechtweisung angedeihen lassen muß.

Wenn die höchsten Gewalten versagen oder einen verderblichen Einfluß auf die Kirche ausüben, so muß man seine Zuflucht zu Christus nehmen und zu ihm sprechen: »Du bist mein Vorgesetzter, du bist mein Pfarrer, du bist mein Bischof, du bist mein Papst!« O mein Herr Jesus Christus! Nimm du dich deiner Kirche an! Nimm dich deiner Welt an! Rotte ihn aus, diesen gottlosen Einfluß! Nimm Rache, o Herr; denn es ist nicht mehr auszuhalten hier unten!

O Herr, verzeihe uns unsere Sünden und verzeihe ebenso, wir flehen dich an, allen unsern Widersachern; wir verzeihen ihnen alle Beschimpfungen. O Volk, verzeihst du deinen Widersachern nicht? Verzeihe ihnen doch, und du, o Herr, verzeihe ihnen auch du! Herr, erlöse uns von allem Übel! Ich empfehle dir die Seelen aller unserer Gegner; erleuchte sie, daß sie nicht in die Hölle wandern! Ebenso empfehle ich dir dieses ganze Volk, daß es von dir gesegnet sei. Spende ihm, o Herr, deinen Segen, im Namen des Vaters, des Sohnes und des Heiligen Geistes! Amen.

10. Martin Luther: Rede auf dem Reichstag zu Worms (1521)

Allerdurchlauchtigster, Großmächtigster Kaiser, Durchlauchtigste Fürsten, Gnädigste und Gnädige Herren! Auf den Termin und Bedenkzeit, mir des gestrigen Abends angestellt und ernennet, erschein ich als der Gehorsame und bitt durch die Barmherzigkeit Gottes, Euer Kaiserliche Majestät und Gnaden geruhen, als ich hoff, diese Sachen der Gerechtigkeit und Wahrheit gnädiglich anzuhören. Und so ich von wegen meiner Unerfahrung jemand entweder seine gebührenden Titel nit geben würd oder aber mit einigen Gebärden und Weise wider die hoflichen Sitten handeln, mir solches gnädiglich zu verzeihen als einem, der nicht an fürstlichen Höfen erzogen, sondern in Mönchswinkeln aufkommen und erwachsen, welcher ich von mir nicht anders anzeigen kann, denn daß ich bisher mit solcher Einfalt des Gemüts geschrieben und gelehrt habe, daß ich auch auf Erden nichts anders denn Gottes Ehre und die unentgänzte Unterweisung der Christgläubigen gesucht hab.

Allergnädigster Kaiser, Gnädigste und Gnädige Kurfürsten, Fürsten und Herren! Auf die zwei Artikel, gestern von Euer Kaiserlichen Majestät und Euern Gnaden mir vorgelegt, als nämlich: ob ich die erzählten Büchlein und in meinem Namen ausgegangen für die meinen bekennte und dieselben zu vertreten beharren wollt oder aber dieselben widerrufen, darauf ich meine bereite und klare Antwort geben hab auf den ersten Artikel, darauf ich nochmals besteh und ewiglich bestehen will, als nämlich: daß dieselben Bücher mein sind und daß sie in meinem Namen an den Tag geben sind, es hätt sich denn mittlerzeit begeben, daß durch meiner Mißgünstigen entweder Betrug oder aber unfügliche Weisheit etwas darin verändert oder verkehrlich ausgezogen wäre. Denn ich bekenne mich zu nichts anderem, denn das mein allein oder aber von mir allein geschrieben ist ohne alle aller andern Sorgfältigkeit, Auslegung und Deutung.

Weil ich aber auf den andern Artikel Antwort geben soll, bitte Euer Kaiserliche Majestät und Gnaden ich untertäniglich, sie wollen ein fleißiges Aufachten haben, daß meine Bücher nicht einerlei Art sind. Denn es sind etliche, in welchen ich die Güte des Glaubens und der Sitten so evangelisch und schlechtlich behandelt hab, daß sie auch meine Widerwärtigen müssen bekennen für nutzbar und unschädlich und allenthalben würdig, daß sie von christlichen Leuten gelesen werden. Es macht auch die Bulle, wiewohl sonst an sich grimmig und grausam, etliche meiner Bücher unschädlich, wiewohl sie auch dieselben durch ein widernatürlich Urteil verdammet. Wenn ich nun dieselben anhöbe zu widerrufen, was täte ich anders, denn daß ich allein unter allen Menschen die Wahrheit verdammte, welche die Freunde und Feinde zugleich bekennen, und ich allein dem gemeinen und einträchtigen Bekenntnis entgegen wäre?

Die andere Art meiner Bücher ist, so wider das Papsttum und der Päpstischen Vornehmen und Handlung geht, als wider die, so mit ihren allerbösesten Lehren und Exempeln die christliche Welt mit beiden Übeln des Geistes und Leibes verheert, verwüstet und verderbt haben. Denn dies mag niemand weder verneinen noch verhehlen, weil die Erfahrung aller Menschen und die Klage allermänniglich Zeugen sind, daß durch die Gesetze des Papstes und Lehre der Menschen die Gewissen der Christgläubigen aufs allerjämmerlichste gefangen, beschwert, gemartert und gepeinigt sind, auch die Güter und Habe bevor in dieser hochrühmlichen deutschen Nation durch unglaubliche Tyrannei verschlungen und erschöpft und nachmals ohn End verschlungen werden... Wenn ich nun dieselben auch widerrufen würde, würde ich nichts anders tun denn diese Tyrannei stärken und einem so großen unchristlichen Wesen nicht allein die Fenster, sondern die Türen auftun, die weiter und freier toben und schaden wird, denn sie sich bisher je hat dürfen unterstehen, und würde durch das Zeugnis dieses meines Widerspruchs das Reich ihrer allerfrechsten und allerunsträflichsten Bosheit dem armen, elenden Volk aufs allerunleidlichste werden und dennoch bestätigt und befestigt werden, zuvor wenn man sagen würde, daß dies aus Macht und Geschäft Euer Kaiserlichen Majestät und des ganzen Römischen Reichs geschehen sei. Mein lieber Gott, wie ein groß Schanddeckel der Bosheit und Tyrannei würde ich sein!

Die dritte Art ist der Bücher, welche ich wider etliche sonderliche und ungemeine Personen geschrieben hab, als nämlich wider die, so sich unterwunden haben, die römische Tyrannei zu beschützen und den göttlichen Dienst, so ich gelernt, zu vertilgen; wider dieselben bekenne ich mich, heftiger gewest zu sein, denn dem christlichen Wesen und Stand geziemt. Denn ich mach mich nicht zu einem Heiligen, ich disputiere auch nicht von meinem Leben, sondern von der Lehre Christi. Ich kann dieselben Bücher aber auch nicht widerrufen darum, daß aus demselben meinem Widerspruch erfolgen würde, daß ihr tyrannisch, grimmig und wüterlich Regiment durch meinen Schutz, Handhabung und Rückhaltung regieren und herrschen würde und das Volk Gottes ungütlich und unbarmherziglich handeln würde und viel geschwinder, denn sie bisher regiert und geherrscht haben.

Aber dieweil ich ein Mensch und nicht Gott bin, so mag ich meine Büchlein durch keine andere Handhabung erhalten, denn mein Herr Jesus Christus seine eigene Lehr unterhalten hat, welcher, als er vor Annas nach seiner Lehr gefragt und vom Diener an einen Backen geschlagen war, sagt er: ›Hab ich übel geredet, so gib mir Zeugnis von dem Übel!‹ Weil der Herr selbst, der da gewußt hat, daß er nicht könnte irren, sich dennoch nit geweigert hat, anzuhören Zeugnis wider seine Lehre auch von dem allerschnödesten Knecht, wieviel mehr ich Hefe, die nichts anderes vermag denn irren, soll begehren und erwarten, ob mir jemand Zeugnis wollt geben wider meine Lehre! Derhalben ich bitt durch die Barmherzigkeit Gottes, Euer Kaiserliche Majestät und Gnaden oder alle andere von den Höchsten oder Niedersten wollen mir Zeugnis geben, die Irrtümer zu widerrufen und der allererste sein, der meine Bücher in das Feuer werfen will.

Aus welchem allen, ich meine, offenbar werde, daß ich genugsam bedacht, bewogen und ermessen hab die Gefahr, Besorglichkeit, Zwietracht, Aufruhr und Empörung, von wegen meiner Lehr in der Welt erwachsen, davon ich gestern ernstlich und festiglich bin erinnert worden. Wahrlich, mir ist das das Allerlustigste, zu sehen, daß von wegen des göttlichen Worts Parteien, Mißhellung und Uneinigkeit werden. Denn das ist der Lauf, Fall und Ausgang des göttlichen Worts, wie der Herr selbst sagt: ›Ich bin nicht kommen, den Frieden, sondern das Schwert zu senden; denn ich bin kommen, den Menschen abzusondern wider seinen Vater.‹ Derhalben zu bedenken ist, wie wunderlich und erschrecklich Gott in seinen Räten, Vornehmen und Anschlägen ist, damit nicht vielleicht das, so die Parteien und Uneinigkeit hinzulegen vorgewandt wird, wenn wir anheben an der Verdammung des Wortes Gottes, es werd gereichen zu einer Sintflut unleidlicher Übel, und daß man zu besorgen hat, damit nicht dieses allerfrömmsten Jünglings Kaiser Karls (in dem nächst Gott eine große Hoffnung ist) kaiserlich Regiment eines unglückseligen Anfangs sei.

Ich mocht mit viel Exempeln der Heiligen Schrift, von dem Pharao, vom König zu Babylon und den Königen zu Israel erklären und anzeigen, daß sie sich die Zeit am allermeisten verderbt haben, als sie mit den allerklügsten Räten und Anschlägen ihre Königreiche zu befriedigen und befestigen sich unterstanden und beflissen haben. Denn er ist der, so die Arglistigen in ihrer eigenen Listigkeit fängt und die Berge umkehrt, ehe sie es inne werden, also daß man der Furcht Gottes bedarf. Ich sag dies nicht darum, daß so großen Häuptern meine Lehre oder Ermahnung vonnöten sei, sondern daß ich meiner Heimat, deutschen Landen meinen Dienst nit hab sollen und wollen entziehen.

Und hiemit befehle ich Euer Kaiserlichen Majestät Gnaden ich mich untertäniglich, in Demut bittend, sie wollen nit gestatten, mich gegen sie durch meiner Abgünstigen Übelmeinung verunglimpfen und in Ungnaden bringen.

Auf das Anerbieten Luthers, sich aus der Heiligen Schrift allein belehren zu lassen, fragte der Offizial Luther noch einmal, ob er auf seinem »Nein« beharre; dann solle er eine »schlichte und ungehörnete« Antwort geben. Darauf erwiderte Luther in lateinischer Sprache:

Weil denn Eure Kaiserliche Majestät und Eure Gnaden eine schlichte Antwort begehren, so will ich eine Antwort ohne Hörner und Zähne geben diesermaßen: Es sei denn, daß ich durch Zeugnisse der Schrift oder einleuchtende Gründe überwunden werde – denn ich glaube weder dem Papst noch den Konzilien allein, dieweil es am Tag ist, daß sie öfters geirrt und sich selbst widersprochen haben –, so bin ich überwunden durch die heiligen Schriften, so von mir angeführt, und mein Gewissen ist gefangen in Gottes Wort. Derhalben kann und will ich nichts widerrufen, diweil wider das Gewissen zu handeln beschwerlich, unheilsam und gefährlich ist. Gott helfe mir! Amen!

11. Thomas Müntzer: Manifest an die Mansfelder Bergknappen (1525)

Die reine Furcht Gottes zuvor, liebe Brüder!
Wie lange schlaft ihr, wie lang seid ihr Gott seines Willens nicht geständig, darum daß er euch nach eurem Ansehen verlassen hat? Ach, wie viel habe ich euch das gesagt, wie es sein muß; Gott kann sich nicht anders offenbaren, ihr müßt gelassen stehn. Tut ihrs nicht, so ist das Opfer, euer herzbetrübtes Herzeleid, umsonst. Ihr müßt danach wieder von neuem ins Leiden kommen.

Das sage ich euch, wollt ihr nicht um Gottes willen leiden, so müßt ihr des Teufels Märtyrer sein. Darum hütet euch, seid nicht so verzagt, nachlässig, schmeichelt nicht länger den verkehrten Phantasten, den gottlosen Bösewichtern; fanget an und streitet den Streit des Herrn! Es ist hohe Zeit, haltet eure Brüder alle dazu an, daß sie göttliches Gezeugnis nicht verspotten, sonst müssen sie alle verderben. Das ganze deutsche, französische und welsche Land ist wach. Der Meister will das Spiel machen, die Bösewichter müssen dran. Zu Fulda sind in der Osterwoche vier Stiftskirchen verwüstet worden, die Bauern im Klegau und Hegau, im Schwarzwald sind auf, dreimal tausend Mann stark, und der Haufe wird je länger je größer. Allein das ist meine Sorge, daß die närrischen Menschen sich in einen falschen Vertrag einwilligen, darum daß sie den Schaden noch nicht erkennen.

Wenn euer nur drei sind, die in Gott gelassen, allein seinen Namen und Ehre suchen, werdet ihr hunderttausend nicht fürchten. Nun dran, dran, dran, es ist Zeit, die Bösewichter sind verzagt wie die Hunde. Regt die Brüder an, daß sie zum Frieden kommen und ihrer Bewegung Gezeugnis einholen. Es ist über die Maßen hoch vonnöten. Dran, dran, dran! Laßt euch nicht erbarmen, auch wenn euch der Esau gute Worte vorschlägt, 1. Mose 33. Seht nicht an den Jammer der Gottlosen. Sie werden euch freilich so freundlich bitten, greinen, flehen wie die Kinder. Laßt euch nicht erbarmen, wie Gott durch Mose befohlen hat, 5. Mose 7, und uns hat er dasselbe auch offenbart. Regt an in Dörfern und Städten und sonderlich die Berggesellen samt anderen guten Burschen, welche gut dazu sein werden. Wir müssen nicht länger schlafen.

Sieh, da ich die Worte schreibe, kam mir Botschaft aus Salza, wie das Volk den Amtmann des Herzogs Georg vom Schloß holen will, weil er drei habe heimlich umbringen wollen. Die Bauern vom Eichsfeld sind ihren Junkern feind geworden; kurz: sie wollen ihrer keine Gnade haben. Es ist des Wesens viel, euch zum Vorbild. Ihr müßt dran, dran, es ist Zeit! Balthasar und Barthel Krump, Valtein und Bischof, gehet voran beim Tanz! Lasset diesen Brief den Berggesellen zugänglich werden. Mein Drucker wird kommen in kurzen Tagen. Ich habe die Botschaft gekriegt. Ich kann es jetzt nicht anders machen, sonst wollte ich den Brüdern Unterricht genug geben, daß ihnen das Herz viel größer werden sollte als alle Schlösser und Rüstung der gottlosen Bösewichter auf Erden.

Dran, dran, solange das Feuer heiß ist! Lasset euer Schwert nicht kalt werden, erlahmt nicht! Schmiedet pinkepanke auf den Ambossen Nimrods, werfet ihnen den Turm zu Boden! Es ist nicht möglich, solange sie leben, daß ihr der menschlichen Furcht leer werden solltet. Man kann euch von Gott nichts sagen, solange sie über euch regieren. Dran, dran, solange ihr Tag habt; Gott geht euch voran, folget, folget! Die Geschichten stehen geschrieben Matth. 24; Hes. 34; Daniel 7; Esra 10; Offb. 6, welche Schriften alle Röm. 13 erklären.

Darum laßt euch nicht abschrecken. Gott ist mit euch, wie geschrieben steht II. Chron. 20. Dies sagt Gott: »Ihr sollt euch nicht fürchten. Ihr sollt diese große Menge nicht scheuen. Es ist nicht euer, sondern des Herrn Streit. Ihr seid (es) nicht, die da streiten; stellt euch nur männlich. Ihr werdet sehen die Hilfe des Herrn über euch.« Da Josaphat diese Worte hörte, da fiel er nieder. Also tut auch und durch Gott, der euch stärke ohne Furcht der Menschen im rechten Glauben, amen.

12. Martin Luther: Aus der Schrift ›Wider die räuberischen und mörderischen Rotten der Bauern‹ (1525)

Im vorigen Büchlein getraute ich mich die Bauern nicht zu verurteilen, weil sie sich zu Recht und besserem Unterricht erboten, wie denn Christo gebietet, man solle nicht urteilen (Matth. 7). Aber ehe denn ich mich umsehe, fahren sie fort und greifen mit der Faust drein, mit Vergessen ihres Erbietens, rauben und toben und tun wie die rasenden Hunde. Dabei sieht man nun wohl, was sie in ihrem falschen Sinn gehabt haben und daß es eitel verlogen Ding gewesen ist, was sie unter dem Namen des Evangeliums in den zwölf Artikeln vorgewendet haben. Und in Sonderheit ist's der Erzteufel, der zu Mühlhausen regiert und nichts denn Raub, Mord, Blutvergießen anrichtet, wie denn Christus von ihm sagt (Joh. 8), daß er sei ein Mörder von Anbeginn. Nun denn sich solche Bauern und elende Leute verführen lassen und anders tun, denn sie geredet haben, muß ich auch anders von ihnen schreiben und erstlich ihre Sünden vor ihre Augen stellen, wie Gott (Esaj. 58, 1 und Ezech. 2, 7) befiehlt, und ob nicht etliche erkennen wollten und darnach der weltlichen Obrigkeit das Gewissen, wie sie sich hierin halten sollen, unterrichten.

Dreierlei greuliche Sünden wider Gott und die Menschen laden diese Bauern auf sich, daran sie den Tod verdient haben an Leib und Seele mannigfältig. Zum ersten, daß sie ihre Obrigkeit Treue und Huld geschworen haben, untertänig und gehorsam zu sein, wie solches Gott gebietet, da er spricht (Luk. 20, 25): Gebt des Kaisers, was des Kaisers ist, und Römer 13: Jeder Mann sei der Obrigkeit untertan etc. Weil sie aber diesen Gehorsam brechen mutwillig und mit Frevel und dazu sich wider ihre Herren setzen, haben sie damit verwirkt Leib und Seele, als die treulosen, meineidigen, lügenhaftigen, ungehorsamen Buben und Bösewichte pflegen zu tun; darum auch St. Paulus (Röm. 13) ein solches Urteil über sie fällt: Wer der Gewalt widerstrebt, den wird ein Gericht überkommen. Welcher Spruch auch die Bauern treffen wird, es geschehe kurz oder lang, denn Gott will Treu und Pflicht gehalten haben.

Zum andern, daß sie Aufruhr anrichten, rauben und plündern mit Frevel Klöster und Schlösser, die nicht ihre sind, womit sie, als die öffentlichen Straßenräuber und Mörder, allein wohl zwiefältig den Tod an Leib und Seele verschulden. Auch ist ein aufrührerischer Mensch, den man dessen bezichtigen kann, schon in Gottes und kaiserlicher Acht, so daß, wer am ersten kann und mag denselben erwürgen, Recht und wohl tut. Denn über einen öffentlichen Aufrührigen ist ein jeglicher Mensch beides, Oberrichter und Scharfrichter, gleich als wenn ein Feuer angeht, wer am ersten kann löschen, der ist der beste; denn Aufruhr ist nicht ein schlechter Mord, sondern wie ein großes Feuer, das ein Land anzündet und verwüstet, also bringt Aufruhr mit sich ein Land voller Mord, Blutvergießen und macht Witwen und Waisen und zerstört alles, wie das allergrößte Unglück. Drum soll hier zuschmeißen, würgen und stechen, heimlich oder öffentlich, wer da kann, und gedenken, daß nicht Giftigeres, Schädlicheres, Teuflischeres sein kann, denn ein aufrührerischer Mensch. Gleich als wenn man einen tollen Hund totschlagen muß; schlägst du nicht, so schlägt er dich, und ein ganzes Land mit dir.

Zum dritten, daß sie solche schrecklichen, greulichen Sünden mit dem Evangelium decken, nennen sich christliche Brüder, nehmen Eid und Huld und zwingen die Leute zu solchen Greueln, mit ihnen zu halten, damit sie die allergrößten Gotteslästerer und Schänder seines heiligen Namens werden, und ehren und dienen also dem Teufel unter dem Schein des Evangeliums, daran sie wohl zehnmal den Tod verdienen an Leib und Seele...

13. William Shakespeare: Reden des Brutus und des Antonius aus ›Julius Caesar‹ (ca. 1600)

BRUTUS Römer! Mitbürger! Freunde! Hört mich meine Sache führen und seid still, damit ihr hören möget! Glaubt mir um meiner Ehre willen, und hegt Achtung vor meiner Ehre, damit ihr glauben mögt! Richtet mich nach eurer Weisheit, und weckt eure Sinne, um desto besser urteilen zu können! Ist jemand in dieser Versammlung, irgend ein herzlicher Freund Cäsars, dem sage ich: des Brutus Liebe zum Cäsar war nicht geringer als seine. Wenn dieser Freund dann fragt, warum Brutus gegen Cäsar aufstand, ist dies meine Antwort: nicht, weil ich Cäsarn weniger liebte, sondern weil ich Rom mehr liebte. Wolltet ihr lieber, Cäsar lebte und ihr stürbet alle als Sklaven, als daß Cäsar tot ist, damit ihr alle lebet wie freie Männer? Weil Cäsar mich liebte, wein' ich um ihn; weil er glücklich war, freue ich mich; weil er tapfer war, ehr' ich ihn; aber weil er herrschsüchtig war, erschlug ich ihn. Also Tränen für seine Liebe, Freude für sein Glück, Ehre für seine Tapferkeit, und Tod für seine Herrschsucht. Wer ist hier so niedrig gesinnt, daß er ein Knecht sein möchte? Ist es jemand, er rede, denn ihn habe ich beleidigt. Wer ist hier so roh, daß er nicht wünschte, ein Römer zu sein? Ist es jemand, er rede, denn ihn habe ich beleidigt. Ich halte inne, um Antwort zu hören.

BÜRGER *(verschiedne Stimmen auf einmal)*
Niemand, Brutus, niemand!

BRUTUS Dann habe ich niemand beleidigt. Ich tat Cäsarn nichts, als was ihr dem Brutus tun würdet. Die Untersuchung über seinen Tod ist im Kapitol aufgezeichnet: sein Ruhm nicht geschmälert, wo er Verdienste hatte, seine Vergehen nicht übertrieben, für die er den Tod gelitten.

(Antonius und andre treten auf mit Cäsars Leiche)
Hier kommt seine Leiche, vom Mark Anton betrauert, der, ob er schon keinen Teil an seinem Tode hatte, die Wohltat seines Sterbens, einen Platz im gemeinen Wesen, genießen wird. Wer von euch wird es nicht? Hiermit trete ich ab: wie ich meinen besten Freund für das Wohl Roms erschlug, so habe ich denselben Dolch für mich selbst, wenn es dem Vaterlande gefällt, meinen Tod zu bedürfen.

ANTONIUS Mitbürger! Freunde! Römer! hört mich an:
Begraben will ich Cäsarn, nicht ihn preisen.
Was Menschen Übles tun, das überlebt sie,
Das Gute wird mit ihnen oft begraben.
So sei es auch mit Cäsarn! Der edle Brutus
Hat euch gesagt, daß er voll Herrschsucht war;
Und war er das, so war's ein schwer Vergehen,
Und schwer hat Cäsar auch dafür gebüßt.
Hier, mit des Brutus Willen und der andern
(Denn Brutus ist ein ehrenwerter Mann, –
Das sind sie alle, alle ehrenwert!)
Komm' ich, bei Cäsars Leichenzug zu reden.
Er war mein Freund, war mir gerecht und treu:
Doch Brutus sagt, daß er voll Herrschsucht war,
Und Brutus ist ein ehrenwerter Mann.
Er brachte viel Gefangne heim nach Rom,
Wofür das Lösegeld den Schatz gefüllt.
Sah das der Herrschsucht wohl am Cäsar gleich?
Wenn Arme zu ihm schrien, so weinte Cäsar:
Die Herrschsucht sollt' aus härterm Stoff bestehn.
Doch Brutus sagt, daß er voll Herrschsucht war,
Und Brutus ist ein ehrenwerter Mann.
Ihr alle saht, wie am Lupercus-Fest
Ich dreimal ihm die Königskrone bot,
Die dreimal er geweigert. War das Herrschsucht?
Doch Brutus sagt, daß er voll Herrschsucht war,
Und ist gewiß ein ehrenwerter Mann.
Ich will, was Brutus sprach, nicht widerlegen,
Ich spreche hier von dem nur, was ich weiß.
Ihr liebtet all' ihn einst nicht ohne Grund:
Was für ein Grund wehrt euch, um ihn zu trauern?
O Urteil, du entflohst zum blöden Vieh,
Der Mensch ward unvernünftig! – Habt Geduld!
Mein Herz ist in dem Sarge hier beim Cäsar,
Und ich muß schweigen, bis es mir zurückkommt.

Wortwechsel unter den Zuhörern
Noch gestern hätt' umsonst dem Worte Cäsars
Die Welt sich widersetzt: nun liegt er da,
Und der Geringste neigt sich nicht vor ihm.
O Bürger! strebt' ich, Herz und Mut in euch
Zur Wut und zur Empörung zu entflammen,
So tät' ich Cassius und Brutus Unrecht,

Die ihr als ehrenwerte Männer kennt.
Ich will nicht ihnen Unrecht tun, will lieber
Dem Toten Unrecht tun, mir selbst und euch,
Als ehrenwerten Männern, wie sie sind.
Doch seht dies Pergament mit Cäsars Siegel:
Ich fand's bei ihm, es ist sein letzter Wille.
Vernähme nur das Volk dies Testament
(Das ich, verzeiht mir, nicht zu lesen denke),
Sie gingen hin und küßten Cäsars Wunden,
Und tauchten Tücher in sein heil'ges Blut,
Ja bäten um ein Haar zum Angedenken,
Und sterbend nennten sie's im Testament,
Und hinterließen's ihres Leibes Erben
Zum köstlichen Vermächtnis.

Die Zuhörer fordern ihn auf, das Testament zu verlesen
Seid ruhig, lieben Freund'! Ich darf's nicht lesen:
Ihr müßt nicht wissen, wie euch Cäsar liebte.
Ihr seid nicht Holz, nicht Stein, ihr seid ja Menschen;
Drum, wenn ihr Cäsars Testament erführt,
Es setzt' in Flammen euch, es macht' euch rasend.
Ihr dürft nicht wissen, daß ihr ihn beerbt,
Denn wüßtet ihr's, was würde draus entstehn?

Weitere Aufforderungen
Wollt ihr euch wohl gedulden? wollt ihr warten?
Ich übereilte mich, da ich's euch sagte.
Ich fürcht', ich tu' den ehrenwerten Männern
Zu nah, von deren Dolchen Cäsar fiel;
Ich fürcht' es.

Unmutsäußerungen gegen die Mörder Cäsars, stürmische Aufforderung, das Testament zu verlesen
Wofern ihr Tränen habt, bereitet euch,
Sie jetzo zu vergießen! Diesen Mantel,
Ihr kennt ihn alle; noch erinnr' ich mich
Des ersten Males, da ihn Cäsar trug,
In seinem Zelt, an einem Sommerabend –
Er überwand den Tag die Nervier –
Hier, schauet! fuhr des Cassius Dolch herein;
Seht, welchen Riß der tück'sche Casca machte!
Hier stieß der vielgeliebte Brutus durch;
Und als er den verfluchten Stahl hinwegriß,
Schaut her, wie ihm das Blut des Cäsar folgte,
Als stürzt' es vor die Tür, um zu erfahren,

Ob wirklich Brutus so unfreundlich klopfte:
Denn Brutus, wie ihr wißt, war Cäsars Engel. –
Ihr Götter, urteilt, wie ihn Cäsar liebte!
Kein Stich von allen schmerzte so wie der.
Denn als der edle Cäsar Brutus sah,
Warf Undank, stärker als Verräterwaffen,
Ganz nieder ihn: da brach sein großes Herz,
Und in den Mantel sein Gesicht verhüllend,
Grad' am Gestell der Säule des Pompejus,
Von der das Blut rann, fiel der große Cäsar.
O meine Bürger, welch ein Fall war das!
Da fielet ihr und ich; wir alle fielen,
Und über uns frohlockte blut'ge Tücke.
O ja! nun weint ihr, und ich merk', ihr fühlt
Den Drang des Mitleids: dies sind milde Tropfen.
Wie? weint ihr, gute Herzen, seht ihr gleich
Nur unsers Cäsars Kleid verletzt? Schaut her:
Hier ist er selbst, geschändet von Verrätern!

Zwischenrufe
Seid ruhig, meine Bürger!
Weitere Zwischenrufe
Ihr guten lieben Freund', ich muß euch nicht
Hinreißen zu des Aufruhrs wildem Sturm.
Die diese Tat getan, sind ehrenwert.
Was für Beschwerden sie persönlich führen,
Warum sie's taten, ach! das weiß ich nicht.
Doch sind sie weis' und ehrenwert, und werden
Euch sicherlich mit Gründen Rede stehn.
Nicht euer Herz zu stehlen komm' ich, Freunde:
Ich bin kein Redner, wie es Brutus ist,
Nur, wie ihr alle wißt, ein schlichter Mann,
Dem Freund ergeben, und das wußten die
Gar wohl, die mir gestattet, hier zu reden.
Ich habe weder Schriftliches noch Worte,
Noch Würd' und Vortrag, noch die Macht der Rede,
Der Menschen Blut zu reizen; nein, ich spreche
Nur gradezu, und sag' euch, was ihr wißt.
Ich zeig' euch des geliebten Cäsars Wunden,
Die armen stummen Munde, heiße die
Statt meiner reden. Aber wär' ich Brutus,
Und Brutus Mark Anton, dann gäb' es einen,
Der eure Geister schürt', und jeder Wunde

Des Cäsar eine Zunge lieh', die selbst
Die Steine Roms zum Aufstand würd' empören.
Zwischenrufe
Nun, Freunde, wißt ihr selbst auch, was ihr tut?
Wodurch verdiente Cäsar eure Liebe?
Ach nein! ihr wißt nicht. – Hört es denn! Vergessen
Habt ihr das Testament, wovon ich sprach.
Zwischenruf
Hier ist das Testament mit Cäsars Siegel.
Darin vermacht er jedem Bürger Roms,
Auf jeden Kopf euch fünfundsiebzig Drachmen.
Zwischenrufe
Hört mich mit Geduld!
Zwischenruf
Auch läßt er alle seine Lustgehege,
Verschloßne Lauben, neugepflanzte Gärten,
Diesseits der Tiber, euch und euren Erben
Auf ew'ge Zeit, damit ihr euch ergehn
Und euch gemeinsam dort ergötzen könnt.
Das war ein Cäsar: wann kommt seines Gleichen?

14. Christoffel von Grimmelshausen: Warum und welcher-
gestalt Simplicius die Welt wieder verlassen (1669)

Adieu Welt, denn auf dich ist nicht zu trauen, noch von dir
nichts zu hoffen, in deinem Haus ist das Vergangene schon
verschwunden, das Gegenwärtige verschwindet uns unter den
Händen, das Zukünftige hat nie angefangen, das Allerbestän-
digste fällt, das Allerstärkste zerbricht, und das Allerewigste
nimmt ein End; also, daß du ein Toter bist unter den Toten, und in hundert Jahren läßt du uns nicht eine Stund
leben.

Adieu Welt, denn du nimmst uns gefangen, und läßt uns
nicht wieder ledig, du bindest uns, und lösest uns nicht wieder
auf; du betrübest, und tröstest nit, du raubest, und gibest nichts
wieder, du verklagest uns, und hast keine Ursach, du verurtei-
lest, und hörest keine Partei; also daß du uns tötest ohne Urteil,
und begräbest uns ohne Sterben! Bei dir ist keine Freud ohne
Kummer, kein Fried ohne Uneinigkeit, keine Lieb ohne Argwohn, keine Ruhe ohne Furcht, keine Fülle ohne Mängel, keine

Ehr ohne Makel, kein Gut ohne bös Gewissen, kein Stand ohne Klag, und keine Freundschaft ohne Falschheit.

Adieu Welt, denn in deinem Palast verheißet man ohne Willen zu geben, man dienet ohne Bezahlen, man liebkoset, um zu töten, man erhöhet, um zu stürzen, man hilft, um zu fällen, man ehret, um zu schänden, man entlehnet, um nicht wiederzugeben, man straft, ohne Verzeihen.

Behüt dich Gott Welt, denn in deinem Haus werden die großen Herren und Favoriten gestürzt, die Unwürdigen hervorgezogen, die Verräter mit Gnaden angesehen, die Getreuen in Winkel gestellt, die Boshaftigen ledig gelassen, und die Unschuldigen verurteilt; den Weisen und Qualifizierten gibt man Urlaub, und den Ungeschickten große Besoldung, den Hinterlistigen wird geglaubt, und die Aufrichtigen und Redlichen haben keinen Kredit, ein jeder tut was er will, und keiner was er tun soll.

Adieu Welt, denn in dir wird niemand mit seinem rechten Namen genennet, den Vermessenen nennet man kühn, den Verzagten vorsichtig, den Ungestümen emsig, und den Nachlässigen friedsam; einen Verschwender nennet man herrlich, und einen Kargen eingezogen; einen hinterlistigen Schwätzer und Plauderer nennet man beredt, und den Stillen einen Narrn oder Phantasten; einen Ehebrecher und Jungfrauenschänder nennet man einen Buhler; einen Unflat nennet man einen Hofmann, einen Rachgierigen nennet man einen Eiferigen, und einen Sanftmütigen einen Phantasten, also daß du uns das Giebige für das Ungiebige, und das Ungiebige für das Giebige verkaufest.

Adieu Welt, denn du verführest jedermann; den Ehrgeizigen verheißest du Ehr, den Unruhigen Veränderung, den Hochtragenden Gnad bei Fürsten, den Nachlässigen Ämter, den Geizhälsen viel Schätze, den Fressern und Unkeuschen Freude und Wollust, den Feinden Rach, den Dieben Heimlichkeit, den Jungen langes Leben, und den Favoriten verheißest du beständige fürstliche Huld.

Adieu Welt, denn in deinem Palast findet weder Wahrheit noch Treu ihre Herberg! wer mit dir redet wird verschamt, wer dir traut wird betrogen, wer dir folgt wird verführt, wer dich fürchtet wird am allerübelsten gehalten, wer dich liebt wird übel belohnt, und wer sich am allermeisten auf dich verläßt, wird auch am allermeisten zuschanden gemacht; an dir hilft kein Geschenk so man dir gibt, kein Dienst so man dir erweist, keine lieblichen Wort so man dir zuredet, kein Treu so man dir hält, und keine Freundschaft so man dir erzeigt, sondern du betrügst, stürzest, schändest, besudelst, drohest, verzehrest und vergißt jedermann; dannenhero weinet, seufzet, jammert, klaget und verdirbt jedermann, und jedermann nimmt ein End; bei dir siehet und lernet man nichts, als einander hassen bis zum Würgen, reden bis zum Lügen, lieben bis zum Verzweifeln, handeln bis zum Stehlen, bitten bis zum Betrügen, und sündigen bis zum Sterben.

Behüt dich Gott Welt, denn dieweil man dir nachgehet, verzehret man die Zeit in Vergessenheit, die Jugend mit Rennen, Laufen und Springen über Zaun und Stiege, über Weg und Steg, über Berg und Tal, durch Wald und Wildnis, über See und Wasser, im Regen und Schnee, in Hitz und Kält, in Wind und Ungewitter; die Mannheit wird verzehrt mit Erzschneiden und -schmelzen, mit Steinhauen und -schneiden, Hacken und Zimmern, Pflanzen und Bauen, in Gedanken Dichten und Trachten, in Ratschläge ordnen, Sorgen und Klagen, in Kaufen und Verkaufen, Zanken, Hadern, Kriegen, Lügen und Betrügen; das Alter verzehrt man in Jammer und Elend, der Geist wird schwach, der Atem schmeckend, das Angesicht runzlicht, die Länge krumm, und die Augen werden dunkel, die Glieder zittern, die Nase trieft, der Kopf wird kahl, das Gehör verfällt, der Geruch verliert sich, der Geschmack geht hinweg, er seufzet und ächzet, ist faul und schwach, und hat in Summa nichts als Mühe und Arbeit bis in Tod.

Adieu Welt, denn niemand will in dir fromm sein; täglich richtet man die Mörder, vierteilt die Verräter, hänget die Dieb, Straßenräuber und Freibeuter, köpft Totschläger, verbrennt Zauberer, straft Meineidige, und verjagt Aufrührer.

Behüt dich Gott Welt, denn deine Diener haben kein andere Arbeit noch Kurzweil, als faulenzen, einander vexieren und ausrichten, den Jungfrauen hofieren, den schönen Frauen aufwarten, mit denselben liebäugeln, mit Würfeln und Karten spielen, mit Kupplern traktieren, mit den Nachbarn kriegen, neue Zeitungen erzählen, neue Fund erdenken, mit dem Judenspieß rennen, neue Trachten ersinnen, neue List aufbringen, und neue Laster einführen.

Adieu Welt, denn niemand ist mit dir content oder zufrieden, ist er arm, so will er haben; ist er reich, so will er viel gelten; ist er veracht, so will er hoch steigen; ist er injuriert, so will er sich rächen; ist er in Gnaden, so will er viel gebieten; ist er lasterhaftig, so will er nur bei gutem Mut sein.

Adieu Welt, denn bei dir ist nichts Beständiges; die hohen Türm werden vom Blitz erschlagen, die Mühlen vom Wasser weggeführt, das Holz wird von den Würmern, das Korn von Mäusen, die Früchte von Raupen, und die Kleider von Schaben gefressen, das Vieh verdirbt vor Alter, und der arme Mensch vor Krankheit: Der eine hat den Grind, der ander den Krebs, der dritte den Wolf, der vierte die Franzosen, der fünfte das Podagram, der sechste die Gicht, der siebente die Wassersucht, der achte den Stein, der neunte das Gries, der zehente die Lungensucht, der elfte das Fieber, der zwölfte den Aussatz, der dreizehnte das Hinfallen, und der vierzehnte die Torheit! In dir o Welt, tut nicht einer was der ander tut, denn wenn einer weinet, so lacht der ander, einer seufzet, der ander ist fröhlich; einer fastet, der ander zechet; einer bankettiert, der ander leidet Hunger; einer reitet, der ander gehet; einer redt, der ander schweigt; einer spielet, der ander arbeitet; und wenn der eine geboren wird, so stirbt der ander. Also lebt auch nicht einer wie der ander, der eine herrschet, der ander dienet; einer weidet die Menschen, ein anderer hütet der Schwein; einer folgt dem Hof, der ander dem Pflug; einer reist auf dem Meer, der ander fährt über Land auf die Jahr- und Wochenmärkt; einer arbeit im Feur, der ander in der Erde, einer fischt im Wasser, und der ander fängt Vögel in der Luft; einer arbeitet härtiglich, und der ander stiehlet und beraubet das Land.

O Welt behüt dich Gott, denn in deinem Haus führet man weder ein heilig Leben, noch einen gleichmäßigen Tod; der eine stirbt in der Wiegen, der ander in der Jugend auf dem Bett, der dritte am Strick, der vierte am Schwert, der fünfte auf dem Rad, der sechste auf dem Scheiterhaufen, der siebente im Weinglas, der achte in einem Wasserfluß, der neunte erstickt im Freßhafen, der zehente erwürgt am Gift, der elfte stirbt jählling, der zwölfte in einer Schlacht, der dreizehnte durch Zauberei, und der vierzehnte ertränkt seine arme Seel im Tintenfaß.

Behüt dich Gott Welt, denn mich verdrießt deine Konversation; das Leben so du uns gibst, ist ein elende Pilgerfahrt, ein unbeständigs, ungewisses, hartes, rauhes, hinflüchtiges und unreines Leben, voll Armseligkeit und Irrtum, welches vielmehr ein Tod als ein Leben zu nennen; in welchem wir all Augenblick sterben durch viel Gebrechen der Unbeständigkeit und durch mancherlei Weg des Tods! du läßt dich der Bitterkeit nicht genügen, mit der du umgeben und durchsalzen bist, sondern betrügst noch dazu die meisten mit deinem Schmeicheln, Anreizung und falschen Verheißungen, du gibst aus dem güldenen Kelch, den du in deiner Hand hast, Bitterkeit und Falschheit zu trinken, und machst sie blind, taub, toll, voll und sinnlos, ach wie wohl denen, die dein Gemeinschaft ausschlagen: deine schnelle augenblickliche hinfahrende Freud verachten, dein Gesellschaft verwerfen, und nicht mit einer solchen arglistigen verlornen Betrügerin zugrund gehen; denn du machest aus uns einen finstern Abgrund, ein elendes Erdreich, ein Kind des Zorns, ein stinkendes Aas, ein unreines Geschirr in der Mistgrub, ein Geschirr der Verwesung voller Gestank und Greuel, denn wenn du uns lang mit Schmeicheln, Liebkosen, Dräuen, Schlagen, Plagen, Martern und Peinigen umgezogen und gequält hast, so überantwortest du den ausgemergelten Körper dem Grab, und setzest die Seel in ein ungewisse Chance. Denn obwohl nichts Gewissers ist als der Tod, so ist doch der Mensch nicht versichert, wie, wann und wo er sterben, und (welches das erbärmlichste ist) wo sein Seel hinfahren, und wie es derselben ergehen wird: Wehe aber alsdann der armen Seelen, welche dir o Welt, hat gedienet, gehorsamt und deinen Lüsten und Üppigkeiten hat gefolgt, denn nachdem eine solche sündige und unbekehrte arme Seel mit einem schnellen und unversehenen Schrecken aus dem armseligen Leib ist geschieden, wird sie nicht wie der Leib im Leben mit Dienern und Befreundten umgeben sein, sondern von der Schar ihrer allergreulichsten Feinde vor den sonderbaren Richterstuhl Christi geführt werden; darum o Welt behüt dich Gott, weil ich versichert bin, daß du dermaleins von mir wirst aussetzen und mich verlassen, nicht allein zwar, wenn meine arme Seel vor dem Angesicht des strengen Richters erscheinen, sondern auch wenn das allerschrecklichste Urteil »Gehet hin ihr Vermaledeiten ins ewige Feuer« etc. gefällt und ausgesprochen wird.

Adieu o Welt, o schnöde arge Welt, o stinkendes elendes Fleisch; denn von deinetwegen und um daß man dir gefolget, gedienet und gehorsamet hat, so wird der gottlos Unbußfertig zur ewigen Verdammnis verurteilt, in welcher in Ewigkeit anders nichts zu gewarten, als anstatt der verbrachten Freud, Leid ohne Trost, anstatt des Zechens, Durst ohne Labung, anstatt des Fressens, Hunger ohne Fülle, anstatt der Herrlichkeit und Pracht, Finsternis ohne Licht; anstatt der Wollüste, Schmerzen ohne Linderung, anstatt des Dominierens und

Triumphierens, Heulen, Weinen und Weheklagen ohne Aufhören, Hitz ohne Kühlung, Feuer ohne Löschung, Kält ohne Maß, und Elend ohne End.

Behüt dich Gott o Welt, denn anstatt deiner verheißenen Freud und Wollüste werden die bösen Geister an die unbußfertige verdammte Seel Hand anlegen, und sie in einem Augenblick in Abgrund der Höllen reißen; daselbst wird sie anders nichts sehen und hören, als lauter erschreckliche Gestalten der Teufel und Verdammten, eitele Finsternis und Dampf, Feuer ohne Glanz, Schreien, Heulen, Zähnklappern und Gottslästern; alsdann ist alle Hoffnung der Gnad und Milderung aus, kein Ansehen der Person ist vorhanden, je höher einer gestiegen, und je schwerer einer gesündiget, je tiefer er wird gestürzt, und je härtere Pein er muß leiden; dem viel geben ist, von dem wird viel gefordert, und je mehr einer sich bei dir, o arge schnöde Welt! hat herrlich gemacht, je mehr schenkt man ihm Qual und Leiden ein, denn also erforderts die göttliche Gerechtigkeit.

Behüt dich Gott o Welt, denn obwohl der Leib bei dir ein Zeitlang in der Erden liegen bleibt und verfaulet, so wird er doch am Jüngsten Tag wieder aufstehn, und nach dem letzten Urteil mit der Seel ein ewiger Höllenbrand sein müssen; alsdann wird die arme Seel sagen: »Verflucht seist du Welt! weil ich durch dein Anstiften Gottes und meiner selbst vergessen, und dir in aller Üppigkeit, Bosheit, Sünd und Schand die Tag meines Lebens gefolgt hab; verflucht sei die Stund, in der mich Gott erschuf! verflucht sei der Tag, darin ich in dir o arge böse Welt geborn bin! O ihr Berg, Hügel und Felsen fallet auf mich, und verbergt mich vor dem grimmigen Zorn des Lamms, vor dem Angesicht dessen, der auf dem Stuhl sitzet; Ach Wehe und aber Wehe in Ewigkeit!«

O Welt! du unreine Welt, derhalben beschwöre ich dich, ich bitte dich, ich ersuche dich, ich ermahne und protestiere wider dich, du wollest kein Teil mehr an mir haben; und hingegen begehre ich auch nicht mehr in dich zu hoffen, denn du weißt, daß ich mir hab vorgenommen, nämlich dieses: Posui finem curis, spes & fortuna valete.

Alle diese Wort erwog ich mit Fleiß und stetigem Nachdenken, und bewogen mich dermaßen, daß ich die Welt verließ, und wieder ein Einsiedel ward: Ich hätte gern bei meinem Saurbrunnen im Mückenloch gewohnt, aber die Baurn in der Nachbarschaft wollten es nicht leiden, wiewohl es für mich ein angenehme Wildnis war; sie besorgten, ich würde den Brunnen verraten, und ihre Obrigkeit dahin vermögen, daß sie wegen nunmehr erlangten Friedens Weg und Steg dazu machen müßten. Begab mich derhalben in eine andere Wildnis, und fing mein Spessarter Leben wieder an; ob ich aber wie mein Vater sel. bis an mein End darin verharren werde, stehet dahin. Gott verleihe uns allen seine Gnade, daß wir allesamt dasjenige von ihm erlangen, woran uns am meisten gelegen, nämlich ein seliges

ENDE

15. Clemens von Burghausen. Predigt (um 1725)

O grausames Laster, o lastervolle Wut, o wütende Rach, o verdammter Zorn! Was Unheil hast du nicht angezettelt in allen vier Weltteilen? Du schadest deinem Urheber am allermeisten. Du schwächest den Leib, benimmest die Kräften, kürzest ab das Leben, verursachest Krankheiten, erweckest Gallflüß, quälest mit Podagra, beschleunigest den Tod; anerwogen die Zornige nicht lang leben und Cholerici frühzeitig sterben. Man siehet dies an den bissigen Hunden, daß sie nicht so lang als andere Tier ihr Leben erstrecken. Du, o Zorn, vertilgest die göttliche Gnad, löschest aus das Kennzeichen der Jünger Christi, so die Lieb ist und stürzest in die endliche Verzweiflung. Als Seneca befragt wurde, was der Zorn in dem Menschen würke, hat er geantwortet: der Zorn gebärt die Unsinnigkeit. Recht geredt, Seneca, dann der Zorn ruhet in der Schoß eines Narren, sagt Salomon. Betrachte nur einen rachbrinnenden Sturmgeist: es klopfet sein Herz, der ganze Leib zitteret, die Zungen stammelt, das Angesicht erbrinnet, die Augen scheinen verbittert, der Mund polteret und weiß doch nicht was er heraus bloderet. Sag mir doch, ob du an ihm ein Fünklein der Vernunft wahrnehmest? Ist er nicht mehrers einem wilden Tier als Menschen zu vergleichen? Ja, es ist kein Tier also entsetzlich und der Natur nach so schädlich, welches nicht durch den Zorn eine neue Grausamkeit anziehet. Du wirst sehen die Zornige nicht anderst als Unsinnige, schändlich und gäh hervorschießen. Wann das Blut bei dem Herzen aufwallet, da speien sie Feuer aus, die Händ schlagen herum, die Füß stoßen und stampfen. Und, damit ich es kurz mache, ist der Zorn eine fruchtbare Gebärerin aller Laster, dergestalt, daß weit unglückseliger ein Mensch, der dem Zorn ergeben, als ein armer Besessener, der den leidigen Teufel im Leib herum traget. Er ist ein Abenteur, ein Untier, ein Höllfury, ein feuriger Drach.

Herodes, dieser blutdurstige Drach ist zwar zerbärstet, und wollte wünschen, daß mit ihme alle giftschaumende Drachenbrut wäre vertilgt worden. Aber leider, er hat noch hinterlassen eine unglückselige Brut, dann ein Drach ist der Hoffärtige, ein Drach der Geldgeizige, ein Drach der Zornmütige, ein Drach der Gefräßige.

Von dem Drachen sagen die Naturkünder, daß er einen immerwährenden Streit mit dem Elephanten habe, dann weilen der Elephant eine Menge abkühlendes Blut in sich hat, den Drachen aber wegen hitziger Natur ein unersättlicher Blutdurst entzündet, umwicklet er mit seinem Drachenschweif den Elephanten, saugt ihm das Blut heraus, wirft ihn zu Boden, wird aber auch durch diesen Fall, weil er sich nicht mehr kann auswinden, von der Schwere des Elephanten selbsten zerquetscht, daß folglich beide zugleich elend zu Grund gehen. Da sehen die Rachgürige ein lebhaftes Sinnbild ihres künftigen Untergangs, dann den Narren bringt der Zorn wahrhaft um das Leben. Es sind zwar die Zornige hitziger Natur, sie durstet nach Blut wie einen Drachen, sie blitzen mit feurigen Augen, der rachschaumende Mund speiet Feuer aus, ihr Zähn seind Waffen und Pfeil, ihre Wort rauchen von Blitz und Donner, Wetter und Hagl, Nattergift und Drachengall ist unter ihren Lefzen, die erhitzte Adern laufen ihnen auf, das Herz tobt nach Menschenblut, das kalte Eisen suchet sich in warmen Blut zu erwärmen und die Hitz abzukühlen. Man forderet heraus wegen eines einzigen unglimpfigen Wörtleins zu blutigen Duell und gießet aus das schärfiste Drachengift der Verleumdungen. Und was erfolgt? Beide bleiben auf dem Kampfplatz, fahren fein warm dem Teufel zu; oder man bringt das übrige Leben zu in lauter Verzweiflung, Haß und Grollen, daß recht der heilige Basilius den Zorn genennet hat ein Mutter des Totschlags und einen grimmigen Mordsaufer.

Müssen auch die rasende Wut oft die Unschuldige empfinden, zum Exempel: es hat wer wider einen Geistlichen einen Zorn gefaßt, so muß dies jeweilen die ganze ehrwürdige Geistlichkeit, ein ganzes Kloster oder heilige Religion entgelten, die mit ehrerührischen Verleumdungen werden hindurch gelassen. Ein Vater oder Mutter hat einen beleidiget, so müssen dieses auch die unschuldigen Kinderlein büßen. Seind die Herrschaften auf dem Land in Zwietracht, laßt man an denen Untertanen den Zorn aus, laut dem Sprichwort: wann die großen Herren raufen, müssen die Bauren die Haar lassen.

Ein Richter, der von unmäßigen Zorn übereilet, hat ein grausames Urteil gefället. Dann es begab sich, daß zwei Soldaten miteinander über Land reiseten, weil aber nur einer an das bestimmte Ort eintrafe und der ander, weiß nit was Ursach, sich in etwas verzohen, glaubte der Richter, dieser Soldat habe seinen Kameraden auf dem Weg ermordet und ließ ihn also zu dem Tod verdammen. Der Hauptmann, als er den unschuldig verdammten Soldaten zur Richtstatt hinaus führete, er sieht den anderen Kriegsknecht daher kommen, welchen man für tot gehalten, erkläret demnach den armen Maleficanten für unschuldig, führet ihn wieder zuruck, und stellet beide Soldaten dem Richter vor. Was erwartet ihr anjetzo? Zweifels sonder wird man den Unschuldigen entlassen? So gibt es die Gerechtigkeit, so lehrt es die Vernunft. Ach, bei einem Zornigen müsset ihr weder Gerechtigkeit suchen, weder einen Vernunft verhoffen. Durch den Zorn wird die Gerechtigkeit verlassen, weil er das Gemüt verdunklet, die Vernunft verwirret, ohne einzige Ursach verbitteret und alles vor billig erachtet, was immer die Wut einspeiet. Der grausame Blutrichter demnach lasset in seinem Grimmen den Hauptmann samt beiden Soldaten an Galgen knüpfen. Den Hauptmann, weil er nicht seinen Befehl alsogleich vollzogen, den ersten Soldaten, weil er über ihn schon zuvor hatte ergehen lassen den Sentenz des Tods, den er nicht mehr wollte zurück rufen, den anderen Kriegsknecht aber, weil dieser wegen seiner Abwesenheit den ersten zu den Tod beförderet.

Cajus Caligula zwar ein Römischer Kaiser, doch kein Vermehrer, sondern Zerstörer des Reichs, war also dem Zorn ergeben, daß er gewunschen das römische Volk sollte nur einen Hals haben, damit er solches auf einen Streich enthaupten könnte. O zornige Untier, o blutgierige Wüterich! O rachbrinnende Drachen! Dann homo iratus non est homo, sed incipit esse bestia, ein erzürnter Mensch ist kein Mensch, sondern fangt an zu werden ein wilde Bestia.

Entstehet anjetzo die Frag, wie wir denen Rachgierigen begegnen sollten? Dies lehret uns Christus der Herr. Dann wie hat er sich aufgeführt gegen Herodem und Archelaum? Er hat beide geflohen, ginge beiden eine Zeit lang aus den Augen. Vor

Herode flohe er nach Ägypten, vor Archelao zohe er nacher Nazareth. Und das ist, was der weise Mann eingeraten: Du sollst dich mit einem zornigen Menschen nie in Zank geben, es ist besser in wüstem Land wohnen, dann bei einem zänkischen und zornigen Weib, sagt Salomon.

Wie, könnte einwenden ein Ehegatt, der bei einer rachsüchtigen Vipern und bissigen Hausschlangen wohnen muß, oder ein fromme Hausmutter, die einen grimmigen Drachen zu einem Mann hat, so sollte ich dann fliehen hinaus in den Wald, oder mich scheiden lassen? Nein, das rate ich dir nicht. Sondern wann du siehest, der Mann oder das Weib sei dem Zorn ergeben, gib nach als der Gescheitere, gehe aus der Stuben hinaus bis der Drach in etwas sich geleget, dann so du einem Zornigen lang Widerpart haltest, wirst ihm noch mehr die Gall aufrühren und das Blut erhitzen, so die Erfahrenheit lehret. Zum Exempel: du siehest, der Mann kommt voller Zorn aus dem Wirtshaus wohlbezecht nach Haus mit vollen Magen und leeren Säckel. Das Weib hat freilich Ursach ihme den Planeten zu lesen, jedoch im Zorn wird sie wenig verfangen. Sollte sie dem zornigen Trunkenpold lang predigen, wurde er endlich auf die Kanzel schlagen. Also ist es besser, sie gehe ihm eine kleine Zeit aus dem Gesicht, oder gebe ihm gute Wort, bis der Zorn gesessen, der dicke Rausch ausgeschlafen; dann einem vollen Mann und geladenen Wagen muß man ausweichen, sodann kann sie ihm andern Tags nach seinem Verdienen die Laugen gießen, doch im Geist der Sanftmut. Desgleichen soll tun ein Mann mit seinem bösen Weib. Zuweilen etwas nachgeben, sonderlich was die Kuchel betrifft; der nachgeben kann ist auch ein Mann.

Alexander, als er in Indien zoge, trafe an mit seinem Kriegsheer einen großen Drachen, welcher mit seinen rauschenden Flügeln und zischenden Anblasen das ganze gewaltige Kriegsheer erschröcket, indem er doch nur aus der Drachenhöhle mit dem Kopf hervor gucket. O, was ist nicht auch ein Zorniger in einem Haus für ein entsetzlicher Drach! Er machet alles erzittern. Manchesmal ist der unmäßige Zorn der Eheleuten ein Ursach, daß ein unschuldiges Kind in Mutterleib getötet, nit mehr zu den heiligen Tauf gelanget! Gebe hiemit der Mann dem zornigen Weib nach. Und entgegen das Weib weiche dem erzörnten Mann, tametsi ratione senuque careat, obschon der andere Teil unrecht hat und hirnlos handlet.

16. Friedrich II. von Preußen: Ansprache vor der Schlacht bei Leuthen (1757)

Meine Herren!
Ich habe Sie hierher kommen lassen, um Ihnen erstlich für die treuen Dienste, die Sie zeither dem Vaterlande und mir geleistet haben, zu danken. Ich erkenne sie mit dem gerührtesten Gefühl. Es ist beinahe keiner unter Ihnen, der sich nicht durch eine große und Ehre bringende Handlung ausgezeichnet hätte. Mich auf Ihren Mut und Erfahrung verlassend, habe ich den Plan zur Bataille gemacht, die ich morgen liefern werde und liefern muß. Ich werde gegen alle Regeln der Kunst einen beinahe zweimal stärkern, auf Anhöhen verschanzt stehenden Feind angreifen. Ich muß es tun, oder es ist alles verloren. Wir müssen den Feind schlagen oder uns vor ihren Batterien alle begraben lassen. So denk ich, so werde ich auch handeln. Ist einer oder der andere unter Ihnen, der nicht so denkt, der fordere hier auf der Stelle seinen Abschied. Ich werde ihm selbigen ohne den geringsten Vorwurf geben.

Ich habe vermutet, daß mich keiner von Ihnen verlassen würde; ich rechne nun also ganz auf Ihre treue Hilfe und auf den gewissen Sieg. Sollt ich bleiben und Sie nicht für das, was Sie morgen tun werden, belohnen können, so wird es unser Vaterland tun. Gehen Sie nun ins Lager, und sagen Sie das, was ich Ihnen hier gesagt habe, Ihren Regimentern, und versichern Sie ihnen dabei, ich würde ein jedes genau bemerken. Das Kavallerieregiment, was nicht gleich, wenn es befohlen wird, sich à corps perdu in den Feind hineinstürzt, laß ich gleich nach der Bataille absitzen und mach es zu einem Garnisonregiment. Das Bataillon Infanterie, was, es treffe auch, worauf es wolle, nur zu stocken anfängt, verliert die Fahnen und die Säbels, und ich laß ihnen die Borten von der Montierung schneiden. Nun leben Sie wohl, meine Herren, morgen um diese Zeit haben wir den Feind geschlagen, oder wir sehen uns nie wieder.

17. William Pitt, Earl of Chatham: Rede für den Friedensschluß mit Amerika (1777)

Ich erhebe mich, meine Herren, um Ihnen meine Gedanken über dies äußerst ernste und schwerwiegende Thema darzulegen. Es hat sich mir als eine Last auf die Seele gelegt, die durch nichts, fürchte ich, beseitigt werden kann, die mich jedoch dazu drängt, mir durch eine offene und rückhaltlose Darstellung meiner Ansichten Erleichterung zu schaffen.

Meine Herren! Diese verhängnisvolle und schändliche Situation, in der wir nicht mit Erfolg handeln noch sie mit Würde erdulden können, erfordert es von uns, in der strengsten und eindeutigsten Weise Vorstellungen zu machen, um das Ohr Seiner Majestät von der Verblendung zu befreien, von der es umgeben ist. Die hoffnungslose Lage unserer Armeen im Ausland ist zum Teil bekannt. Niemand schätzt unsere Truppen mehr als ich. Ich liebe und achte die englischen Truppen. Ich kenne ihren Wert und ihre Tapferkeit. Ich weiß, daß sie alles zu erreichen vermögen außer dem Unmöglichen; und ich weiß, daß die Eroberung Englisch-Amerikas eine Unmöglichkeit ist. Sie können, ich wage es auszusprechen, Sie *können* Amerika nicht erobern! Im letzten Krieg erreichten Ihre Armeen alles, was nur irgendwie erreicht werden konnte. Und was war dies? Es erforderte eine starke Armee unter dem Kommando eines äußerst fähigen Generals, der heute ein Edelmann dieses Hauses ist, einen langwierigen und mühsamen Feldzug, um fünftausend Franzosen aus Französisch-Amerika zu vertreiben. Meine Herren, Sie können Amerika nicht erobern!

Wie ist unsere gegenwärtige Lage dort? Wir wissen das Schlimmste nicht; aber wir wissen, daß wir in drei Feldzügen nichts erreicht und viel gelitten haben... Wir werden bald erfahren, was sich inzwischen ereignet hat, und wir werden – was es auch sein mag – Grund zur Klage haben. Darum, meine Herren, ich wiederhole es, ist eine Eroberung unmöglich. Sie mögen die finanziellen Aufwendungen und sonstigen Anstrengungen bis zur Übertreibung steigern; Sie mögen jeden Beistand, den Sie kaufen oder borgen können, noch verdoppeln und vergrößern; Sie mögen handeln und tauschen mit jedem kleinen, erbärmlichen deutschen Fürsten, der seine Leibeigenen verkauft und sie in die Schlachthäuser eines fremden Fürsten schickt, alle Ihre Bemühungen bleiben vergebens und unwirksam – umso mehr, als Sie sich auf diese Söldnerhilfe verlassen, denn es fordert Ihre Feinde zu unüberwindlichen Ressentiments heraus, wenn man sie mit söldnerischem Raub- und Plünderungsgeist überrennt und sie und ihren Besitz der Raublust söldnerischer Grausamkeit ausliefert. Wenn ich ein Amerikaner wäre, so wie ich ein Engländer bin, und fremde Truppen mein Land besetzten, ich würde meine Waffen niemals niederlegen, niemals, niemals, niemals...

Wer aber ist der Mann, meine Herren, der zu diesen Schändlichkeiten und Untaten unserer Armee noch beitrug und es wagte, den Tomahawk und das Skalpiermesser der Wilden gutzuheißen und unseren Waffen einzugliedern; der mit jenen wilden und unmenschlichen Horden der Wälder ein gesittetes Bündnis einging; der dem unbarmherzigen Indianer die Verteidigung umstrittener Rechte übertrug und die Greuel seiner barbarischen Kriegführung gegen unsere Brüder einsetzte? Meine Herren, diese Ungeheuerlichkeiten schreien laut nach Abhilfe und Bestrafung. Sollten sie nicht völlig getilgt werden, wäre es ein Schandfleck auf unserem nationalen Charakter. Es ist eine Verletzung der Verfassung. Und ich glaube, daß es gesetzwidrig ist. Es ist nicht das kleinste unserer nationalen Mißgeschicke, daß die Stärke und der Charakter unserer Armee auf diese Weise beeinträchtigt werden. Angesteckt vom Söldnergeist der Raubgier und der Plünderung, mit den entsetzlichen Szenen hemmungsloser Grausamkeit vertraut, kann sie sich nicht länger der edlen und großherzigen Grundsätze rühmen, welche die Würde eines Soldaten ausmachen; und sie kann nicht länger mit der Würde des königlichen Banners im Einklang stehen, noch den »Stolz und die Herrlichkeit, den Zustand ruhmreichen Krieges« empfinden, »der den Ehrgeiz zur Tugend erhebt!« Was erhebt den Ehrgeiz zur Tugend? Das Ehrgefühl. Ist das Ehrgefühl aber mit dem Geist des Plünderns zu vereinen oder gar mit dem Handwerk des Mordens? Kann sich das Ehrgefühl aus Söldnermotiven nähren, oder kann es zu grausamen Taten verführen? Lassen Sie mich die Frage an unsere Minister richten: was für andere Verbündete außer diesen Mördern und Plünderern haben Sie gewonnen? Welche anderen Kräfte waren in dieser Angelegenheit Ihre Partner? Ist man ein Bündnis mit dem König der Zigeuner eingegangen? Nichts ist zu gering, meine Herren, oder zu lächerlich, um mit Ihrem Ratschluß vereinbar zu sein...

Meine Herren! Kein Mensch wünscht die gebührende Abhängigkeit Amerikas von diesem Land mehr als ich. Sie zu erhalten und nicht jenen Zustand der Unabhängigkeit noch zu bestärken, in den Ihre Maßnahmen Amerika bisher getrieben haben, ist das Ziel, zu dessen Erreichung wir uns vereinen sollten. Ich liebe und bewundere die Amerikaner, die um ihre Rechte gegen willkürliche Forderungen ringen. Es ist der Kampf freier und ehrenhafter Patrioten. Aber als Engländer kann ich ihnen in ihrem Kampf um die Unabhängigkeit und um die völlige Loslösung von England keinen Erfolg wünschen; denn in einer rechtmäßigen, konstitutionellen Abhängigkeit, welche die überlieferte Oberhoheit unseres Landes einschließt, Amerikas Handel und Schiffahrt zu kontrollieren, in einer solchen Abhängigkeit liegt das gemeinsame Glück und der Wohlstand sowohl Englands, als auch Amerikas. Amerika genießt unseren Beistand und unseren Schutz, und wir ziehen die größten Vorteile aus dieser Verbindung. Amerika war in der Tat die Quelle unseres Wohlstands, der Ursprung unserer Stärke, der Nährboden und die Grundlage unserer Seemacht. Wenn wir unser Land retten wollen, meine Herren, ist es unsere Pflicht, uns allen Ernstes um die Wiederherstellung dieser so nützlichen Abhängigkeit zu bemühen. In dieser gefährlichen Krise mag der gegenwärtige Augenblick vielleicht der einzige sein, in dem wir auf Erfolg hoffen dürfen. Denn in ihren Verhandlungen mit Frankreich haben die Amerikaner, oder glauben es wenigstens, Grund zur Klage; obgleich es weltbekannt sein mag, daß sie von dieser Macht wichtige Versorgungsgüter und Hilfe verschiedener Art erhielten, ist es sicher, daß sie dies in einem noch entscheidenderen und unmittelbareren Maße erwartet hatten. Amerika ist in einigen Punkten, die seine Erwartungen nicht völlig erfüllten, auf Frankreich schlecht zu sprechen. Lassen Sie uns also jede mögliche Gelegenheit der Versöhnung nutzen. Außerdem neigt Amerika auf Grund der natürlichen Voraussetzungen noch immer zu England hin, durch das Bewußtsein der Verwandtschaft und durch die gemeinsamen Interessen, die beide Länder verbinden...

Sie können Amerika durch Ihre gegenwärtigen Maßnahmen nicht *versöhnen*. Sie können es durch Ihre derzeitigen oder durch irgendwelche sonstigen Maßregeln nicht *unterwerfen*. Was bleibt Ihnen also zu tun übrig? Sie können nicht erobern, Sie können nicht gewinnen; aber Sie können *ansprechen*. Sie können die Besorgnisse und die Ängste des Augenblicks bis zur Nichtachtung der Gefahr einschläfern, die diese zur Folge haben müßten. Aber die Zeit, meine Herren, erfordert die Sprache der Wahrheit. Wir dürfen uns jetzt nicht des schmeichlerischen Balsams unterwürfigen Einverständnisses oder blinder Anerkennung bedienen. In einem gerechten und notwendigen Kriege, in dem es um die Rechte und um die Ehre meines Landes geht, würde ich mir das Hemd vom Leibe reißen, um es zu unterstützen. Zu einem solchen Kriege wie diesem aber, ungerecht in seinem Prinzip, undurchführbar in seinen Mitteln und vernichtend in seinen Konsequenzen, würde ich nicht mit einer einzigen Handlung, noch mit einem einzigen Schilling beitragen. Ich fordere keine Rache auf die Häupter derjenigen herab, die schuldig sind; ich empfehle ihnen nur, zurückzutreten! Mögen sie abtreten, und mögen sie dies schnell tun. Andernfalls mögen sie sicher sein, daß eine rasche und angemessene Strafe über sie kommen wird...

Im Verlauf der hier einsetzenden Debatte unternahm es Lord Suffolk, den Einsatz der Indianer im Krieg zu rechtfertigen. Er behauptete, daß diese Maßnahme nicht nur klug und notwendig, sondern auch im Prinzip statthaft sei: »...darum war es völlig gerechtfertigt, alle Mittel anzuwenden, die uns Gott und Natur in die Hände gaben!« William Pitt ergriff darauf wieder das Wort:

Ich bin erstaunt! empört! zu hören, daß man sich zu solchen Grundsätzen bekennt, daß man sich in diesem Hause, in diesem Land zu ihnen bekennt, zu Grundsätzen, die in gleicher Weise verfassungswidrig, unmenschlich und unchristlich sind!

Meine Herren! Es war nicht meine Absicht, Ihre Aufmerksamkeit nochmals in Anspruch zu nehmen, aber ich kann meine Entrüstung nicht unterdrücken. Ich fühle mich gedrängt von jeglicher Pflicht. Meine Herren! Als Mitglieder dieses Hauses, als Menschen, als christliche Menschen sind wir genötigt, dagegen zu protestieren, daß derartige Ansichten vor dem Thron geäußert werden und das Ohr Seiner Majestät entweihen. »Die uns Gott und Natur in die Hände gaben!« Ich weiß nicht, welche Vorstellungen über Gott und Natur jener Herr hat, aber ich weiß, daß solche verabscheuenswerte Grundsätze sowohl der Religion als auch der Menschlichkeit zuwider sind. Welche Ungeheuerlichkeit! Den Gemetzeln des indianischen Skalpiermessers die heilige Sanktion Gottes und der Natur zuzuschreiben – den kannibalischen, wüsten Folterungen, den Morden, den Verbrennungen und der Menschenfresserei –

buchstäblich, meine Herren, dem barbarischen *Verzehren* der zerstückelten Opfer! Solche entsetzlichen Ansichten erschüttern jegliche Vorstellung von Religion, ob göttlicher oder natürlicher, und jedes großherzige Gefühl von Menschlichkeit. Und, meine Herren, sie erschüttern jegliches Ehrgefühl. Sie empören mich als einen, der den ehrenhaften Krieg anerkennt und der ebensosehr mörderische Barbarei verabscheut.

Diese ungeheuerlichen Grundsätze und dies noch ungeheuerlichere Bekenntnis zu ihnen verlangen unseren ganz entschiedenen Protest. Ich fordere die Kirche auf, jene verehrungswürdigen Männer des Evangeliums, die frommen Prediger unseres Glaubens – ich beschwöre sie, sich an diesem heiligen Werk zu beteiligen und die Religion ihres Gottes zu verteidigen. Ich appelliere an die Weisheit und das Gesetz dieser gelehrten Versammlung, die Gerechtigkeit ihres Landes zu verteidigen und zu stützen. Ich fordere die Bischöfe auf, die unbesudelte Heiligkeit ihrer Gewänder ins Mittel zu legen; die gelehrten Richter, die Reinheit ihrer Würde ins Mittel zu legen, um uns vor dieser Schande zu retten. Ich appelliere an die Ehre Eurer Lordschaften, die Würde Ihrer Vorfahren zu achten und Ihre eigene zu erhalten. Ich appelliere an den Geist und die Menschlichkeit meines Landes, den Charakter unserer Nation zu verteidigen. Ich beschwöre den Genius der Verfassung... Spanien bewaffnete sich mit Bluthunden, um die armseligen Eingeborenen Amerikas auszurotten, und wir selbst vervollkommnen noch das unmenschliche Beispiel spanischer Grausamkeit. Wir lassen die wilden Höllenhunde gegen unsere eigenen Brüder und Landsleute in Amerika los, welche die gleiche Sprache, die gleichen Gesetze, Freiheiten und die gleiche Religion haben wie wir, die uns teuer sind durch jegliche Bindung, die Menschlichkeit rechtfertigen sollte.

Meine Herren! Dieses entsetzliche Thema, so bedeutungsvoll für unsere Ehre, unsere Verfassung und unsere Religion, verlangt von uns die ernsthafteste und angemessenste Untersuchung. Und noch einmal appelliere ich an Eure Lordschaften und die vereinten Kräfte des Staates, die Dinge gründlich und gewissenhaft zu überprüfen und die Geschehnisse mit den untilgbaren Kennzeichen der öffentlichen Abscheu zu stempeln. Ich flehe nochmals jene verehrungswürdigen Autoritäten unserer Religion an, uns von diesen Ungerechtigkeiten zu befreien. Mögen sie eine Säuberung durchführen, mögen sie dieses Haus und dieses Land von dieser Sünde reinigen.

Meine Herren! Ich bin alt und schwach und im Augenblick unfähig, mehr zu sagen. Aber meine Empfindungen und meine Entrüstung waren zu stark, als daß ich hätte weniger sagen können. Ich hätte diese Nacht nicht schlafen können in meinem Bett, noch den Kopf auf das Kissen legen, ohne meinem ewigen Abscheu über diese grotesken und ungeheuerlichen Grundsätze Ausdruck gegeben zu haben.

18. Pourcain Martel: Rede an das Volk von Paris (1789)

Seid ihr denn, Bürger, wie jenes kleine Kind, von dem uns La Fontaine erzählt, das auf dem Rand eines tiefen Brunnens schläft und darauf wartet, bis der Zufall es weckt? Wo ist eure unermüdliche Wachsamkeit geblieben, euer unerschrockener Mut, euer empfindliches Mißtrauen gegen alles, was eure Freiheit verletzt? War das alles nur der Anfangselan schwacher Seelen, die sich dann, erschöpft von der Verzweiflungstat, gleich wieder sacken lassen? Was wartet ihr noch aufzuwachen mit der Waffe in der Hand? Wie? Im Juli 1789 belagerte euch draußen der Krieg, drückte euch drinnen die Hungersnot, verrieten euch die Häupter der frechen Verwaltung, starrten die Türme der Bastille, des despotischen Ungeheuers, von Kanonen und Soldaten, das Todesschwert schwebte über euren Köpfen, auf euer Eigentum wartete die Plünderung, auf eure Häuser die Flammen, auf eure Kinder die Bayonette und auf eure Frauen die Brutalität eines blutrünstigen, lasterhaften Siegers. Noch hattet ihr nur flüchtig durch dichte Wolken hindurch die Morgendämmerung der Freiheit erblickt. Noch schlieft ihr unter dem Staub von tausend Jahren Sklaverei. Euch fehlte das Brot zur Nahrung, Munition zur Verteidigung, erfahrene Truppen. Und doch, o Wunder – innerhalb von vierundzwanzig Stunden ward diese todgeweihte Hauptstadt ein Friedenstempel und das Pantheon der Freiheit. Die Bastille fiel, und Frankreich erhob sich. Was für ein wunderbares Einvernehmen aller Bürger! Was für eine rasche Verständigung zwischen den Distrikten! Der Hof wurde blaß vor Schrecken, die Minister und verschwörerischen Fürsten zitterten und meinten, die Erde, die sie durch so viele Untaten besudelt haben, werde sich von selber auftun, um sie zu verschlingen. Alles flüchtete, die aufgelösten Legionen von Lambesc und de Broglie, ihre verbrecherische Artillerie und auch jene Deutschen, die wie eine Meute hungriger Wölfe aus den hintersten Wäldern Germaniens hervorgekommen waren. Ihr befreitet die Nationalversammlung, ihr brachtet das ganze Reich in Bewegung, gabt der Verfassung wieder Leben, und ihr siegtet kampflos, durch den bloßen Ruf eurer Tapferkeit.

Ja, damals wart ihr Helden! Und heute? Seid ihr heute überhaupt noch Männer? Alles tönt von verbrecherischen Plänen. Umsonst geben die patriotischen Zeitungen, wie wachsame Schildposten, Alarm. Umsonst das Reden, umsonst das Schreien! Euer Untergang ist nahe! Die Scheiterhaufen, die Martern sind schon bereit. Die Henker stehen vor euren Türen. Das Massaker von Nancy war nur ein kleines Beispiel ihrer Wut. Die Fackel in der Hand rast die Konterrevolution mit blutigem Fuß durch die 83 Departements! Sie ist schon in der Hauptstadt. Bist du zufrieden, Volk? Deine Feinde marschieren erhobenen Hauptes. Sie beleidigen dich, sie fordern dich heraus. Rouen ist keine französische Stadt mehr, sondern das Königszelt, von dem aus der getäuschte König eine souveräne Nation mit Krieg überziehen wird. O Franzosen, werdet ihr euren König entkommen lassen? Werdet ihr den Blitz zünden lassen, mit dem man ihn bewaffnen will? Wird der Monarch nicht endlich die Stimme der Wahrheit hören? Liebe Mitbürger, noch ist es Zeit! Schluß mit den internen Händeln! Sammelt euch unter den Fahnen der Freiheit! Seht ihr nicht, daß Tod und Despotismus immer näher kommen? Euch fehlt die Munition! Regimenter nähern sich der Hauptstadt. Immer mehr Fremde und Uniformen zeigen sich. Das Regiment Hainaut steht in Melun, um die Arsenale von Essonne zu bewachen, damit euch keine Verteidigungsmittel bleiben. Seid ihr jetzt endlich gewarnt? Zahlreiche Kavallerie lagert bei Ferté-sous-Jouarre und wartet nur auf das Signal. Vor euren Händen werden ganze Kisten mit Dolchen und Zündsteinen beschlagnahmt. Die Städteparlamente zeigen auf den Festungswällen wieder frech die Stirn. Das von Toulouse hat sogar unter Todesdrohung wieder die königliche Uniform und Kokarde angelegt. Welchen Fortschritt habt ihr die Aristokratie machen lassen! Da seht ihr, wohin euch die Immunität der Minister geführt hat! Aber wenn ihr nur wollt, werdet ihr alle Verschwörungen zertreten und alle eure Feinde vernichten. Schüttelt den Staub der Gräber von euch, in denen ihr wie begraben liegt! Oder wollt ihr warten, bis die Kriegstrompete zum Kampf ruft? Es ist kein Augenblick zu verlieren. Die Sektionen sollen sich sammeln. Häuft Pulver und Kartuschen! Beobachtet St. Cloud! Verdoppelt die Wachen, sichert euch Essonne! Sorgt dafür, daß Ludwig der Sechzehnte euch nicht entrissen werden kann! Dann wird es der Konterrevolution ergehen wie damals beim Châtelet. Sorgt vor allem dafür, daß die Minister sofort entlassen werden und daß man sie scharf bewacht.

19. Antoine de Saint-Just: Rede vor dem Nationalkonvent (1793), in der Fassung von Georg Büchner

Es scheint in dieser Versammlung einige empfindliche Ohren zu geben, die das Wort »Blut« nicht wohl vertragen können. Einige allgemeine Betrachtungen mögen sie überzeugen, daß wir nicht grausamer sind als die Natur und als die Zeit. Die Natur folgt ruhig und unwiderstehlich ihren Gesetzen; der Mensch wird vernichtet, wo er mit ihnen in Konflikt kommt. Eine Änderung in den Bestandteilen der Luft, ein Auflodern des tellurischen Feuers, ein Schwanken in dem Gleichgewicht einer Wassermasse und eine Seuche, ein vulkanischer Ausbruch, eine Überschwemmung begraben Tausende. Was ist das Resultat? Eine unbedeutende, im großen Ganzen kaum bemerkbare Veränderung der physischen Natur, die fast spurlos vorübergegangen sein würde, wenn nicht Leichen auf ihrem Wege lägen.

Ich frage nun: soll die geistige Natur in ihren Revolutionen mehr Rücksicht nehmen als die physische? Soll eine Idee nicht ebensogut wie ein Gesetz der Physik vernichten dürfen, was sich ihr widersetzt? Soll überhaupt ein Ereignis, was die ganze Gestaltung der moralischen Natur, das heißt der Menschheit, umändert, nicht durch Blut gehen dürfen? Der Weltgeist bedient sich in der geistigen Sphäre unserer Arme ebenso, wie er in der physischen Vulkane und Wasserfluten gebraucht. Was liegt daran, ob sie an einer Seuche oder an der Revolution sterben?

Die Schritte der Menschheit sind langsam, man kann sie nur nach Jahrhunderten zählen; hinter jedem erheben sich die Gräber von Generationen. Das Gelangen zu den einfachsten Erfindungen und Grundsätzen hat Millionen das Leben gekostet, die auf dem Wege starben. Ist es denn nicht einfach, daß zu einer Zeit, wo der Gang der Geschichte rascher ist, auch mehr Menschen außer Atem kommen?

Wir schließen schnell und einfach: Da alle unter gleichen Verhältnissen geschaffen werden, so sind alle gleich, die Unterschiede abgerechnet, welche die Natur selbst gemacht hat; es darf daher jeder Vorzüge und darf daher keiner Vorrechte haben, weder ein einzelner noch eine geringere oder größere Klasse von Individuen. – Jedes Glied dieses in der Wirklichkeit angewandten Satzes hat seine Menschen getötet. Der 14. Juli, der 10. August, der 31. Mai sind seine Interpunktionszeichen. Er hatte vier Jahre Zeit nötig, um in der Körperwelt durchgeführt zu werden, und unter gewöhnlichen Umständen hätte er ein Jahrhundert dazu gebraucht und wäre mit Generationen interpunktiert worden. Ist es da so zu verwundern, daß der Strom der Revolution bei jedem Absatz, bei jeder neuen Krümmung seine Leichen ausstößt?

Wir werden unserm Satze noch einige Schlüsse hinzuzufügen haben; sollen einige hundert Leichen uns verhindern, sie zu machen? – Moses führte sein Volk durch das Rote Meer und in die Wüste, bis die alte verdorbne Generation sich aufgerieben hatte, eh er den neuen Staat gründete. Gesetzgeber! Wir haben weder das Rote Meer noch die Wüste, aber wir haben den Krieg und die Guillotine.

Die Revolution ist wie die Töchter des Pelias: sie zerstückt die Menschheit, um sie zu verjüngen. Die Menschheit wird aus dem Blutkessel wie die Erde aus den Wellen der Sündflut mit urkräftigen Gliedern sich erheben, als wäre sie zum ersten Male geschaffen.

Langer, anhaltender Beifall. Einige Mitglieder erheben sich im Enthusiasmus.

Alle geheimen Feinde der Tyrannei, welche in Europa und auf dem ganzen Erdkreise den Dolch des Brutus unter ihren Gewändern tragen, fordern wir auf, diesen erhabnen Augenblick mit uns zu teilen.

20. Maximilien Robespierre: Rede vor dem Nationalkonvent (1793), in der Fassung von Georg Büchner

Die seit langer Zeit in dieser Versammlung unbekannte Verwirrung beweist, daß es sich um große Dinge handelt. Heute entscheidet sich's, ob einige Männer den Sieg über das Vaterland davontragen werden. – Wie könnt ihr eure Grundsätze weit genug verleugnen, um heute einigen Individuen das zu bewilligen, was ihr gestern Chabot, Delaunai und Fabre verweigert habt? Was soll dieser Unterschied zugunsten einiger Männer? Was kümmern mich die Lobsprüche, die man sich selbst und seinen Freunden spendet? Nur zu viele Erfahrungen haben uns gezeigt, was davon zu halten sei. Wir fragen nicht, ob ein Mann diese oder jene patriotische Handlung vollbracht habe; wir fragen nach seiner ganzen politischen Laufbahn. – Legendre scheint die Namen der Verhafteten nicht zu wissen; der ganze Konvent kennt sie. Sein Freund Lacroix ist darunter. Warum scheint Legendre das nicht zu wissen? Weil er wohl weiß, daß nur die Schamlosigkeit Lacroix verteidigen kann. Er nannte nur Danton, weil er glaubt, an diesen Namen knüpfe sich ein Privilegium. Nein, wir wollen keine Privilegien, wir wollen keine Götzen!

Beifall

Was hat Danton vor Lafayette, vor Dumouriez, vor Brissot, Fabre, Chabot, Hébert voraus? Was sagt man von diesen, was man nicht auch von ihm sagen könnte? Habt ihr sie gleichwohl geschont? Wodurch verdient er einen Vorzug vor seinen Mitbürgern? Etwa, weil einige betrogene Individuen und andere, die sich nicht betrügen ließen, sich um ihn reihten, um in seinem Gefolge dem Glück und der Macht in die Arme zu laufen? – Je mehr er die Patrioten betrogen hat, welche Vertrauen in ihn setzten, desto nachdrücklicher muß er die Strenge der Freiheitsfreunde empfinden.

Man will euch Furcht einflößen vor dem Mißbrauche einer Gewalt, die ihr selbst ausgeübt habt. Man schreit über den Despotismus der Ausschüsse, als ob das Vertrauen, welches das Volk euch geschenkt und das ihr diesen Ausschüssen übertragen habt, nicht eine sichre Garantie ihres Patriotismus wäre. Man stellt sich, als zittre man. Aber ich sage euch, wer in diesem Augenblick zittert, ist schuldig; denn nie zittert die Unschuld vor der öffentlichen Wachsamkeit.

Man hat auch mich schrecken wollen; man gab mir zu verstehen, daß die Gefahr, indem sie sich Danton nähere, auch bis zu mir dringen könne. Man schrieb mir, Dantons Freunde hielten mich umlagert, in der Meinung, die Erinnerung an eine alte Verbindung, der blinde Glauben an erheuchelte Tugenden könnten mich bestimmen, meinen Eifer und meine Leidenschaft für die Freiheit zu mäßigen. – So erkläre ich denn: nichts soll mich aufhalten, und sollte auch Dantons Gefahr die meinige werden. Wir alle haben etwas Mut und etwas Seelengröße nötig. Nur Verbrecher und gemeine Seelen fürchten, ihresgleichen an ihrer Seite fallen zu sehen, weil sie, wenn keine Schar von Mitschuldigen sie mehr versteckt, sich dem Licht der Wahrheit ausgesetzt sehen. Aber wenn es dergleichen Seelen in dieser Versammlung gibt, so gibt es in ihr auch heroische. Die Zahl der Schurken ist nicht groß; wir haben nur wenige Köpfe zu treffen, und das Vaterland ist gerettet.

Beifall

Ich verlange, daß Legendres Vorschlag zurückgewiesen werde.

21. Danton: Rede vor dem Revolutionstribunal (1794), in der Fassung von Georg Büchner

HERMAN *zu Danton* Ihr Name, Bürger.

DANTON Die Revolution nennt meinen Namen. Meine Wohnung ist bald im Nichts und mein Name im Pantheon der Geschichte.

HERMAN Danton, der Konvent beschuldigt Sie, mit Mirabeau, mit Dumouriez, mit Orléans, mit den Girondisten, den Fremden und der Faktion Ludwigs des XVII. konspiriert zu haben.

DANTON Meine Stimme, die ich so oft für die Sache des Volkes ertönen ließ, wird ohne Mühe die Verleumdung zurückweisen. Die Elenden, welche mich anklagen, mögen hier erscheinen, und ich werde sie mit Schande bedecken. Die Ausschüsse mögen sich hierher begeben, ich werde nur vor ihnen antworten. Ich habe sie als Kläger und als Zeugen nötig. Sie mögen sich zeigen.

Übrigens, was liegt mir an euch und eurem Urteil? Ich hab es euch schon gesagt: das Nichts wird bald mein Asyl sein; – das Leben ist mir zur Last, man mag mir es entreißen, ich sehne mich danach, es abzuschütteln.

HERMAN Danton, die Kühnheit ist dem Verbrecher, die Ruhe der Unschuld eigen.

DANTON Privatkühnheit ist ohne Zweifel zu tadeln, aber jene Nationalkühnheit, die ich so oft gezeigt, mit welcher ich so oft für die Freiheit gekämpft habe, ist die verdienstvollste aller Tugenden. – Sie ist meine Kühnheit, sie ist es, der ich mich hier zum Besten der Republik gegen meine erbärmlichen Ankläger bediene. Kann ich mich fassen, wenn ich mich auf eine so niedrige Weise verleumdet sehe? – Von einem Revolutionär wie ich darf man keine kalte Verteidigung erwarten. Männer meines Schlages sind in Revolutionen unschätzbar, auf ihrer Stirne schwebt das Genie der Freiheit.

Zeichen von Beifall unter den Zuhörern

Mich klagt man an, mit Mirabeau, mit Dumouriez, mit Orléans konspiriert, zu den Füßen elender Despoten gekrochen zu haben; mich fordert man auf, vor der unentrinnbaren, unbeugsamen Gerechtigkeit zu antworten. – Du elender Saint-Just wirst der Nachwelt für diese Lästerung verantwortlich sein!

HERMAN Ich fordere Sie auf, mit Ruhe zu antworten; gedenken Sie Marats, er trat mit Ehrfurcht vor seine Richter.

DANTON Sie haben die Hände an mein ganzes Leben gelegt, so mag es sich denn aufrichten und ihnen entgegentreten; unter dem Gewichte jeder meiner Handlungen werde ich sie begraben. – Ich bin nicht stolz darauf. Das Schicksal führt uns den Arm, aber nur gewaltige Naturen sind seine Organe. Ich habe auf dem Marsfelde dem Königtume den Krieg erklärt, ich habe es am 10. August geschlagen, ich habe es am 21. Januar getötet und den Königen einen Königskopf als Fehdehandschuh hingeworfen.

Wiederholte Zeichen von Beifall. – Er nimmt die Anklageakte.

Wenn ich einen Blick auf diese Schandschrift werfe, fühle ich mein ganzes Wesen beben. Wer sind denn die, welche Danton nötigen mußten, sich an jenem denkwürdigen Tage (dem 10. August) zu zeigen? Wer sind denn die privilegierten Wesen, von denen er seine Energie borgte? – Meine Ankläger mögen erscheinen! Ich bin ganz bei Sinnen, wenn ich es verlange. Ich werde die platten Schurken entlarven und sie in das Nichts zurückschleudern, aus dem sie nie hätten hervorkriechen sollen.

HERMAN *schellt* Hören Sie die Klingel nicht?

DANTON Die Stimme eines Menschen, welcher seine Ehre und sein Leben verteidigt, muß deine Schelle überschreien.

Ich habe im September die junge Brut der Revolution mit den zerstückten Leibern der Aristokraten geätzt. Meine Stimme hat aus dem Golde der Aristokraten und Reichen dem Volke Waffen geschmiedet. Meine Stimme war der Orkan, welcher die Satelliten des Despotismus unter Wogen von Bajonetten begrub.

Lauter Beifall

HERMAN Danton, Ihre Stimme ist erschöpft, Sie sind zu heftig bewegt. Sie werden das nächste Mal Ihre Verteidigung beschließen, Sie haben Ruhe nötig. – Die Sitzung ist aufgehoben.

DANTON Jetzt kennt Ihr Danton – noch wenige Stunden, und er wird in den Armen des Ruhmes entschlummern.

22. Friedrich Schiller: Rede des Marquis Posa vor König Philipp (1787)

MARQUIS Jüngst kam ich an von Flandern und Brabant. –
So viele reiche, blühende Provinzen!
Ein kräftiges, ein großes Volk – und auch
Ein gutes Volk – und Vater dieses Volkes!
Das, dacht ich, das muß göttlich sein! – Da stieß
Ich auf verbrannte menschliche Gebeine –
(Hier schweigt er still; seine Augen ruhen auf dem König, der es versucht, diesen Blick zu erwidern, aber betroffen und verwirrt zur Erde sieht)
Sie haben recht. *Sie* müssen. Daß Sie *können*,
Was Sie zu müssen eingesehn, hat mich
Mit schauernder Bewunderung durchdrungen.
O schade, daß, in seinem Blut gewälzt,
Das Opfer wenig dazu taugt, dem Geist
Des Opferers ein Loblied anzustimmen!
Daß Menschen nur – nicht Wesen höhrer Art –
Die Weltgeschichte schreiben! – Sanftere

Jahrhunderte verdrängen Philipps Zeiten;
Die bringen mildre Weisheit; Bürgerglück
Wird dann versöhnt mit Fürstengröße wandeln,
Der karge Staat mit seinen Kindern geizen,
Und die Notwendigkeit wird menschlich sein.

KÖNIG Wann, denkt Ihr, würden diese menschlichen
Jahrhunderte erscheinen, hätt ich vor
Dem Fluch des jetzigen gezittert? Sehet
In meinem Spanien Euch um. Hier blüht
Des Bürgers Glück in nie bewölktem Frieden;
Und *diese Ruhe* gönn ich den Flamändern.

MARQUIS *(schnell)* Die Ruhe eines Kirchhofs! Und Sie hoffen
Zu endigen, was Sie begannen? hoffen,
Der Christenheit gezeitigte Verwandlung,
Den allgemeinen Frühling aufzuhalten,
Der die Gestalt der Welt verjüngt? *Sie* wollen
Allein in ganz Europa – sich dem Rade
Des Weltverhängnisses, das unaufhaltsam
In vollem Laufe rollt, entgegenwerfen?
Mit Menschenarm in seine Speichen fallen?
Sie werden nicht! Schon flohen Tausende
Aus Ihren Ländern froh und arm. Der Bürger,
Den Sie verloren für den Glauben, war
Ihr edelster. Mit offnen Mutterarmen
Empfängt die Fliehenden Elisabeth,
Und fruchtbar blüht durch Künste unsres Landes
Britannien. Verlassen von dem Fleiß
Der neuen Christen, liegt Grenada öde,
Und jauchzend sieht Europa seinen Feind
An selbstgeschlagnen Wunden sich verbluten.

(Der König ist bewegt; der Marquis bemerkt es und tritt einige Schritte näher)

Sie wollen pflanzen für die Ewigkeit,
Und säen Tod? Ein so erzwungnes Werk
Wird seines Schöpfers Geist nicht überdauern.
Dem Undank haben Sie gebaut – umsonst
Den harten Kampf mit der Natur gerungen,
Umsonst ein großes königliches Leben
Zerstörenden Entwürfen hingeopfert.
Der Mensch ist mehr, als Sie von ihm gehalten.
Des langen Schlummers Bande wird er brechen
Und wiederfordern sein geheiligt Recht.

Zu einem *Nero* und *Busiris* wirft
Er Ihren Namen, und – das schmerzt mich; denn
Sie waren gut.
KÖNIG   Wer hat Euch dessen so
Gewiß gemacht?
MARQUIS *(mit Feuer)* Ja, beim Allmächtigen!
Ja – ja – ich wiederhol es. Geben Sie,
Was Sie uns nahmen, wieder! Lassen Sie,
Großmütig wie der Starke, Menschenglück
Aus Ihrem Füllhorn strömen – Geister reifen
In Ihrem Weltgebäude! Geben Sie,
Was Sie uns nahmen, wieder. Werden Sie
Von Millionen Königen ein König.
(Er nähert sich ihm kühn, indem er feste und feurige Blicke auf ihn richtet)
O, könnte die Beredsamkeit von allen
Den Tausenden, die dieser großen Stunde
Teilhaftig sind, auf meinen Lippen schweben,
Den Strahl, den ich in diesen Augen merke,
Zur Flamme zu erheben! – Geben Sie
Die unnatürliche Vergöttrung auf,
Die uns vernichtet. Werden Sie uns Muster
Des Ewigen und Wahren. Niemals – niemals
Besaß ein Sterblicher so viel, so göttlich
Es zu gebrauchen. Alle Könige
Europens huldigen dem spanschen Namen.
Gehn Sie Europens Königen voran.
Ein Federzug von dieser Hand, und neu
Erschaffen wird die Erde. Geben Sie
Gedankenfreiheit. –
(Sich ihm zu Füßen werfend)
KÖNIG *(überrascht, das Gesicht weggewandt und dann wieder auf den Marquis geheftet)*   Sonderbarer Schwärmer!
Doch – stehet auf – ich –
MARQUIS   Sehen Sie sich um
In seiner herrlichen Natur! Auf Freiheit
Ist sie gegründet – und wie reich ist sie
Durch Freiheit! Er, der große Schöpfer, wirft
In einen Tropfen Tau den Wurm, und läßt
Noch in den toten Räumen der Verwesung
Die Willkür sich ergetzen – *Ihre* Schöpfung,
Wie eng und arm! Das Rauschen eines Blattes

Erschreckt den Herrn der Christenheit – *Sie* müssen
Vor jeder Tugend zittern. *Er* – der Freiheit
Entzückende Erscheinung nicht zu stören –
Er läßt des Übels grauenvolles Heer
In seinem Weltall lieber toben – ihn,
Den Künstler, wird man nicht gewahr, bescheiden
Verhüllt er sich in ewige Gesetze;
Die sieht der Freigeist, doch nicht *ihn*. Wozu
Ein Gott? sagt er; die Welt ist sich genug.
Und keines Christen Andacht hat ihn mehr
Als dieses Freigeists Lästerung gepriesen.

KÖNIG Und wollet Ihr es unternehmen, dies
Erhabne Muster in der Sterblichkeit
In meinen Staaten nachzubilden?

MARQUIS   Sie,
Sie können es. Wer anders? Weihen Sie
Dem Glück der Völker die Regentenkraft,
Die – ach so lang – des Thrones Größe nur
Gewuchert hatte – stellen Sie der Menschheit
Verlornen Adel wieder her. Der Bürger
Sei wiederum, was er zuvor gewesen,
Der Krone Zweck – ihn binde keine Pflicht
Als seiner Brüder gleich ehrwürdge Rechte.
Wenn nun der Mensch, sich selbst zurückgegeben,
Zu seines Werts Gefühl erwacht – der Freiheit
Erhabne, stolze Tugenden gedeihen –
Dann, Sire, wenn Sie zum glücklichsten der Welt
Ihr eignes Königreich gemacht – dann ist
Es Ihre Pflicht, die Welt zu unterwerfen.

23. Friedrich Schiller: Plädoyer der Amme Hanna Kennedy
für Maria Stuart (1800)

KENNEDY Nicht Ihr habt ihn gemordet! Andre tatens!
MARIA Ich wußte drum. Ich ließ die Tat geschehn,
Und lockt ihn schmeichelnd in das Todesnetz.
KENNEDY Die Jugend mildert Eure Schuld. Ihr wart
So zarten Alters noch.
MARIA   So zart, und lud
Die schwere Schuld auf mein so junges Leben.

KENNEDY Ihr wart durch blutige Beleidigung
  Gereizt und durch des Mannes Übermut,
  Den Eure Liebe aus der Dunkelheit
  Wie eine Götterhand hervorgezogen,
  Den Ihr durch Euer Brautgemach zum Throne
  Geführt, mit Eurer blühenden Person
  Beglückt und Eurer angestammten Krone.
  Konnt er vergessen, daß sein prangend Los
  Der Liebe großmutsvolle Schöpfung war?
  Und doch vergaß ers, der Unwürdige!
  Beleidigte mit niedrigem Verdacht,
  Mit rohen Sitten Eure Zärtlichkeit,
  Und widerwärtig wurd er Euren Augen.
  Der Zauber schwand, der Euren Blick getäuscht,
  Ihr floht erzürnt des Schändlichen Umarmung
  Und gabt ihn der Verachtung preis – Und er –
  Versucht' ers, Eure Gunst zurückzurufen?
  Bat er um Gnade? Warf er sich bereuend
  Zu Euren Füßen, Besserung versprechend?
  Trotz bot Euch der Abscheuliche – Der Euer
  Geschöpf war, Euren König wollt er spielen,
  Vor Euren Augen ließ er Euch den Liebling,
  Den schönen Sänger Rizzio durchbohren –
  Ihr rächtet blutig nur die blutge Tat.
MARIA Und blutig wird sie auch an mir sich rächen,
  Du sprichst mein Urteil aus, da du mich tröstest.
KENNEDY Da Ihr die Tat geschehn ließt, wart Ihr nicht
  Ihr selbst, gehörtet Euch nicht selbst. Ergriffen
  Hatt Euch der Wahnsinn blinder Liebesglut,
  Euch unterjocht dem furchtbaren Verführer,
  Dem unglückselgen Bothwell – Über Euch
  Mit übermütgem Männerwillen herrschte
  Der Schreckliche, der Euch durch Zaubertränke,
  Durch Höllenkünste das Gemüt verwirrend
  Erhitzte –
MARIA   Seine Künste waren keine andre,
  Als seine Männerkraft und meine Schwachheit.
KENNEDY Nein, sag ich. Alle Geister der Verdammnis
  Mußt er zu Hülfe rufen, der dies Band
  Um Eure hellen Sinne wob. Ihr hattet
  Kein Ohr mehr für der Freundin Warnungsstimme,
  Kein Aug für das, was wohlanständig war.

Verlassen hatte Euch die zarte Scheu
Der Menschen, Eure Wangen, sonst der Sitz
Schamhaft errötender Bescheidenheit,
Sie glühten nur vom Feuer des Verlangens.
Ihr warft den Schleier des Geheimnisses
Von Euch, des Mannes keckes Laster hatte
Auch Eure Blödigkeit besiegt, Ihr stelltet
Mit dreister Stirne Eure Schmach zur Schau.
Ihr ließt das königliche Schwert von Schottland
Durch ihn, den Mörder, dem des Volkes Flüche
Nachschallten, durch die Gassen Edinburgs,
Vor Euch hertragen im Triumph, umringtet
Mit Waffen Euer Parlament, und hier,
Im eignen Tempel der Gerechtigkeit,
Zwangt Ihr mit frechem Possenspiel die Richter,
Den Schuldigen des Mordes loszusprechen –
Ihr gingt noch weiter – Gott!

MARIA   Vollende nur!
Und reicht ihm meine Hand vor dem Altare!

KENNEDY O laßt ein ewig Schweigen diese Tat
Bedecken! Sie ist schauderhaft, empörend,
Ist einer ganz Verlornen wert – Doch Ihr seid keine
Verlorne – ich kenn Euch ja, ich bins,
Die Eure Kindheit auferzogen. Weich
Ist Euer Herz gebildet, offen ists
Der Scham – der Leichtsinn nur ist Euer Laster.
Ich wiederhol es, es gibt böse Geister,
Die in des Menschen unverwahrter Brust
Sich augenblicklich ihren Wohnplatz nehmen,
Die schnell in uns das Schreckliche begehn
Und zu der Höll entfliehend das Entsetzen
In dem befleckten Busen hinterlassen.
Seit dieser Tat, die Euer Leben schwärzt,
Habt Ihr nichts Lasterhaftes mehr begangen,
Ich bin ein Zeuge Eurer Besserung.
Drum fasset Mut! Macht Friede mit Euch selbst!
Was Ihr auch zu bereuen habt, in England
Seid Ihr nicht schuldig, nicht Elisabeth,
Nicht Englands Parlament ist Euer Richter.
Macht ists, die Euch hier unterdrückt, vor diesen
Anmaßlichen Gerichtshof dürft Ihr Euch
Hinstellen mit dem ganzen Mut der Unschuld.

24. Friedrich Schiller: Maria Stuarts Selbstverteidigung vor
  Elisabeth (1800)

MARIA Der Himmel hat für Euch entschieden, Schwester!
  Gekrönt vom Sieg ist Euer glücklich Haupt,
  Die *Gottheit* bet ich an, die Euch erhöhte!
(Sie fällt vor ihr nieder)
  Doch seid auch *Ihr* nun edelmütig, Schwester!
  Laßt mich nicht schmachvoll liegen, Eure Hand
  Streckt aus, reicht mir die königliche Rechte,
  Mich zu erheben von dem tiefen Fall.
ELISABETH *(zurücktretend)* Ihr seid an Eurem Platz, Lady
  Maria!
  Und dankend preis ich meines Gottes Gnade,
  Der nicht gewollt, daß ich zu Euren Füßen
  So liegen sollte, wie Ihr jetzt zu meinen.
MARIA *(mit steigendem Affekt)*
  Denkt an den Wechsel alles Menschlichen!
  Es leben Götter, die den Hochmut rächen!
  Verehret, fürchtet sie, die schrecklichen,
  Die mich zu Euren Füßen niederstürzen –
  Um dieser fremden Zeugen willen, ehrt
  In mir Euch selbst, entweihet, schändet nicht
  Das Blut der Tudor, das in meinen Adern
  Wie in den Euren fließt – O Gott im Himmel!
  Steht nicht da, schroff und unzugänglich, wie
  Die Felsenklippe, die der Strandende
  Vergeblich ringend zu erfassen strebt.
  Mein Alles hängt, mein Leben, mein Geschick,
  An meiner Worte, meiner Tränen Kraft,
  Löst *mir* das Herz, daß ich das Eure rühre!
  Wenn Ihr mich anschaut mit dem Eisesblick,
  Schließt sich das Herz mir schaudernd zu, der Strom
  Der Tränen stockt, und kaltes Grausen fesselt
  Die Flehensworte mir im Busen an.
ELISABETH *(kalt und streng)*
  Was habt Ihr mir zu sagen, Lady Stuart?
  Ihr habt mich sprechen wollen. Ich vergesse
  Die Königin, die schwerbeleidigte,
  Die fromme Pflicht der Schwester zu erfüllen,
  Und meines Anblicks Trost gewähr ich Euch.
  Dem Trieb der Großmut folg ich, setze mich

Gerechtem Tadel aus, daß ich so weit
Heruntersteige – denn Ihr wißt,
Daß Ihr mich habt ermorden lassen wollen.

MARIA Womit soll ich den Anfang machen, wie
Die Worte klüglich stellen, daß sie Euch
Das Herz ergreifen, aber nicht verletzen!
O Gott, gib meiner Rede Kraft, und nimm
Ihr jeden Stachel, der verwunden könnte!
Kann ich doch für mich selbst nicht sprechen, ohne Euch
Schwer zu verklagen, und das will ich nicht.
– Ihr habt an mir gehandelt, wie nicht recht ist,
Denn ich bin eine Königin wie Ihr,
Und Ihr habt als Gefangne mich gehalten,
Ich kam zu Euch als eine Bittende,
Und Ihr, des Gastrechts heilige Gesetze,
Der Völker heilig Recht in mir verhöhnend,
Schloßt mich in Kerkermauern ein, die Freunde,
Die Diener werden grausam mir entrissen,
Unwürdgem Mangel werd ich preisgegeben,
Man stellt mich vor ein schimpfliches Gericht –
Nichts mehr davon! Ein ewiges Vergessen
Bedecke, was ich Grausames erlitt.
– Seht! Ich will alles eine Schickung nennen,
Ihr seid nicht schuldig, *ich* bin auch nicht schuldig,
Ein böser Geist stieg aus dem Abgrund auf,
Den Haß in unsern Herzen zu entzünden,
Der unsre zarte Jugend schon entzweit.
Er wuchs mit uns, und böse Menschen fachten
Der unglückselgen Flamme Atem zu.
Wahnsinnge Eiferer bewaffneten
Mit Schwert und Dolch die unberufne Hand –
Das ist das Fluchgeschick der Könige,
Daß sie, entzweit, die Welt in Haß zerreißen,
Und jeder Zwietracht Furien entfesseln.
– Jetzt ist kein fremder Mund mehr zwischen uns,
(nähert sich ihr zutraulich und mit schmeichelndem Ton)
Wir stehn einander selbst nun gegenüber.
Jetzt, Schwester, redet! Nennt mir meine Schuld,
Ich will Euch völliges Genügen leisten.
Ach, daß Ihr damals mir Gehör geschenkt,
Als ich so dringend Euer Auge suchte!
Es wäre nie so weit gekommen, nicht

An diesem traurgen Ort geschähe jetzt
Die unglückselig traurige Begegnung.
ELISABETH Mein guter Stern bewahrte mich davor,
Die Natter an den Busen mir zu legen.
– Nicht die Geschicke, Euer schwarzes Herz
Klagt an, die wilde Ehrsucht Eures Hauses.
Nichts Feindliches war zwischen uns geschehn,
Da kündigte mir Euer Ohm, der stolze,
Herrschwütge Priester, der die freche Hand
Nach allen Kronen streckt, die Fehde an,
Betörte Euch, mein Wappen anzunehmen,
Euch meine Königstitel zuzueignen,
Auf Tod und Leben in den Kampf mit mir
Zu gehn – Wen rief er gegen mich nicht auf?
Der Priester Zungen und der Völker Schwert,
Des frommen Wahnsinns fürchterliche Waffen,
Hier selbst, im Friedenssitze meines Reichs,
Blies er mir der Empörung Flammen an –
Doch Gott ist mit mir, und der stolze Priester
Behält das Feld nicht – Meinem Haupte war
Der Streich gedrohet, und das Eure fällt!
MARIA Ich steh in Gottes Hand. Ihr werdet Euch
So blutig Eurer Macht nicht überheben –
ELISABETH Wer soll mich hindern? Euer Oheim gab
Das Beispiel allen Königen der Welt,
Wie man mit seinen Feinden Frieden macht,
Die Sankt Barthelemi sei meine Schule!
Was ist mir Blutsverwandtschaft, Völkerrecht?
Die Kirche trennet aller Pflichten Band,
Den Treubruch heiligt sie, den Königsmord,
Ich übe nur, was Eure Priester lehren.
Sagt! Welches Pfand gewährte mir für Euch,
Wenn ich großmütig Eure Bande löste?
Mit welchem Schloß verwahr ich Eure Treue,
Das nicht Sankt Peters Schlüssel öffnen kann?
Gewalt nur ist die einzge Sicherheit,
Kein Bündnis ist mit dem Gezücht der Schlangen.
MARIA O das ist Euer traurig finstrer Argwohn!
Ihr habt mich stets als eine Feindin nur
Und Fremdlingin betrachtet. Hättet Ihr
Zu Eurer Erbin mich erklärt, wie mir
Gebühret, so hätten Dankbarkeit und Liebe

Euch eine treue Freundin und Verwandte
In mir erhalten.

ELISABETH   Draußen, Lady Stuart,
Ist Eure Freundschaft, Euer Haus das Papsttum,
Der Mönch ist Euer Bruder – Euch, zur Erbin
Erklären! Der verräterische Fallstrick!
Daß Ihr bei meinem Leben noch mein Volk
Verführet, eine listige Armida
Die edle Jugend meines Königreichs
In Eurem Buhlernetze schlau verstricket –
Daß alles sich der neuaufgehnden Sonne
Zuwendete, und ich –

MARIA   Regiert in Frieden!
Jedwedem Anspruch auf dies Reich entsag ich.
Ach, meines Geistes Schwingen sind gelähmt,
Nicht Größe lockt mich mehr – Ihr habts erreicht,
Ich bin nur noch der Schatten der Maria.
Gebrochen ist in langer Kerkerschmach
Der edle Mut – Ihr habt das Äußerste an mir
Getan, habt mich zerstört in meiner Blüte!
– Jetzt macht ein Ende, Schwester. Sprecht es aus,
Das Wort, um dessentwillen Ihr gekommen,
Denn nimmer will ich glauben, daß Ihr kamt,
Um Euer Opfer grausam zu verhöhnen.
Sprecht dieses Wort aus. Sagt mir: »Ihr seid frei,
Maria! Meine Macht habt Ihr gefühlt,
Jetzt lernet meinen Edelmut verehren.«
Sagts, und ich will mein Leben, meine Freiheit
Als ein Geschenk aus Eurer Hand empfangen.
– Ein Wort macht alles ungeschehn. Ich warte
Darauf. O laßt mich nicht zu lang erharren!
Weh Euch, wenn Ihr mit diesem Wort nicht endet!
Denn wenn Ihr jetzt nicht segenbringend, herrlich,
Wie eine Gottheit von mir scheidet – Schwester!
Nicht um dies ganze reiche Eiland, nicht
Um alle Länder, die das Meer umfaßt,
Möcht ich vor Euch so stehn, wie Ihr vor mir!

25. Heinrich von Kleist: Bittschrift an Gottlob Johann Christian Kunth (1801)

Wohlgeborener Herr,
Hochzuverehrender Herr Geheimrat,
Das Wohlwollen, mit welchem Ew. Wohlgeb. meine erste Bitte, nämlich den Sitzungen der hochlöbl. techn. Deputation beiwohnen zu dürfen, unterstützten, macht mich schüchtern bei einer Erklärung, die ich doch, von höheren Rücksichten bestimmt, nicht unterdrücken darf; bei der Erklärung, daß ich, nach einer ernstlichen Prüfung meiner Kräfte, die Laufbahn, die ich betreten hatte, nicht verfolgen darf, weil sich meine Neigung für das Rein-Wissenschaftliche ganz entschieden hat. Bloß die Erinnerung, daß Ew. Wohlgeb. selbst, schon bei Ihrem ersten Urteile über meine Kräfte, die Wahl eines praktischen Wirkungskreises für mich nicht billigten, gibt mir den Mut, diesen Irrtum selbst offenherzig zu gestehen. Ich danke Ihnen herzlich für diesen einzigen aufrichtigen Rat, den ich in Berlin empfing, und den ich gewiß nicht anders, als zu meinem Besten, nutzen werde, bitte ferner, *mich der hochlöbl.* technischen *Deputation,* zu deren *Zweck ich auf meiner bevorstehenden Reise nach Paris bei jeder* kommenden Gelegenheit mitzuwirken bereit bin, gehorsamst zu empfehlen, und verbleibe in der Hoffnung, fortdauernd Ihres Wohlwollens zu genießen, mit der herzlichsten und vollkommensten Hochachtung

Ew. Wohlgeb. ergebenster

Kleist,
ehemals Lieut. im Rgt. Garde.

26. Andreas Hofer: Rede an das Volk nach der Schlacht am Berg Isel (1809)

Grüeß enk Gott, meine liebn 'sbrucker! Weil ös mi zun Oberkommedanten gwöllt hobt, so bin i holt do; es sein ober viel andere do, dö koani 'sbrucker sein. Alle dö unter meine Waffenbrüder sein wölln dö müessen für Gott, Koaser und Voterland als tapfre, rödle und brave T'roler streitn, dö meine Waffenbrüder wern wölln; dö ober dös nit tüen wölln, dö solln haim ginn, i rot enks, und dö mit mir ginn, dö solln mi nit verlassn, i wer enk a nit verlassn, so wohr i Andere Hofer hoaß. Gsogt hob i enks, gsöchen hobts mi. Behied enk Gott!

27. Napoleon I.: Aus der Rede vom Neujahrstag 1814

Der Augenblick ist nicht gut gewählt, um von mir eine Änderung der Verfassung zu verlangen. Ihr seid nicht die Vertreter der Nation, sondern die Abgeordneten der Departements. Ich allein bin der Vertreter des Volkes... Was ist überhaupt ein Thron? Vier Stücke vergoldetes Holz und ein Fetzen Samt? – Nein, der Thron ist ein Mann, und dieser Mann bin ich, mit meinem Willen, meinem Charakter, meinem Namen. Ich kann Frankreich retten, nicht Ihr. Schmutzige Wäsche wäscht man zu Hause und nicht in der Öffentlichkeit... Ihr wollt mich mit Kot besudeln. Nun, so wißt denn, daß ich ein Mann bin, den man töten, aber nicht entehren kann. Wenn ich auf Euch hörte, würde ich dem Feinde mehr abtreten, als er verlangt. In drei Monaten werdet Ihr entweder den Frieden haben oder ich werde nicht mehr unter den Lebenden weilen.

28. Napoleon I.: Proklamation an das französische Volk nach der Rückkehr von Elba (1815)

An das französische Volk!

Franzosen! Der Abfall des Herzogs von Castiglione hat Lyon ohne Verteidigung unseren Feinden ausgeliefert; die Armee, deren Befehl ich ihm anvertraut hatte, war an Zahl ihrer Bataillone, an Bravour und Vaterlandsliebe der Truppen, aus denen sie bestand, der Aufgabe gewachsen, das ihr gegenüberstehende österreichische Armeekorps zu schlagen und in den Rücken des linken Flügels der feindlichen Armee zu gelangen, die Paris bedrohte. Die Siege von Champ-Aubert, Montmirail, Château-Thierry, Vauchamp, Mormans, Montereau, Craonne, Reims, d'Arcy-sur-Aube und von Saint-Dizier, die Erhebung der braven Landleute in Lothringen, in der Champagne, im Elsaß, in der Franche-Comté und der Bourgogne und die Stellung, die ich im Rücken der feindlichen Armee genommen hatte, sie von ihren Magazinen und Lagern, ihren Convois und ihrem ganzen Train trennend, das alles hatte den Feind in eine verzweifelte Lage gebracht. Die Franzosen waren nie in Greifweite einer größeren Macht; die Elite der feindlichen Armee war rettungslos verloren; sie hätte ihr Grab in den weiten Landstrichen gefunden, die sie so erbarmungslos verwüstet hatte – da lieferte die Verräterei des Herzogs von Ragusa die Hauptstadt aus und schuf Verwirrung in der Armee. Das von keinem erwartete Verhalten dieser beiden Generäle, die zu gleicher Zeit ihr Vaterland, ihren Fürsten, ihren Wohltäter verrieten, wendete das Schicksal des Krieges. So verhängnisvoll war die Lage des Feindes gewesen, daß er am Schluß des Treffens von Paris sich ohne Munition fand, abgeschnitten von seinem Geschützpark.

In diesen veränderten, gewaltigen Umständen war mein Herz zerrissen, aber mein Wille blieb unerschütterlich. Ich befragte nur das Wohl des Vaterlands; ich verbannte mich auf einen Felsen inmitten der Meere; noch war mein Leben euch nützlich und mußte es sein. Ich erlaubte nicht, daß die große Zahl von Bürgern, die mit mir gehen wollten, mein Los teilte; ich glaubte, ihre Gegenwart in Frankreich sei für das Land nötig, und ich führte nur eine Handvoll Tapfere, die nötigsten zu meinem Schutz, mit mir hinüber.

Durch eure Wahl bin ich auf den Thron erhoben, und so ist alles, was ohne euch geschah, illegitim. Seit fünfundzwanzig Jahren hat Frankreich neue Anliegen, neue Einrichtungen, einen neuen Ruhm, die ihm nur durch eine nationale Regierung und durch eine aus den neuen Umständen geborene Dynastie bewahrt werden können. Ein Fürst, der über euch herrschte, auf meinen Thron gesetzt von der Gewalt eben jener Armeen, die unsere Heimaterde verwüstet haben, versuchte vergeblich, sich auf die Rechte des Feudaladels zu stützen; er könnte nichts sichern als die Ehren und Vorrechte einer kleinen Zahl von Individuen, Feinden des Volkes, das seit fünfundzwanzig Jahren in allen unseren Nationalversammlungen das Urteil über sie gesprochen hat. Eure Ruhe im Innern und euer Ansehen nach außen wären für immer verloren.

Franzosen! In meinem Exil habe ich eure Klagen, eure Wünsche gehört; ihr fordertet die Regierung eurer Wahl zurück, die allein legitim ist. Ihr klagtet meinen Schlummer an. Ihr warft mir vor, daß ich meiner Ruhe die großen Interessen des Vaterlandes opferte.

Ich habe die Meere inmitten von Gefahren aller Art durchquert; ich bin unter euch, um meine Rechte wiederzunehmen; sie sind die euren; alles, was der einzelne getan, geschrieben, gesagt, seitdem Paris eingenommen wurde, werde ich für immer aus meinem Gedächtnis löschen; nichts aber wird die Erinnerung an bedeutende frühere Dienste tilgen können. Es gibt Ereignisse, deren Naturgewalt sie über die Organisation der Menschen Herr werden läßt.

Franzosen! Keine Nation, wie klein sie auch sei, ermangelt des Rechtes, einem vom augenblicklich siegreichen Feind aufgenötigten Herrscher den Gehorsam zu verweigern; kein Volk wollte sich der Schande solcher Unterwerfung nicht entziehen. Als Karl VII. in Paris wieder einzog und das flüchtige Reich Heinrichs VI. stürzte, erkannte er an, daß er seinen Thron von der Tapferkeit seiner Getreuen empfangen und nicht von einem Regenten Englands.

So seid auch ihr es allein und die Tapferen der Armee, denen alles zu verdanken ich mich rühme, heute und immerdar.

29. Erlaß des Generalgouverneurs im ehemaligen Großherzogtum Berg (1815)

Bonaparte ist zurückgekehrt! In verbrecherischem Taumel hat ihn das großmütig verschonte Babylon empfangen. Schandvoller Jubel hallt von seinen verratenen Mauern wieder hinauf zum Throne des Weltenrichters. Zweifelt Ihr? Zagt Ihr? Nicht doch! Glaubet! Vertrauet! Das Böse soll seinen Kreislauf vollenden. So will es der Ewige. Das Maß der Strafe ist voll. Der Tag seines Gerichtes ist nahe. Babel wird fallen und unter seinen rauchenden Trümmern den ewigen Feind der Menschheit erschlagen. Land des Fleißes, der Treue, der frommen Sitten, des stillen bürgerlichen Glücks! Deine Güter sind aufs neue bedroht. Dein Verfolger ist erstanden, um seine räuberischen Horden in deine gesegneten Fluren, deine kunstreichen Täler plündernd zurückzuführen. Nahe waren die höchsten Segnungen des Friedens. Ein edler deutscher König, eine gesetzliche Verfassung, milde Verwaltung. Verbunden mit den Nachbarlanden zu einem Staat würde der Eurige der reichste und glücklichste geworden sein. Wollt Ihr dieser großen Hoffnung entsagen oder sie behaupten? Die Stunde der Prüfung hat geschlagen. Der Ewige selbst sendet sie. Zeigt Euch ihrer würdig. Erstehet Bewohner des Bergischen Landes! Kehrt zurück, Freiwillige seiner tapferen Schar! Der neue Kampf beginnt die alte große Sache zu verfechten. So finde er Euch dann gerüstet mit dem alten Glauben, dem alten Mute und der alten Treue. Auf dann! Es gilt den Kampf des Guten gegen das Böse. Die Menschheit ruft. Die heilige Fahne weht. Das heilige Kreuz ist aufgerichtet. Für sein ewiges Wort starb einst an diesem Tage der Heiland am Kreuze. Unter seinem Kreuze wollen auch wir streiten und sterben für Wahrheit und Tugend, für das ewige Recht. Mit Gott ziehen wir aus, mit Gott werden wir heimkehren. Der Herr wird mit uns sein, und mit dem teuren Vaterlande.

Düsseldorf, am Abend des Todestags unseres Herrn und Heilands 1815. Der Generalgouverneur
Justus Gruner

30. Sergej Murawjew-Apostol: Rechtgläubiger Katechismus der Dekabristen (1825)

Im Namen des Vaters, des Sohnes und des Heiligen Geistes.

Frage: Wozu hat Gott den Menschen geschaffen?

Antwort: Auf daß er an ihn glaube, frei und glücklich sei.

Frage: Was heißt an Gott glauben?

Antwort: Unser Gott Jesus Christus, da er zu unserer Rettung auf die Erde herabkam, ließ uns sein heiliges Evangelium. An Gott glauben heißt in allem dem wahren Sinn der dort verzeichneten Gebote Folge leisten.

Frage: Was heißt frei und glücklich sein?

Antwort: Ohne Freiheit gibt es kein Glück. Der heilige Apostel Paulus sagt: Ihr seid mit Blut erkauft, werdet nicht Knechte der Menschen.

Frage: Weshalb ist denn das russische Volk und das russische Heer unglücklich?

Antwort: Weil die Zaren ihnen die Freiheit geraubt haben.

Frage: So handelten die Zaren gegen die Gebote Gottes?

Antwort: Ja gewiß, unser Gott hat gesagt: Gott ist in Euch und wird Euch dienen. Die Zaren aber knechten das Volk.

Frage: Sollen wir den Zaren gehorchen, wenn sie gegen Gottes Willen handeln?

Antwort: Nein. Christus hat gesagt: Ihr könnt nicht Gott dienen und dem Mammon. Deshalb leidet das russische Volk und das russische Heer, weil sie sich dem Zaren unterwerfen.

Frage: Was befiehlt denn das hl. Evangelium dem russischen Volk und Heer zu tun?

Antwort: Die lange Knechtschaft zu bedauern, sich gegen die Tyrannei und Unehre zusammenzutun und zu schwören – ja, es sollen alle einen Herrn im Himmel und auf Erden haben: Jesum Christum.

Frage: Was kann von Erfüllung dieser heiligen Tat abhalten?

Antwort: Nichts. Diejenigen, die sich diesem heiligen Werk entgegensetzen, sind Verräter, Abtrünnige von Gott, die ihre Seele der Schande hingeben; wehe den Heuchlern, denn eine schreckliche Strafe wird sie in dieser und in jener Welt treffen.

Frage: Wie aber sollen alle reinen Herzen sich zusammentun?

Antwort: Ergreift die Waffen und folgt kühn denen, die im Namen des Herrn reden, der Worte des Erlösers gedenkend: Selig, die da hungert und dürstet nach der Gerechtigkeit, denn sie werden satt werden. Werft die Ungerechtigkeit und Schande und Tyrannei nieder und stellt eine Regierung her, die mit Gottes Wort übereinstimmt.

Frage: Welche Regierung entspricht den Geboten Gottes?

Antwort: Eine solche, in der keine Zaren sind. Gott hat uns alle gleich geschaffen und, als er auf die Erde herabkam, die Apostel aus dem gemeinen Volk erwählt, nicht aus den Vornehmen und den Zaren.

Frage: Also liebt Gott die Zaren nicht?

Antwort: Nein! Sie sind von ihm verflucht als Bedrücker des Volkes, und Gott liebt die Menschen. Wer aber Gottes Gericht über die Zaren kennen will, lese das Buch der Könige [Es muß heißen: 1. Samuelis 8], Kap. 8: Es versammelten sich die Männer von Israel und kamen zu Samuel und sprachen: Jetzt setze uns einen König, der uns richte. Das gefiel Samuel übel, und Samuel betete zum Herrn; der Herr aber sprach zu Samuel: Gehorche jetzt der Stimme des Volkes, wie sie zu Dir reden, denn sie haben nicht Dich, sondern mich verworfen, daß ich nicht König über sie sein soll, und verkündige ihnen das Recht des Königs. Und Samuel sagte alle Worte des Herrn dem Volke, das von ihm einen König forderte, und sprach zu ihnen: Das wird des Königs Recht sein: Euere Söhne wird er nehmen und Euere

Töchter, Euer Land wird zehnten und Ihr werdet seine Knechte sein; wenn Ihr dann schreiet zu der Zeit über Euern König, den Ihr Euch erwählt habt, so wird Euch Gott zu der Zeit nicht erhören.

So ist also das Erwählen des Zaren dem Willen Gottes zuwider, denn unser einziger Zar soll Jesus Christus sein.

Frage: Dann ist es auch Gott zuwider, daß man dem Zaren schwört?

Antwort: Ja, Gott zuwider. Die Zaren schreiben erzwungene Eide vor, das Volk zu verderben, ohne den Namen Gottes anzurufen. Unser Herr und Erlöser Jesus Christus aber sagt: Ich sage Euch, Ihr sollt allerdings nicht schwören, und so ist jeder Eid der Menschen Gott zuwider, denn ihm allein gehört der Eid.

Frage: Weshalb gedenkt man der Zaren in der Kirche?

Antwort: Wegen ihres eigenen unreinen Befehls, um das Volk zu betrügen und um es durch die stündliche Erwähnung des zarischen Namens vom Gottesdienst abzuwenden, obgleich der Erlöser geboten hat: Ihr sollt nicht plappern wie die Heiden.

Frage: Was soll denn schließlich das gottesfürchtige russische Heer tun?

Antwort: Zur Befreiung seiner leidenden Familien und seines Vaterlandes und um das heilige christliche Evangelium zu erfüllen: in heißer Hoffnung zu Gott beten, der in Gerechtigkeit überwindet und denen hilft, die fest auf ihn vertrauen, sich alle insgesamt zusammentun gegen die Tyrannei und den Glauben und die Freiheit in Rußland herstellen. Wer aber abfällt, der soll wie Judas dem Anathem verfallen und verflucht sein. Amen!

31. Franz Grillparzer: Grabrede für Beethoven (1827)

Indem wir hier am Grabe dieses Verblichenen stehen, sind wir gleichsam die Repräsentanten einer ganzen Nation, des deutschen gesamten Volkes, trauernd über den Fall der einen, hoch gefeierten Hälfte dessen, was uns übrig blieb von dem dahingeschwundenen Glanz heimischer Kunst, vaterländischer

Geistesblüte. Noch lebt zwar – und möge er lange leben! – der Held des Sanges in deutscher Sprach und Zunge; aber der letzte Meister des tönenden Liedes, der Tonkunst holder Mund, der Erbe und Erweiterer von Händel und Bachs, von Haydn und Mozarts unsterblichem Ruhme hat ausgelebt, und wir stehen weinend an den zerrissenen Saiten des verklungenen Spiels.

Des verklungenen Spiels! Laßt mich so ihn nennen! Denn ein Künstler war er, und was er war, war er nur durch die Kunst. Des Lebens Stacheln hatten ihn tief verwundet, und wie der Schiffbrüchige das Ufer umklammert, so floh er in deinen Arm, o du des Guten und Wahren gleich herrliche Schwester, des Leides Trösterin, von oben stammende Kunst! Fest hielt er an dir, und selbst als die Pforte geschlossen war, durch die du eingetreten bei ihm und sprachst zu ihm; als er blind geworden war für deine Züge, durch sein taubes Ohr, trug er noch immer dein Bild im Herzen, und als er starb, lag's noch auf seiner Brust.

Ein Künstler war er, und wer steht auf neben ihm? Wie der Behemot die Meere durchstürmt, durchflog er die Grenzen seiner Kunst. Vom Girren der Taube bis zum Rollen des Donners, von der spitzfindigsten Verwebung eigensinniger Kunstmittel bis zu dem furchtbaren Punkt, wo das Gebildete übergeht in die regellose Willkür streitender Naturgewalten, alles hatte er durchmessen, alles erfaßt. Der nach ihm kommt, wird nicht fortsetzen, er wird anfangen müssen, denn sein Vorgänger hörte nur auf, wo die Kunst aufhört. Adelaide und Leonore! Feier der Helden von Vittoria und des Meßopfers gläubiges Lied! – Kinder ihr der drei- und viergeteilten Stimmen! brausende Symphonie: ›Freude, schöner Götterfunken‹, du Schwanengesang! Muse des Lieds und des Saitenspiels: stellt euch rings um sein Grab und bestreut's mit Lorbeeren!

Ein Künstler war er, aber auch ein Mensch, Mensch in des Worts vollkommenster Bedeutung. Weil er von der Welt sich abschloß, nannten sie ihn feindselig, und weil er der Empfindung aus dem Weg ging, gefühllos. Ach, wer sich hart weiß, der flieht nicht! Grade das Übermaß der Empfindung weicht der Empfindung aus! Wenn er die Welt floh, so war's, weil er in den Tiefen seines liebenden Gemütes keine Waffe fand, sich ihr zu widersetzen; wenn er sich den Menschen entzog, so geschah's, nachdem er ihnen alles gegeben und nichts zurückempfangen hatte. Er blieb einsam, weil er kein Zweites fand!

Aber bis zum Tode bewahrte er ein menschliches Herz allen Menschen, ein väterliches den Seinen, Gut und Blut aller Welt!

So war er, so starb er, so wird er leben für alle Zeiten. Ihr aber, die ihr unserm Geleite gefolgt bis hieher, gebietet eurem Schmerz! Nicht verloren habt ihr ihn, ihr habt ihn gewonnen. Erst wenn die Pforte des Lebens hinter uns sich schließt, springen auf die Pforten zum Tempel der Unsterblichkeit. Dort steht er nun bei den Großen aller Zeiten, unantastbar, für immer. Darum scheidet, trauernd, aber gefaßt, von seiner Ruhestätte, und wenn euch je im Leben wie der kommende Sturm die Gewalt seiner Schöpfung übermannt, wenn eure Tränen fließen in der Mitte eines jetzt noch ungeborenen Geschlechts, so erinnert euch dieser Stunde und denkt: Wir waren dabei, als sie ihn begruben, und als er starb, haben wir geweint.

32. Felicité de Lamennais: Aus den ›Worten eines Gläubigen‹ (1834)

Wir schreien zu Dir, o Herr:
O Vater, Du hast Deinen Sohn, Deinen Christus, nicht verlassen, oder doch nur scheinbar und auf einen Augenblick, Du wirst auch die Brüder Christi nicht auf immer verlassen. Sein göttliches Blut, das sie von der Sklaverei des Fürsten dieser Welt losgekauft hat, wird sie auch aus der Sklaverei der Diener des Fürsten dieser Welt loskaufen. Siehe ihre durchbohrten Füße und Hände, ihre offene Seite, ihr mit blutenden Wunden bedecktes Haupt! Unter der Erde, die Du ihnen zum Erbe gegeben hast, hat man ein weites Grab gegraben und hat sie wild durcheinander hineingeworfen und hat den Stein mit einem Siegel versiegelt, in das man zum Hohn Deinen heiligen Namen gegraben hat; und so, Herr, liegen sie da. Aber sie werden nicht ewig da liegen. Noch drei Tage, und das gotteslästerliche Siegel wird zerbrochen, und der Stein wird zerbrochen werden, und Diejenigen, welche schlafen, werden erwachen, und das Reich Christi, das Gerechtigkeit und Liebe und Friede und Freude im Heiligen Geist ist, wird beginnen. Amen!

33. Jeremias Gotthelf: Leichenrede anläßlich eines Unglücksfalls (ca. 1840)

Ein herzzerreißender Unglücksfall hat in unserer Mitte sich zugetragen und unsere Herzen mit Trauer, unsere Augen mit Tränen erfüllt. In zehn Tagen erlebten wir zweimal den Schrecken einer Feuersnot. Das einemal war das Unglück nicht groß, wenigstens wurde kein lebendiges Geschöpf beschädigt, desto betrübter war das letztere Unglück. Traurig ist immer, wenn eine Familie ihr Obdach verliert, ihre Habe von den Flammen muß verzehren sehn, wenn sie nur noch besitzt, was sie am Leibe tragen, und von fremder Leuten Güte Bedarf und Nahrung erwarten muß. Aber es erträgt sich noch immer, wenn alle unversehrt das brennende Gebäude verlassen. Da spricht der Hausvater: Gottlob, die Kinder sind doch alle gerettet, nach diesen faßten die Mutter und ich zuerst. Mit freudigen Blicken übersieht die Mutter die geretteten Lieblinge und dankt Gott, daß er ihnen doch diese erhalten.

Aber so glücklich ging es hier nicht. Ihr alle habt das verzweifelnde Geschrei der unglücklichen Mutter gehört, wie sie ihrer selbst nicht mächtig um das Feuer lief und beständig nach einem verlornen Kinde rief. Sie achtete alles nicht, klagte nicht um Hab und Gut, jammerte nicht über eigene Schmerzen. Aber das Kind in den Flammen zerriß ihr Mutterherz, ihre Töne drangen durch Mark und Bein. Wer konnte sie ungerührt hören, wer mußte nicht mit ihr jammern? Habt ihr aber nicht auch vernommen das Ächzen und Schreien des unglücklichen, nun seligen Kindes? Es wußte wohl, daß seine Mutter sein Schutzengel sei. Es rief nach der Mutter, es eilte ihr zur Tür nach, wartete auf sie. Es täuschte sich auch in der Mutter nicht, allein es verfehlte sie. Zur brennenden Türe konnte diese nicht mehr hinein, durch Rauch und Flammen sprang sie zum Fenster, achtete nicht auf das fallende Dach, schlug ihr Leben in die Schanze, ihr Kind zu retten, wollte es hinausbringen, aber unmöglich wars ihr. Besinnungslos lag das Kind bei der Türe, winselte und wimmerte, konnte der Rettung aber nicht mehr entgegeneilen. Die Mutter wurde von brennenden, fallenden Trümmern beschädigt, mußte ablassen vom Rettungsdrang. Bejammerungswürdig verbrannte das Kind, halb zu Asche verwandelt, wurde es hervorgezogen. Dessen traurige Überreste wollen wir nun miteinander zur Ruhestätte begleiten, wo es sanft schlummern soll, frei von Leiden und Schmerzen bis zur seligen Auferstehung.

Du o Kind, bist nun allen irdischen Jammer los; aber in Schmerzen liegt deine Mutter, noch ist es ungewiß, ob der himmlische Vater sie nicht durch den Tod auch davon nehmen und mit dir vereinen will in der ewigen Freude. O Mutter, du hast viel getan, hast für das Kind dich aufgeopfert, hast dasselbe lieber gehabt als dich selbst. Gott im Himmel hatte seine väterliche Freude an dir, wird dich segnen hier und dort. Mit Bewunderung sahen auf dich die Menschen alle, dein Jammer war auch ihr Jammer. Alle Herzen fühlten mit dem deinigen und alle werden dich lieben, dich trösten, dir helfen nach ihrer Kraft. O reich an Liebe ist einer Mutter Herz, sorglos kann das Kind schlafen in der Mutter Schoß, sie ist sein Engel auf Erden, behütet und beschützt es Tag und Nacht. Sie vergißt ihren Schmerz, sie entreißt sich dem Schlaf, sie entzieht sich das Nötige, um nur ihr Kindlein zu pflegen, zu behüten. Reich ist ein Kind, solange es seine Mutter besitzt, dort bei ihr findet es immer Liebe und Hilfe. Das Leben selbst gibt sie hin für das, das sie unter ihrem Herzen getragen.

O Ihr Mütter alle, die ihr hier um mich steht und weinend das Unglück beklagt, euch hat Gott die eurigen beschützt, drum danket Gott aus innigstem Herzen, daß er solches Unglück bis dahin von euch gewandt und eure Herzen nicht solch unaussprechlichem Schmerz preisgegeben hat. Aber ihr alle seid der Unglücklichen ähnlich an Liebe zu euren Kindern, die euch Gott anvertraut. Liebt sie, schützt, bewahrt sie vor allem Bösen, wie euch Gott vor allem Bösen bewahren möge. Es war eine arme unglückliche Frau in mancher Hinsicht, sie tröstete sich in ihren Leiden mit den unschuldigen Kindern, diese waren ihr Schutz, ihre Freude. So tut auch ihr! Hat euch Gott schon Güter und Freuden des Lebens die Menge gegeben, Kinder sind doch das Köstlichste von allem. Schenkt ihnen euer Herz, eure Sorgfalt vor allem andern. Ihr Hausväter, die ihr gesehen, was eine treue Mutter tut, preiset Gott, wenn ihr auch solch einen teuren Schatz im Hause habt, haltet ihn hoch und wert; denn eine treue Mutter erhält ein Haus, bringt Glück und Segen in dasselbe. In den Tagen der Not und des Leidens steht keine euch so treu zur Seite, nimmt die schwerste Bürde auf sich als eure Gattin, die Mann und Kind liebt.

Ihr Kinder aber alle, die ihr Zeugen dieses Unglücks gewesen und um das kleine Entschlafene weinet, habt ihr gesehen, wer euch liebt, wer es gut mit euch meint, ja sein Leben für euch aufopfert? Wißt ihr, wen ihr dafür wieder lieben, wem ihr dafür danken sollt mit kindlichem Gehorsam und tiefer Ehrfurcht? Die Mütter sind es, die euch treu gewartet von eurem ersten Tage an, die um euretwillen viel gelitten und noch immer alles tun zu eurem Besten. Laßt euch das zu Herzen gehn, liebet sie, wie sie euch lieben, versündiget euch nicht an ihnen durch schnöde Worte und rohes Betragen; es würden die Engel im Himmel über euch weinen, könntet ihr über so große Liebe undankbar sein. Das Herz möchte einem brechen, wenn man sieht, wie oft alte Mütter verachtet und verstoßen werden von ebendenselben Kindern, an denen sie so Großes getan. Da kann man nur für sie beten und sagen: »Vater, vergib ihnen, sie wissen nicht was sie tun.« Besonders euch erweiche es das Herz, die ihr erwachsen seid und der Pflege der Mutter nicht bedürfet wie früher, die ihr daher manchmal nicht gegen sie seid, wie ihr sein solltet, bedenkt die Sünde, gegen die hart zu sein, die euch so lieb gehabt, zittert, ihr Herz zu kränken, das so gut es mit euch gemeint. Vergeltet ihnen nun jetzt in Liebe, was sie früher in Liebe an euch gehandelt, sonst möchte euch der Tod bitter werden und der Richter im Himmel gestrenge sein.

Von der Mutter, der treuen Hüterin der Kinder, habe ich bis dahin nur gesprochen. Ist aber nicht auch der Vater der Schutz des Hauses und der Seinigen, soll er nicht über ihr Wohl wachen und für dasselbe alles wagen? Und doch habe ich noch nichts von ihm gesagt. Ach, lieber möchte ich gar nichts von ihm sagen! So schön und rührend das vorherberührte Bild der Mutter war, so wenig haben wir an ihm gesehen; gesehen haben wir, wie ein Unglück entstand, entsteht oder doch um desto größer wird, je mehr einer seiner Pflicht untreu wird und das vergißt, was er vor Gott und Menschen versprochen. Doch dich, o unglücklicher Mann, wollen wir nicht richten, dein Versagen nicht wieder beleuchten; dein Unglück ist groß genug, und wohl dir, wenn dein Gewissen nicht verstockt ist, sondern dir deutlich spricht. Aber bitten wollen wir, was ächten Christen ziemt, daß diese fürchterliche Warnung dir ins Herz greife, dich bewahre von deinem bisherigen Wandel und du durch ein frommes Leben die Menschen versöhnest und was noch mehr ist, den Richter des Himmels, daß er deine Schuld ausstreiche aus dem großen Rechnungsbuche und Gnade über dich ergehen lasse, daß dein nun verklärtes Kind als seliger Engel nach deinem Tode dich empfange an der Himmelstür und dich führe zu seinem Vater und zu dem deinigen.

Ihr Hausväter aber alle, stellt euch an des Unglücklichen Platz, denkt, was ihr fühlen würdet, wenn es euch so wie ihm ergangen! Wenn eure Fehler so hart gezüchtigt worden wären, wie wäre euch zu Mut? Wenn euer Haus in Flammen aufginge, euer Kind ein Raub derselben, euer Weib hart verletzt würde, und ihr wäret fern davon gewesen? Hättet durch eure Schuld nichts zur Rettung beitragen können, müßtet denken, wenn ihr Hausvaterpflicht recht geübt, so wäre vielleicht das Haus nicht in Brand geraten, euer Kind lebte noch, die Frau wäre dem Tode nicht nahe? Da würde wohl Höllenmarter euer Herz zerreißen, die Hände würden die Brust schlagen und die Haare ausraufen. Der Mund würde sagen: »Ihr Hügel, fallet über mich zusammen, ihr Berge, decket mich zu, du Erde, verschlinge mich, meine Schuld ist größer, als daß sie mir könnte vergeben werden.«

Darum ihr alle, laßt euch das eine Warnung sein. Mancher ist wohl, der länger bei Wein und Spiel sitzt als er sollte, mancher, der Branntwein in größerem Maße genießt als er vertragen mag, mancher, der Streit pflanzet in seinem Hause statt Einigkeit.

34. Wilhelm Löhe: Aus einer Predigt (1845)

Sie sind ja längst entschlafen, diese Väter, dieser Paulus, dieser Petrus, dieser Johannes, diese Apostel, diese ersten Gemeinden, die den Christ des Herrn gesehen und die Engel von der Wiederkunft des Herrn haben zeugen hören! Achtzehnhundert Jahre sind hingegangen, und was hat sich ereignet, der Zukunft des Herrn vergleichbar? Was hat sich ereignet? Die Kirche steht, der Abfall in ihr nimmt immer zu, die Massen ergeben sich unverhohlen dem irdischen Getrieb, die Bosheit, welche Gottes Wort anfeindet, gewinnt immer mehr Ohren und Herzen für ihre Lehre: es fehlt nur, daß aus dem wogenden Meere der verderbten Völker der Mensch der Sünde, das Kind des Verderbens sich hebe und unter dem Zujauchzen von Stimmen ohne Zahl der alten Zeit des Christentums die Leichenrede halte und eine neue Zeit verkünde. Dabei weckt Gott

der Herr hie und da die Stimme der Propheten wieder auf,
Licht fällt in die längst nicht mehr verstandenen Stellen, einfach und klar erscheint den Zeugen hin und wieder das Wort
vom Ende, und vernehmlich, wenn auch im grellen Widerspruch mit der Finsternis der Nacht, welche das Erdreich deckt,
erschallt wie der Hahnenschrei um Mitternacht der Ruf der
Wächter auf den Zinnen: »Steht auf, der Bräutigam kommt!«
Auch zu euch dringt der Hahnenschrei, mein Geschrei aus
meiner Einsamkeit und Stille; aus der Tiefen heraus schrei ich
euch an und gebe mein Zeugnis vom Abfall, von der möglichen
nächsten Nähe des Antichristus, der ersten Wiederkunft des
Herrn und der ersten Auferstehung. Ha, daß ich euch den
Schlaf von euren Augen könnte nehmen, den sträflichen, und
euch wecken zur Ergreifung der Hoffnung, die wie Morgenrot
am Himmel lodert!

Die große Hoffnung der Christenheit muß uns wieder entzünden, wenn der Glaube und die Liebe ihre Werke wieder tun
sollen, wenn aufhören soll die niederträchtige irdische Gesinnung der Christenheit, wenn die Braut Christi ihrem Bräutigam
entgegengehen soll, schöner als der Mond und schrecklicher
als Heeresspitzen.

35. Flugblatt aus Merseburg (1848)

Proletarier!
Brot oder Revolution! Das sei Eure Losung, es ist Eure
letzte Hoffnung, das einzige, worauf Ihr bauen könnt. Was
bleibt Euch denn anders übrig? Seid Ihr es nicht, die säen
und arbeiten im Schweiße des Angesichts, damit andere, die
nichts tun, ernten und schwelgen, während Euch der Hunger
die Knochen zerfetzt; Ihr baut Paläste, damit der Lotterbube
darin seiner schweinischen Geilheit frönt, Ihr macht Schlösser
für seine Goldkisten, damit er sein Wuchergeld darin verschlie-
ßen kann; Ihr macht glänzende Bettstellen und weiche Betten,
damit Eure Töchter seinem Hurengelüst darauf zum Opfer
fallen, alles für ihn, nichts für Euch als der Hunger und der
Gerichtsdiener, der Euch aus Euren verfaulten Strohlagern
wirft und Euch ins Schuldgefängnis wirft. Proletarier! schüttelt Eure schmutzigen, aber ehrlichen Lumpen, damit sie zittern, aus jedem Loch Eurer zerrissenen Kleider blicke ein

Dolch, aus jedem ungesättigten Munde zerschmettere sie ein Fluch, die Elenden, die zu schwelgen wagen, während das arme Volk kaum zusammenarbeiten kann, um trockenes Brot zu kauen. –

Erhebt Euch Ihr Armen überall, haltet zusammen, Einigkeit macht stark – stellt Euch in Reih und Glied, der Stock ist Eure Waffe, die Verzweiflung gibt Mut. Habt Ihr denn nur Zähne, um zu heulen und sie zusammenzuschlagen vor Hunger? – Beißt – beißt damit ins Genick Eurer Feinde! – Aus Euren Lumpen macht Fahnen, ihre zerschmetterten, schlottrigen Glieder sind Eure Siegeszeichen. Euer Feldherr ist der Hunger. Euer Kommandowort, Brot! – Man wird sie im Triumph empfangen Eure Armee, die Armee des Elends, der Verzweiflung, die Armee des Bluts und des Sieges! Proletarier, was bleibt Euch übrig, was habt Ihr zu verlieren? Ist es nicht besser, seinen Feind zu zerdrücken und auf seinem zuckenden Leichnam singend zu sterben, als vor Hunger und Elend zu krepieren wie ein Vieh; die Stunde der Entscheidung naht, denkt an Roms Proletarier, die ihre Tyrannen zerfleischten und den Völkern einst Gesetze vorschrieben, denkt an die deutschen Bauern, die einst jene Raubnester zerschmissen, wo der erbärmliche Schurke gewohnt, der sie geknechtet. Die Raubritter haben sich wieder erhoben, es sind die reichen Filze, die Euch den Bettelpfennig vor die Tür werfen und Euch verachten, es sind die Kornwucherer, die Euch den Brotkorb so hoch hängen, damit Eure Hände ihn nicht erreichen können, es sind die elenden verfluchten Wollüstlinge, die in reichen Kleidern einhergehen, während Ihr kein Hemd habt, Eure Blöße zu decken, die mit Gütern schwelgen, an die Ihr ein heilges Recht habt, denn die Natur hat alle Menschen gleichgeschaffen, sie weiß nichts von reich und arm und jeder hat gleiches Recht an alles was da ist. Helft Euch selbst, wenn Euch niemand helfen will, und wenn die ernste Stunde schlägt, zeigt, daß Ihr wert seid, Euch zu retten und dem Hungertode zu entreißen, Proletarier! Brot – oder Revolution, drum seid Männer, bald schlägt die Stunde der Erlösung, denn kein Erbarmen, keine Furcht, vorwärts, das Recht, die Natur, Gott selbst ist mit Euch!

36. Petition der Studentenschaft Wiens an den Minister des Innern (1848)

Euer Exzellenz!

Da die Studierenden Wiens es stets als ihre erste Aufgabe erkannt haben, dem in sie von ihrem Landesfürsten gesetzten und in der letzten Proklamation neuerdings ausgesprochenen Vertrauen dadurch zu entsprechen, daß sie für die Erhaltung der zur Befestigung des Thrones und der Freiheit gleich notwendigen Ordnung und Sicherheit mit allen ihnen zu Gebote stehenden Kräften wirken; und da sie fest überzeugt sind, daß Euer Exzellenz auf jede Bitte derselben, deren Erfüllung das in der Bevölkerung herrschende Mißtrauen zu beseitigen und die aufgeregten Gemüter zu beruhigen im Stande ist, eingehen: unterbreiten sie Euer Exzellenz ein Gesuch, von dessen baldigster Gewährung sie die besten Früchte hoffen.

Wir sind alle überzeugt, daß es nur Vertrauen, gegenseitiges Vertrauen allein ist, welches die Regierung stark und kräftig, das Volk glücklich und zufrieden macht. – Dieses Vertrauen nun muß das konstitutionelle Volk hauptsächlich zu seinen Vertretern, zum gesetzgebenden Körper haben. – Allein dieses Vertrauen hat das Volk nicht, wenn der erste Reichstag als derjenige, der über die wichtigsten Fragen zu entscheiden hat, der für die ganze Zukunft Österreichs so gewichtig ist, nicht aus einer Wahl hervorgeht, die dafür bürgt, daß die wahre Gesinnung des Volks, der wahre Gesamtwille rein und unverfälscht zum Ausdruck und zur Geltung gelangt.

Damit nun dieser erste Reichstag dem Volke die zur Erweckung und Begründung des Vertrauens nötigen Garantien biete, daß auf demselben alle seine Interessen genügend und entsprechend vertreten seien, daß kein Stand bevorzugt und keiner vernachlässigt würde, daß auf demselben die Entwicklung der konstitutionellen Freiheit rasch und energisch gefördert werde, und daß von demselben alle für die ganze Folge so überaus wichtigen Beschlüsse im Sinne und nach dem wahren Willen des Volkes gefaßt werden; so unterbreiten die Studierenden Euer Exzellenz folgenden Vorschlag zur Bestimmung der provisorischen Wahlordnung;

1. Es möge für die Wahl der Mitglieder der zweiten Kammer gar kein Zensus stattfinden; denn das Volk könnte um so weniger zu einer auf Grundlagen eines Zensus gewählten zweiten Kammer Vertrauen haben, als es seine Ver-

treter zum Frankfurter Parlament auch ohne Zensus gewählt hat;

2. Es möge die in der Konstitution prinzipiell aufgestellte Bedingung für die Wahl der Mitglieder der ersten Kammer dahin abgeändert werden, daß statt des bedeutendsten Grundbesitzes nur ein nicht ganz unbedeutender Grundbesitz als Bedingung der Wahlfähigkeit festgesetzt werde; denn in eine auf jene Art gewählte Kammer würde das Volk das höchste Mißtrauen setzen, da es mit vollem Recht zu befürchten hat, daß die in derselben sitzenden Mitglieder als bloße Vertreter der gefährlichsten aller Aristokraten, der Geld-Aristokratie, die wahren Bedürfnisse des Volkes nicht entsprechend befriedigen werden.

3. Es möge die Wahl der Mitglieder der ersten Kammer durch das Volk selbst geschehen; denn sonst sieht das Volk mit Recht in der ersten Kammer eine ihm fremde feindselige Kaste sitzen, die, nicht von ihm gewählt, egoistisch eigene Interessen vertritt.

4. Es möge der Ministerrat sich bei Seiner Majestät dahin verwenden, daß Allerhöchst Dieselben Sich der Ernennung von Mitgliedern für die erste Kammer enthalten.

Die volle Gewährung aller dieser Punkte allein ist es, welche das so notwendige unerläßliche Vertrauen zu wecken und zu begründen im Stande ist. – Dadurch allein wird die Nichterfüllung des allgemeinen Volkswunsches, der dahin ging, daß die Verfassungs-Urkunde eine vom Kaiser im Vereine mit einer konstituierenden, aus Volksvertretern bestehende Versammlung gegebene und keine oktroyierte sei, minder schmerzlich gefühlt werden; – dadurch allein hat das Volk die Garantie daß alle seine Interessen gehörig vertreten und befördert werden; – dadurch allein ist die Möglichkeit gegeben, daß die so wesentlichen mannigfaltigen Mängel der Konstitution auf entsprechende Weise abgeändert werden und so der von Euer Exzellenz in Ihrer letzten Kundmachung ausgesprochene Wunsch in Erfüllung gehe, indem auf diese Art die wahre Ansicht des Volkes über die Verfassungs-Urkunde zum wirksamen Ausspruche gelangt. Zugleich bringen die Studierenden die Bitte vor, daß sich der Ministerrat bei Seiner Majestät dahin verwende, daß Allerhöchst Dieselben den Reichstag in möglichst kurzer Zeit einberufen, da die Verwirklichung dieser Bitte nur dazu dienen kann, der Regierung den ihr so notwendigen festen Halt zu verleihen; und daß sowohl im Interesse der arbeitenden Klasse als in dem der Besitzenden selbst in kürzester Frist ein Arbeits-Ministerium errichtet werde.

Die Studierenden hoffen, daß Euer Exzellenz, von der Dringlichkeit sämtlicher hier ausgesprochener Bitten überzeugt, für die möglichst schleunige Erfüllung derselben wirken werden.

Der Ausschuß der Studierenden Wiens.

Wien, den 5. Mai 1848.

2. Schriftführer: Vorsitzer desselben:
Joseph Unger.   Dr. Goldmark.

Druck von U. Klopf sein. und A. Eurich, Wollzeile Nr. 782.

37. Aufruf des Gernsbacher Volkswehrkommandanten Max Dortu (1849)

Wehrmänner!
Der Oberst Johann Philipp Becker, Oberbefehlshaber der Volkswehr, hat mich zum Kommandanten des ersten Aufgebotes der Gernsbacher Volkswehr ernannt.

Deshalb laßt mich ein Wort zu Euch reden.

Das ganze Volk steht unter den Waffen. Weshalb, wißt Ihr!

Es gilt, das Heiligste, Teuerste zu verteidigen, was der Mensch auf Erden hat. Es gilt, Eure Freiheit, Eure Unabhängigkeit, Eure Familie, Euer Eigentum, Euer Leben gegen die andrängenden Preußenhorden zu verteidigen. Nicht mehr mit den Hessen, den betörten blinden Hessen haben wir es zu tun. Die sind geschlagen und von unseren siegreichen Truppen über die Grenze hinausgeworfen. Aber die Werkzeuge des blutdürstigen Preußenkönigs sind bereits drüben im Lande unserer Brüder jenseits des Rheines.

In Zeiten einer solchen Gefahr gibt es nur ein Rettungsmittel: »Freiheit, festes Zusammenhalten, Ordnung.«

Sollen aber die Drei im Heere bestehen, so ist zuvörderst gegenseitiges Vertrauen zwischen Führer und Mannschaft notwendig. Ich komme mit Vertrauen zu Euch. Alle meine Kräfte gehören Euch. Was ich für Euch tun kann, das will ich und werde es tun. Darum hoffe ich auch, auf Euer Vertrauen zu mir zählen zu dürfen.

Zweitens ist es unbedingt notwendig, daß nur Einer befiehlt, und daß seine Befehle unbedingt befolgt werden.

Wollte jeder von Euch nach seinem Kopfe handeln, der eine rechts, der andere links laufen, so würdet Ihr eben auseinanderlaufen und die Preußen, die durch eine eiserne Disziplin zusammengehalten sind, würden bald in Euren Dörfern und Städten sein. Das seht Ihr ein! Des bin ich gewiß. Also Gehorsam!

Ebenso wie ich mich Euch ganz widmen werde, wie ich Eure billigen Wünsche gern erfüllen werde, wenn es mir möglich ist, ebenso streng werde ich andererseits gegen Widerspenstige, Meuterer und Unruhstifter verfahren.

In Eurem eignen Interesse, im Interesse unseres heiligen Kampfes bin ich dazu verpflichtet. Aber ich hoffe, selten oder nie hierzu schreiten zu müssen.

Jetzt, Wehrmänner, frisch und mutig an unsere Arbeit.

Das Gernsbacher Banner muß sich auszeichnen, in den vordersten Reihen der Kämpfer stehen und zum Schrecken der Feinde werden.

Hauptquartier Gernsbach, am 18. Juni 1849.

Der Kommandant.
Max Dortu, Major

38. Louis Napoleon: Aufrufe an das Volk und die Armee nach der Nationalversammlung (1851)

Franzosen! Die gegenwärtige Lage kann nicht länger dauern. Jeder Tag, der verstreicht, vergrößert die Gefahr des Landes. Die Nationalversammlung, welche die stärkste Stütze der Ordnung sein sollte, ist ein Herd von Komplotten geworden. Der Patriotismus von 300 ihrer Mitglieder hat ihre verderblichen Bestrebungen nicht aufhalten können. Anstatt im Interesse der Allgemeinheit Gesetze zu machen, schmiedet sie Waffen zum Bürgerkrieg. Sie tastet die Gewalt an, die ich direkt vom Volke habe, sie ermutigt alle bösen Leidenschaften und gefährdet die Ruhe Frankreichs. Ich habe sie aufgelöst und mache das ganze Volk zum Richter zwischen mir und ihr. Die Verfassung ist, wie ihr wißt, in der Absicht gemacht worden, die Befugnisse, die ihr mir übertragen wolltet, von vornherein zu mindern. 6 Millionen Stimmen haben Aufsehen erregenden Protest eingelegt; gleichwohl habe ich mich treu an diese Verfassung gehalten. Herausforderungen, Verleumdungen, Beschimpfungen begegnete ich mit Ruhe. Aber heute, wo das Grundgesetz gerade von denen, die sich ständig darauf berufen, nicht mehr respektiert wird, und wo diejenigen, die schon zwei Monarchien zugrunde gerichtet haben, mir die Hände binden wollen, um die Republik zu stürzen, ist es meine Pflicht, ihre infamen Pläne zu vereiteln, die Republik zu stärken und das Land zu retten, indem ich den einzigen Souverän anrufe, den ich in Frankreich anerkenne: das Volk! Ich erlasse daher einen Aufruf an die gesamte Nation und sage euch: Wenn ihr diesen unglücklichen Zustand, der uns entwürdigt und unsere Zukunft gefährdet, fortdauern lassen wollt, so wählet einen anderen an meiner Statt; denn ich dulde nicht länger, daß eine Gewalt, die selbst ohnmächtig ist, das Richtige zu tun, mich für Handlungen, die ich nicht verhindern kann, verantwortlich macht und mich am Steuerruder festschmiedet, während ich das Schiff dem Abgrund zueilen sehe. Wenn ihr aber vertrauet, so gebt mir die Mittel, die große Sendung zu vollbringen, die ihr mir übertragen habt. Diese Sendung besteht darin, die Epoche der Revolutionen durch die Befriedigung der gerechten Bedürfnisse des Volkes und durch Beschützung desselben gegen die umstürzlerischen Leidenschaften zu beenden. Sie besteht besonders darin, Einrichtungen zu schaffen, welche die Menschen überdauern und endlich Grundlagen bilden, auf die man Haltbares bauen kann. Überzeugt, daß die Wandelbarkeit der Regierung und das Übergewicht einer einzigen Versammlung permanente Ursache von Unruhe und Zwietracht sind, unterwerfe ich eurer Zustimmung die folgenden Grundzüge einer Verfassung, welche die Kammern später ausarbeiten werden:

1. Ein verantwortliches, auf zehn Jahre ernanntes Staatsoberhaupt.

2. Minister, die nur von der Exekutivgewalt abhängen.

3. Ein aus den besten Männern gebildeter Staatsrat, der die Gesetze entwirft und sie vor der gesetzgebenden Körperschaft erläutert.

4. Eine gesetzgebende Körperschaft, die über Gesetze diskutiert und abstimmt und auf Grund des allgemeinen Wahlrechts, aber ohne listenweises Scrutinium, das den Wahl-Grundsatz verletzt, zustande kommt.

5. Eine zweite, aus allen hervorragenden Männern des Landes gebildete Versammlung, die als maßgebende Instanz das Grundgesetz und die öffentlichen Freiheiten schützt.

Dieses zu Anfang des Jahrhunderts durch den ersten Konsul geschaffene System hat schon einmal Frankreich Ruhe und Wohlfahrt beschert und könnte sie ihm auch heute sichern; dies ist meine tiefe Überzeugung. Teilt ihr sie, so erklärt es durch eure Zustimmung. Zieht ihr aber eine kraftlose, monarchische oder republikanische Regierung vor, die in einer beliebigen Vergangenheit oder chimärischen Zukunft ihr Vorbild hat, so lehnet ab! Zum ersten Male also seit 1804 werdet ihr in voller Sachkenntnis, wohl wissend, für was und für wen, eure Stimme abgeben. Wenn ich die Majorität nicht erhalte, dann werde ich das Zusammentreten einer neuen Versammlung veranlassen und ihr das Mandat, das ich von euch erhalten habe, zustellen. Wenn ihr aber glaubt, daß die Sache, für die mein Name Symbol ist, d. h. jenes Frankreich, das durch die Revolution von 1789 neues Leben und durch den Kaiser feste Ordnung bekommen hat, noch immer die eure ist, so sprecht es aus, indem ihr die Machtbefugnisse anerkennt, die ich von euch verlange. Dann werden Frankreich und Europa von der Anarchie errettet sein, die Hindernisse fallen und die Rivalitäten verschwinden; denn alle werden sich beugen vor der Entscheidung des Volkes – dem Rechtsspruch der Vorsehung.

Soldaten! Seid stolz auf eure Sendung; ihr werdet das Vaterland retten, denn ich rechne auf euch, nicht um die Gesetze zu verletzen, sondern um das erste Gesetz des Landes, die Nationalsouveränität, deren legitimer Repräsentant ich bin, aufrechtzuerhalten. Seit langer Zeit littet ihr, wie ich, durch Hindernisse, die dem Guten, das ich wirken wollte, ebenso im Wege standen, wie sie eure Sympathiekundgebungen zu meinen Gunsten hemmten. Diese Hindernisse sind hinweggeräumt. Die Nationalversammlung hat versucht, meine Macht anzutasten, die ich von der ganzen Nation empfangen habe; sie hat aufgehört zu existieren. Ich richte eine loyale Berufung an das Volk und die Armee, und ich sage ihr: Gebt mir entweder die Mittel, eure Wahl zu sichern, oder wählt einen andern an meine Stelle. 1830 wie 1848 hat man euch als Besiegte behandelt. Nachdem man eure heroische Uneigennützigkeit beschimpft, hat man nach euren Wünschen und euren Sympathien nichts gefragt, und doch seid ihr die Elite der Nation. Heute in diesem feierlichen Augenblick will ich, daß die Armee ihre Stimme hören läßt. Stimmt daher als freie Bürger. Vergeßt aber nicht als Soldaten, daß der passive Gehorsam gegen die Befehle des Chefs der Regierung die strenge Pflicht der Armee ist, vom General bis zum Soldaten. Es ist an mir, verantwortlich für meine Handlungen vor dem Volke und der Nachwelt, Maßnahmen zu treffen, die mir unerläßlich für das öffentliche Wohl scheinen. Was euch betrifft, so haltet auch weiterhin an den Regeln der Disziplin und der Ehre fest. Tragt durch eure vorbildliche Haltung dazu bei, daß das Land seinen Willen in Ruhe und Überlegung tun kann. Seid bereit, jeden Versuch gegen die freie Ausübung der Volkssouveränität zu unterdrücken. Soldaten! Ich spreche euch nicht von Erinnerungen, die mein Name hervorruft. Sie sind in eure Herzen geschrieben. Wir sind vereinigt durch unauflösliche Bande. Eure Geschichte ist die meinige. Es gibt zwischen uns in der Vergangenheit Gemeinschaft des Ruhmes und des Unglücks. Es wird in der Zukunft Gemeinschaft der Gefühle und der Entschlossenheit für die Ruhe und Größe Frankreichs zwischen uns bestehen.

39. Gottfried Keller: Rede eines Fähnrichs beim eidgenössischen Schützentreffen (1877)

Liebe Eidgenossen!
Wir sind da unser acht Mannli mit einem Fahnli gekommen, sieben Grauköpfe mit einem jungen Fähndrich! Wie ihr seht, trägt jeder seine Büchse, ohne daß wir den Anspruch erheben, absonderliche Schützen zu sein; zwar fehlt keiner die Scheibe, manchmal trifft auch einer das Schwarze; wenn aber einer von uns einen Zentrumschuß tun sollte, so könnt ihr darauf schwören, daß es nicht mit Fleiß geschehen ist. Wegen des Silbers, das wir aus euerem Gabensaal forttragen werden, hätten wir also ruhig können zu Hause bleiben!

Und dennoch, wenn wir auch keine ausbündigen Schützen sind, hat es uns nicht hinter dem Ofen gelitten; wir sind gekommen, nicht Gaben zu holen, sondern zu bringen: ein bescheidenes Becherlein, ein fast unbescheiden fröhliches Herz und ein neues Fahnli, das mir in der Hand zittert vor Begierde, auf eurer Fahnenburg zu wehen. Das Fahnli nehmen wir aber wieder mit, es soll nur seine Weihe bei euch holen! Seht, was mit goldener Schrift darauf geschrieben steht: *Freundschaft in der Freiheit!* Ja, es ist sozusagen die Freundschaft in Person, welche wir zum Feste führen, die Freundschaft von Vaterlands wegen, die Freundschaft aus Freiheitsliebe! Sie ist es, welche diese sieben Kahlköpfe, die hier in der Sonne schimmern, zusammengeführt hat vor dreißig, vor vierzig Jahren, und zusammengehalten durch alle Stürme, in guten und schlimmen Zeiten! Es ist ein Verein, der keinen Namen hat, keinen Präsidenten und keine Statuten; seine Mitglieder haben weder Titel noch Ämter, es ist ungezeichnetes Stammholz aus dem Waldesdickicht der Nation, das jetzt für einen Augenblick vor den Wald heraustritt an die Sonne des Vaterlandstages, um gleich wieder zurückzutreten und mitzurauschen und zu -brausen mit den tausend andern Kronen in der heimeligen Waldnacht des Volkes, wo nur wenige sich kennen und nennen können und doch alle vertraut und bekannt sind.

Schaut sie an, diese alten Sünder! Sämtlich stehen sie nicht im Geruche besonderer Heiligkeit! Spärlich sieht man einen von ihnen in der Kirche! Auf geistliche Dinge sind sie nicht wohl zu sprechen! Aber ich kann euch, liebe Eidgenossen! hier unter freiem Himmel etwas Seltsames anvertrauen: sooft das Vaterland in Gefahr ist, fangen sie ganz sachte an, an Gott zu glauben; erst jeder leis für sich, dann immer lauter, bis sich einer dem andern verrät und sie dann zusammen eine wunderliche Theologie treiben, deren erster und einziger Hauptsatz lautet: Hilf dir selbst, so hilft dir Gott! Auch an Freudentagen, wie der heutige, wo viel Volk beisammen ist und es lacht ein recht blauer Himmel darüber, verfallen sie wiederum in diese theologischen Gedanken und sie bilden sich dann ein, der liebe Gott habe das Schweizerpanier herausgehängt am hohen Himmel und das schöne Wetter extra für uns gemacht! In beiden Fällen, in der Stunde der Gefahr und in der Stunde der Freude sind sie dann plötzlich zufrieden mit den Anfangsworten unserer Bundesverfassung: Im Namen Gottes des Allmächtigen! und eine so sanftmütige Duldsamkeit beseelt sie dann, so widerhaarig sie sonst sind, daß sie nicht einmal fragen, ob der katholische oder der reformierte Herr der Heerscharen gemeint sei!

Kurz, ein Kind, welchem man eine kleine Arche Noe geschenkt hat, angefüllt mit bunten Tierchen, Männlein und Weiblein, kann nicht vergnügter darüber sein, als sie über das liebe Vaterländchen sind mit den tausend guten Dingen darin vom bemoosten alten Hecht auf dem Grunde seiner Seen bis zum wilden Vogel, der um seine Eisfirnen flattert. Ei! was wimmelt da für verschiedenes Volk im engen Raume, mannigfaltig in seiner Hantierung, in Sitten und Gebräuchen, in Tracht und Aussprache! Welche Schlauköpfe und welche Mondkälber laufen da nicht herum, welches Edelgewächs und welch Unkraut blüht da lustig durcheinander, und alles ist gut und herrlich und ans Herz gewachsen; denn es ist im Vaterlande!

So werden sie nun zu Philosophen, den Wert der irdischen Dinge betrachtend und erwägend; aber sie können über die wunderbare Tatsache des Vaterlandes nicht hinauskommen. Zwar sind sie in ihrer Jugend auch gereist und haben vieler Herren Länder gesehen, nicht voll Hochmut, sondern jedes Land ehrend, in dem sie rechte Leute fanden; doch ihr Wahlspruch blieb immer: Achte jedes Mannes Vaterland, aber das deinige liebe!

Wie zierlich und reich ist es aber auch gebaut! Je näher man es ansieht, desto reicher ist es gewoben und geflochten, schön und dauerhaft, eine preiswürdige Handarbeit!

Wie kurzweilig ist es, daß es nicht einen eintönigen Schlag Schweizer, sondern daß es Zürcher und Berner, Unterwaldner und Neuenburger, Graubündner und Basler gibt, und sogar zweierlei Basler! Daß es eine Appenzeller Geschichte gibt und eine Genfer Geschichte! Diese Mannigfaltigkeit in der Einheit, welche Gott uns erhalten möge, ist die rechte Schule der Freundschaft, und erst da, wo die politische Zusammengehörigkeit zur persönlichen Freundschaft eines ganzen Volkes wird, da ist das Höchste gewonnen! Denn was der Bürgersinn nicht ausrichten sollte, das wird die Freundesliebe vermögen und beide werden zu *einer* Tugend werden!

Diese Alten hier haben ihre Jahre in Arbeit und Mühe hingebracht; sie fangen an, die Hinfälligkeit des Fleisches zu empfinden, den einen zwickt es hier, den andern dort. Aber sie reisen, wenn der Sommer gekommen ist, nicht ins Bad, sie reisen zum Feste. Der eidgenössische Festwein ist der Gesundbrunnen, der ihr Herz erfrischt; das sommerliche Bundesleben ist die Luft, die ihre alten Nerven stärkt, der Wellenschlag eines frohen Volkes ist das Seebad, welches ihre steifen Glieder wieder lebendig macht. Ihr werdet ihre weißen Köpfe alsobald untertauchen sehen in dieses Bad! So gebt uns nun, liebe Eidgenossen, den Ehrentrunk! Es lebe die Freundschaft im Vaterlande! Es lebe die Freundschaft in der Freiheit!

40. Antwort der geheimen polnischen Nationalregierung auf das Manifest von Zar Alexander II. (1863)

Wir erklären entschieden, daß wir jede Gnade verwerfen, denn wir haben den Kampf begonnen, nicht um mehr oder weniger freie Institutionen zu gewinnen, die unter der moskowitischen Regierung niemals irgendeine Garantie uns bieten können, sondern um das uns verhaßte Joch abzuwerfen und vollständige Unabhängigkeit und Freiheit zu erkämpfen. Die Nation vergießt ihr Blut, denn sie will politische Existenz, denn sie will Unabhängigkeit, will eine selbständige Nation bilden. In wessen Brust ein echtes polnisches Herz schlägt, der wird bei der Erinnerung an die vielen Grausamkeiten der moskowitischen Regierung, beim Anblick so vieler frischer Grabhügel und so vieler Opfer, beim Anblick der rauchenden Trümmer unserer Städte und Dörfer, beim Anblick des noch nicht erkalteten Blutes unserer hingemordeten Brüder nur mit Schaudern an irgendeinen Vertrag mit Moskau denken können, wird die Amnestie mit Verachtung von sich weisen und mit der ganzen Nation ausrufen: Weg mit Zarengnade, wir haben das Schwert ergriffen, das Schwert wird unsern Streit mit Moskau entscheiden.

41. Werner von Siemens: Rede beim Eintritt in die Preußische Akademie (1874)

Durch meine Aufnahme unter die Zahl ihrer Mitglieder hat die Akademie mir eine Ehre erwiesen, welche ich nicht erstrebt habe und die ich auch nicht zu erwarten berechtigt war. Zu diesen durch die hohen wissenschaftlichen Leistungen früherer wie gegenwärtiger Inhaber ehrwürdigen Sitzen wurden bisher nur Gelehrte berufen, welchen die Wissenschaft Lebensberuf war und welche derselben ihre ganzen geistigen Kräfte erfolgreich gewidmet hatten. Es sprachen auch gewichtige Gründe für die Aufrechterhaltung dieser Sitte. Die deutsche Wissenschaft verdankt die allgemeine Huldigung, welche die Welt ihr darbringt, dem wohlbegründeten Ruf der Gediegenheit ihrer Leistungen, der Tiefe ihrer Forschungen, wesentlich dem strengen Gebote der gründlichen und planmäßigen Vorbildung für den wissenschaftlichen Beruf. Diese flößt dem Jünglinge die Liebe zur Wissenschaft ein und stärkt ihn bei der Durchführung des Entschlusses, ihr fortan sein Leben zu weihen. Sie ist es, die der deutschen Wissenschaft die Reinheit des wissenschaftlichen Strebens bewahrt hat, welche ihre höchste Zierde bildet. Der deutsche Gelehrte fragt nicht, ob das Problem, dessen Lösung er unternehmen, ob die Untersuchung, der er sich hingeben will, ihm selbst oder anderen unmittelbaren Nutzen bringen wird, es ist die reine, selbstlose Liebe zur Wissenschaft, welche ihm seine Aufgaben vorzeichnet, es ist der Wissensdrang, welcher ihn anspornt, ihrer Durchführung seine ganze Geisteskraft – oft unter drückenden Lebenssorgen – bis zur Erschöpfung zu widmen. Als Lohn genügt ihm das Bewußtsein, den einzig wahrhaften Schatz der Menschheit, ihren Wissensschatz, vermehrt zu haben, und sein Ehrgeiz ist befriedigt, wenn sein Name mit der Auffindung einer neuen Wahrheit, einer neuen wissenschaftlichen Tatsache oder Folgerung dauernd verknüpft ist.

Die Akademie ist mit meiner Wahl von dem Systeme abgewichen, welches so Großes erwirkte. Sie hat einen Mann für würdig erklärt, in ihre Reihen einzutreten, dessen berufsmäßige Tätigkeit weder der Wissenschaft selbst noch dem ihr nahestehenden wissenschaftlichen Lehrfache angehörte, dem es auch nicht vergönnt war, als Jünger hoher Meister unter deren sicherer Führung die lichte Höhe des heutigen Wissens zu erklimmen, um dann, von diesem festen Grunde der in einer langen Reihe von Jahrtausenden angesammelten geistigen Arbeit des ganzen Menschengeschlechtes aus, mit verhältnismäßig leichter Mühe am weiteren Aufbau desselben mitarbeiten zu können.

Ich bin nicht anmaßend genug, um zu glauben, daß die rein wissenschaftlichen Leistungen, welche ich aufzuweisen habe, allein entscheidend hierfür gewesen sind. Ich glaube, und finde eine Beruhigung in dieser Annahme, daß schwerer wiegende Gründe für die Akademie maßgebend waren. Diese erkenne ich darin, daß – dank der besseren Schulbildung und der höheren Entwicklung des geistigen Verkehrs, welcher heute jeden neuen Gedanken, jede neue wissenschaftliche Tatsache schnell zum fortan unverlierbaren Gemeingute der Menschheit macht – die wissenschaftliche Kenntnis und Methode nicht mehr auf den engen Kreis der Berufsgelehrten beschränkt ist, sondern belebend und befruchtend auf größere Gesellschaftskreise eingewirkt hat. Das Lehrfach, das Beamtentum, die

Industrie, die Landwirtschaft, ja fast jedes Gewerbe hat sich wesentliche Bestandteile derselben angeeignet. Es sind dadurch der Wissenschaft Tausende von Mitarbeitern erwachsen, welche zwar größtenteils nicht auf einer weiten Überblick gewährenden Wissenshöhe stehen, dafür aber ihr Spezialfach gründlich kennen und bei dem Bestreben, dasselbe mit Hilfe der erworbenen wissenschaftlichen Kenntnisse weiter auszubilden, überall den Grenzen unseres heutigen Wissens begegnen. Die Kenntnis neuer Tatsachen, bisher unbekannter Erscheinungen fließt daher von hier in lebendigem Strome zur Wissenschaft zurück. Doch nicht allein im eigenen Interesse der Wissenschaft liegt es, in engere Verbindung mit der Anwendung ihrer Forschungsresultate im praktischen Leben zu treten, weil dasselbe ihr reichlich zurückbringt, was es empfängt, es ist für sie auch ein Gebot der Pflicht. Denn dadurch erhält die Wissenschaft erst ihre höhere Weihe, das gibt ihr erst ein Anrecht auf die dankbare Liebe und Verehrung der Völker, daß sie nicht ihrer selbst wegen besteht, zur Befriedigung des Wissensdranges der beschränkten Zahl ihrer Bekenner, sondern daß ihre Aufgabe die ist, den Schatz des Wissens und Könnens des ganzen Menschengeschlechtes zu erhöhen und dasselbe damit einer höheren Kulturstufe zuzuführen. Sie bildet gleichsam das Nervennetz, welches den Organismus menschlicher Kultur durchzieht, das auch in seinen feinsten, kaum noch bemerkbaren Verzweigungen noch neues, frisches Leben in ihm erzeugt und dadurch nicht allein die idealen Güter der Menschheit vermehrt, sondern ihr auch durch Dienstbarmachung der noch unbekannt schlummernden Kräfte der Natur den schweren Kampf um das materielle Dasein erleichtert.

Diesem Endzwecke wissenschaftlichen Strebens waren auch meine Kräfte in meiner Berufstätigkeit, der wissenschaftlichen Technik, stets zugewandt. Leider ließ mir dieselbe bisher nur wenig Muße für rein wissenschaftliche Forschungen, zu denen ich mich immer besonders hingezogen fühlte. Meine Aufgaben wurden mir gewöhnlich durch meine Berufstätigkeit vorgeschrieben, indem die Ausfüllung wissenschaftlicher Lücken, auf welche ich stieß, sich als ein technisches Bedürfnis erwies. Ich will hier nur flüchtig erwähnen meine Methode der Messung großer Geschwindigkeiten durch den elektrischen Funken, die Auffindung der elektrostatischen Ladung telegraphischer Leitungen und ihre Gesetze, die Aufstellung von Methoden und

Formen für die Untersuchung unterirdischer und unterseeischer Leitungen sowie für die Bestimmung des Ortes vorhandener Isolationsfehler, meine Experimentaluntersuchung über die elektrostatische Induktion und die Verzögerung des elektrischen Stromes durch dieselbe, die Aufstellung und Darstellung eines reproduzierbaren Grundmaßes für den elektrischen Leitungswiderstand, den Nachweis der Erwärmung des Dielektrikums des Kondensators durch plötzliche Entladung, die Auffindung und Begründung der dynamoelektrischen Maschine. Ich glaube auch anführen zu können, daß manche meiner technischen Leistungen nicht ohne wissenschaftlichen Wert sind. Ich nenne von denselben den Differentialregulator, die Herstellung isolierter Leitungen durch Umpressung mit Guttapercha, die telegraphischen Gegen-Doppelinduktions- und automatischen Sprechapparate, den Ozonapparat und Meßinstrumente verschiedener Art. Mir ward die Ehre, dies seitens der Berliner Universität durch meine Promotion zum Dr. phil. h. c. anerkannt zu sehen. Ich kann auch nicht unterlassen, an dieser Stelle dankend hervorzuheben, daß das freundliche Wohlwollen, mit welchem viele der älteren Mitglieder dieser Akademie meine Bestrebungen stets begleiteten, sowie die Freundschaftsbande, welche mich mit manchen der jüngeren verknüpfen, wesentlich dazu mitwirkten, die Liebe zur Wissenschaft während meiner langen technischen Laufbahn in mir lebendig zu erhalten. Freilich blieb mir nur selten die Muße, neue Erscheinungen, die mir begegneten, über die Grenzen des technischen Bedürfnisses hinaus mit wissenschaftlicher Konsequenz zu verfolgen, und auch künftig wird die Arbeitslast meiner Berufstätigkeit mich hindern, meiner wissenschaftlichen Neigung gänzlich Folge zu leisten.

Doch die Akademie hat durch meine Wahl zu ihrem Mitgliede zur Neigung die Pflicht gesellt – eine Mahnung, die im Staate Friedrichs des Großen besonders kräftig zu wirken pflegt und auch auf mich nicht ohne Einfluß bleiben wird!

42. Friedrich Theodor Vischer: Grabrede auf Eduard Mörike (1875)

Hinabgesunken, teurer Freund, ist nun dein Irdisches, und du bist ganz Geist geworden und webest unkörperlich im Weiten, in den Geistern und Herzen der Menschen.

Nicht so weithin wirst du schweben und strahlen wie jene größten Meister der Dichtung, die, mit dem Vollmaße der schauenden Kräfte begabt, die Welt bezwangen, auch nicht so weit wirst du glänzen wie jene dürftigeren Talente, die es der Menge recht machen, weil sie ihre gewöhnlichen Vorstellungen von Welt und Menschheit ihr belassen und nur mit farbenreichen und duftlosen Blumen aufschmücken. Du warst nicht und wirst nicht sein berühmt bei jenen, die es nicht ahnen, welch ein Wesen es ist, das dir bei deiner Geburt die sanfte Geisterhand auf Stirn und Lippen gelegt hat, die nicht finden können, was der Dichter sinnet und meint, wenn er aus Licht und Äther magische Fäden spinnt und mit ihnen Herz und Welt, Geistesleben und Erde, Fels, Sonne, Mond und flüsternde Bäume und rauschende Wasser in ein Ganzes geheimnisvoll zusammenschlingt, – die es nicht fassen, wie es doch kommt, daß der Dichter von dieser und nicht von dieser Welt ist, daß er in diese unsere Welt eine zweite, eine Welt von holden und gewaltigen Wundern hineinstellt, – die ihn nicht verstehen, den Flor aus zartem Goldgespinst, den er um die kahle Deutlichkeit der Dinge windet.

Aber es gibt eine Gemeinde – und nur in der Vergleichung mit der breiten Menge ist sie klein –, eine stille Gemeinde, die sich labt und entzückt an deinen wunderbaren, hellen, seligen Träumen und die hohe Wahrheit schaut in diesen Träumen. Es gibt eine Gemeinde, die den Dichter nicht nach rednerischen Worten schätzt, die den feineren Wohllaut trinkt, der aus ursprünglichem Naturgefühl der Sprache quillt. Und sie wird wachsen, diese Gemeinde, sich erweitern zu Kreis um Kreis, Bund um Bund wird sich bilden, von Einverstandenen in deinem Verständnis, und du wirst ihnen nicht ferne sein in der

– stillen Himmelsenge,
Wo Lieb und Freundschaft unsers Herzens Segen
Mit Götterhand erschaffen und erpflegen.

Uns aber, die wir mit dir sein, dir ins Auge sehen, den Klang deiner Stimme hören durften, jenen Ton, der aus Herzenstiefen und wie aus unbekannten Geistertiefen kam, uns bleibt, da du nun hingegangen, ein tiefes, unsagbares Weh. Denn da ist ein guter Mensch geschieden, – gut, wenn Gutsein doch etwas anderes als nur Meiden des Schlechten, wenn es eine Kraft, ein Leben, wenn es Liebe bedeutet.

Ja, Liebe, das war es: herzliches Sichversetzen in jeden fremden Zustand, in alles und jedes, was Menschen sind und leben und leiden, und auch in die arme, dunkle Seele der sprachlosen Kreatur. Er verstand jede Stimmung, man konnte in jeder das Herz bei ihm erleichtern, er fand die Gedanken, wenn sie kaum auf die Lippen traten.

Dieses Versetzen, Eingehen, Teilen, Geben und Wiedergeben, und dazu sein Geist und der sprudelnde Scherz, nicht zu feindlicher Spitze geschärft, milde hinlächelnd über menschliche Schwächen, in freier, heiterer Nachbildung gern den Widersinn der Torheit hervorstellend, dies zusammen schuf ein Ganzes, das rings um ihn alle Gemüter in einen Strom des Wechselverkehrs tauchte, der einzig war und aus dem keiner anders als erfrischt, getröstet, verjüngt hinwegging.

Gut, weich – auch etwas zu weich –, aber dafür auch gut im Sinne jenes stolzen, geistigen Adels, von dem es gesagt ist:

> Und hinter ihm in wesenlosem Scheine
> Lag, was uns alle bändigt, das Gemeine –

und jenes Adels, der eine keusche Scheue ist vor eitler Selbstbespiegelung in sich und andern, eine strenge Scham, die es heilig meidet, das, was wir sind, auch zu spielen, oder gar zu spielen, was wir nicht sind.

Und gut, weil keine Erfahrung ihn verbitterte, die Welt schwarz zu sehen. Mein letztes Gespräch mit ihm galt jenen, die das Dasein für schlecht und für das Beste das Nichts halten. Er nickte und blickte freundlich, als ich sagte, wir machten ja die Welt, falls sie schlecht wäre, noch schlechter, wenn wir in uns und andern das große, wahre Gut der schönen Täuschung über die Übel des Daseins und die Quelle aller wahren Freude, aller Lebenstüchtigkeit, den Glauben an ein ewig Festes zerstörten, ein Bleibendes in den Wogen der Zeit, das Wesen hat, weil es unsichtbar ist. Und so, freundlich blickend und nickend, bleibt er mir nun ins Gedächtnis geschrieben.

Wir sehen dich nicht mehr freundlich blicken und nicken, wir dürfen nicht mehr in deine weiche Hand die unsrige legen:

das Herz steht still, das die Welt so innig in sich hereinzog und so innig in sie hinüberfloß. Wir wollen es uns ganz rein, ganz unversehrt erhalten, dieses Weh, denn auch in ihm ist Freundesweh, lebst du, bis auch unsere Augen sich schließen. Leb wohl, lebenschaffender Dichter, der den Schatz der geistigen Güter, Güter unserer Nation um echte Perlen vermehrt hat; leb wohl, bejahender reicher Geist, leb wohl, du lebendiger, du guter Mensch, teurer, lieber Freund, leb wohl!

43. Aufruf der durch das Sozialistengesetz aus Berlin verwiesenen sozialdemokratischen Führer (1878)

An unsere Freunde und Parteigenossen in Berlin
Durch Verfügung der Polizei zu Personen gestempelt, von welchen »eine Gefährdung der öffentlichen Ordnung und Sicherheit zu besorgen ist«, sind wir, sämtliche Unterzeichnete, aus Berlin und dessen Umkreis verwiesen.

Bevor wir dieser Verfügung nachkommen und bevor wir unsere Heimat und unsere Familien verlassen und in die Verbannung gehen, halten wir es für unsere Pflicht, an Euch, Genossen, noch ein paar Worte zu richten.

Man wirft uns vor, daß wir die öffentliche Ordnung gefährden.

Genossen und Freunde! Ihr wißt, so lange wir unter Euch waren und durch Wort und Schrift zu Euch sprechen konnten, war es unser erstes und letztes Wort:

Keine Gewalttätigkeiten, achtet die Gesetze, verteidigt aber innerhalb des Rahmens derselben Eure Rechte.

Diese Worte möchten wir Euch heute zum Abschied noch einmal zurufen und Euch auffordern, sie jetzt mehr als je zu befolgen, mag auch die nächste Zukunft bringen, was sie will.

Laßt Euch nicht provozieren!

Vergeßt nicht, daß ein infames Lügensystem in der Presse es fertiggebracht hat, uns in der öffentlichen Meinung als diejenigen hinzustellen, welche zu jeder Schandtat fähig sind, deren Ziel nur Umsturz und Gewalttat sein sollte.

Jeder Fehltritt eines einzigen von uns würde für alle die schlimmsten Folgen haben und gäbe der Reaktion eine Rechtfertigung für ihre Gewaltstreiche.

Parteigenossen! Arbeiter Berlins! Wir gehen aus Eurer

Mitte ins Exil; noch wissen wir nicht, wie weit uns die Verfolgungswut treiben wird, aber des seid versichert, wo wir auch weilen mögen, stets werden wir treu bleiben der gemeinsamen Sache, stets werden wir die Fahne des Proletariats hochhalten, von Euch aber verlangen wir: *Seid ruhig! Laßt unsere Feinde toben und verleumden, schenkt ihnen keine Beachtung.*

Weist die Versucher ab, die Euch zu geheimen Verbindungen oder Putschen reizen wollen.

Haltet fest an der Losung, die wir Euch so oft zugerufen: *An unserer Gesetzlichkeit müssen unsere Feinde zugrunde gehen.*

Und nun noch ein Wort, Freunde und Genossen! Die Ausweisung hat bis jetzt, mit Ausnahme eines einzigen, nur *Familienväter* getroffen.

Keiner von uns vermag seinen Angehörigen mehr als den Unterhalt der nächsten Tage zurückzulassen.

Genossen! *Gedenkt unserer Weiber und unserer Kinder!*

Parteigenossen! Bleibt ruhig!

Es lebe das Proletariat! Es lebe die Sozialdemokratie!

Mit sozial-demokratischem Gruß

(24 Unterschriften)

44. Emile Zola: Ich klage an! Offener Brief an den Präsidenten der Republik (1898)

Herr Präsident,

in dankbarem Gedenken des wohlwollenden Empfangs, den Sie mir einmal gewährt haben, erlaube ich mir, in der Besorgnis um Ihren verdienten Ruhm, zu sagen, daß Ihr bisher so glücklicher Stern von dem schmählichsten, von dem unauslöschlichsten Schandfleck bedroht ist.

Sie sind heil und gesund aus den niedrigen Verleumdungen hervorgegangen, Sie haben die Herzen erobert. Sie sind umstrahlt von dem Glanz des patriotischen Festes, das für Frankreich das russische Bündnis gewesen ist. Sie sehen dem großartigen Triumph unserer allgemeinen Ausstellung entgegen, welche die Krönung unseres großen Jahrhunderts der Arbeit, der Wahrheit und der Freiheit sein wird. Aber welch eine Befleckung Ihres Namens – ich hätte fast gesagt Ihrer Regierungszeit – ist diese abscheuliche Affäre Dreyfus! Ein Kriegsgericht hat es gerade gewagt, auf Befehl einen Esterhazy freizusprechen, und das ist die äußerste Schändung aller Wahrheit, aller Gerechtigkeit. Nun ist es geschehen, Frankreich hat auf seiner Wange diesen Schandfleck, die Geschichte wird schreiben, daß ein solches Verbrechen gegen die Gesellschaft unter Ihrer Präsidentschaft begangen werden konnte.

Da sie es gewagt haben, werde ich es auch wagen. Ich werde die Wahrheit sagen, denn ich habe versprochen, sie zu sagen, wenn die Justiz, die regelrecht angerufen wurde, sie nicht ganz und vollständig zum Vorschein brächte. Es ist meine Pflicht zu sprechen, ich will nicht Komplice sein. Meine Nächte würden gestört sein von dem Geist des Unschuldigen, der dort unten unter den furchtbarsten Qualen für ein Verbrechen büßt, das er nicht begangen hat.

Für Sie, Herr Präsident, schreie ich diese Wahrheit in die Welt – mit der ganzen Gewalt der Empörung eines ehrlichen Mannes. Im Interesse Ihrer Ehre bin ich überzeugt, daß Sie nichts davon wissen. Vor wem soll ich den Haufen schuldiger Übeltäter anklagen, wenn nicht vor Ihnen, der ersten Autorität des Landes?

Zuerst die Wahrheit über den Prozeß und über Dreyfus' Verurteilung.

Ein verhängnisvoller Mensch hat alles angestiftet, alles getan; es ist der Oberstleutnant du Paty de Clam, damals noch Major. Er verkörpert die ganze Affäre Dreyfus. Man wird sie erst kennen, nachdem eine ehrliche Untersuchung mit aller Klarheit seine Handlungen und seine Verantwortlichkeiten festgestellt hat. Er erscheint als der nebelhafteste, als der komplizierteste Geist, den Vorstellungen von romantischen Anzettelungen erfüllen, der die Dinge im Stile von Schundromanen sieht. Es gibt bei ihm gestohlene Dokumente, anonyme Briefe, Begegnungen an verlassenen Plätzen, geheimnisvolle Frauen, die mitten in der Nacht mit niederschmetternden Schuldbeweisen hausieren. Seiner Phantasie entsprang das Diktat des Bordereaus, nach dem man Dreyfus schreiben ließ, er träumte davon, ihn in einem Raum mit Spiegeln an allen Wänden zu ergründen. Der Major Forzinetti zeigt ihn uns, wie er, bewaffnet mit einer Blendlaterne, sich bei dem schlafenden Angeklagten einschleichen wollte, um einen plötzlichen Lichtstrahl auf sein Gesicht zu werfen und das Verbrechen in dem Erschrecken des plötzlich Erwachenden zu lesen...Ich erkläre einfach, daß der Major du Paty de Clam als Untersuchungsoffizier in der zeitlichen Folge und nach der Schwere der Verantwortung der erste unter den Schuldigen an dem furchtbaren Justizirrtum ist, der begangen wurde...

...Der Major du Paty de Clam tritt auf, sobald der Verdacht auf Dreyfus fällt. Von diesem Augenblick an ist Dreyfus seine Angelegenheit, die Affäre wird seine Affäre. Er macht sich stark, den Verräter zu überführen, ihn zu einem vollständigen Geständnis zu bringen. Es hat zwar auch der Kriegsminister, der General Mercier, mitzureden, dessen Intelligenz aber mittelmäßig zu sein scheint. Es gibt zwar auch den Chef des Generalstabs, den General de Boisdeffre, der seinem leidenschaftlichen Klerikalismus nachgegeben zu haben scheint, und es gibt seinen Stellvertreter, den General Gonse mit dem dehnbaren Gewissen. Aber im Grunde gibt es zunächst nur den Major du Paty de Clam, der sie alle anführt, der sie hypnotisiert, denn er beschäftigt sich auch mit Spiritismus und Okkultismus; er verkehrt mit den Geistern. Man wird niemals glauben, welchen Proben er den unglücklichen Dreyfus unterworfen hat, welche Fallen er ihm stellte. Seine verrückten Untersuchungsmethoden, seine ungeheuerlichen Phantasien, das alles war der Ausbruch eines irrsinnigen Triebes zu foltern.

Oh, diese erste Affäre! Sie ist ein Alpdruck für denjenigen, der sie in ihren wahren Einzelheiten kennt. Der Major du Paty de Clam verhaftet Dreyfus und hält ihn in geheimer Haft. Er begibt sich zu Madame Dreyfus, terrorisiert sie und sagt ihr, daß ihr Mann verloren ist, wenn sie redet. Zu derselben Zeit war der Unglückliche tobsüchtig vor Verzweiflung und heulte seine Unschuld hinaus. So ist die Untersuchung geführt worden – wie nach einer Chronik des 15. Jahrhunderts, in der Stille des vollständigen Geheimnisses, unter Anwendung barbarischer Mittel und das alles auf der Grundlage der kindischen Beschuldigung, die das blöde Bordereau liefert, das nicht nur ein gemeiner Verrat, sondern auch der schamloseste Schwindel ist, denn diese berühmten Geheimnisse, die verraten wurden, waren fast alle ohne Wert. Ich betone es, weil wir hier das Ei haben, aus dem später das ganze Verbrechen erwächst, die schreckliche Rechtsverweigerung, unter der Frankreich leidet. Ich möchte sichtbar und fühlbar machen, wie dieser Justizirrtum möglich war, wie er aus den Umtrieben des Majors du Paty de Clam entstand, wie der General Mercier, die Generale de Boisdeffre und Gonse sich haben in die Irre führen lassen und allmählich mitverantwortlich wurden an diesem Irrtum, den sie dann wie eine heilige Wahrheit, eine unbestreitbare

Wahrheit uns aufzwingen zu müssen glaubten. Zu Beginn gab es also bei ihnen nichts als Nachlässigkeit und Einsichtslosigkeit. Höchstens, so fühlt man, gaben sie dem religiösen Eifer ihrer Umgebung und den Vorurteilen des Korpsgeistes nach. So haben sie die Dummheit geschehen lassen.

Aber hier erscheint nun Dreyfus vor dem Kriegsgericht. Das absolute Geheimnis wird erzwungen. Hätte man nicht die Maßnahmen ergriffen, um die Stille und das Geheimnis zu sichern, würde ein Verräter die Grenzen dem Feinde geöffnet und den deutschen Kaiser bis nach Notre-Dame geführt haben. Das Volk ist vom Schrecken gelähmt, man erzählt sich furchtbare Tatsachen, spricht von ungeheuerlichen Verrätereien, die ihresgleichen in der Geschichte suchen, und natürlich glaubt man alles. Keine Strafe wäre zu hart, die Nation billigt die öffentliche Degradation, sie möchte, daß der Schuldige auf seinem Felsen der Schande bliebe, verzehrt von Gewissensbissen. Sind sie wahr, diese unsagbaren Dinge, diese gefährlichen Dinge, die Europa in Flammen aufgehen lassen können und die man sorgfältig in dem Geheimnis des Ausschlusses der Öffentlichkeit begraben mußte. Nein, es gab nichts dahinter als die romantischen und irrsinnigen Phantasien des Majors du Paty de Clam. Das alles geschah nur, um den lächerlichsten Schundroman zu verbergen. Es genügt, um sich davon zu überzeugen, aufmerksam die Anklageschrift zu studieren, die vor dem Kriegsgericht verlesen wurde.

Oh, die Leere dieser Anklageschrift! Daß ein Mann auf dieser Grundlage verurteilt werden konnte, ist ein Gipfel der Ungerechtigkeit. Kein ehrlicher Mensch kann sie lesen, ohne sich zu entrüsten und zu empören – im Gedanken an die maßlose Folter dort unten auf der Teufelsinsel...

Man erzählt, daß die Richter in ihrem Beratungszimmer natürlich bereit waren, den Angeklagten freizusprechen. Heute versichert man, es hätte ein unbedingt belastendes geheimes Dokument gegeben, das man nicht vorzeigen kann und das alles rechtfertigt. Vor diesem müssen wir uns beugen wie vor dem unsichtbaren und unbekannten lieben Gott...Ich bestreite das Dasein dieses Dokuments, ich bestreite es mit meiner ganzen Kraft. Ja, ein lächerliches Dokument mag es geben, vielleicht eins von denen, wo man von kleinen Frauen spricht und wo von einem gewissen D....die Rede ist, der zu unverschämt wird. Offenbar ein Ehemann, der findet, daß man nicht genug für seine Frau bezahlt. Aber ein Dokument, das die

Landesverteidigung angeht, das man nicht vorzeigen könnte, ohne daß der Krieg morgen erklärt würde, nein, das ist eine Lüge. Und das ist um so abscheulicher und zynischer, weil sie ungehemmt lügen dürfen, ohne fürchten zu müssen, daß man sie überführen kann. Sie wiegeln das französische Volk auf und schirmen sich hinter der legitimen Sorge für das Vaterland, sie unterdrücken die Meinungen, verwirren die Gefühle und verfälschen die Ideen. Ich kenne kein größeres Verbrechen gegen die Gesellschaft.

Das sind, Herr Präsident, die Tatsachen, die erklären, wie ein Justizirrtum begangen werden konnte...

Und nun kommen wir zu der Affäre Esterhazy. Drei Jahre sind vergangen, viele Gewissen sind tief beunruhigt, suchen die Wahrheit und überzeugen sich schließlich von Dreyfus' Unschuld.

Ich werde nicht die Entwicklung der Zweifel und dann der Überzeugung Scheurer-Kestners beschreiben. Aber während er allein für sich nachforschte, gab es wichtige Vorkommnisse im Generalstab selber. Der Oberst Sandherr starb, und der Oberstleutnant Picquart wurde sein Nachfolger als Chef des Nachrichtendienstes. In dieser Stellung und in Ausübung seiner Pflichten nahm er eines Tages einen Rohrpostbrief in Empfang, der von dem Vertreter einer fremden Macht an den Major Esterhazy gerichtet war. Seine Pflicht schrieb ihm vor, eine Untersuchung zu eröffnen. Es ist gewiß, daß er niemals gegen den Willen seiner Vorgesetzten gehandelt hat. Er unterbreitete also seine Verdachtsgründe seinen hierarchischen Chefs, dem General Gonse, dann dem General de Boisdeffre und schließlich dem General Billot, der als Kriegsminister auf den General Mercier gefolgt war...Die Nachforschungen dauerten von Mai bis September 1896. Man kann nicht genug betonen, daß der General Gonse von der Schuld Esterhazys überzeugt war, daß der General de Boisdeffre und der General Billot keinen Zweifel an dem Bordereau als Esterhazys Werk hatten. Die Untersuchung des Oberstleutnants Picquart war zu dieser sicheren Schlußfolgerung gelangt. Aber die Erregung war groß, denn die Verurteilung Esterhazys zog unvermeidlich die Revision des Prozesses Dreyfus nach sich, und das war es, was der Generalstab um keinen Preis zulassen wollte.

...

Man hat sich voller Erstaunen gefragt, wer die Beschützer des Majors Esterhazy waren. Da ist zunächst, im Schatten, der

Oberstleutnant du Paty de Clam, der alles angezettelt hat und alles lenkt. Seine Hand verrät sich durch die absonderlichen Mittel, die er gebraucht; dann finden wir den General de Boisdeffre, den General Gonse und sogar den General Billot, die ja gezwungen sind, den Major freisprechen zu lassen, da sie unmöglich Dreyfus' Unschuld zulassen können, ohne daß die Büros des Kriegsministeriums sich der allgemeinen Verachtung aussetzen. Und aus dieser wunderlichen Lage ergibt sich, daß der ehrbare Mann, der Oberstleutnant Picquart, der allein seine Pflicht getan hat, das Opfer sein wird, derjenige, den man anschwärzen und bestrafen wird. Oh, Gerechtigkeit! Welche furchtbare Verzweiflung bedrückt das Herz! Man geht so weit, zu sagen, daß er den Rohrpostbrief gefälscht hat, um Esterhazy ins Verderben zu stürzen. Aber, großer Gott!, warum? Mit welchem Ziel? Geben Sie einen Beweggrund! Ist auch Picquart von den Juden bezahlt worden? Das Schöne an der Geschichte ist, daß er Antisemit war. Ja, wir erleben dieses schändliche Schauspiel: Männer, die tief in Schulden und Verbrechen stecken, werden zu Unschuldigen proklamiert, und einen Mann fleckenlosen Lebens greift man in seiner Ehre an. Wenn eine Gesellschaft so tief sinkt, ist sie dem Verfall ausgeliefert.

Das also, Herr Präsident, ist die Affäre Esterhazy: ein Schuldiger mußte weißgewaschen werden. Seit beinahe zwei Monaten können wir Stunde für Stunde dieses schöne Geschäft beobachten... Wir haben nun den General de Pellieux, dann den Major Ravary eine verbrecherische Untersuchung führen sehen, aus der die Schurken verklärt und die ehrenhaften Leute beschmutzt hervorgingen. Dann hat man das Kriegsgericht zusammengerufen.

Wie hat man erwarten können, daß ein Kriegsgericht sich einem anderen entgegensetzen würde. Die beherrschende Idee der Disziplin, die diese Soldaten in ihrem Blute haben, genügt, ihre Fähigkeit zu gerechtem Urteil zu lähmen. Wer von Disziplin spricht, spricht von Gehorsam. Als der Kriegsminister, der große Chef, unter dem Beifall der Volksvertreter die unbedingte Autorität der einmal abgeurteilten Sache behauptete, wie können Sie verlangen, daß ihn ein Kriegsgericht in aller Form, durch sein Urteil, widerlegt! In einer Hierarchie ist das unmöglich. Der General Billot hat durch seine Erklärung die Richter in eine moralische Zwangslage gebracht. Sie haben geurteilt, so wie sie ins Feuer gehen müssen – ohne nachzudenken. Die vorgefaßte Meinung, die sie auf die Richterbank mitgebracht haben, ist offensichtlich diese: »Dreyfus ist von einem Kriegsgericht wegen Landesverrats verurteilt worden, er ist also schuldig. Wir als ein Kriegsgericht können ihn nicht für unschuldig erklären, denn Esterhazy schuldig sprechen würde bedeuten, Dreyfus' Unschuld offenkundig zu machen.« Nichts konnte sie aus dieser Zwangslage befreien.

Sie haben ein ungerechtes Urteil gefällt, das für immer das Ansehen unserer Kriegsgerichte schädigt und von nun an alle ihre Urteile mit Verdacht schlägt. Das erste Kriegsgericht war vielleicht nicht einsichtig, das zweite ist unausweichlich verbrecherisch. Seine Entschuldigung ist, ich wiederhole es, daß der große Chef die einmal abgeurteilte Sache für unangreifbar, für heilig und über den Menschen stehend erklärt hatte. Und dem konnten die Untergebenen nicht widersprechen. Man redet von der Ehre der Armee, man will, daß wir sie lieben, daß wir sie achten. Oh gewiß, wir haben für die Armee nur Liebe und Achtung, denn sie ist das ganze Volk, sie würde sich bei der ersten Drohung in Bewegung setzen und das Vaterland verteidigen. Aber es handelt sich nicht um sie, um deren Ruhm wir in unserem Bedürfnis nach Gerechtigkeit besorgt sind, es handelt sich um den Säbel, den Zwingherrn, den man uns vielleicht morgen geben wird. Und sollen wir lammfromm den Säbelknauf küssen – wie einen Götzen! Nein!

. . .

Das also ist die einfache Wahrheit, Herr Präsident, und sie ist furchtbar. Sie wird eine Befleckung Ihrer Präsidentschaft bleiben. Ich ahne sehr wohl, daß Sie keinerlei Möglichkeit der Einwirkung in dieser Affäre haben, denn Sie sind der Gefangene der Verfassung und Ihrer Umgebung. Sie haben nichtsdestoweniger eine menschliche Pflicht, an die Sie denken und die Sie erfüllen werden. Ich zweifle übrigens keineswegs an dem Triumph der Sache, und ich wiederhole es noch einmal mit einer ganz unerschütterlichen Gewißheit: die Wahrheit ist auf dem Wege, und nichts wird sie aufhalten. Heute erst beginnt die Affäre, weil heute erst völlig klar geworden ist, wer sich im Gegensatz befindet: auf der einen Seite die Schuldigen, die sich der Gerechtigkeit in den Weg stellen, auf der anderen Seite die Vorkämpfer der Gerechtigkeit, die ihr Leben für den Sieg ihrer Sache einsetzen. Wenn man die Wahrheit eingräbt, so entwickelt sie eine solche Sprengkraft, daß sie an dem Tage, da sie durchbricht, alles zerstört. Man wird noch erfahren, ob man nicht gerade jetzt die Voraussetzungen für den kommenden, in der ganzen Welt widerhallenden Zusammenbruch geschaffen hat.

Aber dieser Brief ist lang, Herr Präsident, und es ist Zeit ihn abzuschließen.

Ich klage den Oberstleutnant du Paty de Clam an, der teuflische Urheber des Justizirrtums – ich will glauben, der unbewußte – gewesen zu sein, und in der Folge sein verhängnisvolles Werk drei Jahre lang durch die absonderlichsten und sträflichsten Machenschaften verteidigt zu haben.

Ich klage den General Mercier an, sich zum Mitschuldigen an einer der größten Ungerechtigkeiten des Jahrhunderts gemacht zu haben – wenn auch vielleicht nur aus Geistesschwäche.

Ich klage den General Billot an, die sicheren Beweise der Unschuld des Hauptmanns Dreyfus in Händen gehabt zu haben. Indem er diese Beweise unterdrückte, machte er sich der Verbrechen gegen die Menschheit und gegen die Gerechtigkeit aus politischer Berechnung schuldig, um den bloßgestellten Generalstab zu retten.

Ich klage den General de Boisdeffre und den General Gonse an, sich zu Mitschuldigen desselben Verbrechens gemacht zu haben. Der eine ohne Zweifel aus leidenschaftlichem klerikalem Eifer, der andere im Gehorsam gegenüber dem Korpsgeist, der ihm das Kriegsministerium wie ein unangreifbares Heiligtum erscheinen läßt.

Ich klage den General de Pellieux und den Major Ravary an, eine verbrecherische Untersuchung angestellt zu haben. Ich verstehe darunter eine Untersuchung der ungeheuerlichsten Parteilichkeit, von der wir in dem Bericht des Majors Ravary das unvergängliche Denkmal naiver Unverfrorenheit besitzen.

Ich klage die drei Schriftsachverständigen Belhomme, Varinard und Couard an, lügnerische und betrügerische Gutachten geliefert zu haben, wenn sie nicht durch eine ärztliche Untersuchung für augen- und geisteskrank erklärt werden sollten.

Ich klage das Kriegsministerium an, in der Presse, insbesondere in den Zeitungen ›L'Eclair‹ und ›L'Echo de Paris‹, eine ungeheuerliche Propaganda unternommen zu haben, um die öffentliche Meinung irrezuführen und seinen schuldhaften Irrtum zu verdecken.

Schließlich klage ich das erste Kriegsgericht an, das Recht verletzt zu haben, indem es einen Angeklagten auf Grund eines Dokuments verurteilte, das vor ihm geheimgehalten wurde, und ich klage das zweite Kriegsgericht an, diese Ungesetzlichkeit auf Befehl gedeckt zu haben, indem es seinerseits das Rechtsverbrechen beging, wissentlich einen Schuldigen freizusprechen.

Indem ich diese Anklagen erhebe, bin ich mir bewußt, daß ich mich der Verfolgung auf Grund der Artikel 30 und 31 des Pressegesetzes vom 20. Juli 1881 aussetze, das die Vergehen der üblen Nachrede betrifft. Das nehme ich absichtlich auf mich. Was die Leute, die ich anklage, angeht, so kenne ich sie nicht, ich habe sie niemals gesehen, ich habe ihnen gegenüber weder Rachegefühle noch Haß. Sie sind für mich nur Einheiten, Schädlinge der Gesellschaft. Und die Tat, die ich vollbringe, ist nur ein revolutionäres Mittel, um den Durchbruch der Wahrheit und der Gerechtigkeit zu beschleunigen.

Ich habe nur eine Leidenschaft, die der Aufklärung im Namen der Menschheit, die so viel gelitten hat und die ein Recht auf Glück besitzt. Mein glühender Protest ist nur der Schrei meiner Seele. Wage man es, mich vor das Assisengericht zu bringen, und möge die Erörterung in aller Öffentlichkeit stattfinden.

Ich warte!

Genehmigen Sie, Herr Präsident, die Versicherung meines tiefen Respekts.

Emile Zola

45. Christoph Blumhard jun.: Aus einer Weihnachtsansprache über Römer 13, 12 (1896)

Jesus ist Herr! Also muß es Tag werden, weil Jesus der Herr ist. Und er will nicht nur ein Herr im Himmel sein, er will ein Herr auf Erden sein und ein Herr unter der Erde. Und warum will er Herr sein? Damit es Tag werde, Tag in der Finsternis des Todes und der Sünde. Was aber ist Tag? Tag ist die Liebe Gottes; Tag wird es in deinem Herzen, wenn Du an die Liebe Gottes glaubst und in der Liebe Gottes stehst – da wird es Tag. Die Liebe Gottes zerschmelzt alles andere, alles Schlechte, alles Gemeine, alles Verzweifelte.

Ich sage es kühn vor aller Welt, vor den Himmeln und vor der Unterwelt: Es ist Alles geliebt, weil Jesus geboren ist; Alle miteinander sollen sich geliebt fühlen, und kein einziger Mensch soll sich verworfen fühlen – Alles ist geliebt, weil Jesus geboren ist!

Meine lieben Freunde, wir haben es bis jetzt nicht genug gewagt, Jahrhunderte hat man's nicht gewagt, zu sagen: Jesus ist geboren, und darum sind alle Kreaturen die Geliebten. Man hat es nicht gewagt, weil Viele aussehen, als ob sie bloß ihren Lüsten und Begierden nachfolgten, als ob Viele mit Lust Sünder wären. Meine Freunde, das sage ich heute auch offen: Das ist erlogen! Es ist Niemand mit Lust ein Sünder, Niemand mit Lust ein Fleischesklotz, Niemand mit Lust ein Teufel. Nein wahrhaftig! Es ist Jedermann mit Seufzen ein Sünder; ein Jeder seufzt, der im Tode liegt. In diesen Schmerz und in diese schauerlichen Tiefen, in dieses Seufzen der Sünder hinein, in das Seufzen des Fleisches und des Todes hinein, da hinein schreitet kühn die Liebe Gottes, die ausgegossen ist in unsern Herzen, die Liebe Gottes, die ganz Mensch geworden ist in Jesus Christus, diese Liebe schreitet kühn hinein in die großen Scharen der Seufzenden und im Tode Schmachtenden; denn ausgelöscht muß werden, was wider uns ist, und aufgetan muß werden der helle, helle Tag.

46. David Lloyd George: Aus einer Rede über Staatshaushalt und Steuerreform vor Arbeitern (1909)

Der Zweck des Budgets ist nicht...die bloße Steuererhebung, sondern die Erhebung fruchtbarer Steuern, Steuern, die Früchte tragen werden: Früchte, wie die Sicherheit des Staates, die uns allen am Herzen liegt; Früchte wie die Fürsorge für die Alten und würdigen Armen. Ist es nicht höchste Zeit, etwas für sie zu tun? Es ist recht beschämend für ein reiches Land wie das unsere, wahrscheinlich das reichste Land der Erde, wenn nicht das reichste Land überhaupt, das die Welt jemals sah – wenn es diejenigen, die sich ihr Leben lang geplagt haben, in Armut und möglicherweise in Hunger enden läßt. Es ist kaum zu dulden, daß ein alter Arbeiter den Weg zu seinem Lebensende blutend und fußkrank durch die Gestrüppe und Dornen der Armut gehen sollte! Wir wollen ihm einen neuen Weg bereiten – einen leichteren Weg, einen angenehmeren – durch Felder wogenden Korns. Wir werden das Geld aufbringen, um diesen Weg zu finanzieren – ja, und um ihn so zu verbreitern, daß 200 000 Rentenempfänger in der Lage sein werden, auf diesem Weg zu gehen! Viele gibt es im Lande, die von der Vorsehung mit großem Wohlstand gesegnet wurden, und wenn unter ihnen Männer sind, die von ihren Reichtümern ungern einen angemessenen Beitrag ihren vom Schicksal weniger begünstigten Landsleuten abgeben, so sind das sehr schäbige Reiche. Wir schlagen vor, mit den Mitteln des Staatshaushalts mehr zu tun. Wir erheben die Gelder, um für die Nöte und Leiden vorzusorgen, die sich aus der Arbeitslosigkeit ergeben. Wir erheben die Gelder, um unsere großen gemeinnützigen Gesellschaften zu unterstützen, um für die Kranken, die Witwen und Waisen zu sorgen. Wir beschaffen das Geld, das es uns ermöglicht, die Hilfsquellen unseres eigenen Landes auszubauen. Ich glaube nicht, daß irgendein anständiger Mann die Gerechtigkeit und Lauterkeit der Pläne anzweifelt, die wir im Auge haben, wenn wir diese Gelder erheben.

Aber es gibt einige Menschen, die sagen: »Die Steuern selbst sind ungerecht, unfair, sie werden ungleich erhoben und sind erdrückend – insbesondere die Grundsteuern.« Nicht nur im Unterhaus, sondern auch außerhalb des Unterhauses sind sie bemüht, diese Steuern mit einem geballten und hartnäckigen Grimm anzugreifen, der nicht einmal ein Komma [in den Steuergesetzen] mit dem Leben davonkommen läßt.

Nun, sind diese Abgaben wirklich so schlimm? Lassen Sie uns diese Steuern untersuchen. Offensichtlich ist der Teil des Staatshaushaltes, der sich all diese Ressentiments und diese Feindschaft zuzieht, derjenige, der sich mit der Besteuerung des Grundbesitzes befaßt. Gut, nun lassen Sie uns prüfen...

Acht Millionen beziehen die Landlords jährlich an Grundmieten. Wofür? Sie deponierten nicht die Kohle in der Erde. Sie waren es auch nicht, die jene gewaltigen Granitfelsen in Wales schufen, noch legten sie die Fundamente der Berge. War das der Landlord? Und doch fordert er durch irgendein von Gott gegebenes Recht seinen Tribut – acht Millionen im Jahr für nichts anderes als dafür, daß die Arbeiter das Recht haben, ihr Leben zu riskieren, wenn sie diese Berge abbauen.

Nehmen Sie irgendein Kohlenrevier. Ich fuhr kürzlich in ein solches und man zeigte mir dort die vielen Kohlengruben. Man sagte mir: »Sehen Sie sich diese Gruben an. Der erste Mann, der hier begann, gab eine Viertelmillion aus, um Schächte anzulegen und Gänge und Stollen in den Fels zu treiben. Er förderte dabei keine Kohle, sondern verlor seine Viertelmillion. Der zweite Mann, der nach ihm kam, investierte 100 000 Pfund – und auch er erreichte nichts. Der dritte Mann kam und förderte die Kohle.« Was tat der Landlord in der Zwischenzeit? Das Unternehmen des ersten Mannes schlug fehl, aber der Landlord erhielt seine Grundmiete, er bekam seine Lebensrente – und einen sehr guten Namen dafür. Auch der zweite Mann scheiterte, doch der Landlord bezog seine Grundrente. Die Kapitalisten setzten ihr Geld ein, und ich fragte: »Wenn das Bargeld versiegte, was setzte der Landlord ein?« Er setzte einfach die Gerichtsvollzieher ein. Der Kapitalist riskiert in jedem Fall sein ganzes Geld; der Ingenieur setzt sein Gehirn ein; der Bergmann riskiert sein Leben.

Sind Sie einmal in einem Kohlenbergwerk gewesen? Dann wissen Sie Bescheid. Ich habe Ihnen erzählt, daß ich neulich unter Tage war. Eine halbe Meile tief fuhren wir in die Grube ein und gingen dann etwa eine dreiviertel Meile durch das Innere des Bergwerks, über uns Felsen und Schiefer. Die Erde schien uns verschlingen zu wollen. Man konnte die gebogenen und gekrümmten und geborstenen Stützen sehen, und man sah, wie ihre Fasern rissen, während sie dem Druck widerstanden. Manchmal geben sie nach, dann gibt es Verstümmelte und Tote. Oft bricht ein schlagendes Wetter aus, die ganze Grube steht in Flammen, und das Feuer läßt in Hunderten von Brüsten den Lebensatem versiegen. In der Kohlengrube direkt neben der, in die ich einfuhr, waren gerade einige Jahre zuvor dreihundert Menschen auf diese Weise ums Leben gekommen; und dennoch, wenn der Premierminister und ich an die Tür der hohen Landlords klopfen und zu ihnen sagen: »Ihr kennt doch diese armen Burschen hier, die unter Einsatz ihres Lebens Grundmieten ausgegraben haben – einige von ihnen sind nun alt, sie haben die Gefahren ihres Handwerks überlebt, aber sie sind gebrochen, sie können nichts mehr verdienen. Würdet ihr etwas dazu beitragen, das sie vor dem Armenhaus verschont bleiben?«, dann blicken sie einen finster an, und wenn wir hinzufügen: »Nur einen halben Penny, wenigstens eine Kupfermünze«, so sagen sie: Ihr Diebe! Und sie hetzen ihre Hunde auf uns, die kann man jeden Morgen bellen hören. Wenn sich darin das Verantwortungsgefühl dieser großen Landlords gegenüber denjenigen ausdrückt, die unter Einsatz ihres Lebens ihren Wohlstand begründeten, dann sage ich, der Tag des Ausgleichs steht nahe bevor.

Kein Land, wie reich es auch immer sei, kann es sich auf die Dauer leisten, daß seine Einkünfte unter einer Klasse aufgeteilt werden, die es ablehnt, eine Pflicht zu erfüllen, der nachzukommen von Anfang an ihre Aufgabe gewesen war. Und darum ist es eine der ersten Pflichten der Staatsmänner, diese Zustände zu untersuchen...

Wir bürden die Lasten auf die breitesten Schultern. Warum sollte ich dem Volk die Lasten aufbürden? Ich bin selbst ein Kind des Volkes. Ich bin unter dem Volk aufgewachsen. Ich kenne seine Nöte, und Gott möge verhüten, daß ich auch nur das geringste Leid zu den Sorgen hinzufüge, die es mit so viel Geduld und Tapferkeit trägt. Als der Premierminister mir die Ehre erwies, mich mit dem Amt des Finanzministers zu betrauen – in einer Zeit großer Schwierigkeiten, als ich das Budget bearbeitete, das vor mir lag, faßte ich den Entschluß, daß auf keinen Fall auch nur ein Schrank leerer – oder auch nur ein Los härter werden sollte. Ich fordere Sie nun auf, über den Staatshaushalt nach diesen Gesichtspunkten zu befinden.

47. Pfarrer Stadelmann: Rede bei der Verabschiedung des III. Bataillons des Infanterieregiments Nr. 121 (1914)

Behüt dich Gott, drittes Bataillon, Regiment Alt-Württemberg! Wir haben euch gerne gehabt, und mit bitterster Wehmut lassen wir euch hinausziehen in den Kampf. Aber wir wollen nicht weich werden in dieser Stunde, wir brauchen die letzte körperliche und geistige Kraft, um obzusiegen. Zu treu, zu tüchtig, zu groß sind wir unsern Nachbarn geworden. Erst haben sie es uns geneidet, daß wir etwas vermochten und galten in der Welt, nun sind aus den Neidern erbitterte Feinde geworden. Mit den ruchlosesten Mitteln, unerhört in der Weltgeschichte, wollen sie uns vernichten.

Es war schon einmal – vor anderthalb Jahrhunderten. Da rang das kleine Preußen um Ansehen und Geltung neben den andern; sie wollten es nicht haben, die andern. Die furchtbare Übermacht schien den Staat Friedrichs zu zerbrechen. In der höchsten Not zeigte sich seine volle Größe. Er verzagte nicht – und gewann. Neben seiner Feldherrnbegabung, nebst der Tüchtigkeit seiner Generale verdankte der Preußenkönig den Sieg dem Geist des Volkes und des Heeres. Tapfer waren seine Soldaten, hielten aus zum Letzten – sie konnten's, denn sie waren fromm (im Gegensatz zu ihrem gerühmten König!). Mit Chorälen ziehen die Regimenter in den Kampf, und nach dem Sieg von Leuthen klingt's über die Walstatt: »Nun danket alle Gott«.

Keiner in unserm deutschen Volk hat geglaubt, daß in Nord und Süd, in Ost und West das deutsche Volk aufstehe wie ein Mann, eins im Vertrauen zu Kaiser und Regierung, eins in dem trutziglichen Entschluß, alles einzusetzen, eins im Bewußtsein, daß wir zusammengehören als Kinder *einer* Heimat, eins auch – wer hätte es geglaubt? – in der Demut vor Gott und im Vertrauen auf seine Hilfe. Das nehmt mit hinaus in Feld und Schlacht, in Müh und Not – ein mächtig Gottvertrauen. Der Herr ist mit euch, und sein Auge ruht auf einem jeglichen Mann. Tapfer macht dieser Glaube und treu. Ihr dürft in vorderster Front fechten, als hohe Ehre und heilige Pflicht empfindet es jeder. Die Fahne, der ihr Treue geschworen, geleitet euch; ihr werdet sie heimtragen mit neuen Ehren. Das ist euer Gelöbnis in dieser Stunde, das sich jeder gibt aus tiefster Seele: Ich stehe treu zur Truppe, fest zur Fahne, zu Führer und Kamerad. Gott hört den Eidschwur, er segne euch, daß ihr ihn haltet in schweren Stunden.

Und wir, die wir daheim bleiben dürfen – nein, nein, nicht dürfen, sondern müssen, müssen – so fühlen es Tausende –, wir stehen hinter euch, sorgend, betend. Ihr bleibt die Unsrigen, uns verbunden im *Herzen* durch Dank und Vertrauen, durch Fürsorge und Gebet. So ist uns nicht bange. In der starken Zuversicht auf Gottes Hilfe gehen wir in diesen *Kampf*; wir wollen ihn führen auf deutsche Art, ehrlich, tapfer, unerschüttert; wir wollen ihn auch führen als Christen, treu dem Kameraden, menschlich dem Feind.

Nun Gott befohlen! Drittes Bataillon, Offizier und Mann. Das Vaterland ist in höchster Not, da stehen wir Mann an Mann. Unser Glaube aber ist: Der Herr Zebaoth ist mit uns, der Gott Jakobs ist unser Schutz! Amen.

48. Dr. Bötticher: Aus einer Predigt zu Kaisers Geburtstag im Felde (1915)

Draußen im Schützengraben liegen unsere Kameraden und halten heute ganz besonders Wacht. Denn zahlreicher und nachdrücklicher als sonst wird uns heute der Feind mit seinen Grüßen bedenken. All die lieben Feste, an denen zu Hause alle Arbeit ruht, haben wir im Felde unter erhöhter Gefechtsbereitschaft zubringen müssen. So ist's auch heute an unseres Kaisers Geburtstag. So haben wir den Tag noch nie gefeiert: Das ganze deutsche Volk in Waffen huldigt heute seinem obersten Kriegsherrn... Unerreichbar fern, »auf steiler Höh, wo Fürsten stehn« ist uns *unser* Kaiser doch nicht. Er ist *unser* Kaiser, er gehört uns, seinem Volk, er ist der Landes*vater*. Er steht uns nah wie ein Vater seinen Kindern. Und so dürfen wir's wagen, heute einmal unserem Kaiser zu nahen wie ein Sohn dem Vater... Wir wollen versuchen, uns in die Seele unseres Kaisers hineinzuversetzen, wollen einmal die Gedanken nachdenken, die heute seine Seele beschäftigen. Dabei soll uns leiten ein neutestamentliches Wort, das mir ganz besonders das zu treffen scheint, was unsern Kaiser heute beschäftigt. Es steht einsam, ohne inneren Zusammenhang, nur von wenigen beachtet im Johannes-Evangelium Kap. 12, 27: »Heute ist meine Seele betrübt, Und was soll ich sagen: Vater, hilf mir aus dieser Stunde? Doch darum bin ich in diese Stunde gekommen!«

Ein merkwürdiges Wort zu Kaisers Geburtstag! Nicht wahr? Jesus hat's gesprochen in der schwersten Stunde seines Lebens. Es ist ein Gethsemane-Wort; der Verbrechertod am Kreuz war ihm gewiß...

»Heute ist meine Seele betrübt.« Das wird heute der erste Gedanke unseres Kaisers sein. Ernst, tief ernst sieht er aus auf allen Bildern, die wir letzthin von ihm sahen. Er, der ein Friedenskaiser sein wollte, der seine Aufgabe darin sah, Werke des Friedens zu schaffen und zu fördern, der den Frieden zu halten strebte, als schon Gefahr war, daß seine Friedensliebe als ein Zeichen von Schwäche ausgelegt wurde bei Freund und Feind, er mußte zum Schwert greifen gegen eine ganze Welt von Feinden. »Uns ist das Schwert in die Hand gezwungen«, so sprach er damals von dem Balkon seines Schlosses.

Und nun stehen wir mitten drin in diesem furchtbaren Ringen. Wieviel Opfer hat's schon gekostet! Wieviel Blut ist schon geflossen! Die Besten, die Tapfersten unseres Volkes sind dahin. Wieviel Jammer und Schmerzen in den Lazaretten, wieviel Trauer und Sorge daheim! Das *fühlt* unser Kaiser, das empfindet er tief im Herzen: »Heute ist meine Seele betrübt.«

Aber noch ist kein Ende abzusehen. Wie hat er doch gehofft und tröstend seiner Hoffnung Ausdruck verliehen: »Wenn das Laub gelb wird, seid ihr zu Hause«; »Weihnachten sollt ihr in der Heimat feiern.« Aber der Kampf steht. Noch ist der Feind nicht niedergerungen. Noch ist ein dauernder Friede nicht erkämpft. Dunkel liegt die Zukunft vor uns. Die Entscheidung steht uns noch bevor. »Heute ist meine Seele betrübt.« Uns allen drängt sich im Hinblick auf das, was wir erlebt haben und was uns nun noch bevorsteht, die Bitte auf: »Vater, hilf mir aus dieser Stunde!« Wir alle sehnen uns nach dem Ende dieser furchtbaren Kämpfe, heraus aus der drückenden Unsicherheit, zurück in die Ruhe des Friedens, in geordnete Verhältnisse. Mehr wie sonst wird unser Kaiser heute an seinem Geburtstage Gott bitten um gesicherten Frieden, um ein siegreiches Ende des Krieges, damit er die Aufgaben der Kultur und des Friedens von neuem angreifen kann. Aber das darf nicht unser letzter Gedanke sein dem Leben gegenüber, in das Gott uns gestellt hat. Jesus wies diesen Gedanken von sich...

Die herrlichen Tage der Mobilmachung haben unserem Kaiser gezeigt, daß eine große Vaterlandsliebe tief eingewurzelt ist in unserem Volke. Wer dachte damals an Pflicht, an drükkende, schwere Aufgaben? *Ein* heiliger *Wille* beseelte unser ganzes Volk. *Ein* heiliger *Wille* tat sich kund vor der ganzen Welt. Ein Volk von Brüdern, die sich nicht unterkriegen lassen wollen, so ergossen sich unsere Heere nach West und Ost und hielten die Wacht gegen Nord...Wir fühlten dem ganzen Krämer- und Lügnergeist gegenüber plötzlich mit aller Deutlichkeit die Pflicht: An deutschem Wesen wird die Welt genesen. Wir erfuhren, daß unserem Volk eine Aufgabe von Gott gegeben ist in der Welt, daß Gott durch uns Deutsche die Welt, die Menschheit einen ordentlichen Schritt vorwärtsbringen wollte. Das war eine herrliche Offenbarung für uns, unseren Kaiser. »Dazu bin ich in diese Stunde gekommen, daß ich sie *erleben sollte*.«

Wer wagt nun noch, sich herauszuwünschen aus dieser Zeit! Wer will jetzt noch hadern mit seinem Gott! Wir wären doch recht undankbare Kinder. Dankbar wollen wir die Hände falten und unseren Gott preisen, der sich uns in den Schrecken der Schlacht unter dem Donner der Geschütze so innig offenbart hat. Da liegt der Born unserer Kraft. Das gibt uns guten Mut durchzuhalten. Das gibt uns sichere Hoffnung auf den Sieg unserer Sache. Und unser Kaiser steht mitten unter uns; er fühlt wie wir, er glaubt wie wir. Gott sei die Ehre! Amen!

49. Friedrich Rittelmeyer: Der deutsche Kriegsmann (1915)

Man fragt: Wie vereinigt sich Christentum und Krieg? Für mich heißt es jetzt: Wie bewahre ich mein Christentum im Krieg? Felsenfest auf Gott vertrauen, völlig sich selbst hingeben, ist das nicht das ganze Christentum? Wenn ich täglich das Wort spreche: Vater, in deine Hände befehle ich meinen Geist! und täglich nach dem Worte lebe: Niemand hat größere Liebe als die, daß er sein Leben lässet für seine Freunde! – bin ich nicht dann ganz nahe bei meinem Herrn Jesus Christus?

Morgengebet. Großer, allmächtiger Gott, mein lieber Vater! Ich bin dein, und du bist mein in alle Ewigkeit! Nichts kann uns scheiden! Nun geschehe dein Wille! In dir fühle ich mich völlig geborgen! In dir fühle ich mich heldenstark! Du selbst hast mir mein Vaterland gegeben und hast mir gesagt: Hab es lieb mit ganzer Seele und kämpfe dafür mit aller Kraft! Das will ich nun auch tun in deinem Namen! Hilf mir, daß ich kühn und klug, durch nichts geschwächt und durch nichts gelähmt, meine ganze Kraft einsetze fürs Vaterland! Meine Lieben daheim aber vertraue ich dir, meinem lieben Vater! Du bist bei ihnen und bleibst bei ihnen, auch wenn ich nicht mehr bin! Komme, was kommen mag, nichts kann uns scheiden von deiner Liebe, die in Christo Jesu ist, unsrem Herrn! Und nun bleibe alles dahinten, und um mich her seien nur du und meine Pflicht! Halte mich nur ganz fest in deiner Kraft und in deinem Frieden!...

Kampf. Die Taten von 1914 – unsern Enkeln sollen wohl die Augen leuchten, wenn davon gesprochen wird! In den Schulen soll davon erzählt werden, und dem Lehrer soll das Herz warm werden, und den Kindern soll das Herz mit Macht schlagen in der jungen Brust, Buben und Mädchen. In all den kleinen Seelen soll der heiße Wunsch aufsteigen: »Oh, wäre ich doch damals dabei gewesen! Aber ich will auch stark, kühn und frei sein wie die Männer von damals, die jetzt in der Erde ruhen!«

Wir wollen dafür sorgen, daß unser Vaterland wie im Jahre 1813 und im Jahre 1870 wieder etwas zu erzählen bekommt, was die noch Ungeborenen erhebt und veredelt von Geschlecht zu Geschlecht! Wir wollen mit unsern Taten das junge Deutschland erziehen helfen, das in ferner Zukunft einmal zum Leben erwachen wird!

Unwiderstehlich, wenn er angreift, unerschütterlich, wenn er standhält; wettergewaltig nach außen, gottgeweiht und gottgeborgen im Innern – so kämpft der deutsche Kriegsmann...

Die Kugel, die mich treffen soll, die muß mir schon von meinem Gott und Vater selbst gesendet sein. Will *er* mich erhalten, so können die Heere der ganzen Welt alle ihre Geschosse auf mich richten, und ich gehe sicher mitten durch sie hindurch wie ein unsichtbarer und unverwundbarer Held.

Da liege ich im mörderischen Feuer. Aber wie ein lichter Engel, der seine schirmenden Fittiche um mich breitet, ist der Friede Gottes um mich her. Denn meine Seele ist tief in Gott geborgen. Dort kann sie kein Feind finden und treffen...Der Sieg gehört – nicht dem letzten Goldstück, sondern der letzten Anstrengung, der letzten Begeisterung, der letzten Aufopferung, und die soll *unser* sein!

Wir Deutschen haben nur ein Siegeslied, und das heißt: Nun danket alle *Gott!*...

50. Ludwig Rubiner: Der erste Tag (1916)

Alles was gewesen ist, ist falsch. Jeder Grad bis zu diesem jetzigen, ersten allerersten Moment des Seins ist Anhäufung, Sandsack, Verhau; Hindernis außerhalb jedes Wertes, Aufenthalt. Trägheitswiderstand gegen die Besinnung auf unsere Existenz aus unserer geistigen, geistigen Herkunft. Wir kommen aus dem Geist und sind in einemmal da. Jeder Tag, den Ihr bis heute gelebt habt, war zum tausendsten Male Tod, nutzloser Tod. Nutzlos wie jeder Tod.

Wär das Gewesene nicht Irrtum, Wertlosigkeit, Kasemattentum, so wär's nicht vergangen.

Zerstört das Gewesene!

O wie namenlos noch nicht dagewesen ist alles, was ist. Wie unglaublich oft noch nicht dagewesen ist diese Welt. O Glück, da die Menschen tausend mal ihren ersten Tag haben.

Weiß man auch, daß die Erde barst! Inseln schwollen aus dem Meer, feurige Schwerter schweiften: an dem Tage, da Euklid fand, daß das reine Denken des Menschen und die Wirklichkeit – unerhört – sich decken können; bewiesenermaßen! O erster Tag der geometrischen – Prädestinationslehre. Erster Tag des Euklidismus. Erster Tag des ersten Beweises. Erster Tag des Belauerns, wie eine Denkfolge zur Wirklichkeit schleicht. Wie phantastisch vorzustellen die Erschütterungen der Erde vor Adam Eukleides. Erster Tag. Schöpfung.

Dagegen: die bloße Deskriptionsrolle Kants, der versteht und beschreibt, daß jene angebliche Wirklichkeit im Denken enthalten ist. Der Unterschied etwa wie zwischen dem Apostel Paulus und Exzellenz Piefkes ›Wesen des Christentums‹.

Bitte nicht rückwärts mißverstehen! Die Euklidwelt ist tot. Da heut die ganze euklidische Geometrie von jedem Schüler schnell gelernt werden kann, steht Piefke unserer Zustimmung näher als die Apostel.

Ihr Herzen, wahre aufrichtige Herzen, meine Herzen, zuallererst müßt Ihr flache Rationalisten sein, flache Rationalisten! Sonst existiert Ihr nicht lebend, zeugungsfähig, gegenwärtig. Sonst steckt Ihr an modrig Gewestem, seid Rezipienten, Reproduzenten, Kostümstücke, mysteriöse Historiker. Nur gewöhnlich, unoriginell, ohne Tiefe und Geheimnis begreifend, daß Ihr günstigerweise gerade jetzt den Moment zum Leben erwischt habt, nur so flach rationalistisch – so brutal zeitgemäß allein – könnt Ihr schöpferisch sein. Ganz Anfang. Ganz ersttägig. Ganz Adam.

Seid Adam!

51. Gottfried Traub: Aus einer Rede nach der Ablehnung des deutschen Friedensangebots durch die Alliierten (1917)

...Hindenburg ruft; wo er ruft, da fehlt kein Deutscher. Er traut uns allen zu, daß wir wollen und können. Vertrauen aus dem Munde dieses deutschen Reckens macht den Zaghaftesten stark und den Zweifelndsten sicher. Nicht Verzweiflung treibt uns, sondern der Krieg soll verkürzt werden zum Heil der leidenden Menschheit. Wir handeln, weil das Schicksal es so will. Der Krieg ist über die Völker hinausgewachsen und drängt zur Weltentscheidung. Da geht es aufs Ganze; die

Halben kann man nicht mehr brauchen. So sagen wir »Ja« und sagen nicht »Aber vielleicht«. Mit frohem Trotz reiten wir einsam der Welt der kommenden Gefahren entgegen. Jeder offene Feind ist besser als verkappte Gegner. Hohe Not brachte uns Deutschen immer den höchsten Mut. Es ist Ritter Georgs Art...Klar liegt die Sache vor dem deutschen Volk: *Wir oder England!* Jeder Nerv und jeder Gedanke gehöre diesem Kampf. Wer das Letzte nicht einsetzt, kann das übrige alles verlieren.

So hebt der Sturm an für das Schiff des deutschen Staates. Das Schicksal würfelt zwischen England und uns. Wer jetzt aus der Reihe tritt, ist seines deutschen Namens nicht wert. In Sturmzeit wird das Äußerste verlangt und nicht geschwatzt. Im Sturm gilt ein einziges Ziel: Herr bleiben!...Also voran ohne Heißa und Hoch, aber mit stolzer Freude! England soll zu Tode erschrecken. Eine köstliche Erfahrung macht man in solcher Zeit. Die Großen des Volkes kommen uns nah wie nie; mit einem Mal entdecken wir sie neben uns. Bismarck lebt wieder mit seinem Wort: »Wir fürchten Gott und sonst nichts in der Welt«, und sein Blick grollt von Hamburg hin über die Nordsee wie der Donner. Blücher hören wir rufen: »Vorwärts, Kinder!«, und die Königin Luise winkt ihrem lieben Volke zu. Der alte Fritz ist wieder jung geworden und besichtigt die Schützengräben. Der heilige Bernhard, der zu den Kreuzzügen rief, steht mitten unter uns und spricht ohne Reklame und Sentimentalität: »Gott will es!« Luther legt uns seine Hand auf die Schulter, wie es ihm einstens Frundsberg tat, und ruft mit stolzer Miene: »Volk, Volk, du gehst einen schweren Gang, aber Gott wird mit dir sein.« Die Besten aller Jahrhunderte sind heute unsere Brüder. In solcher Gesellschaft fühlt man sich wohl und stark. Und noch kommen dazu die Tausende unserer gefallenen Jung- und Altmannschaft, die als Geister über den Schlachtfeldern hinziehen. Sie sind wach geworden in ihren Gräbern und eilen nach vorn und mahnen in der Heimat. All ihre Jugend und Liebe, Mut und Kraft strömen heute in unsere heißen, vollen Herzen. »Macht es gut! Wir schauen auf euch.« So rufen sie, und wir merken's am klopfenden Puls: Sie kämpfen mit zu Wasser und zu Land und rächen ihr Blut an England!

So fahrt gut, ihr tapfersten U-Boote. Jetzt springen die Funken vom Schwert und die Torpedos fliegen. Wir sind des Kaisers einzige Front aus Stahl. England, es gilt! Du hast keinen Frieden gewollt, so wollen wir den Sieg.

52. Ulrich von Brockdorff-Rantzau: Rede nach der Überreichung des Friedensvertrags-Entwurfs durch Clemenceau in Versailles (1919)

Meine Herren!

Wir sind tief durchdrungen von der erhabenen Aufgabe, die uns mit Ihnen zusammengeführt hat, der Welt rasch einen dauernden Frieden zu geben. Wir täuschen uns nicht über den Umfang unserer Niederlage, den Grad unserer Ohnmacht. Wir wissen, daß die Gewalt der deutschen Waffen gebrochen ist. Wir kennen die Macht des Hasses, die uns hier entgegentritt. Und wir haben die leidenschaftliche Forderung gehört, daß die Sieger uns zugleich als Überwundene zahlen lassen und als Schuldige bestrafen sollen.

Es wird von uns verlangt, daß wir uns als die allein Schuldigen am Kriege bekennen. Ein solches Bekenntnis wäre in meinem Munde eine Lüge. Wir sind fern davon, jede Verantwortung dafür, daß es zu diesem Weltkriege kam, und daß er so geführt wurde, von Deutschland abzuwälzen. Die Haltung der früheren deutschen Regierung auf den Haager Friedenskonferenzen, ihre Handlungen und Unterlassungen in den tragischen zwölf Julitagen mögen zu dem Unheil beigetragen haben; aber wir bestreiten nachdrücklich, daß Deutschland, dessen Volk überzeugt war, einen Verteidigungskrieg zu führen, allein mit der Schuld belastet ist.

Keiner von uns wird behaupten wollen, daß das Unheil seinen Lauf erst in dem verhängnisvollen Augenblicke begann, als der Thronfolger Österreich-Ungarns den Mörderhänden zum Opfer fiel. In den letzten fünfzig Jahren hat der Imperialismus aller europäischen Staaten die internationale Lage chronisch vergiftet. Die Politik der Vergeltung, die Politik der Expansion und die Nichtachtung des Selbstbestimmungsrechts der Völker, hat zu der Krankheit Europas beigetragen, die im Weltkriege ihre Krisis erlebte. Eine russische Mobilmachung nahm den Staatsmännern die Möglichkeit der Heilung und gab die Entscheidung in die Hand der militärischen Gewalten.

Die öffentliche Meinung in allen Ländern unserer Gegner hallt wider von den Verbrechen, die Deutschland im Kriege begangen habe. Auch hier sind wir bereit, getanes Unrecht einzugestehen. Wir sind nicht hierhergekommen, um die Verantwortlichkeit der Männer, die den Krieg politisch und militärisch geführt haben, zu verkleinern und begangene Frevel wider das Völkerrecht abzuleugnen. Wir wiederholen die Erklärung, die bei Beginn des Krieges im Deutschen Reichstag abgegeben wurde: Belgien ist Unrecht geschehen und wir wollen es wiedergutmachen.

Aber auch in der Art der Kriegführung hat nicht Deutschland allein gefehlt. Jede europäische Nation kennt Taten und Personen, deren sich die besten Volksgenossen ungern erinnern. Ich will nicht Vorwürfe mit Vorwürfen erwidern, aber wenn man gerade von uns Buße verlangt, so darf man den Waffenstillstand nicht vergessen; sechs Wochen dauerte es, bis wir ihn erhielten, sechs Monate, bis wir Ihre Friedensbedingungen erfuhren. Verbrechen im Kriege mögen nicht zu entschuldigen sein, aber sie geschehen im Ringen um den Sieg, in der Sorge um das nationale Dasein, in einer Leidenschaft, die das Gewissen der Völker stumpf macht. Die Hunderttausende von Nichtkämpfern, die seit dem 11. November an der Blockade zugrunde gingen, wurden mit kalter Überlegung getötet, nachdem für unsere Gegner der Sieg errungen und verbürgt war. Daran denken Sie, wenn Sie von Schuld und Sühne sprechen!

Das Maß der Schuld aller Beteiligten kann nur eine unparteiische Untersuchung feststellen, eine neutrale Kommission, vor der alle Hauptpersonen der Tragödie zu Worte kommen, der alle Archive geöffnet werden. Wir haben eine solche Untersuchung gefordert und wir wiederholen die Forderung.

Bei dieser Konferenz, wo wir allein, ohne Bundesgenossen, der großen Zahl unserer Gegner gegenüberstehen, sind wir nicht schutzlos. Sie selbst haben uns einen Bundesgenossen zugeführt: das Recht, das uns durch den Vertrag über die Friedensgrundsätze gewährleistet ist. Die alliierten assoziierten Regierungen haben in der Zeit zwischen dem 5. Oktober und dem 5. November 1918 auf den Machtfrieden verzichtet und den Frieden der Gerechtigkeit auf ihr Panier geschrieben. Am 5. Oktober 1918 hat die deutsche Regierung die Grundsätze des Präsidenten der Vereinigten Staaten von Amerika als Friedensbasis vorgeschlagen. Am 5. November hat ihr der Staatssekretär erklärt, daß die alliierten und assoziierten Mächte mit dieser Basis unter zwei bestimmten Abweichungen einverstanden seien. Die Grundsätze des Präsidenten Wilson sind also für beide Kriegsparteien, für Sie wie für uns, und auch für unsere früheren Bundesgenossen bindend geworden.

Die einzelnen Grundsätze fordern von uns schwere nationale

und wirtschaftliche Opfer. Aber die heiligen Grundrechte aller Völker sind durch diesen Vertrag geschützt. Das Gewissen der Welt steht hinter ihm: keine Nation wird sie unbestraft verletzen dürfen.

Sie werden uns bereit finden, auf dieser Grundlage den Vorfrieden, den Sie uns vorlegen, mit der festen Absicht zu prüfen, in gemeinsamer Arbeit mit Ihnen Zerstörtes wieder aufzubauen, geschehenes Unrecht – in erster Linie das Unrecht an Belgien – wieder gutzumachen und der Menschheit neue Ziele politischen und sozialen Fortschritts zu zeigen. Bei der verwirrenden Fülle von Problemen, die der gemeinsame Zweck aufwirft, sollten wir möglichst bald die einzelnen Hauptaufgaben durch besondere Kommissionen von Sachverständigen auf der Grundlage des von Ihnen vorgelegten Entwurfs erörtern lassen. Dabei wird es unsere Hauptaufgabe sein, die verwüstete Menschenkraft der beteiligten Völker durch einen internationalen Schutz von Leben, Gesundheit und Freiheit der arbeitenden Klassen wieder aufzurichten.

Als nächstes Ziel betrachte ich den Wiederaufbau der von uns besetzt gewesenen und durch den Krieg zerstörten Gebiete Belgiens und Nordfrankreichs. Die Verpflichtung hierzu haben wir feierlich übernommen, und wir sind entschlossen, sie in dem Umfang auszuführen, der zwischen uns vereinbart ist. Dabei sind wir auf die Mitwirkung unserer bisherigen Gegner angewiesen. Wir können das Werk nicht ohne technische und finanzielle Beteiligung der Sieger vollenden; sie können es nur mit uns durchführen. Das verarmte Europa muß wünschen, daß der Wiederaufbau mit so großem Erfolg und so wenig Aufwand wie möglich durchgeführt wird. Der Wunsch kann nur durch eine klare geschäftliche Verständigung über die besten Methoden erfüllt werden. Die schlechteste Methode wäre, die Arbeit weiter durch deutsche Kriegsgefangene besorgen zu lassen. Gewiß, diese Arbeit ist billig, aber sie käme der Welt teuer zu stehen, wenn Haß und Verzweiflung das deutsche Volk darüber ergreifen würde, daß seine gefangenen Söhne, Brüder und Väter über den Vorfrieden hinaus in der bisherigen Form weiter schmachteten. Ohne eine sofortige Lösung dieser allzulange verschleppten Frage können wir nicht zu einem dauernden Frieden gelangen.

Unsere beiderseitigen Sachverständigen werden zu prüfen haben, wie das deutsche Volk seiner finanziellen Entschädigungspflicht Genüge leisten kann, ohne unter der schweren

Last zusammenzubrechen. Ein Zusammenbruch würde die Ersatzberechtigten um die Vorteile bringen, auf die sie Anspruch haben und eine unheilvolle Verwirrung des ganzen europäischen Wirtschaftslebens nach sich ziehen. Gegen diese drohende Gefahr mit ihren unabsehbaren Folgen müssen Sieger wie Besiegte auf der Hut sein. Es gibt nur ein Mittel, um sie zu bannen: Das rückhaltlose Bekenntnis zu der wirtschaftlichen und sozialen Solidarität der Völker, zu einem freien und umfassenden Völkerbund.

Meine Herren! Der erhabene Gedanke, aus dem furchtbarsten Unheil der Weltgeschichte durch den Völkerbund den größten Fortschritt der Menschheitsentwicklung herzuleiten, ist ausgesprochen und wird sich stets durchsetzen. Nur wenn sich die Tore zum Völkerbund allen Nationen öffnen, die guten Willens sind, wird das Ziel erreicht werden: nur dann sind die Toten dieses Krieges nicht umsonst gestorben.

Das deutsche Volk ist innerlich bereit, sich mit seinem schweren Lose abzufinden, wenn an den vereinbarten Grundlagen des Friedens nicht gerüttelt wird. Ein Friede, der nicht im Namen des Rechts vor der Welt verteidigt werden kann, würde immer neue Widerstände gegen sich aufrufen. Niemand wäre in der Lage, ihn mit gutem Gewissen zu unterzeichnen, denn er wäre unerfüllbar. Niemand könnte für seine Ausführung die Gewähr, die in der Unterschrift liegen soll, übernehmen.

Wir werden das uns übergebene Dokument mit gutem Willen und in der Hoffnung prüfen, daß das Endergebnis unserer Zusammenkunft von uns allen gezeichnet werden kann.

53. Philipp Scheidemann: Rede vor der Nationalversammlung gegen den Versailler Vertrag (1919)

Die deutsche Nationalversammlung ist heute zusammengetreten, um am Wendepunkt im Dasein unseres Volkes gemeinsam mit der Reichsregierung Stellung zu nehmen zu dem, was unsere Gegner Friedensbedingungen nennen. In fremden Räumen, in einem Notquartier hat sich die Vertretung der Nation zusammengefunden, wie eine Schar Getreuer sich zusammenschließt, wenn das Vaterland in höchster Gefahr ist.

Alle sind erschienen bis auf die Elsaß-Lothringer, denen man das Recht, hier vertreten zu sein, jetzt schon ebenso genommen hat, wie ihnen das Recht genommen werden soll, in freier Abstimmung ihr Selbstbestimmungsrecht auszuüben, und wenn ich in Ihren Reihen Kopf an Kopf die Vertreter aller deutschen Stämme und Länder sehe, die Erwählten vom Rheinland, vom Saargebiet, von Ost- und Westpreußen, Posen, Schlesien, von Danzig und von Memel, neben den Abgeordneten der unbedrohten Orte die Männer aus den bedrohten Ländern und Provinzen, die – wenn der Wille unserer Gegner durchgesetzt wird – zum letztenmal als Deutsche unter den Deutschen tagen sollen, dann weiß ich mich von Herzen einig mit Ihnen in der Schwere und Weihe dieser Stunde, über der nur ein Gebot stehen darf: Wir gehören zusammen, wir müssen beieinander bleiben, wir sind ein Fleisch und ein Blut, und wer uns zu trennen versucht, der schneidet mit mörderischem Messer in den lebendigen Leib des deutschen Volkes!

Unser Volk am Leben zu erhalten: das und nichts anderes ist unsere Pflicht. Wir jagen keinen nationalen Traumbildern nach, keine Prestigefragen und kein Machthunger haben Anteil an unseren Beratungen. Das Leben, das nackte arme Leben müssen wir für Land und Volk retten.

Heute, wo jeder die erdrosselnde Hand an der Gurgel fühlt, lassen Sie mich ganz ohne taktisches Erwägen reden: was unseren Beratungen zugrunde liegt, ist dies dicke Buch, in dem hundert Absätze beginnen: Deutschland verzichtet, verzichtet, verzichtet! Dieser schauerliche und mörderische Hexenhammer, mit dem einem großen Volke das Bekenntnis der eigenen Unwürdigkeit, die Zustimmung zur erbarmungslosen Zerstückelung abgepreßt werden soll, dies Buch darf nicht zum Gesetzbuch der Zukunft werden.

Seit ich die Forderungen in ihrer Gesamtheit kenne, käme es mir wie Lästerung vor, das Wilsonprogramm, diese Grundlagen des ersten Waffenstillstandsvertrages, mit ihnen auch nur vergleichen zu wollen! Aber eine Bemerkung kann ich nicht unterdrücken: die Welt ist wieder einmal um eine Illusion ärmer geworden. Die Völker haben in dieser an Idealen armen Zeit wieder einmal den Glauben verloren. Welcher Name ist auf Tausenden von blutigen Schlachtfeldern, in Tausenden von Schützengräben, in verwaisten Familien, bei Verzweifelten und Verlassenen während der blutigen Jahre andächtiger und gläubiger genannt worden als der Name Wilson? Heute erbleicht das Bild des Friedensbringers – wie die Welt ihn sah und hoffte – hinter der finsteren Gestalt der Kerkermeister, an deren einen, an Clemenceau, dieser Tage ein Franzose schrieb: Die wilde Bestie ist bei Wasser und Brot in den Käfig gesteckt und geprügelt worden, man hat ihr aber noch die Zähne gelassen und kaum die Krallen beschnitten. Meine Damen und Herren! Überall in Berlin hängt das Plakat, das für unsere Brüder in der Gefangenschaft werktätige Hilfe wachrufen will. Traurige, hoffnungslose Gesichter hinter Gefängnisgittern! Das ist das richtige Titelbild für diesen sogenannten Friedensvertrag! Das ist das getreue Abbild von der Zukunft Deutschlands! Sechzig Millionen hinter Stacheldraht und Kerkergittern! Sechzig Millionen bei der Zwangsarbeit, denen die Feinde das eigene Land zum Gefangenenlager machen! Ich kann Ihnen aus dem unglaublich feinen Gitterwerk, mit dem uns Luft und Licht, mit dem uns jeder Ausblick auf Erlösung verhängt und versagt werden soll, ich kann Ihnen aus diesem Gitterwerk nicht jedes Stäbchen vorführen. Bei genauerem Zusehen entdeckt man immer wieder eine Schlinge, in der sich die Hand verfängt, die sich in die Freiheit hinausstrecken will. Sie haben nichts vergessen, aber alles zugelernt, was Vernichtung und Zerstörung heißt.

Lassen Sie mich außerhalb unserer Grenzen beginnen: Deutschland wird, wenn die Bedingungen angenommen würden, nichts mehr sein eigen nennen, was außerhalb dieser seiner Grenzen liegt. Die Kolonien verschwinden, alle Rechte aus staatlichen oder privaten Verträgen, alle Konzessionen und Kapitulationen, alle Abkommen über Konsulargerichtsbarkeit oder ähnliches, alles verschwindet! Deutschland hat im Ausland aufgehört zu existieren! Das genügt noch nicht: Deutschland hat Kabel – sie werden ihm genommen, Deutschland hat Funkstationen – drei Monate nach Inkrafttreten des Friedensvertrages dürfen diese Stationen nur noch Handelstelegramme versenden und nur unter Kontrolle der Verbündeten! Also Herauswurf aus der Außenwelt und Abschneiden von der Außenwelt, denn was für Geschäfte zu machen sind unter Kontrolle der Konkurrenten und des Vertragsgegners, das braucht nicht ausgemalt zu werden. Aber noch lange nicht genug: es könnte doch noch eine deutsche Beziehung zum Ausland bestehen. Also bestimmt der Paragraph 4: »Verträge mit den Feinden gelten als nichtig..., ausgenommen solche Verträge, deren Ausführung eine Regierung der verbündeten oder assoziierten Mächte zugunsten eines ihrer Staatsangehörigen binnen sechs Monaten verlangt.« Wie sagt Wilson so treffend? »Der erste Grundsatz des Friedens selbst ist Gleichheit und gleiche Teilnahme an gemeinsamen Vorteilen.« Ein Grundsatz, den der Verband bis ins kleinste verwirklicht sehen will, denn den Schlußpunkt unter die ihm genehme Art, Deutschland aus der Welt wegzurasieren, setzt er durch die Bestimmung: »Alle Maßnahmen Deutschlands in bezug auf die Liquidation feindlichen Eigentums sind sofort einzustellen oder wieder gutzumachen.« Hingegen behalten sich die verbündeten und assoziierten Regierungen das Recht vor, alle Eigentumsrechte und Interessen deutscher Staatsangehöriger in ihrem Gebiete zurückzubehalten und zu liquidieren. Das ist das Kerkerbild nach der einen Seite. Dem Auslande zu ohne Schiffe – denn unsere Handelsflotte geht in die Hände des Verbandes über –, ohne Kabel, ohne Kolonien, ohne Auslandsniederlassungen, ohne Rechtsschutz, ja selbst ohne das Recht, mitzuwirken bei der Festsetzung der Preise für die von uns als Tribut zu liefernden Waren, für Kali, pharmazeutische Artikel usw.

Ich frage Sie: wer kann als ehrlicher Mann – ich will gar nicht sagen als Deutscher – nur als ehrlicher, vertragstreuer Mann solche Bedingungen eingehen? Welche Hand müßte nicht verdorren, die sich und uns in solche Fesseln legt? Und dabei sollen wir die Hände regen, sollen arbeiten, die Sklavenschichten für das internationale Kapital schieben, Frondienste für die ganze Welt leisten! Den Handel im Auslande, die einstige Quelle unseres Wohlstandes, zerschlägt man und macht man uns unmöglich.

Und im Inland? Die lothringischen Erze, die oberschlesische Kohle, das elsäßische Kali, die Saargruben, die billigen Nahrungsmittel Posens und Westpreußens, alles soll außerhalb unserer Grenzen liegen, aus denen wir keinen höheren Zollschutz ziehen dürfen, als er am 1. August 1914 bestand, wohl aber unsere Gegner nach Belieben und ganz zu unserer Erdrosselung. Im Innern müssen alle deutschen Einkünfte in erster Reihe den Zahlungen für die Verzollung zur Verfügung stehen. Nichts für unser Volk, nichts für die Kriegsbeschädigten und Kriegswirtschaft, alles ein Frondienst, für dessen Produkte die Preise vom Abnehmer festgesetzt werden, wie, das hat Frankreich Ihnen gezeigt, das uns die im Saarbecken geförderte Kohle mit 40 Mark pro Tonne bezahlte und sie im eigenen Land und nach der Schweiz für 100 Franken verkauft hat. Ich will Ihnen nicht alle die großen und kleinen Schlingen nachweisen, in deren Gesamtheit sich ein großes Volk zu Tode verstricken soll, getreu dem Worte des Feindes: »Wenn Deutschland in den nächsten 50 Jahren wieder Handel zu treiben beginnt, ist dieser Krieg umsonst geführt worden.« Was soll ein Volk machen, dem das Gebot auferlegt wird: »Sein Land ist für alle Verluste, alle Schäden, die die alliierten und assoziierten Regierungen und ihre Nationen infolge des Krieges erlitten haben, verantwortlich.« Was soll ein Volk machen, das bei Festsetzung seiner Verpflichtungen nicht mitreden darf, sondern dem man »billig Gelegenheit gibt, sich zu äußern, ohne daß es an den Entscheidungen beteiligt würde«, auf dessen eigene Bedürfnisse kein Mensch Rücksicht nimmt und dessen Ansprüche man mit einer Handbewegung wegstreicht und das man verpflichtet, keiner der alliierten und assoziierten Regierungen direkt und indirekt irgendwelche Geldforderungen für irgendwelches Ereignis, das vor Inkrafttreten des Vertrages fällt, vorzulegen.

Und weil vielleicht all dieses Maß von Fesselung und Demütigung und von Ausraubung noch nicht ausreicht, um jede günstige Vernichtungsmöglichkeit in Zukunft auszunützen, schließlich uns endlich den Fuß in den Nacken zu setzen und den Daumen aufs Auge zu drücken, offen die erbärmliche Versklavung für Kinder und Kindeskinder: »Deutschland verpflichtet sich, alle Akte der Gesetzgebung, alle Bestimmungen und Verordnungen einzuführen, in Kraft zu setzen und zu veröffentlichen, die nötig sein könnten, um die vollständige Ausführung der oben erwähnten Festsetzungen zuzusagen.« Genug! Übergenug!

Das, meine Damen und Herren, sind einige Beispiele der Vertragsbestimmungen, bei deren Festsetzung Herr Clemenceau gestern unserer Delegation sagte, daß der Verband sich ständig von den Grundsätzen habe leiten lassen, nach denen der Waffenstillstand und die Friedensverhandlungen vorgeschlagen worden sind.

Meine Damen und Herren! Wir haben Gegenvorschläge gemacht. Wir werden noch weitere machen. Meine Damen und Herren! Wir sehen mit Ihrem Einverständnis unsere heilige Aufgabe darin, zu Verhandlungen zu kommen.

Dieser Vertrag ist nach Auffassung der Reichsregierung unannehmbar. Der Vertrag ist so unannehmbar, daß ich heute noch nicht zu glauben vermag, die Erde könne solch ein Buch ertragen, ohne daß aus Millionen und aber Millionen Kehlen aus allen Ländern ohne Unterschied der Partei der Ruf erschallt: »Weg mit diesem Mordplan!«

Da und dort meldet sich schon die Einsicht um die gemeinsamen Menschheitsverpflichtungen. In den neutralen Ländern und Italien und England, vor allem auch – und das ist uns ein Trost in dieser letzten furchtbar auflodernden chauvinistischen Gewaltpolitik – vor allem auch im sozialistischen Frankreich werden die Stimmen laut, an denen der Historiker einst den Stand der Menschlichkeit nach vierjährigem Morden messen wird. Ich danke allen, aus denen ein empörtes Herz spricht. Ich danke vor allem und erwidere in unwandelbarer Anhänglichkeit das Gelöbnis der Treue, das gerade jetzt aus Wien zu uns herüberschallt. Brüder in Österreich, die auch in der dunkelsten Stunde den Weg zum Gesamtvolk nicht vergessen: wir grüßen euch, wir danken euch, und wir halten zu euch! – Ich rechne nicht mit den anderen, denen der Käfig noch nicht dicht genug geflochten, noch nicht eng, noch nicht martervoll genug ist, der Käfig, in den das »deutsche Tier« gesperrt werden soll. Wir kennen unseren Weg. Über diese Bedingungen darf er nicht führen. Es hieße nicht an Deutschlands Zukunft zweifeln, sondern diese Zukunft opfern, wenn wir anders denken und fühlen wollten.

Stehen Sie uns bei, denn die Annahme lasse niemand in der Welt darüber im Zweifel, daß Sie eins mit uns sind, das ganze Volk ein Wächter vor der Zukunft unserer Kinder und Kindeskinder. Ein einiges Volk erträgt viel, ganz besonders, wenn es, wie wir heute, nicht für uns selbst, sondern für die Gesellschaft der Nationen dagegen protestiert, daß Haß nicht verjährt, daß Fluch für immer verankert werde! Von den Mitgliedern der deutschen Nationalversammlung gilt heute das Wort: »Der Menschheit Würde ist in eure Hand gegeben! Bewahret sie!«

Wird dieser Vertrag wirklich unterschrieben, so ist es nicht Deutschlands Leiche allein, die auf dem Schlachtfelde von Versailles liegen bleibt, dabei werden als ebenso edle Leichen liegen das Selbstbestimmungsrecht der Völker, die Unabhängigkeit freier Nationen, der Glaube an all die schönen Ideale, unter deren Banner der Verband zu fechten vorgab, und vor allem der Glaube an die Vertragstreue! Eine Verwilderung der sittlichen und moralischen Begriffe ohnegleichen, das wäre die Folge eines solchen Vertrages von Versailles, das Signal für den Anbruch einer Zeit, in der wieder – wie vier Jahre lang, nur heimtückischer, grausamer, feiger – die Nation das mörderische Opfer der Nationen, der Mensch des Menschen Wolf wäre.

Wir wissen es und wollen es ehrlich sagen, daß dieser kommende Friede für uns eine Marter sein wird. Wir weichen nicht um Fadenbreite von dem zurück, was unsere Pflicht ist, was wir zugesagt haben, was wir ertragen müssen. Aber nur ein Vertrag, der gehalten werden kann, der uns am Leben hält, der uns das Leben als einziges Kapital zur Arbeit und Wiedergutmachung läßt, nur ein solcher Vertrag kann Deutschland wieder aufbauen. Nicht der Krieg, sondern der verhaßte kasteiende Arbeitsfriede wird das Stahlbad für unser aufs tiefste geschwächtes Volk sein! Der Arbeitsfriede ist unser Ziel und unsere Hoffnung! Durch ihn können wir den berechtigten Forderungen unserer Gegner gerecht werden, durch ihn allein aber auch können wir unser Volk wieder zur völligen Gesundung führen.

Wir müssen von unseren Niederlagen und Krankheiten gesunden, ebenso wie unsere Gegner von den Krankheiten des Sieges. Heute sieht es fast so aus, als sei das blutige Schlachtfeld von der Nordsee bis zur schweizerischen Grenze noch einmal in Versailles lebendig geworden. Wir kämpfen nicht mehr, wir wollen den Frieden! Wir wenden uns schaudernd von jenem Mord: wir wissen, wehe denen, die den Krieg heraufbeschworen haben! Aber dreimal wehe denen, welche heute den wahrhaftigen Frieden verzögern um nur einen Tag!

54. Alfred Kerr: Bertolt Brechts ›Dreigroschenoper‹ (1928)

I

Nach dem Englischen des John Gay...Eingelegte Balladen von François Villon und Rudyard Kipling...Übersetzung: Elisabeth Hauptmann...Bearbeitung: Brecht...Musik: Kurt Weill...Regie: Erich Engel...Bühnenbild: Caspar Neher... Das wär' aber auch alles.

II

Kaum heimgekehrt, bewundert man als Provinzler das Theater von Berlin; mit Recht.

Wie das klappt. Wie Erich Engel, Einrichter des Abends, das

etwas lange Stück (bis halber zwölf) zu kirren weiß. Wie, fast andauernd, Unterhaltendes vorfällt. (Er trieb schon mit Grabbe seinen Spaß.)

III

Nun, Brecht hat eine Moriballade, vom tiefgesunkenen (aber netten) Verbrecher mit mehreren Bräuten, reizvoll durch Gesänge belebt. Sein glücklicheres Element.

Weill hat es lieblich vertont, ja, sehr fein in der Grobheit, mit Jazz und Kitsch und Orgelharmonium und Leierkasten. (War ein Musikkritiker, zufällig mein Freund, im Parkett? ich verstumme dann; armer Laie.)

Sicherlich schien der Beaumarchais-Spruch »Ce qui est trop bête pour être dit, on le chante« (was als gesprochenes Wort nicht hinreichend gut ist, das kann man immer noch singen) hier nicht begründet.

IV

Brecht, mit jener Moriballade, die jemand 1728 schrieb, fährt in seinen modernen Bestrebungen (so im ›Baal‹, gleichfalls einer Moriballade der älteren Zeit) fort auf der Gegenwartslinie. Brecht hat schon Marlowe, der vor Mister Shakespeare starb, für die neue Gegenwart bereitgestellt; hernach ein älteres Lieblingswerk, die ›Kameliendame‹, betreut; und jetzt ein Erfolgsstück von 1728. Wenn er nicht dynamisch ist, müßt' ich irren.

V

In diesem Gegenwartsdrama kommen aber seine lyrisch-gesanglichen Eignungen mit Vorteil hinzu. Von den zwei Linien (erstens Büchner-Linie, zweitens Tauchnitz-Linie, Rimbaud fortgelassen) schafft es neuerdings bei ihm der Angelsachs. Und man hat, ohne viel zu rechten, einen prachtvollen Abend.

VI

Wer war dieser moderne Vorkämpfer (1728) John Bertolt Gay? – Wenn frisch erworbene Kenntnis nach der Heimkehr nicht Lapsusse zuläßt, sei folgendes mit blasierter Bildung hingestreut.

VII

Gay wurde bekanntlich in Devonshire 1685 früh verwaist nach seiner Geburt. Er schrieb unter anderem. Und noch Fabeln. Diese, wie man weiß, erschienen sogar 1727 und 1738. Kurz bevor ihn bekanntlich die Herzogin von Queensberry herbergte. Dann starb er ja mit siebenundvierzig Jahren.

VIII

Sein Freund aber war... Jonathan Swift. (Das hat man schon vorher gewußt.) Jetzt kommt eine Vermutung.

Swift, mit zwei Frauen, Vanessa und Stella... Der wirkliche Schluß bei Gay soll der gewesen sein: daß dem netten Verbrecher, weil ein ganzes Heer von Gattinnen anrückt, der Galgen süß dünkt.

Sollte verborgener Einfluß des bigamigen Swift hier...?

IX

Swift hat ihn politisch beeinflußt. Die Oper für Bettler war, wenn ich seit kurzem recht unterrichtet bin, voll von politischer Anspielung.

Hat nicht Brecht ihr diesen Zahn ausgebrochen? Hat er nicht Seitenhieben auf die brennendste Gegenwart entsagt? Hat er nicht bloß ein bißchen Allgemeinheit vag-ethischen Inhalts getätigt?... Ich glaube fast.

X

Statt dessen ändert er den Schluß mit den vielen Gattinnen – so:

Er gibt ihm, dem netten Verbrecher, nur zwei... und eine Begnadigung durch den König. In hübscher, parodistischer Form.

Wenn der Kölner Männergesangverein, beim Wettstreit, von Gastsängern vierstimmig gegrüßt wird (Mel.: »Wer hat dich, du schöner Wald«) mit dem Chor »Kölner Mä... Kölner Mä...«, am Schluß: »Kölner Männergesangverein«: so singt man hier: »Ein reitender Bote... Bote-Bote-Bote«. In dieser Art. Es ist aber sehr hübsch. (Weill auf mir, du dunkles Auge – sagt Lenau.) Brecht weist somit in die Zukunft. Wollen Sie jetzt, so

haben wir ein neues Drama. Oder einen angenehmen Zwischen-
fall, nach Marlowe, nach Dumas Fieß.

XI

Das Tempo der Gegenw... des Singspiels. Oder man müßte
wieder irren. Der älteren Diebsstücke mit Gesangseinlagen.
Der kesse Räuber. Verschärft vom Abenteuerbuch.

Fast Revue mit archaisierendem Englisch. Sehr unterhaltend.
Nicht ganz so gegenwartsvoll wie »Es liegt in der Luft« von
Mischa Spoliansky.

XII

Das Drama der Zeit kommt noch. Vorläufig... : eine Darstellung, daß der Provinzler sich alle zehn Finger ableckt.

Berlin ist wirklich bühnenstark. Hier lagert Kunst in Kleinig-
keiten. Zusammengehalten sind sie; gestuft; ausgespart. Wenn
auch bis halb zwölf. In der Mitte steht...

Ein jüngerer Mann mit fast weiblich bezauberndem Grund-
zug: Harald Paulsen; doch singend zugleich mit herrlicher
Mannskraft. Hierüber hinaus mit einem Echtheitsgefühl, welches die Operette hoch überschreitet. Ich glaube: hier ist ein
Besitz.

XIII

Gleichfalls in der Mitte rührt sich ein Schauspieler aus Dresden.
Ponto. Haupt einer Bettlergilde. Diese Kraft hat in Berlin zu
bleiben. Ein Zuwachs. Wie er kaltschnäuzig spricht. Ganz aus-
gekocht. Einer, dem man nichts vormachen kann. Manchmal
mit röchelnden Äuglein. Voll der letzten Sicherheit...

(Ein Zuwachs.)

XIV

Sonst (neben Mutter Valetti, auf die ein Verlaß ist) zwischen-
durch die Vortragerin Kate Kühl. Eine von den Bräuten. Sie
singt nicht ins Blaue; sondern gestrafft, gerafft. Wieder ein
Besitz... Kaum bloß für Provinzler.

Die Schauspieler Gerron, Manfred Fürst, einige Herren als
Galgenvögel (namens Bunzel, Hannemann, Maschmeyer,
Venohr).

Dann steht auf dem Zettel: »Huren«. Vier Künstlerinnen wirken hier mit – und eine davon scheint aus München zu kommen. Die war sehr, aber sehr gut. Im Stimmklang erinnert sie an Carola Neher. Ja, die war im Artikulieren besonders gut. Mit ehernem Griffel hier verzeichnet.

XV

Und alles zusammen, Brecht, Jazz, Volkstexte von Weill durchtrieben gesetzt, Inhalte von 1728, Kleidung von vielleicht 1880 – das alles ist kein verschollenes Chinesentum. Sondern heutige Mandschurei.

Die Kulissenschiebung (Caspar Neher) vollzog sich senkrecht. Vorwärts im Weltengang. Kopf hoch!

55. Paul Levi: Aus der Verteidigungsrede für Josef Bornstein im Jorns-Prozeß (1929)

Meine Herren!
Ich beantrage die Freisprechung des Angeklagten, und ich möchte, ehe ich zum eigentlichen Kern des Problems komme, einige Worte vorausschicken. Der Artikel, der unter Anklage gestellt ist, ›Kollege Jorns‹, enthält in einem Wort eine Beleidigung; es ist die Behauptung, die, wenn sie nicht erweislich wahr ist, geeignet ist, den Reichsanwalt Jorns in seiner Ehre herabzuwürdigen: er habe die Mörder von Karl Liebknecht und Rosa Luxemburg laufenlassen. Das ist der Kern aller Dinge. Aus allen einzelnen Behauptungen, die aufgestellt sind, ganz gleichgültig, ob der Angeklagte [Bornstein] im einzelnen – was ich Ihrer Prüfung überlasse – sie sich zu eigen gemacht oder ob er sie sich nicht zu eigen gemacht und nur zitiert hat, aus allen diesen Einzeldingen wird dem Nebenkläger Jorns nur der eine Vorwurf gemacht: er hat die Mörder von Liebknecht und Luxemburg laufenlassen!

Ich sage das aus folgendem Grunde, meine Herren: wenn diese Behauptung im Kern erwiesen ist, wie ich glaube, daß sie es ist, dann wird die Prüfung der einzelnen Argumente bis ins Detail hinein überflüssig. Ist diese Behauptung im Kern wahr, dann kommt es nicht darauf an, ob die erste oder letzte oder mittlere Behauptung, auf die der Schluß gestützt ist, wahr oder nicht wahr ist, sondern dann ist damit eben die Gesamtbehauptung erwiesen.

Es kommt ein zweites hinzu. Im Eingang dieses Artikels ist gesagt: »... Uns Kollegen, die die juristischen Qualitäten des Mannes stets ungemein niedrig bewerteten...«, und am Schluß ist gleichfalls eine Stelle enthalten, die die juristische Qualifikation des Reichsanwalts Jorns in Zweifel zieht. Man hat versucht, daraus eine formale Beleidigung zu konstruieren. Ich glaube, aus den Ausführungen des Herrn Staatsanwalts entnehmen zu können, daß auch er diese Konstruktion nicht mehr mit allem Ernst aufrechterhalten will. Ich weiß sehr wohl: wenn einer vom andern sagt, er sei ein unfähiger Kerl; wenn ich von einem Richter sage: er hat nicht das Zeug dazu, in seinem Amt zu sitzen, so ist das eine formale Beleidigung. Wenn aber diese Behauptung aufgestellt wird, eng verknüpft mit einer ganzen Reihe von konkreten Behauptungen, wenn gesagt wird: das und das und das hat er getan gegen seine Pflicht, und wenn in Verbindung mit diesen tatsächlichen Behauptungen der Schluß gezogen wird, er eignet sich nicht für sein Amt, dann gewinnt natürlich diese an und für sich formale Beleidigung in Gestalt eines Werturteils den Charakter der tatsächlichen Behauptung, d. h. den Charakter der Behauptung, bezüglich deren ein Wahrheitsbeweis möglich ist, den Charakter einer Behauptung, die nicht zur Verurteilung führen kann, wenn sie erwiesen ist.

Das ist der Kern der Dinge, und nun möchte ich einleitend noch zu einem zweiten übergehen. Es ist vom Nebenkläger und – wenn auch nicht mit so präzisen Worten – vom Staatsanwalt gesagt worden: dem Reichsanwalt Jorns wird vorgeworfen eine strafbare Handlung. Der § 346 des Strafgesetzbuchs bedroht einen »Beamten, der vermöge seines Amtes bei Ausübung der Strafgewalt oder bei Vollstreckung der Strafe mitzuwirken hat, mit Zuchthaus bis zu fünf Jahren, wenn er in der Absicht, jemand der gesetzlichen Strafe rechtswidrig zu entziehen, die Verfolgung einer strafbaren Handlung unterläßt oder eine Handlung begeht, die geeignet ist, eine Freisprechung oder eine dem Gesetz nicht entsprechende Bestrafung zu bewirken«. Subjektiv verlangt § 346 nicht nur einen Vorsatz, sondern eine bestimmte Absicht. Über diese bestimmte Absicht, meine Herren, ist in dem Artikel nichts gesagt. In dem Artikel sind aber Tatsachen behauptet, die die objektive Grundlage eines Strafverfahrens nach § 346 bilden können, vielleicht auch den Vorsatz beweisen. Und ich erkläre: nach dem Ausgang dieser vier- oder fünftägigen Verhandlung hätte ich einen Entschluß der Staatsanwaltschaft erwartet. Ich kann nicht unterlassen, meine Herren, auf eines hinzuweisen. Ich bin dem Herrn Staatsanwaltschaftsrat für die völlig leidenschafts- lose und ruhige Form der Verhandlung dankbar, und bei dem, was ich zu sagen habe, sage ich nichts gegen seine Person und nichts gegen seine Qualifikation; aber, meine Herren: die Dinge sind doch so: hier steht im Streit einer der höchsten Justizbeamten des Reiches [Jorns]! Ein Beamter, der nach seiner Stellung, nach seinem Ansehen, nach seiner Bedeutung für die Justiz weit über dem Herrn Staatsanwalt steht, der hier fungiert! Und, meine Herren, ich kann nicht unterdrücken, zu sagen – ich bin von dem ehrlichen Willen des Herrn Staatsan- walts, auch hier das Rechte zu finden, völlig überzeugt; – aber kann einer vorübergehen an der Tatsache, daß hier ein jüngerer Beamter ohne autoritative Stellung Kritik üben soll, Kritik üben soll bis zur Frage der Straffälligkeit an einem der höchsten Strafverfolgungsbeamten des Reiches? Ich glaube, meine Herren, hier klafft eine Lücke, ich glaube, in diesem schweren Falle hätte es der Vertretung der Anklage bedurft, – nicht durch einen Herrn, der besser qualifiziert ist, – aber durch einen Herrn, der auch hinter sich hat die volle, schwere Autori- tät seines Amts. Das fehlt. Und nur so, meine Herren, kann ich mir erklären, daß nach den Ausführungen des Herrn Staats- anwalts eigentlich der Schluß fehlte, der nach diesen Ausfüh- rungen erwartet werden mußte, der Antrag auf Freisprechung. Und auch nur so kann ich mir erklären, daß die Entscheidung nicht gefallen ist, die fallen müßte und fallen muß in den allernächsten Tagen. Denn, meine Herren, ich habe nicht ohne Grund gebeten, den Termin für diese Hauptverhandlung nicht zu verschieben; ich habe dies getan, weil die zehnjährige Ver- jährungsfrist für die Taten des Nebenklägers im Monat Mai abläuft und weil ich erwarte, daß auf Grund dieses Materials, das die Hauptverhandlung erbracht hat, die Staatsanwaltschaft alles tut, um auch nach der strafrechtlichen Seite den Fall Jorns durchzuprüfen bis aufs letzte, ehe die zehnjährige Verjährungs- frist verstreicht.

56. Aufruf der SPD zur Reichstagswahl 1930

Wähler und Wählerinnen in der Deutschen Republik!
Der Bürgerblock hat seine Diktatur aufgerichtet!
Das Kabinett Brüning regiert mit dem Artikel 48!
Zwischen Bürgerblock und Sozialdemokratie, Arbeit und Kapital, Demokratie und Diktatur fällt am 14. September die Entscheidung!
Es ist nicht wahr, daß der Reichstag versagt hat. Die Regierung Brüning hat versagt. Ihr einziges Bestreben war darauf gerichtet, die Sozialdemokratie, die politische Vertretung der Arbeiterklasse, auszuschalten und mit den Großindustriellen und den Großgrundbesitzern zu regieren. Daran ist sie gescheitert!
Millionen Menschen sind arbeitslos, andere Millionen in ihrer Existenz bedroht. Die Wirtschaftskrise, in die fast alle Länder der Welt hineingerissen sind, fordert immer neue Opfer. Diese Krise ist das Ergebnis der kapitalistischen Anarchie, nicht des Young-Planes. Sie trifft die Länder der Sieger wie der Besiegten.
Schwere Lasten für alle Volksschichten sind zur Linderung der Not, zur Überwindung der Wirtschaftskrise und zur Gesundung der Reichsfinanzen erforderlich. Die Regierung Brüning wollte die Reichen und Leistungsfähigen verschonen und die Lasten den Armen und Schwachen auferlegen. Sie wollte die Bezüge der Arbeitslosen, der Kranken, der ehemaligen Kriegsteilnehmer, der Invaliden und Wöchnerinnen verkürzen und neben anderen ungerechten Lasten eine Kopfsteuer verhängen, die allen Grundsätzen steuerlicher Gerechtigkeit widerspricht und bisher nur Kolonialvölkern aufgezwungen wurde.
Die Sozialdemokratie weiß, daß ohne Opfer der Allgemeinheit den Millionen Arbeitsloser keine neue Arbeit verschafft, die Existenz der Arbeitenden nicht geschützt werden kann. Sie hielt es daher für ihre Pflicht, nach Heranziehung der Leistungsfähigsten auch die in ihrer Existenz gesicherten Volkskreise zu belasten.
Ihre Versuche einer gerechten Lösung sind gescheitert. Denn auch in diesem Reichstag standen nur 152 Sozialdemokraten 340 Abgeordneten anderer Parteien gegenüber, und die Regierung Brüning wollte gegen die Sozialdemokratie und mit der Rechten regieren, wie es der Reichspräsident befohlen hatte.

Unter dem Kabinett Hermann Müller ist es der Sozialdemokratie gelungen, gefährliche Anschläge der Reaktion zurückzuweisen und wertvolle Zugeständnisse für die Arbeiterklasse zu erzielen. Damals konnten die Verschlechterungen der Arbeitslosenversicherung abgewehrt, Löhne und Gehälter geschützt werden. Als Ende 1928 die rheinischen Großindustriellen eine Viertelmillion Arbeiter aussperrten, um die Löhne zu senken, wurden die Ausgesperrten aus Reichsmitteln unterstützt, und der Angriff wurde abgeschlagen.

Die Regierung Brüning dagegen hat im Mai 1930 durch den Schiedsspruch von Oeynhausen einer Lohnkürzung zugestimmt und damit das Signal zu einer allgemeinen Kürzung der Löhne und Gehälter gegeben, ohne das Versprechen der Preissenkung einlösen zu können, weil sie Kartelle und Trusts unbehelligt ließ. Es folgte die Verschlechterung der Arbeitslosenversicherung, der Krankenversicherung, die Verkürzung der Zuschläge für Invaliden und Wöchnerinnen, die unter der Regierung Müller erhöht worden waren.

Der Kampf der Sozialdemokratie gegen diese soziale Reaktion ist nicht nur ein Kampf um das Recht des Parlaments, sondern ein Kampf um das Recht des Volkes.

Dieses Recht des Volkes wollen auch die Nationalsozialisten, die erklärten Anhänger der Diktatur, vernichten. Sie wollen die brutale Gewalt mit Messer und Revolver zum staatlichen System erheben. Dabei leisten ihnen die Kommunisten durch ihre Kampfmethoden wie durch die Zersplitterung der Arbeiterschaft wertvolle Dienste.

Wähler und Wählerinnen, nicht die Diktatur soll regieren, sondern die Demokratie. Das Kapital will herrschen durch Diktatur. Demokratie aber ist Herrschaft des arbeitenden Volkes. Ohne Demokratie kein sozialer Fortschritt, keine Gesundung der Wirtschaft, keine Beseitigung von Not und Elend!

Wähler und Wählerinnen, setzt euch zur Wehr gegen den Bürgerblock und seine Helfer!

Gegen die Regierung Brüning, die mit dem Großkapital verbrüdert ist und die Rechte der Arbeiterklasse niederschlagen will!

Vorwärts zum Kampf für Demokratie und Sozialismus, für das arbeitende Volk, für die Sozialdemokratie!

Berlin, 19. Juli 1930.

Der Vorstand der Sozialdemokratischen Partei Deutschlands

57. Aufruf der Deutschen Zentrumspartei zur Reichstagswahl 1930

Wähler und Wählerinnen der Deutschen Zentrumspartei!
Der Kampf um das Zustandekommen einer verantwortungs-
bewußten und handlungsfähigen Mehrheit im Deutschen
Reichstag ist zu Ende.

In einer Zeit schwerer wirtschaftlicher Krise und gefahr-
drohender Unsicherheit hat der Reichstag versagt. Unfähig, aus
sich selbst heraus zu handeln, und außerstande, einer verantwortlich handelnden Regierung zu folgen, verfiel er der Auflösung. Seit den letzten Reichstagswahlen war es das heiße
Bemühen der Zentrumsfraktion des Reichstags, dem Verfall der
Reichsfinanzen zu steuern und die damit verbundene Gefahr für
die Behebung der Notlage weiter Volkskreise, die unter Wirt-
schaftsnot und Erwerbslosigkeit leiden, zu überwinden. Immer
wieder haben wir gemahnt, aufgerufen, Wege geebnet und
praktische Vorschläge unterbreitet, um den Reichsetat auszu-
gleichen und die Voraussetzungen zu schaffen für eine Gesundung von Wirtschaft, Staat und Volk.

Nicht aufschieben, sondern handeln, das war unsere Parole!
Was im Kabinett Müller nicht gelungen war, wurde von der
Regierung Brüning entschlossen und tatkräftig in Angriff genommen und vorangeführt. Eine Zeitlang schien es, als ob
rechts und links die Einsicht in die außerordentliche Schwierigkeit der Lage und der staatspolitische Wille zu positiver Arbeit
sich durchsetzen würden.

Die Hoffnungen haben sich nicht erfüllt. Die extremen Parteien rechts und links blieben verstockt. Weder die Deutsch-
nationalen in ihrer Gesamtheit noch die Sozialdemokraten vermochten die Enge der Parteiinteressen zu sprengen und Möglichkeiten zu einer parlamentarischen Mehrheitsbildung zu
eröffnen. Weder die Gruppe Hugenberg noch die Sozialdemokratie haben ernsthafte und brauchbare Vorschläge zur parlamentarischen Erledigung der Deckungsvorlagen unterbreitet.
Beide verbanden mit ihren Angeboten und Bedingungen Un-
mögliches. Sie wollten nicht Mithilfe, sondern Sturz der Reichsregierung, nicht Lösung, sondern Verwirrung. Sie wollten
Vertagung, Flucht vor Verantwortung. Sie haben mit den
extremen Parteien die Auflösung bewirkt und Neuwahlen notwendig gemacht. Die Zentrumsfraktion hat es an Geduld und
gutem Willen zur Verständigung nicht fehlen lassen. Die

Reichsregierung selber hat nichts unversucht gelassen, um eine parlamentarische Erledigung der notwendigen Gesetzesvorlagen möglich zu machen. Am Ende mußte sie sich für das entscheiden, was noch höher ist als parlamentarische Form.

Volkswohl steht über Parlamentsform! Die Verordnungen der Regierung sind Verordnungen der Notlage. Sie geben Land und Volk die notwendige Sicherung. Wir haben sie nicht leichten Herzens gutgeheißen. Das deutsche Volk wird diese Handlung verstehen. Das deutsche Volk in Stadt und Land wird die Parteien verstehen, die in notvoller Zeit ihre Pflicht getan und nicht vor bitterer Verantwortung zurückgewichen sind. Mit der Auflösung des alten Reichstags ist der Kampf um den neuen entbrannt.

Dieser neue Reichstag muß ein anderer sein. Ein Parlament, das selbst nicht den Mut hat, das Notwendige unverzüglich und herzhaft zu tun, ist ein nationales Unglück. Ein Parlament, das nach seinem eigenen Versagen der an seiner Stelle handelnden Regierung in den Arm fällt und ihren Notmaßnahmen den Boden entzieht, ist eine Unmöglichkeit. Ein solches Parlament darf nicht wiederkehren.

Wähler und Wählerinnen! Die kommenden Wochen werden über den neuen Reichstag entscheiden. Das deutsche Volk in all seinen Schichten wird den Beweis zu erbringen haben, ob es den Willen und die Kraft hat, eine Zusammensetzung des Reichstags zu erzwingen, die den Aufgaben der Zeit und den Vorbedingungen einer gesunden Volksentwicklung besser zu dienen vermag. Es gilt, den Kampf aufzunehmen gegen die Kräfte der Zersetzung und Zerstörung, gegen den Radikalismus rechts und links, gegen die falschen Schlagworte und verwirrenden Bewegungen.

Nicht um Parlamentsrecht, sondern um Parlamentspflicht, nicht um Volksrecht gegen Diktatur, sondern um Volkswohl gegen rücksichtslose Parteiherrschaft geht unser Kampf. Das deutsche Volk will Ruhe und Sicherheit, Ordnung und Aufbau, Tatkraft und Pflichterfüllung.

In diesem Zeichen steht unser Wahlkampf. Für Wahrheit, Recht und Freiheit!

Der Vorstand der Deutschen Zentrumspartei
Die Zentrumsfraktion des Reichstags

Arbeiter und Arbeiterinnen, Angestellte, Beamte und schaffende Bauern!
Der Reichstag ist von der Regierung der Hindenburg-Brüning aufgelöst worden. Die Regierung des Stahlhelms und des christlichen Zentrums, der Trustkapitäne und der Großagrarier hat ihn auseinandergejagt, um das Regime des Ausnahmeartikels 48 unbehindert von seinen Schwankungen durchzuführen. In den nächsten Tagen werden die »Notverordnungen«, die auf Grund des Artikels 48 die neuen frechen und ausbeuterischen Young-Steuern diktieren, in neuer Form gegen das werktätige Volk erlassen werden.

Die letzten Tage dieses Reichstages standen im Zeichen des faschistisch-diktatorischen Kurses der Regierung Brüning-Schiele-Dietrich-Wirth, die die Milliardenlasten des Young-Planes, die Lasten der Wirtschaftskrise mit größter Brutalität den notleidenden Massen in Stadt und Land aufbürden will. Die Anwendung des Artikels 48 erfolgte gegen den Willen der Mehrheit des Volkes, ja selbst gegen den reaktionären Reichstag. Im Auftrage des Stahlhelm-»Retters« Hindenburg, gestützt auf die Säbel der Reichswehrgenerale, auf die Karabiner der sozial-faschistischen Polizeipräsidenten, auf die braunen Mörderbanden des Faschismus und gleichzeitig gedeckt durch die knechtselige, verlogene Scheinopposition der Sozialdemokratie, ging die deutsche Bourgeoisie dazu über, ihre brutale Offensive gegen die Arbeiterlöhne, den Unterstützungsraub und den Diebstahl an den proletarischen Kranken durch einen neuen schändlichen Steuerraub auf Grund des Artikels 48 zu ergänzen.

Arbeiter, Werktätige! Euch soll die Negersteuer treffen, eine neue Belastung, die jeden Deutschen ohne Unterschied seines Einkommens – mag er Arbeiter sein oder Millionär – mit 6 Mark pro Kopf belastet, ja sogar auch die Erwerbslosen mit 3 Mark! Euch treffen die Ledigensteuer und Schankverzehrsteuer! Euch, Beamte, wird das »Notopfer« bei Beibehaltung der hohen Ministergehälter und Riesenpensionen gestohlen. Indem man diese neuen Millionensummen aus den werktätigen Massen herauspressen will, raubt man den Erwerbslosen die Bettlerpfennige ihrer Unterstützung, baut man die kleinen Renten der Kriegsopfer und Sozialrentner ab, plündert die Kranken durch unmenschliche Verschlechterungen der Krankenversicherung aus und ruiniert man durch die Steuerlasten die verarmten Mittelständler.

Diese neue Massenbelastung wird diktatorisch mit Hilfe des Artikels 48 verordnet. Der Reichstag hat zu parieren oder zu verschwinden. Die Regierung der Bourgeoisie zerschlägt selbst die »demokratische« Fassade, bricht selbst ihre eigene Verfassung, streift selbst das Kleid der »Gesetzlichkeit« ab. Die Errichtung der Herrschaft des Artikels 48, die Auflösung des Reichstages sind entscheidende Schritte auf dem Wege zur faschistischen Diktatur des Finanzkapitals in Deutschland. Sie gehen aus von einer Regierung, die in den werktätigen Massen verhaßt ist und keinen Funken Vertrauen bei ihnen besitzt. Sie werden durchgeführt von einer Regierung, die der schwersten Wirtschaftskrise, die Deutschland und die gesamte kapitalistische Welt erschüttert, unfähig, bankrott gegenübersteht. Weit über drei Millionen Erwerbslose, weit über zwei Millionen Kurzarbeiter, Hunderttausende vom Ruin bedrohter Kleinbauern und Kleingewerbetreibender, immer neue, unlösbare Finanzkrisen im Reich, in den Ländern und Gemeinden – das sind die Tatsachen, die das kapitalistische Young-Deutschland der Katastrophe entgegentreiben.

Was ist der »Ausweg« der herrschenden Kapitalistenklasse aus diesen schwersten Krisenerschütterungen? Sie war nicht imstande, selbst mit diesem reaktionären, arbeiterfeindlichen Reichstag des Young-Kapitals diese Frage auf parlamentarischem Wege zu lösen.

Sie sieht die ständige Verschärfung der Wirtschaftskrise durch den Young-Plan, die Radikalisierung der Massen, den schärferen Aufmarsch der unversöhnlichen Klassenfronten in Deutschland – und will sich die Brücke zur faschistischen Diktatur mit Hilfe des Artikels 48, mit Hilfe eines faschisierten neuen Reichstages bauen.

Was will die Kapitalistenklasse, was wollen ihre Lakaien? Ihr erlebt es täglich selbst am eigenen Leibe: Lohn- und Gehaltsabbau, brutalste Steuerbelastung der Werktätigen zugunsten der wachsenden Riesenprofite der Großen. Dazu die politische Knechtung, Entrechtung und Unterdrückung der Werktätigen, um die kapitalistische Friedhofsruhe der Young-Ausbeutung zu »sichern«! Das ist die eine Seite des kapitalistischen »Auswegs«.

Der andere Teil ist der Versuch des deutschen Finanzkapitals, mit Hilfe des Artikels 48 und der weiteren Vorbereitung der offenen faschistischen Diktatur eine neue internationale Machtstellung des deutschen Imperialismus auf dem Weltmarkte und in der Weltpolitik zu errichten. Das bedeutet: wütendes Ringen mit den mächtigeren Konkurrenten, gesteigerte Kriegsgefahr auf Grund der Gegensätze zwischen den Imperialisten, die durch die Weltwirtschaftskrise sich stürmisch verschärfen – und es bedeutet vor allem gemeinsame Rüstung der deutschen Bourgeoisie mit ihren Young-Kumpanen, zum Raubkrieg gegen das Land der proletarischen Diktatur und des siegreichen Sozialismus, gegen die Sowjetunion! Hunger, Faschismus und Krieg –, das ist der kapitalistische »Ausweg« aus der Krise.

An der Spitze dieser volksfeindlichen Politik marschiert das christliche Zentrum, die Partei des Reichskanzlers Brüning und des Schwerindustriellen Klöckner, die sich in den letzten Monaten immer frecher als eine faschistische Partei des Trustkapitals enthüllt hat und die alle ihre klerikalen Machtmittel und die christlichen Gewerkschaften für ihre scharfmacherische Diktaturpolitik einsetzt. Mit ihr marschieren die »Demokraten«, die landbündlerischen Großagrarier und die schwerindustrielle Deutsche Volkspartei.

Arbeiter! Mittelständler! Gerade in den letzten Monaten zeigen sich die faschistischen Horden der Nazis als das schmutzigste Werkzeug des Finanzkapitals im Dienste dieser räuberischen Politik der Young-Sklaverei. Mit ihrer betrügerischen national- und sozialdemagogischen Propaganda versuchen die Hitler-Faschisten die ausgeplünderten radikalisierten Massen der Arbeiter und besonders des Mittelstandes und der werktätigen Bauern einzufangen. In Wirklichkeit aber beziehen die Führer dieser Hitler-Partei die Ministersessel der thüringischen Young-Regierung, bemühen sich um Ministersessel in Sachsen, wenden das youngkapitalistische Zuchthausgesetz des Herrn Severing gegen die Kommunistische Partei und gegen das Proletariat an. In Wirklichkeit war der Nazifaschist Frick der erste Minister, der Hilferdings Negersteuer durchführen ließ und die Sklavenpeitsche des Young-Plans gegen die Werktätigen Thüringens schwingt.

In Wirklichkeit sind es die Hitler und Goebbels, die für das System der Young-Ausbeutung, für die Ministersessel der faschistischen Diktatur des Finanzkapitals, für die hochbezahlten staatlichen Futterkrippen und für den Streikbruch gegen den revolutionären proletarischen Freiheitskampf ihr ganzes Handeln einstellen.

Aber nicht weniger verbrecherisch und schändlich ist die

Rolle der Sozialdemokratischen Partei und ihrer Gewerkschaftsführer innerhalb und außerhalb des vergangenen Young-Reichstages gewesen. Keine Wahlversprechungen, die sie nicht mit Füßen getreten haben! Kein Hungerprogramm der Bourgeoisie, das die Hermann Müller und Wissell nicht mit voller Kraft unterstützt hätten! Kein faschistischer Terrorakt, ob 33facher Maimord, RFB-Verbot, Republikschutzgesetz oder monatelanger Ausnahmezustand, den die hochbezahlten Herren Polizeisozialisten nicht willfährig für ihre kapitalistischen Auftraggeber durchgeführt hätten.

Der Wahlkampf beginnt, erinnert euch, ihr Arbeiter, Angestellte und Beamte, wie die Panzerkreuzer-SPD jede ihrer Wahlparolen verraten hat! Erinnert euch an die Zustimmung der SPD zum Lohnraub im heroischen Kampf der Mansfelder Arbeiter, an den offenen sozialfaschistischen Streikbruch gegen den Kampf der Nordwestarbeiter unter Führung der RGO und KPD. Gerade in den Tagen der Errichtung der Artikel-48-Diktatur hat die SPD, die das schmachvolle Verbot des Roten Frontkämpfer-Bundes auf Grund des Versailler Schandfriedens aufrechterhält, wieder ihr Lakaientum vor den faschistischen Befehlen demonstriert: ein Wisch des Feldmarschalls Hindenburg genügte – und die preußische sozialdemokratische Koalitionsregierung hob sofort das Scheinverbot des Stahlhelms in Rheinland-Westfalen auf.

Noch mehr: in dem Augenblick, da die Regierung Brüning-Hindenburg ihre räuberischen Anschläge auf das schaffende Volk mit dem Staatsstreich des Artikels 48 durchführte, enthielt sich die SPD im Reichstag beim entscheidenden Paragraphen 1 des Raubprogramms und beim kommunistischen Mißtrauensvotum der Stimme.

Bis zum letzten Augenblick der Reichstagsauflösung versicherten die SPD-Führer ihre Bereitschaft, gemeinsam mit dem faschistischen Zentrum und der Deutschen Volkspartei das Raubprogramm durchzuführen. Auf jeden Fußtritt antworteten die Breitscheid und Landsberg mit der Versicherung ihres diensteifrigen Lakaientums für die Kapitalistenklasse.

Sozialdemokratische Arbeiter! Christliche Arbeiter! Arbeiter in der NSDAP! Ihr alle leidet die schlimmste Not! Eure Familien, eure Kinder, ihr selbst werdet von der ausbeuterischen Diktatur des Artikels 48 getroffen! Ihr habt alle nur einen Feind: das räuberische Kapital und seine Knechte in den Regierungen, in den Polizeipräsidien, in den verräterischen Gewerkschaftsbüros. Das ist die kapitalistische Klassenfront, die Front der Young-Sklaverei!

Millionen Werktätiger in Deutschland sind immer ins grenzenlose Elend gedrückt worden und nahe an der Verzweiflung. Eure Lage ist aber nicht ausweglos! Ihr müßt, parteilose, sozialdemokratische und christliche Arbeiter, Schulter an Schulter, fest zusammenstehen! Getrennt seid ihr schwach; gemeinsam und geschlossen im Kampfe, unter der Führung der Kommunistischen Partei, seid ihr eine gewaltige Kraft.

Die Kommunistische Partei zeigt euch den Weg!

Sie zeigt euch in dieser geschichtlichen Situation, daß es nur einen Ausweg aus der Krise, aus dem Massenelend, aus der dauernden Millionenerwerbslosigkeit, aus den würgenden Fesseln des Young-Planes gibt: den Sturz des ganzen räuberischen Systems der kapitalistischen Ausbeutung, die Zertrümmerung der faschistischen Diktatur des Finanzkapitals durch den revolutionären Freiheitskampf der arbeitenden Massen in Stadt und Land, die Errichtung der Herrschaft der Arbeiter und Bauern in einem freien sozialistischen Deutschland!

Seht hin, ihr Werktätigen Deutschlands, in die Sowjetunion: Dort herrscht keine Industrie- und Agrarkrise des Kapitalismus. Dort ist nicht kapitalistischer Niedergang, sondern sozialistischer Aufstieg der Produktion. Dort ist steigender Reallohn der Arbeiter um 72 Prozent im Rahmen des Fünfjahrplanes, Siebenstundentag, Fünftagewoche, Beseitigung der Erwerbslosigkeit, ständige Verbesserung der Sozialpolitik, wachsender Wohlstand der werktätigen Bauern durch die Kollektivierung der Landwirtschaft und allgemeiner kultureller Aufschwung der werktätigen Bevölkerung.

Auch die Klassenfeinde des Proletariats wissen – und erhalten das täglich an den Erfolgen des Sozialismus in der Sowjetunion bestätigt, daß es nur einen – den revolutionären – Ausweg gibt, den die Kommunistische Partei auch den ausgebeuteten, geschundenen Massen in Deutschland mit dem Sturz des kapitalistischen Ausbeutersystems zeigt: Das Proletariat als siegreiche Klasse wird die Diktatur des Artikels 48, die kapitalistischen Ausbeuter, ihre faschistischen Arbeitermörder und die sozialfaschistischen Kapitalsknechte zum Teufel jagen. Sie wird Grund und Boden zum Staatseigentum erklären. Sie wird Fabriken, Bergwerke und Banken durch die proletarische Diktatur enteignen. Sie wird, nach dem Beispiel der Annullierung der Zarenschulden durch die siegreichen Bolschewiki, alle imperialistischen Raubdiktate und Tributverpflichtungen für null und nichtig erklären.

Nicht mehr die Reichswehr und der Polizeiknüppel der Ausbeuterklasse werden dann kommandieren, sondern die Rote Armee der befreiten Arbeiter und Bauern wird jeden Widerstand der Ausbeuter rücksichtslos brechen.

Die Kommunistische Partei Deutschlands ruft und rüstet zum Kampf für diesen proletarischen Ausweg! In allen Betrieben, auf allen Stempelstellen, in jedem Büro und jeder Amtsstube, auf jedem Gutshof, in jedem Bauernhof – heran an die Organisierung des Massenkampfes gegen die faschistische Hungerregierung Brüning-Hindenburg!

Beantwortet den neuen Steuerraub mit der Organisierung der Offensive der Arbeiter, Angestellten und Beamten für Lohn- und Gehaltserhöhung, für Siebenstundentag bei vollem Lohnausgleich!

Arbeiter! Angestellte! Bauern! Werktätiger Mittelstand! Schließt euer Kampfbündnis zum Massenwiderstand, zu Sabotage und Steuerstreik gegen den gesetz- und verfassungswidrigen Steuerraub durch den Artikel 48! Keine Kommune darf diesen verfassungswidrigen Steuerraub durchführen! Kein Unternehmer darf die Artikel-48-Steuer vom Lohn oder Gehalt abziehen! Wählt in allen Betrieben Kampfleitungen, organisiert mit der RGO die Arbeiterkämpfe gegen die mörderische kapitalistische Rationalisierung unter selbstgewählter Führung! Schafft das Bündnis der Betriebsarbeiter und -angestellten mit den Erwerbslosen! Bildet rote Betriebswehren gegen den Mordfaschismus! Rüstet zum revolutionären Massenaufmarsch am 1. August gegen die imperialistische Kriegsgefahr und gegen die faschistische Diktatur!

Der kommende Reichstagswahlkampf muß eine breite außerparlamentarische Massenaufrüttelung im Zeichen der proletarischen Einheitsfront, im Zeichen des antifaschistischen Massenkampfes sein:

Gegen die faschistische Artikel-48-Diktatur und die weiteren Pläne der Hindenburg-Brüning!

Gegen die Milliardengeschenke und -subventionen an die Trustkapitalisten!

Gegen die neuen verbrecherischen Young-Steuern, gegen das »Notopfer«, für die schärfste Besteuerung der Millionäre!

Gegen Lohn- und Gehaltsabbau, für Siebenstundentag und Lohnerhöhung!

Gegen den Unterstützungsraub, für ausreichende Erhöhung aller Unterstützungen! Für Arbeit und Brot den Erwerbslosen!

Gegen die vom Monopolkapitalismus betriebene Vernichtung des werktätigen Mittelstandes und der schaffenden Bauern durch Steuerraub, Miet- und Zollwucher!

Gegen den sozialfaschistischen und christlichen Streikbruch der Gewerkschaftsbürokratie!

Gegen den faschistischen Arbeitermord, für Aufhebung des RFB-Verbotes!

Gegen den räuberischen Young-Plan!

Gegen die antibolschewistische Kriegshetze, für die revolutionäre Verteidigung der Sowjetunion!

Für die proletarische Diktatur! Für ein sozialistisches Deutschland der befreiten Arbeiter im Bündnis mit den werktätigen Bauern!

Zentralkomitee der Kommunistischen Partei Deutschlands (Sektion der Kommunistischen Internationale)

59. Aus dem Aufruf der NSDAP zur Reichstagswahl 1930

Aufruf an das deutsche Volk:
Was haben die alten Parteien versprochen, was haben sie gehalten?

Nun ist das Ende gekommen!

Eine Periode größter politischer Versprechen und ebenso großer Hoffnungen endet im allgemeinen politischen, moralischen und wirtschaftlichen Bankrott.

Das souveräne Volk kann sich heute bei seinen politischen Führern bedanken. Denn diese sind für sein Los verantwortlich.

Am 14. September 1930 wird entweder das System der jahrzehntelangen Belügung unseres Volkes gerichtet und damit gestürzt, oder Deutschland geht den Weg ins Verderben bis zur letzten Konsequenz.

Das deutsche Volk hat zu wählen zwischen denen, die ihm seit Jahrzehnten den Himmel versprochen haben und das heutige Elend bescherten, und jenen, die Jahr für Jahr als ehrliche Warner aufgetreten sind und Punkt für Punkt von dem vorher prophezeiten, was nunmehr eingetroffen ist.

Eine einzige Frage steht am 14. September zur allgemeinen Prüfung und Beantwortung:

Haben die politischen Führer des deutschen Volkes mit ihren Versicherungen und Versprechungen recht behalten oder behielt die nationalsozialistische Bewegung recht?

Jeder lege sich diese Frage vor.

Jeder beantworte sie nach seinem besten Wissen und Gewissen.

Jeder ziehe daraus die einzig mögliche Konsequenz.

Zwei politische Richtungen kämpften jahrzehntelang miteinander um die Gunst der deutschen Nation: der bürgerliche Nationalismus und der internationale Marxismus. Beide versprachen jahrzehntelang dem deutschen Volke die Rettung aus den Nöten der Zeit, aus den Nöten der Wirtschaft, aus den Nöten des sozialen Elends, und erreichten nichts!

Alle Gründe, weshalb und warum die bürgerlichen Parteien die 60 Jahre lang verfochtenen Ziele nicht erreichten, vermögen nicht zu entschuldigen.

Feststeht die Tatsache, daß das Endergebnis des bürgerlichen Parteiregiments die Vernichtung der deutschen Nation ist.

Bürgertum und Marxismus gemeinsam.

Die international-marxistische Parteiwelt appellierte an das deutsche Volk und versprach ebenfalls dereinst bestimmte Grundgedanken zu verwirklichen. Allein seit diese Richtung in Deutschland den alten Staat zerbrochen hat und selbst regiert, nahm die Entwicklung in größter Schnelligkeit den gegenteiligen Weg des Proklamierten.

Wo ist die soziale Republik?

Wo ist der gebrochene Kapitalismus?

Wo ist der überwundene Militarismus?

Wo sind die Segnungen der Freiheit und der Gleichheit, der Brüderlichkeit, der Schönheit und der Würde und wie die Phrasen alle heißen, mit denen die Revolution einem braven Millionenvolk die Vernunft benebelt und die aufrechte Gesinnung stahl?

Während die Ideen des bürgerlichen Nationalismus und internationalen Marxismus unser Volk als politischen Faktor in zwei Hälften reißen, haben sich die geistigen Väter beider Lager in Wirklichkeit längst gefunden und geeint.

Das nationale Bürgertum ruft zum Kampf für sich als einzige Rettung der Nation auf, paktiert aber durch seine Repräsentanten in den parlamentarischen Körperschaften schamlos offen mit dem vorher in der Wahl bekämpften internationalen Marxismus!

Die marxistischen Parteien verfluchen die kapitalistische Wirtschaft, reden von der proletarischen Revolution, aber schließen tatsächlich an allen Orten den engsten Pakt mit den Kräften der internationalen Hochfinanz, des überstaatlichen Weltkapitals.

Internationales Börsenblatt und marxistische »Arbeiter«zeitung gehen Hand in Hand!

Es ist daher verständlich, daß große Teile des Volkes auf die Dauer die vollständige Unfruchtbarkeit ihres bisherigen politischen Kampfes erkennen. Millionen des bürgerlichen wie des proletarischen Lagers werden sich über die Unsinnigkeit ihres Hoffens klar, weil offensichtlich die Frucht ihres Ringens das Gegenteil von dem ist, was sie zu erkämpfen glaubten.

Eine Millionenarmee von Nichtwählern ist das äußerlich sichtbare Resultat dieser Erkenntnis.

Aber auch die Parteien selbst gelangten zu steigender Einsicht in die Nichtverwirklichung des einst Versprochenen.

Das Ergebnis ist der laufende Versuch, den Zusammenhang mit den geistig und moralisch abgewirtschafteten politischen Gebilden der Vergangenheit abzuleugnen.

. . .

Das Gericht vom 14. September.

Am 14. September soll das deutsche Volk abermals Gericht halten und Urteil sprechen. Die praktische Beantwortung der Fragen, die sich das Volk vorlegen müßte, führt durchlaufend nur zu einem Resultat:

Alles, was von den bisherigen politischen Parteien versprochen und zugesichert wurde, ist nicht eingetroffen.

Die Parteien der Handarbeiter versprachen die Besserung des Loses des deutschen Arbeitnehmers!

Sein Los hat sich verschlechtert!

Die Parteien der Industrie und Großwirtschaft versprachen die Rettung der deutschen Wirtschaft, der deutschen Industrie:

Deutsche Wirtschaft samt deutscher Industrie geht zugrunde!

Die Parteien unserer Bauern haben versprochen, die Landwirtschaft vor Ruin zu bewahren!

Wenn ihre Rettung nur noch zehn Jahre lang so wie bisher andauert, wird es keinen selbständigen deutschen Bauern mehr geben!

Die Parteien des Mittelstandes versicherten, den deutschen Mittelstand vor der Vernichtung zu retten:

Der deutsche Mittelstand aber geht in schnellstem Tempo seinem vollständigen Untergang entgegen!

Die Parteien der Aufwerter haben versichert, die Wiedergutmachung des Inflationsverbrechens durchführen zu wollen:

Die Parteien, sie leben, aber die Opfer der Inflation sterben langsam aus.

Die Parteien zur Rettung des Kleingewerbes schwören, dem kleinen Handwerker, dem Geschäfts- und Kaufmann zu helfen:

Allein unter ihrer Mithilfe schießen die Großwarenhäuser aus dem Boden und würgen Hunderttausende dieser selbständigen Existenzen ab!

Das Zentrum »kämpft« für die Religion:

Allein unter seinem Pakt mit dem Atheismus feiert die Verhöhnung des Christentums Orgien!

Die Bayerische Volkspartei »rettet« die bayerischen Hoheitsrechte:

Allein unter ihrer Regierungstätigkeit erst wird Bayern auf allen Gebieten zu einer Provinz degradiert!

Endlos könnte man die Aufzählung dieser Tatsachen, die nicht zu bestreiten sind, fortsetzen.

Wenn der alte Bibelspruch: »An den Früchten sollt ihr sie erkennen« noch Geltung hat, dann sind die politischen Parteien schon jetzt samt und sonders gerichtet.

. . .

Alles war eine »Illusion«, jawohl, nur eines ist heute keine Illusion mehr:

Die Illusionisten haben das deutsche Volk, das fleißigste, tüchtigste und mutigste Volk zum wirtschaftlichen, moralischen und politischen Bankrott gebracht!

Deutsches Volk, schlage am 14. September nun nicht nur die »Illusionisten«, sondern schlage die politischen, wirtschaftlichen und moralischen Bankrotteure!

Der 14. September hat erst dann einen Sinn, wenn an ihm die einzige Wiedergutmachung, zu der wir verpflichtet sind, ihren Anfang nimmt, die Wiedergutmachung unserer Ehre, unserer Freiheit, die Wiedergutmachung unserer inneren Schuld. Das Geheimnis dieser Aktion lautet: Schlagt die Verräter! Jagt die Bankrotteure zum Teufel!

Laßt Euch nicht wieder durch Namen blenden, seht ausschließlich ihre Taten!

Wer sind die Verbrecherparteien?

Seit elf Jahren lügen diese Parteien.

Der Marxismus log von den Vorzügen der billigen Verwaltung der Republik, vom Abbau der indirekten Steuern und der Überwindung des Kapitalismus, von der Ausschaltung des Militarismus, vom ewigen Frieden usw.

Volk, was ist gekommen?!

Die bürgerlichen nationalen Parteien logen von der Wiederaufrichtung eines mächtigen Reiches, Wiedereinsetzung der Monarchie, Beseitigung der Klassenspaltung, Stärkung der Wehrkraft, Herstellung der Grenzen von 1914, Wiedergewinnung der Kolonien usw.

Und, Volk, was ist gekommen?!

Die christlichen Parteien logen von der Überwindung des Antichrists, logen von der Rettung der Familie, logen von der sittlichen und moralischen Hebung des Volkes, von der Rettung der Gesellschaft, von der religiösen Verinnerlichung, von der Bekämpfung der Unmoralität, von der Reinigung des öffentlichen Lebens usw. usw.

Und, deutsches Volk, urteile wieder, was ist gekommen?!

Die Wirtschaftsparteien logen von der Rettung der Wirtschaft, logen von der Rettung der Landwirtschaft, von der Rettung des Mittelstandes, von der Rettung des Kleingewerbes, von der Rettung des Fremdenverkehrs, von der Rettung des Hausbesitzes, von der Rettung der Inflationsgeschädigten usw. usw.

Und nun urteile selbst, deutsches Volk, was ist gekommen?!

Die pazifistisch-demokratischen Parteien logen von der Welteinbürgerung Deutschlands, von der Gesinnungsänderung unserer Feinde, vom Nutzen des Völkerbundes, vom Weltgewissen, von der Kultursolidarität usw. usw.

Und wieder urteile, Volk, was ist gekommen?!

Eine grauenhafte Wirklichkeit!

Beruf um Beruf, Stand um Stand, alles geht zugrunde.

Heute stehen wir vor der Entlarvung des größten politischen Lügensystems aller Zeiten. Jahrzehntelang hat man mit diesen Lügen unser Volk verblendet, jahrzehntelang es dem Verderben entgegengeführt, und nun, da man mit großen Lügen sich nicht mehr zu helfen vermag, greift man als letztes Mittel zur persönlichen Verleumdung, zur kleinen Lüge im politischen Wahlkampf.

Deutsches Volk, blicke zurück auf die Vergangenheit und

Du kannst diesen Riesenschwindlern und Riesenlügnern auch für die Zukunft kein Wort mehr glauben!

Was immer sie heute zur Unterstützung ihrer alten Parteien vorzubringen versuchen, kann nichts anderes als Lüge sein.

Wenn sie aber früher zu lügen gezwungen waren, um das Volk zu erobern, dann sind sie heute gezwungen zu lügen, um sich zu verteidigen.

Die nationalsozialistische Bewegung als Erhebung des deutschen Volkes ist im Anmarsch!

In ihr steht nunmehr das deutsche Volk auf zur Vergeltung.

. . .

Was wir wollen.

Die nationalsozialistische Bewegung wird mit ihrem Siege den alten Klassen- und Kastengeist überwinden. Sie wird aus Standeswahn und Klassenirrsinn wieder ein Volk erstehen lassen.

Sie wird dieses Volk zu eiserner Geschlossenheit erziehen.

Sie wird die Demokratie überwinden und die Autorität der Persönlichkeit in ihre Rechte setzen.

Sie wird das verletzte Recht wieder dem deutschen Volke zurückgeben durch die brutale Verfechtung des Grundsatzes, daß man so lange kein Recht zum Hängen des Kleinen besitzt, solange die größten Verbrecher ungestraft und ungeschoren bleiben.

Die anderen Parteien mögen sich mit der Inflationsdieberei abgefunden haben, mögen den Revolutionsbetrug anerkennen: Der Nationalsozialismus wird die Diebe und Landesverräter zur Verantwortung ziehen. Der Nationalsozialismus kämpft für den deutschen Arbeiter, indem er ihn aus den Händen seiner Betrüger nimmt, die Schutztruppe des internationalen Bank- und Börsenkapitals aber vernichtet.

Die nationalsozialistische Bewegung wird bei ihrem Siege die deutsche Verwaltung säubern von den Parasiten, die, ohne Recht und ohne alle Kenntnisse, nur auf Grund ihres Parteibuchs die Nation belasten. Wer von neuen Steuern redet, soll erst die Verwaltung von den in zwölf Jahren hineingeströmten Revolutionsparasiten befreien. Man schützt den ehrlichen Beamten nur, indem man seiner Leistung und seiner redlichen Arbeit den Weg frei macht, den parlamentarischen Schieber aber aus der Beamtenbahn entfernt.

Die nationalsozialistische Bewegung wird bei ihrem Siege den Schutz des deutschen Menschen auch wirtschaftlich bis zum äußersten zu garantieren suchen. Solange Börse und Warenhäuser nicht genügend besteuert sind, ist jede weitere Steuererhöhung im kleinen ein Verbrechen.

Die nationalsozialistische Bewegung wird bei ihrem Siege den Bauer schützen durch rücksichtslose Erziehung unseres Volkes zur Verwendung unserer eigenen Produkte.

Auch unsere oberen Zehntausend werden lernen müssen, schwarzes Brot zu essen, andernfalls unser Roggen verkommt und Weizen eingeführt werden muß!

Wir werden die nationale Ehre und den nationalen Stolz dareinsetzen, alles Fremde, wenn irgend möglich, zu meiden und den Ergebnissen des eigenen Fleißes den Vorzug zu geben.

Wir werden dafür sorgen, daß an die Spitze aller Reformen die Reform unseres Wehrwillens gestellt wird und die Änderung unserer Außenpolitik.

Die nationalsozialistische Bewegung wird nach ihrem Siege nicht mehr die Politik des ewigen Buhlens um Frankreichs Gunst fortsetzen. Jede Hand, die sich uns in Europa aus gleicher Not und gleicher Gesinnung heraus bietet, wird einst von uns dankbar ergriffen werden.

Wir wollen dafür sorgen, daß die Bedeutung unseres Volkes in der Zukunft wieder seinem natürlichen Wert entspricht, und nicht der jammervollen Vertretung unserer letzten fünfzehn Jahre.

Die nationalsozialistische Bewegung kämpft keinen Kampf von heute auf morgen. Der Weg, den sie geht, ist vielleicht ein langer, aber an ihrem Ende steht der Sieg.

Wenn unsere Gegner heute zu den wahnwitzigsten Mitteln der Verfolgung greifen, wenn die sogenannte freie Republik ihre Bürger bei jeder Gelegenheit mit dem Gummiknüppel schlagen läßt, so wie man früher vielleicht Hunde prügelte, dann mag unser Volk nicht vergessen, daß heute die Unterdrückung uns Nationalsozialisten nur trifft, weil wir uns des unterdrückten Volkes annehmen.

Schlagt sie zusammen, die Interessentenhaufen.

Denn wer einem Volke einen Vertrag mit so entsetzlichen Folgen aufzubürden trachtet, und dabei kein Mittel unversucht läßt, die Einsicht des Volkes zu zerstören, die warnende Stimme der natürlichen Vernunft zu betäuben, um den Leichtsinn an ihre Stelle zu setzen, und wer dabei vor keiner Lüge, mag sie noch so ungeheuerlich sein, zurückschreckt, der handelt gewissenlos!

Und es ist das schlechte Gewissen, das diese Parteien jetzt keine Ruhe finden läßt. Das schlechte Gewissen, das sie herumjagte nach immer neuen Namen, nur von einem Wunsche beseelt, ein Aushängeschild zu finden, das den wahren Träger verbergen könnte. »Staatsparteien« heißen sie nun auf einmal, »Volkskonservative« möchten sie sein und sind doch in Wirklichkeit nur die altbekannten Brüder aus der Young-Front. Warum die Maskerade?

Sie wechseln die Namen ihrer Parteien heute, wie man Hemden wechselt, wenn sie schmutzig geworden sind!

Sie müßten stolz darauf sein, mit ihren alten Namen vor die Nation hinzutreten.

Sie können es aber nicht wagen, weil das Volk sie mit einem Schlag beseitigen würde.

Was sie an innerem Kredit verloren haben, versuchen sie durch einen neuen Firmentitel wettzumachen.

Volk, reiße die Augen auf, erkenne den Betrug!

Die Warnungen der NSDAP.

Vor zehn Monaten haben wir Nationalsozialisten in Tausenden von Versammlungen die Folgen des Young-Planes vorhergesagt.

Unzählige Anhänger unserer Bewegung sind deshalb damals blutig geschlagen worden, andere sind für ihre Überzeugung gestorben. Die Wirklichkeit aber hat uns heute leider nur zu recht gegeben.

Wir haben behauptet, daß der Young-Plan zur vollständigen Vernichtung unserer Reichsfinanzen führen muß.

Wir haben behauptet, daß das Gerede vom »Steuerabbau« ein glatter Schwindel ist, daß im Gegenteil nach Annahme des Young-Plans die Steuern wahnsinnig erhöht werden müßten!

Wir haben behauptet, daß die »Einsparungen« durch den Young-Plan bloß in den phantastischen Gehirnen unserer Parlamentarier sich befinden, aber in Wirklichkeit das Gegenteil eintreffen wird.

Wir haben behauptet, daß der Young-Plan unser ganzes Volk mit einer solchen Generalhypothek belastet, daß künftighin die Kreditfähigkeit Deutschlands auf den Nullpunkt sinken wird und damit die Kapitalnot einen Höhepunkt erreichen muß!

Wir haben behauptet, daß die Unterzeichnung des Young-Plans zu einer wahnsinnigen Steigerung der Arbeitslosigkeit führen müsse und nicht zu einem Abbau derselben, wie man dem Volke vorzuschwindeln beliebte.

Wir haben behauptet, daß das Versprechen der Rettung der Landwirtschaft durch den Young-Plan geradezu eine Irreführung für Dumme darstellt. Daß im Gegenteil der deutsche Bauer in eben dem Maße zugrunde gerichtet wird, in dem die Verpflichtung, mit Devisen zu bezahlen, uns nicht nur um Export um jeden Preis, sondern damit auch – als Gegenleistung – zur Öffnung der Grenzen für fremde Lebensmitteleinfuhr zwingt.

Wir haben weiter behauptet, daß dieser Plan gar nicht erfüllbar ist, daß aber das Unterschreiben eines Paragraphen, der die Nichterfüllung als unserm schlechten Willen entsprossen unter Strafe stellt, ein geradezu unfaßbares Verbrechen ist!

Und nun, Volk, urteile gerecht!

Die verbrecherischen Illusionisten.

Laß Dich nicht wieder von den Schwätzern betrügen und mit neuen Schwindeleien hinhalten.

Volk, urteile gerecht!

Wer hat damals die Wahrheit gesprochen und wer nicht?

Wessen Prophezeiungen sind eingetreten, und wessen Behauptungen sind ins Gegenteil verkehrt worden?

Haben die anderen mit ihren Behauptungen recht gehabt, deutsches Volk, dann tritt hinter sie!

Haben wir aber mit unserer Warnung das Richtige vorausgesagt, dann, Volk, sei gerecht und jage die Vernichter Deiner Zukunft zum Teufel! Lasse Dich nicht wieder mit der Phrase besänftigen: »Wir haben uns eben einer Illusion hingegeben.«

Jawohl, seit zwölf Jahren haben sie nur »Illusionen« gekannt, die Herren »Realpolitiker« der uns feindlichen Parteien.

Als die Revolution zum Gegenteil von dem führte, was man erst versprochen hatte, meinten sie, man müsse es entschuldigen, man sei eben »einer Illusion erlegen«.

Seit elf Jahren wird von den Sachverständigen in Berlin und außerhalb des Reiches ein neuer Weg nach dem anderen gesucht und gefunden, das deutsche Nationalvermögen zu veräußern.

Die Forderungen unserer Gegner jedoch sind nie kleiner, sondern immer größer geworden.

Erst hieß der Weg Auslieferung und Ablieferung.

Dann Konfiskationen und Beschlagnahmen.

Dann kam das System der Inflation.

Es wurde abgelöst vom System des Dawes-Paktes.

Der Young-Plan ist das letzte und neueste System dieser Erpressung.

Die Folgen dieser »Sanierung« aber sind: Vernichtung der deutschen Nationalwirtschaft; Vernichtung der Landwirtschaft; Vernichtung des Mittelstandes; Vernichtung des Kleinbetriebes; Vernichtung der Arbeitsmöglichkeit von Millionen Menschen; Vernichtung jeglichen wirtschaftlichen Kredits; Verpfändung unseres gesamten Nationaleigentums, soweit es irgendwie werbend und fruchtbringend erscheint, allgemeine wahnsinnige Verschuldung.

Das ist die Sanierung Deutschlands seit dem November-Verbrechen.

Das völkerwürgende System.

Die Aufgabe des Systems aber heißt:

Ruhe und Ordnung zur Durchführung dieser Sanierung!, d. h. Wehrt Euch nicht! Unser Volk ist vergeßlich.

Es erinnert sich vielleicht heute an vieles nicht mehr, was seine parlamentarisch-politischen Verführer ihm vor zwölf oder zehn Jahren an Lügen vorgesetzt hatten.

Allein das deutsche Volk kann sich heute noch erinnern an die ungeheure Flut von kühnen Behauptungen, mit denen man die Notwendigkeit der Unterschrift unter den Young-Plan begründete, und der ungeheuren Flut von Verleumdungen, Verdächtigungen und Lästerungen, mit denen man diejenigen überschüttete, die es damals wagten, unser Volk vor der Unterschreibung dieses Teufelspaktes zu warnen.

Elf Jahre lang wechseln die internationalen Ausbeuter immer wieder die Methoden der Erpressung.

Elf Jahre lang aber haben sie in unseren Parteien immer wieder willfährige Helfershelfer gefunden, die Methoden zu verschleiern und unser Volk blind zu machen.

Elf Jahre lang haben unsere politischen Parteien immer wieder gegen die Warner Front gemacht, sie verdächtigt, beschimpft und verfolgt.

Volksgenossen, erinnert Euch aber nur der Vorgänge anläßlich des Volksbegehrens!

Erinnert Euch, wie man damals mit Verfassungsbrüchen gegen die Männer vorging, die es wagten, für die Aufklärung einzutreten.

Erinnert Euch, wie man alle die beschimpfte, die den Young-Plan damals als das bezeichneten, als was er nun heute aller Welt sich zeigt.

Die Young-Parteien entlarvt.

Die Parteien, die jetzt infolge ihres schlechten Gewissens unter fremder Larve vor das Volk hintreten, sie sind die gleichen, die vor acht und zehn Monaten noch mit eiserner Stirne dem Volke vorgelogen,

daß der Young-Plan ein unermeßlicher Fortschritt sei,

daß der Young-Plan eine Sanierung der Reichsfinanzen möglich mache,

daß der Young-Plan die Ursache einer Ordnung unserer gesamten Landes- und Kommunalfinanzen sein wird,

daß der Young-Plan vom Jahre 1930 ab einen Steuerabbau ermöglichen werde,

daß der Young-Plan endlich die deutsche Wirtschaft wieder »ankurbele«,

daß Kapital nach Deutschland strömen werde und daß der Young-Plan damit die Zahl der Arbeitslosen endlich vermindere,

daß der Young-Plan aber vor allem auch den deutschen Bauern, der Landwirtschaft Erleichterungen, ja die Rettung bringen werde.

Jawohl, deutsches Volk, das log man Dir mit frecher Stirne noch vor acht und zehn Monaten vor.

Die Nationalsozialistische Bewegung hat damals gegen diese Behauptungen das Volk aufzuklären und zu warnen versucht.

Jawohl, wir haben es damals unternommen, mit einigen anderen Verbänden zusammen die Nation in letzter Stunde, in Erkenntnis der ihr drohenden entsetzlichen Gefahr, zur Besinnung zu bringen und zum Widerstande aufzurufen.

Das Volksbegehren und der Volksentscheid waren die erste offene Aktion des deutschen Volkes seit zwölf Jahren gegen seine berufsmäßigen und gewissenlosen Belüger und Betrüger!

Millionen ahnen heute das Schicksal, das uns bevorsteht, mögen sie auch die Kraft finden, es abzuwenden!

Die Parole für den 14. September kann nur lauten: Schlagt die politischen Bankrotteure unserer alten Parteien!

Vernichtet die Zersetzer unserer nationalen Einheit!

Laßt Euch nicht bluffen von den Phrasen einer »Hindenburg«- oder »Staatspartei«- oder »Lettow-Vorbeck-Front«!

Laßt Euch nicht bluffen vom Schwindel einer Wahlreform, an die kein Mensch ernstlich glaubt, einer Reichsreform und weiß Gott, was sonst noch! Kämpft dafür, daß eine Reform des deutschen Volkes eintritt!

Die erste Forderung dieser Reformation kann aber nur lauten:
Weg mit den Verantwortlichen für unseren Verfall!
Volksgenosse, schließe Dich an der marschierenden braunen Front des erwachenden Deutschlands! Dein Nein dem heutigen System gegenüber heißt: Liste 9!
Schlagt sie am 14. September zusammen, die Interessenten am Volksbetrug!

60. Alfred Kerr: Gerhart Hauptmanns ›Vor Sonnenuntergang‹ (1932)

I

In der Mitte dieses kühnen und erschütternden Dramas steht ...nicht die Liebe eines Siebzigers zu einer Neunzehnjährigen. Sondern mehr: die Liebe zwischen einer Neunzehnjährigen und einem Siebziger.

II

Auf dem anderen Ufer: Maßnahmen der Familie gegen ihn; gegen den Witwer – der doch ihren Reichtum geschaffen; der alles für sie getan hat.
Widerstand zweier Töchter, des Sohns, des Schwiegersohns, der Schwiegertochter, des juristischen Hausfreunds. Entmündigung wird versucht. Sie bringen ihn zur Strecke.
Den neunzehnjährigen Eindringling auch? Beinah. Tochter einer Frau Peters, die auf dem Landgute des Witwers wohnt.

III

Somit enthält dieses Drama zwei Dramen. Ein Familiendrama ...und ein Liebesdrama. Sie greifen ineinander.
Das Liebesdrama...Man sieht nicht, wie ein Siebzigjähriger und eine Neunzehnjährige miteinander erotisch zurechtkommen. Sichtbar wird jedoch der Umriß dieser Beziehungen. Die Tatsache leidenschaftlicher Näherung. Man sieht den sonderbar-schönen, von seelischem Sturm getragenen Anfang...einer Einmaligkeit.

Der Mann stirbt (und das ist vielleicht gut), bevor irgend Genaueres, Einzelnes für dieses Verhältnis in Betracht kam. Alles ist aus, bevor irgendeine Trübung dämmern kann. Nach kurzem Glück.

Es bleibt nur der seltene Glanz einer von aller Weltüblichkeit losgelösten, späten Begegnung zweier durch Anziehung einander bestimmten, durch Zeitunterschied noch nicht entfernten, durch Menschen gestörten, durch sie selbst nie beirrten, durch den Tod getrennten Erdgeschöpfe... vereinzelter Art. Herrlich.

IV

Der alternde Mann – und die junge Beglückerin. Sie ist nicht in banaler Weise knackfrisch. Sondern ein nachdenkliches Mädel; aus dem deutschen Nordland; wo die feinsten, stillsten und anmutvollsten Menschen dieser Sprachgruppe zu schweigender Lust Mitlebender wandeln, lachen, grübeln, dahinblühen. Von dort stammt Inken.

V

Kein romantisches Geschöpf. In sich geschlossen; willensbewußt; voll junger Tatkraft. »Wenn ich ihn nicht kriege«, sagt sie ungefähr, »schieß' ich mich tot.« Dazu muß man neunzehn Jahre sein. Später...

VI

Eine Spur bleichsüchtig ist sie. (Der »Naturalist« Hauptmann – um dies blödsinnige Wort zu brauchen; als wäre nicht Naturalismus oder Naturismus selbstverständlicher Untergrund für alles den Menschen betreffende dichterische Schaffen – also der Naturist Hauptmann erwähnt ihre Blutprobe: Chlorosis; Bleichsucht.)

Keine Romantik! Nur Erdhaftes. Eine seltsame Herrlichkeit.

VII

Einmal sagt die Mutter zu Inken: »Du bist noch nicht zwanzig, du bist ein Kind. Der Mann hat die Siebzig überschritten.« – Inken: »Ich sehe ja jedesmal, es macht ihm nichts aus, daß ich erst neunzehn bin.« Entzückend. Alle Jugend und Arglosigkeit und alles schmiegige Mädeltum liegt darin.

Ihre Hinneigung ist ausschlaggebend. Man denkt sich: Wenn ein Mann unter besonderen Umständen eine liebt (und sie fühlt es gewiß): dann wird nicht er es sein, der nach ihr greift – so gern er möchte. Sondern sie muß den ersten Schritt tun; ihn nehmen. Er wartet ja nur – und bezwingt sich.

Etwas von alledem wittert, ungesagt und ungesehen, in den Anfangsbeziehungen dieses »selbständigen« Geschöpfs (so nennt die Mutter sie) zu dem »lebenstüchtigen« bejahrten Mann.

Alles bliebe zwischen beiden ungeschehen: nähme nicht sie die Führung. »Inken fliegt ihm an den Hals und läßt ihn nicht los.«

Sooo ist's schön! Nachher sagt sie: »Ich hatte immer einen so schauderhaften Respekt vor dir.«

Das ist der ganze Fall. Ein Dichter schrieb es.

VIII

Hier das Liebesdrama. Bleibt: das Familiendrama.

Der Mann, Geheimrat, Herr eines Verlagshauses, wird nach dem Tod seiner ersten Frau fast gemütskrank. Er hat einen Menschen verloren... einen anderen gefunden. Die tote Frau (denkt er) hat nichts dagegen.

Die Familie hat allerhand dagegen. Die Kinder, die sie ihm gebar, haben was dagegen – obschon er von ihnen sehr geliebt wird. So wie bei Jens Peter Jacobsen, in jener unsterblichen Erzählung von der Frau Fönss, zwar die Kinder ihre Mutter lieb haben – doch sobald sie sich einem Mann zuwendet, alles Gewesene vergessen, die Liebe vergessen, die Kindheit vergessen, die Mutter vergessen ... nur die Selbstsucht nicht vergessen. Ähnlich ist es hier – in einer dramatischeren, kennzeichnenderen Gestalt. Der »Lebenstüchtige« wird nach dem Todesfall ein neugeschaffener Mensch. Einer, der von vorn anfängt... und nach allem das Recht auf ein wiederbeginnendes Sein zu haben glaubt. (Glaubt? Hat!)

Da trifft er dies Mädel.

IX

Seine Kinder waren einst...Kinder. Jetzt, bei aller Liebe zu ihm, sind sie – Junge (möcht' man sprechen). Er nennt sie Katzen und Wölfe.

Der Sohn, dessen zarten Schädel er nach der Zangengeburt mit seinen Händen gehegt, fast geformt hat: der verdächtigt mit Gerichtshilfe nun das Hirn im Schädel des Zeugers; des Wohltäters; des Behüters. Ein großer Dichter schrieb das.

Es ist bei dem siebzigjährigen Gerhart Hauptmann nicht mehr der Alltag einer neurasthenischen Familie wie damals im ›Friedensfest‹. Doch es ist abermals ein Kampf zwischen Himmel und Hölle.

»Die furchtbaren Auftritte zwischen bürgerlichen Familienmitgliedern...«, schrieb ich damals. Hauptmann zeigt wiederum, was in hunderttausend Durchschnittshäusern anonym und unbemerkt vorgeht. Es wird abermals ein Kampf zwischen den hellen und den dunklen Engeln – nur tragischer; heulender; abgründiger...Und schöner.

Im ›Friedensfest‹ war ein Hoffnungsschein; hier fällt ein seltener Schein zurück: auf etwas, das verging.

Hinter der jungen Erlöserin steht hier die stärkere Erlösungsgestalt: der Tod. Er hütet...die Schönheit. Darum bleibt alles unzerstört bis zum Schluß.

X

Es tönt aus diesem tragisch-seligen Gesang eines siebzigjährigen Dichters, der seinem Land aus großem Reichtum viel gegeben hat (anderthalbdutzend Schauspiele, von denen manches die Urständ erfahren wird auf Grund allerhand verborgenen Werts):...es tönt aus diesem Werk des Vor-Abschieds, des Vor-Sonnenuntergangs nicht nur der lebenslängliche Werkton eines großen Künstlers, der in der Dramenwelt meißelt und hämmert: sondern ein besonderer, privater Klang. »Au déclin de sa vie, ce désir passionné de jeunesse...«, sagt Zola. »Im Daseinsabstieg der leidenschaftliche Wunsch nach Jugend...«

Nicht der Dramatiker: der Mensch redet. Er in dem anderen. Ein herrlicher Mensch; wer ihm begegnet ist, hat es gefühlt. Aus diesem Dramatiker spricht der Beruf; aus diesem Menschen der empfangene Ruf.

Das Trauerspiel um den »Docteur Pascal« bei Zola endet bejahend. Der alternde Pascal stirbt zwar – aber das Schlußbild ist: die hinterlassene Jugend mit dem Kind am Busen, im Fortgang des leuchtenden Lebens.

Das Weltempfinden Hauptmanns ist...nicht verneinend; immerhin düsterer; mit schmerzlich zweifelndem Grundton.

Er fühlt stärker das ewige Voneinandergerissensein; den steten Abschied aller zeitweilig durch die Welt Wimmelnden. Der dauernd Wegberufenen.

(Der Fortgang des Lebens sagt ihm nicht soviel wie der Wechsel.) Was der österreichische Raimund treuherzig in die Worte goß »Brüderlein fein, Brüderlein fein – 's muß geschieden sein«: das hat der Schlesier Hauptmann über alles Gewohnte kühn hinweg ganz unabhängig zu einem kosmischen Liebesstück und Trennungsstück und Schönheitsstück (hinter der bürgerlichen Wand) mit etlicher Menschendurchleuchtung erhöht.

Schönheitsstück? Ja – »'s muß geschieden sein«. Aber es war doch einmal.

61. Hanns von Gumppenberg, Goethe-Gedächtnisrede, gehalten am 22. März. Von Dr. Immanuel Tiefbohrer (1932, Parodie)

Hochgeehrte Versammlung!
Der Genius läßt sich nur dann wahrhaft nachgenießen, wenn wir mit Anspannung aller unserer geistigen Kräfte versuchen, seinen Spuren auch bis in die kleinsten Einzelheiten seines Wollens und Vollbringens ehrfürchtig zu folgen. Nachdem mir heute die Auszeichnung zuteil geworden ist, Ihnen, meine Damen und Herren, den Vortrag zum Gedächtnis unseres großen Meisters halten zu dürfen, glaubte ich daher dieser hohen Aufgabe nicht besser gerecht werden zu können, als indem ich Sie in das Verständnis eines solchen Einzelphänomens Goethescher Dichtkunst einführe, dessen wahrer Wert und weittragende Bedeutung durch kurzsichtige Bedenken profan-grammatikalischer Art bis heute eine traurige Verschleierung, ja fast eine trübe Negation erfuhren. Ich meine jene

Stelle in dem großen Lebenspoem des Meisters, wo Gretchen Faustens erster Annäherung entgegnet:

> »Bin *weder* Fräulein, *weder* schön,
> Kann ungeleitet nach Hause gehn.«

Noch heute gibt es, Gott Apollo und den Musen sei es geklagt, allerlei schwächere Intellekte, die nicht begreifen können, welche tiefen inneren Notwendigkeiten den Meister hier zwangen, von der grammatikalisch üblichen Form »weder – noch« in kühner Überzeugungssicherheit abzuweichen und dafür die ungewöhnliche, aber jedes wahrhaft unbefangene Empfinden schon an sich höchst reizvoll berührende Form »weder – weder« zu gebrauchen. Ich will, meine verehrten Damen und Herren, ganz auf den wohlfeilen Hinweis verzichten, daß der Genius *stets* seine ureigensten Bahnen wandelt, und daß es daher gar nicht überraschen könnte, wenn er ganz grundsätzlich und bei jeder Gelegenheit sich in Widerspruch mit der gemeinen Normalgrammatik setzen würde. Allein, wie gesagt, die begeisternde Wahrheit der schrankenlosen Abnormität des Genius ist ja uns allen so gegenwärtig, daß sie keiner näheren Beleuchtung bedarf. Vielmehr möchte ich zeigen, daß dieser allgemeinen Tatsache, die den Genius nur negativ von uns minderwertigen Sterblichen unterscheidet, in jenem besonderen Falle der Abweichung auch sehr positive Rechtfertigungen zur Seite stehen, und zwar in Hülle und Fülle. Ich maße mir nicht an, diese Fülle der positiven Rechtfertigungen zu erschöpfen: würden doch meine bescheidenen Kräfte hierfür ebenso wenig ausreichen als Ihre eigene physische Ausdauer. Aber ich hoffe, meine verehrten Damen und Herren, daß meine Ausführungen Ihnen das freudige Bewußtsein von jener unbeirrbar elementaren Treffsicherheit unseres Meisters geben werden, die sich ausspricht in seinem herrlichen Wort:

> »Ein guter Mensch in seinem dunklen Drange
> Ist sich des rechten Weges wohl bewußt;«

oder vielleicht noch bezeichnender in der Gedichtstelle

> »Das Maultier sucht im Nebel seinen Weg.«

Nach diesen notwendigen Vorbemerkungen trete ich meinem

Thema mit der bewährten Sonde der literarästhetischen Forschung näher und frage:

Warum ließ Goethe an jener Stelle sein Gretchen »weder – weder« sagen, und nicht »weder – noch«?

Die Antwort lautet erstens: weil Goethe ein *Klassiker* war und sich dementsprechend auch immer streng-klassisch ausdrücken mußte. Denn was allein läßt sich als streng-klassische Ausdrucksweise bezeichnen? Offenbar nur *jene* Ausdrucksweise, welche der Antike am innigsten angenähert ist. Wie aber sagte der antike Kulturmensch für »weder – noch«? Er sagte als Römer »neque – neque«, und er sagte als Grieche »οὔτε – οὔτε«, das heißt: *er wiederholte dasselbe Wort!* Es ergab sich daher für den Klassiker Goethe einfach die immanente Notwendigkeit, auch *seinerseits* das gleiche Wort zu wiederholen! Allerdings muß man dabei annehmen, daß er längere Zeit überlegte, ob er »noch – noch« oder »weder – weder« schreiben sollte: und jeder Feinfühlige wird noch heute die Qualen nachfühlen können, die seine Dichterseele bei diesem schwierigen Dilemma durchlitt. Zuletzt aber half wieder der kategorische Imperativ seines streng-klassischen Formbewußtseins. Denn das Wort »noch« war nur *einsilbig*, das Wort »weder« aber zweisilbig, genau wie das Wort »neque« oder »οὔτε«, ferner kam für Goethe mehr das römische »neque« in Betracht als das griechische »οὔτε«, weil er zwar in Rom war, aber nicht in Athen; und da zeigte sich ihm dann zu seiner frohen Überraschung, daß das Wort »weder« zugleich in *vokalischem* Betracht völlig der klassisch-römischen Vorlage entsprach, indem wir in »weder« ganz wie in »neque« den zweifachen E-Laut beobachten. Somit ist sonnenklar nachgewiesen, daß schon der Drang des Goethischen Genius, sich möglichst klassisch der Antike anzuschließen, geradezu gebieterisch die Form »weder – weder« forderte.

Aber auch noch andere Gründe trieben den Meister zu dieser reizvoll-aparten Formgebung. Vor allem *zweitens:* die Notwendigkeit des korrekten und gefälligen rhythmischen Versflusses. Man höre nur, wie der fragliche Vers grammatikalisch korrekt sich anhören würde:

»Bin weder Fräulein noch schön« – –

Hätte das nicht entsetzlich abgehackt geklungen? Und anderseits war es für den Genius völlig ausgeschlossen, Gretchen auf die Frage Faustens mit einem Satze antworten zu lassen, der auf ihrer Seite irgendeine geistige Selbständigkeit verraten hätte, indem er sie zur Versfüllung noch irgendwelche anderen Ausdrücke hätte gebrauchen lassen als jene, die ihr Faust ohnehin in den Mund legt. Das hätte einen schreienden Widerspruch bedeutet gegen die süße Unberührtheit und Einfalt des holden Bürgerkindes! Es gab also auch in rhythmischer und psychologischer Hinsicht nur die *eine* Möglichkeit »weder – weder«.

Drittens aber, meine sehr verehrten Damen und Herren, war diese Form auch eine schlichte Notwendigkeit im charakteristischen Sinne der momentanen dramatischen Situation. Der E-Laut hat in unserer geliebten deutschen Sprache etwas Ablehnendes und Feindseliges an sich, wie schon die Worte »Ekel«, »Weh« und »Pest« deutlichst bezeugen. Die dramatische Stimmung der so liebenswerten vorläufigen Sprödigkeit Gretchens konnte daher gar nicht entsprechender herbeigeführt werden als wieder durch die Form »*weder – weder*«, die den fast gehässig ablehnenden E-Laut viermal nachdrücklichst wiederholt. Ich kann mir hier nicht die Nebenbemerkung versagen, daß auch schon der *Name* von Faustens erotischem Objekt für jeden Einsichtsvollen in überraschender Weise demselben Zwecke dient; denn auch der Eigenname »Gretchen« enthält diesen vorläufig zurückweisenden E-Laut zweimal, und zudem erfreut er durch die weitere Tiefgründigkeit, daß er klanglich dem Diminutivum von Gräte – ich meine die Fischgräte – ähnelt: also jenem Knochensurrogat der Wasserbewohner, das den Genußfreudigen zunächst durch stachlige Feindseligkeit abwehrt; man vergesse dabei nicht das Backfischalter Gretchens, und man vergleiche in diesem reizvollen Zusammenhang auch Goethes unsterbliches Gedicht ›Heideröslein‹, in dem es bekanntlich heißt:

»Röslein sprach: ich steche dich«,

und die mystisch geniale Notwendigkeit auch der Namengebung »Gretchen« wird Ihnen allen unmittelbar einleuchten.

Viertens aber entsprach die Form »weder – weder« dem dramatischen Augenblick auch im mimisch-plastischen Sinne für die Schauspielerin, der die Darstellung des Gretchen anvertraut ist. Es liegt in der Natur der schauspielerischen Wiedergabe jenes Moments der Ablehnung, daß Gretchen ihre Entgegnung, sie halte sich für kein Fräulein und auch nicht für schön, mit einem reizend schnippischen Kopfwerfen erst nach links und dann nach rechts begleitet. Für beide Kopfbewegungen aber muß nach dem künstlerischen Gesetz der Symmetrie selbstverständlich genau derselbe Zeitraum zur Verfügung stehen: und dies wiederum ist nur denkbar, wenn das zweite, den schnippischen Kopfwurf nach rechts einleitende Wort genau ebenso lang ist wie das erste, das den schnippischen Kopfwurf nach links einleitet. Auch in der Wahrnehmung der *rein schauspielerischen* Interessen hat also hier der Genius instinktiv dem Gesetz der höchsten Schönheit gehorcht.

Aus der Fülle weiterer künstlerischer Forderungen, die den erhabenen Meister ganz ebenso zu der Wahl des »weder – weder« nötigten, will ich nur noch *eines* hervorheben: nämlich, daß diese Form auch im Sinne einer *packenden Symbolik des Ewigweiblichen* die einzig entsprechende war. Wir haben Gretchen bekanntlich als ein Wesen aufzufassen, das a) von bezaubernder Jugendfrische, b) ausnehmend schön, c) kindlich fromm, aber d) auch sehr sinnlich veranlagt ist, das ferner e) sich erst sehr spröde verhält, endlich aber f) sich in ihrer selbstlosen Hingabe sogar *verführen* läßt – kurz, meine verehrten Damen und Herren: wir sehen in Gretchen den *idealen Inbegriff* der deutschen *Jungfrau*, welcher *seinerseits* wieder der *ideale Inbegriff* des deutschen *Weibes* ist. Was aber lag nun näher, als diese bedeutsame Repräsentation der echtesten und schönsten Weiblichkeit durch Gretchen auch lautlich-symbolisch zum Ausdruck zu bringen? Auch *dies* wollte der Genius des unsterblichen Meisters nicht verabsäumen, auch *dieser* Forderung genügte er durch die nachdrückliche Wiederholung des wunderbar-weich-wollüstig-weiblichen Konsonanten »W« in jenem herrlichen »weder – weder«! Ich sage daher nicht zuviel, wenn ich zusammenfassend behaupte, daß die europäische Dichtkunst, ja wohl die gesamte menschliche Kultur nichts von gleicher Bedeutsamkeit diesem faustischen »weder – weder« an die Seite zu stellen hat: weder bisher, weder in allen kommenden Aeonen!

62. Adolf Hitler: Aus der Rede im Berliner Sportpalast am 10. Februar 1933

Sie begingen dann das Verbrechen der Inflation, und nach diesem Raubzug unter ihrem Minister Hilferding setzte ein ruinöser Zinswucher ein.

Unerhörte Wucherzinsen, die in keinem Staat früher straflos hätten genommen werden dürfen, sie sind nun in der »sozialen« Republik an der Tagesordnung, und damit beginnt die Vernichtung der Produktion, die Vernichtung durch diese marxistischen Wirtschaftstheorien an sich und dann noch durch den Wahnsinn einer Steuerpolitik, der das übrige noch besorgt, und nun sehen wir, wie Stand um Stand zusammenbricht, wie allmählich verzweifelte Hunderttausende von Existenzen ausgelöscht werden, Jahr für Jahr Zehntausende von Konkursen, Hunderttausende von Zwangsversteigerungen stattfinden. Dann beginnt der Bauernstand zu verelenden, der fleißigste Stand im ganzen Volk geht zugrunde, kann nicht mehr existieren, und dann greift es endlich wieder zurück nach der Stadt, und das Arbeitslosenheer beginnt anzuwachsen: Eine Million, zwei, drei, vier Millionen, fünf Millionen, sechs Millionen, sieben Millionen, heute mögen es sieben bis acht Millionen tatsächlich sein.

Sie haben vernichtet, was sie vernichten konnten in vierzehnjähriger Arbeit, in der sie von niemandem gestört worden sind.

Heute ist dieses Elend vielleicht durch einen einzigen Vergleich zu illustrieren. Ein Land – Thüringen. Die Gesamteinnahmen seiner Kommunen betragen 26 Millionen Mark. Davon soll bestritten werden ihre Verwaltung, soll die Erhaltung ihrer öffentlichen Gebäude bestritten werden, alles was sie ausgeben für Schulen, für Bildungszwecke. Es soll bestritten werden, was sie ausgeben für Wohlfahrtszwecke. 26 Millionen insgesamt Einnahmen, und für Wohlfahrtsunterstützungen allein sind 45 Millionen nötig.

So sieht es heute in Deutschland aus! Unter dem Regiment dieser Parteien, die 14 Jahre lang unser Volk ruinierten. Es ist nur die Frage, wie lange noch?

Deshalb, weil ich überzeugt bin, daß man nun, wenn man nicht zu spät kommen will, mit der Rettung einsetzen muß, habe ich mich bereit erklärt, am 30. Januar, die unterdeß von sieben Mann zu zwölf Millionen emporgewachsene Bewegung einzusetzen zur Rettung des deutschen Volkes und Vaterlandes.

Die Gegner fragen nun nach unserem Programm. Meine Volksgenossen, ich könnte jetzt die Frage an diese Gegner richten: ›Wo war *euer* Programm?‹ Habt ihr das, was ihr in Deutschland angerichtet habt, gewollt? War das euer Programm, oder wolltet ihr das nicht? Wer hinderte euch das Gegenteil zu tun? Sie werden sich heute plötzlich nicht erinnern wollen, daß sie die Verantwortung für 14 Jahre tragen. Wir aber werden die Mahner sein und die Ankläger zugleich und dafür sorgen, daß ihr Gewissen nicht nachläßt, daß sie die Erinnerung nicht trübt.

Wenn sie sagen: Sagen Sie uns ihr detailliertes Programm, dann kann ich ihnen nur zur Antwort geben: Zu jeder Zeit wäre vermutlich ein Programm mit ganz konkreten wenigen Punkten möglich gewesen für eine Regierung. Nach eurer Wirtschaft, nach eurem Wirken, nach eurer Zersetzung aber muß man das deutsche Volk von Grund auf neu aufbauen, genau so wie ihr es bis in den Grund hinein zerstört habt! Das ist unser Programm!

Und da erhebt sich nun eine Reihe von großen Aufgaben vor uns. Der beste und damit der erste Programmpunkt: Wir wollen nicht lügen, und wir wollen nicht schwindeln. Ich habe es deshalb abgelehnt, jemals vor dieses Volk hinzutreten und billige Versprechungen zu geben. Es kann niemand hier gegen mich aufstehen und zeugen, daß ich je gesagt habe, der Wiederaufstieg Deutschlands sei nur eine Frage von wenigen Tagen. Immer und immer wieder predige ich: Der Wiederaufstieg der deutschen Nation ist die Frage der Wiedergewinnung der inneren Kraft und Gesundheit des deutschen Volkes.

So wie ich selbst 14 Jahre nun gearbeitet habe, unentwegt und ohne jemals schwankend zu werden am Aufbau dieser Bewegung, und so wie es mir gelungen ist, von sieben Mann zu zwölf Millionen zu kommen, so will ich und so wollen wir bauen und arbeiten an der Wiederaufrichtung unseres deutschen Volkes. So wie diese Bewegung heute die Führung des Deutschen Reiches überantwortet bekommen hat, so werden wir einst dieses Deutsche Reich wieder zum Leben und zur Größe zurückführen. Wir sind entschlossen, uns durch gar nichts dabei beirren zu lassen.

So komme ich zum zweiten Punkt unseres Programmes. Ich will ihnen nicht versprechen, daß dieser Wiederaufstieg unseres Volkes von selbst kommt.

Wir wollen arbeiten, aber das Volk muß mithelfen. Es soll nie glauben, daß plötzlich Freiheit, Glück und Leben vom Himmel geschenkt wird. Alles wurzelt nur im eigenen Willen, in der eigenen Arbeit.

Und drittens wollen wir unsere ganze Arbeit leiten lassen von einer Erkenntnis, von einer Überzeugung: Wir glauben niemals an fremde Hilfe, niemals an Hilfe, die außerhalb unserer eigenen Nation, unseres eigenen Volkes liegt. Nur in sich selbst allein liegt die Zukunft des deutschen Volkes. Nur wenn wir selbst dieses deutsche Volk emporführen durch eigene Arbeit, durch eigenen Fleiß, eigenen Trotz, eigene Beharrlichkeit, dann werden wir wieder emporsteigen, genau wie die Väter einst Deutschland nicht durch fremde Hilfe, sondern selbst groß gemacht haben.

Nach dem vierten Programmpunkt wollen wir den Aufbau unseres Volkes nicht vornehmen nach Theorien, die irgendein fremdes Gehirn ersonnen, sondern nach den ewigen Gesetzen, die immer Geltung besitzen. Nicht nach Klassentheorien, nicht nach Klassenvorstellungen. Diese Gesetze fassen wir als fünften Punkt in einer Erkenntnis zusammen:

Diese Grundlagen unseres Lebens beruhen in Werten, die niemand uns rauben kann, außer wir selbst, sie beruhen in unserem Fleisch und Blut und Willen und in unserem Boden. Volk und Erde, das sind die beiden Wurzeln, aus denen wir unsere Kraft ziehen wollen, und aus denen wir unsere Entschlüsse aufzubauen gedenken.

Und damit ergibt sich als sechster Punkt klar als Ziel unseres Kampfes: Die Erhaltung dieses Volkes und dieses Bodens, die Erhaltung dieses Volkes für die Zukunft in der Erkenntnis, daß nur dieses allein überhaupt für uns einen Lebenszweck darstellen kann. Nicht für Ideen leben wir, nicht für Theorien, nicht für phantastische Parteiprogramme, nein, wir leben und kämpfen für das deutsche Volk, für die Erhaltung seiner Existenz, für die Durchführung des eigenen Lebenskampfes, und wir sind dabei überzeugt, daß wir nur auf diese Weise allein mithelfen an dem, was die andern so gern in den Vordergrund stellen möchten: am Weltfrieden.

Ein solcher hat immer zur Voraussetzung starke Völker, die ihn wünschen und beschützen. Eine Weltkultur baut sich auf auf den Kulturen der Nationen und Völker. Eine Weltwirtschaft ist nur denkbar, getragen von den Wirtschaften gesunder Einzelnationen.

Indem wir ausgehen von unserem Volk, helfen wir mit am Wiederaufbau der gesamten Welt, indem wir einen Baustein in Ordnung bringen, der nicht herausgebrochen werden kann aus diesem Gefüge und Gebäude der übrigen Welt.

Und ein weiterer Punkt, der lautet: Weil wir in der Erhaltung unseres Volkes, in der Ermöglichung der Durchführung seines Lebenskampfes das höchste Ziel erblicken, müssen wir die Ursachen unseres Verfalls beseitigen und damit die Versöhnung der deutschen Klassen herbeiführen. Ein Ziel, das man nicht in sechs Wochen erreicht, nicht in vier Monaten, wenn andere

70 Jahre an dieser Zersetzung arbeiten konnten. Allein ein Ziel, das wir nie aus dem Auge verlieren, indem wir selbst diese neue Gemeinschaft aufbauen und indem wir die Erscheinungen des Zerfalls langsam beseitigen werden. Die Parteien dieser Klassenspaltung aber mögen überzeugt sein, solange der Allmächtige mich am Leben läßt, wird mein Entschluß und mein Wille, sie zu vernichten, ein unbändiger sein. Niemals, niemals werde ich mich von der Aufgabe entfernen, den Marxismus und seine Begleiterscheinungen aus Deutschland auszurotten, und niemals will ich hier zu einem Kompromiß bereit sein.

Einer muß hier Sieger sein: entweder der Marxismus oder das deutsche Volk! Und siegen wird Deutschland!

Indem wir diese Versöhnung der Klassen herbeiführen, direkt und indirekt, wollen wir weitergehen, dieses geeinte deutsche Volk wieder zurückführen zu den ewigen Quellen seiner Kraft, wollen durch eine Erziehung von klein an den Glauben an einen Gott und den Glauben an unser Volk einpflanzen in die jungen Gehirne. Wir wollen dann aufbauen dieses Volk auf dem deutschen Bauern, als dem Grundpfeiler jedes völkischen Lebens. Indem ich für die deutsche Zukunft kämpfe, muß ich kämpfen für die deutsche Scholle und muß kämpfen für den deutschen Bauern. Er erneuert uns, er gibt uns die Menschen in die Städte, er ist der ewige Quell seit Jahrtausenden gewesen, und er muß erhalten bleiben.

Ich gehe dann weiter zum zweiten Pfeiler unseres Volkstums: Zum deutschen Arbeiter, jenem deutschen Arbeiter, der in der Zukunft kein Fremdling mehr sein soll und sein darf im deutschen Reich, den wir zurückführen wollen wieder in die Gemeinschaft unseres Volkes und dem wir die Tore aufbrechen werden, daß er mit einzieht in die deutsche Volksgemeinschaft als ein Träger der deutschen Nation. Wir wollen dann weiter dem deutschen Geist die Möglichkeit seiner Entfaltung sichern, wollen den Wert der Persönlichkeit, die schöpferische Kraft des einzelnen wieder einsetzen in ihre ewigen Vorrechte. Wir wollen damit brechen mit allen Erscheinungen einer faulen Demokratie und an ihre Stelle setzen die ewige Erkenntnis, daß alles, was groß ist, nur kommen kann aus der Kraft der Einzelpersönlichkeit und daß alles, was erhalten werden soll, wieder anvertraut werden muß der Fähigkeit der Einzelpersönlichkeit. Wir werden kämpfen gegen die Erscheinungen unseres parlamentarisch-demokratischen Systems und gehen damit sofort über zu einem zwölften Punkt, der Wiederherstellung der Sauberkeit in unserem Volk. Neben dieser Sauberkeit auf allen Gebieten unseres Lebens, der Sauberkeit unserer Verwaltung, der Sauberkeit im öffentlichen Leben, aber auch der Sauberkeit in unserer Kultur wollen wir die Wiederherstellung der deutschen Ehre, wiederherstellen die Achtung vor ihr und das Bekenntnis zu ihr und wollen einbrennen in unsere Herzen das Bekenntnis zur Freiheit; wollen unser Volk damit aber auch wieder beglücken mit einer wirklichen deutschen Kultur, mit einer deutschen Kunst, mit einer deutschen Architektur, einer deutschen Musik, die uns unsere Seele wiedergeben soll, und wollen damit erwecken die Ehrfurcht vor den großen Traditionen unseres Volkes, erwecken die tiefe Ehrfurcht vor den Leistungen der Vergangenheit, die demütige Bewunderung der großen Männer der deutschen Geschichte.

Wir wollen unsere Jugend wieder hineinführen in dieses herrliche Reich unserer Vergangenheit. Demütig sollen sie sich beugen vor denen, die vor uns lebten und schufen und arbeiteten und wirkten, auf daß sie heute leben können. Und wollen diese Jugend vor allem erziehen zur Ehrfurcht vor denen, die einst das schwerste Opfer gebracht haben für unseres Volkes Leben und unseres Volkes Zukunft. Denn was diese vierzehn Jahre auch verbrochen haben, das Schlimmste war, daß sie zwei Millionen Tote um ihr Opfer betrogen haben, und diese zwei Millionen, sie sollen vor dem Auge unserer Jugend sich wieder erheben als ewige Warner, als Forderer, sie zu rächen. Wir wollen unsere Jugend erziehen in Ehrfurcht vor unserem alten Heer, an das sie wieder denken soll, das sie wieder verehren soll und in dem sie wieder sehen soll jene gewaltige Kraftäußerung der deutschen Nation, das Sinnbild der größten Leistung, das unser Volk je in seiner Geschichte vollbracht hat.

Damit wird dieses Programm sein ein Programm der nationalen Wiedererhebung auf allen Gebieten des Lebens, unduldsam gegen jeden, der sich gegen die Nation versündigt. Bruder und Freund zu jedem, der mitkämpfen will an der Wiederauferstehung seines Volkes, unserer Nation.

Damit richte ich heute nun den letzten Appell an meine Volksgenossen:

Am 30. Januar haben wir eine Regierung übernommen. Schlimmste Zustände sind in unser Volk hereingebrochen. Wir wollen sie beheben, und wir werden sie beheben. So wie wir trotz allem Höhnen diese Gegner beseitigten, so werden wir auch die Folgen ihres Regiments beseitigen.

Um Gott und dem eigenen Gewissen Genüge zu tun, haben wir uns nun noch einmal an das deutsche Volk gewandt. Es soll nun selbst mithelfen.

Wenn dieses deutsche Volk uns in dieser Stunde verläßt, dann soll uns das nicht hindern. Wir werden den Weg gehen, der nötig ist, daß Deutschland nicht verkommt. Wir aber wollen, daß mit der Zeit der Wiederherstellung der deutschen Nation nicht nur einige Namen verknüpft sind, sondern verknüpft ist wieder der Name des deutschen Volkes selbst, daß nicht eine Regierung arbeitet, sondern daß eine Millionenmasse hinter diese Regierung tritt; daß sie mit Hilfe ihrer Kraft gewillt ist, uns selbst auch wieder zu stärken zu diesem großen und schweren Werk. Ich weiß, daß, wenn heute sich die Gräber öffnen würden, die Geister der Vergangenheit, die einst für Deutschland stritten und starben, sie würden emporschweben, und hinter uns würde heute ihr Platz sein. All die großen Männer unserer Geschichte, ich weiß, sie stehen heute hinter uns und sehen auf unser Werk und unser Wirken.

Vierzehn Jahre lang haben die Parteien des Zerfalls, der November-Revolution das deutsche Volk verführt und mißhandelt, vierzehn Jahre lang haben sie zerstört, zersetzt und aufgelöst. Dann ist es nicht vermessen, wenn ich heute vor die Nation hintrete und sie beschwöre, deutsches Volk, gib uns vier Jahre Zeit, dann richte und urteile über uns. Deutsches Volk, gib uns vier Jahre, und ich schwöre, so wie wir und so wie ich in dieses Amt eintrete, so will ich dann auch gehen.

Ich tat es nicht um Gehalt und nicht um Lohn, ich tat es um deiner selbst willen!

Es ist der schwerste Entschluß meines eigenen Lebens gewesen. Ich habe ihn gewagt, weil ich glaubte, daß es sein muß.

Ich habe den Entschluß gewagt, weil ich überzeugt bin, daß nun nicht mehr länger gezögert werden darf.

Ich habe ihn gewagt, weil ich der Überzeugung bin, daß endlich unser Volk doch wieder zur Besinnung kommen wird, und daß, wenn selbst Millionen uns heute noch fluchen mögen, einmal die Stunde kommt, da sie doch hinter uns marschieren werden, da sie einsehen werden, daß wir wirklich nur das Beste gewollt und kein anderes Ziel im Auge gehabt haben, als dem zu dienen, was uns das Höchste auf Erden ist...

Denn ich kann mich nicht lösen von dem Glauben an mein Volk, kann mich nicht lossagen von der Überzeugung, daß diese Nation wieder einst auferstehen wird, kann mich nicht entfernen von der Liebe zu diesem meinem Volk und hege felsenfest die Überzeugung, daß eben doch einmal die Stunde kommt, in der die Millionen, die uns heute hassen, hinter uns stehen und mit uns dann begrüßen werden das gemeinsam geschaffene, mühsam erkämpfte, bitter erworbene neue deutsche Reich der Größe und der Ehre und der Kraft und der Herrlichkeit und der Gerechtigkeit. Amen.

63. Adolf Hitler: Rede in der Garnisonskirche zu Potsdam am 21. März 1933

Herr Reichspräsident! Abgeordnete, Männer und Frauen des Deutschen Reichstages!

Schwere Sorgen lasten seit Jahren auf unserem Volk.

Nach einer Zeit stolzer Erhebung, reichen Blühens und Gedeihens auf allen Gebieten unseres Lebens sind – wie so oft in der Vergangenheit – wieder einmal Not und Armut bei uns eingekehrt.

Trotz Fleiß und Arbeitswillen, trotz Tatkraft, einem reichen Wissen und bestem Wollen suchen Millionen Deutsche heute vergebens das tägliche Brot. Die Wirtschaft verödet, die Finanzen sind zerrüttet, Millionen sind ohne Arbeit!

Die Welt kennt nur das äußere Scheinbild unserer Städte, den Jammer und das Elend sieht sie nicht.

Seit zwei Jahrtausenden wird unser Volk von diesem wechselvollen Geschick begleitet. Immer wieder folgt dem Emporstieg der Verfall.

Die Ursachen waren immer die gleichen. Der Deutsche, in sich selbst zerfallen, uneinig im Geist, zersplittert in seinem Wollen und damit ohnmächtig in der Tat, wird kraftlos in der Behauptung des eigenen Lebens. Er träumt vom Recht in den Sternen und verliert den Boden auf der Erde.

Je mehr aber Volk und Reich zerbrechen und damit der Schutz und Schirm des nationalen Lebens schwächer wird, um so mehr versuchte man zu allen Zeiten, die Not zur Tugend zu erheben. Die Theorie der individuellen Werte unserer Stämme unterdrückte die Erkenntnis von der Notwendigkeit eines gemeinsamen Willens. Am Ende blieb den deutschen Menschen dann immer nur der Weg nach innen offen. Als Volk der Sänger, Dichter und Denker *träumte* es dann von einer Welt, in der die anderen *lebten*. Und erst, wenn die Not und das Elend es unmenschlich schlugen, erwuchs vielleicht aus der Kunst die Sehnsucht nach einer neuen Erhebung, nach einem neuen Reich und damit nach neuem Leben.

Als Bismarck dem kulturellen Streben der deutschen Nation die staatspolitische Einigung folgen ließ, schien damit für immer eine lange Zeit des Haders und des Krieges der deutschen Stämme untereinander beendet zu sein.

Getreu der Kaiserproklamation nahm unser Volk teil an der Mehrung der Güter des Friedens, der Kultur und der menschlichen Gesittung. Es hat das Gefühl seiner Kraft nie gelöst von der tief empfundenen Verantwortung für das Gemeinschaftsleben der europäischen Nationen.

In diese Zeit der staats- und machtpolitischen Einigung der deutschen Stämme fiel der Beginn jener weltanschaulichen Auflösung der deutschen Volksgemeinschaft, unter der wir heute noch immer leiden.

Und dieser innere Zerfall der Nation wurde wieder einmal, wie so oft, zum Verbündeten der Umwelt. Die Revolution des Novembers 1918 beendete einen Kampf, in den die deutsche Nation in der heiligsten Überzeugung, nur ihre Freiheit und damit ihr Lebensrecht zu schützen, gezogen war.

Denn weder der Kaiser noch die Regierung noch das Volk haben diesen Krieg gewollt. Nur der Verfall der Nation, der allgemeine Zusammenbruch zwangen ein schwaches Geschlecht, wider das eigene bessere Wissen und gegen die heiligste innere Überzeugung die Behauptung unserer Kriegsschuld hinzunehmen.

Diesem Zusammenbruch aber folgte der Verfall auf allen Gebieten. Machtpolitisch, moralisch, kulturell und wirtschaftlich sank unser Volk tiefer und tiefer.

Das schlimmste war die bewußte Zerstörung des Glaubens an die eigene Kraft, die Entwürdigung unserer Traditionen und damit die Vernichtung der Grundlagen eines festen Vertrauens!

Krisen ohne Ende haben unser Volk seitdem zerrüttet.

Aber auch die übrige Welt ist durch das politische und wirtschaftliche Herausbrechen eines wesentlichen Gliedes ihrer Staatengemeinschaft nicht glücklicher und nicht reicher geworden.

Aus dem Aberwitz der Theorie von ewigen Siegern und Besiegten kam der Wahnsinn der Reparationen und in der Folge die Katastrophe unserer Weltwirtschaft.

Während so das deutsche Volk und Deutsche Reich in inneren politischen Zwiespalt und Hader versanken, die Wirtschaft dem Elend entgegentrieb, begann die neue Sammlung der deutschen Menschen, die in gläubigem Vertrauen auf das eigene Volk dieses zu einer neuen Gemeinschaft formen wollen.

Diesem jungen Deutschland haben Sie, Herr Generalfeldmarschall, am 30. Januar 1933 in großherzigem Entschluß die Führung des Reiches anvertraut.

In der Überzeugung, daß aber auch das Volk selbst seine Zustimmung zur neuen Ordnung des deutschen Lebens erteilen muß, richteten wir Männer dieser Nationalen Regierung einen letzten Appell an die deutsche Nation.

Am 5. März hat sich das Volk entschieden und in seiner Mehrheit zu uns bekannt. In einer einzigartigen Erhebung hat es in wenigen Wochen die nationale Ehre wiederhergestellt und dank Ihrem Verstehen, Herr Reichspräsident, die Vermählung vollzogen zwischen den Symbolen der alten Größe und der jungen Kraft.

Indem nun aber die Nationale Regierung in dieser feierlichen Stunde zum ersten Male vor den neuen Reichstag hintritt, bekundet sie zugleich ihren unerschütterlichen Willen: das große Reformwerk der Reorganisation des deutschen Volkes und des Reichs in Angriff zu nehmen und entschlossen durchzuführen.

Im Bewußtsein, im Sinne des Willens der Nation zu handeln, erwartet die Nationale Regierung von den Parteien der Volksvertretung, daß sie nach fünfzehnjähriger Not sich emporheben mögen über die Beengtheit eines doktrinären parteimäßigen Denkens, um sich dem eisernen Zwang unterzuordnen, den die Not und ihre drohenden Folgen uns allen auferlegt.

Denn die Arbeit, die das Schicksal von uns fordert, muß sich turmhoch erheben über den Rahmen und das Wesen kleiner tagespolitischer Aushilfen.

Wir wollen wiederherstellen die Einheit des Geistes und des Willens der deutschen Nation!

Wir wollen wahren die ewigen Fundamente unseres Lebens: Unser Volkstum und die ihm gegebenen Kräfte und Werte.

Wir wollen die Organisation und die Führung unseres Staates wieder jenen Grundsätzen unterwerfen, die zu allen Zeiten die Vorbedingung der Größe der Völker und Reiche waren.

Wir wollen die großen Traditionen unseres Volkes, seiner Geschichte und seiner Kultur in demütiger Ehrfurcht pflegen als unversiegbare Quellen einer wirklichen inneren Stärke und einer möglichen Erneuerung in trüben Zeiten.

Wir wollen das Vertrauen in die gesunden, weil natürlichen und richtigen Grundsätze der Lebensführung verbinden mit einer Stetigkeit der politischen Entwicklung im Innern und Äußeren.

Wir wollen an die Stelle des ewigen Schwankens die Festigkeit einer Regierung setzen, die unserm Volke damit wieder eine unerschütterliche Autorität geben soll.

Wir wollen alle die Erfahrungen berücksichtigen, sowohl im Einzel- und im Gemeinschaftsleben, wie aber auch in unserer Wirtschaft, die sich in Jahrtausenden als nützlich für die Wohlfahrt der Menschen erwiesen haben.

Wir wollen wiederherstellen das Primat der Politik, die berufen ist, den Lebenskampf der Nation zu organisieren und zu leiten.

Wir wollen aber auch alle wirklich lebendigen Kräfte des Volkes als die tragenden Faktoren der deutschen Zukunft erfassen, wollen uns redlich bemühen, diejenigen zusammenzufügen, die eines guten Willens sind, und diejenigen unschädlich zu machen, die dem Volke zu schaden versuchen.

Aufbauen wollen wir eine wahre Gemeinschaft aus den deutschen Stämmen, aus den Ständen, den Berufen und den bisherigen Klassen. Sie soll zu jenem gerechten Ausgleich der Lebensinteressen befähigt sein, den des gesamten Volkes Zukunft erfordert.

Aus Bauern, Bürgern und Arbeitern muß wieder werden ein deutsches Volk.

Es soll dann für ewige Zeiten in seine treue Verwahrung nehmen unseren Glauben und unsere Kultur, unsere Ehre und unsere Freiheit.

Der Welt gegenüber aber wollen wir, die Opfer des Krieges von einst ermessend, aufrichtige Freunde sein eines Friedens, der endlich die Wunden heilen soll, unter denen alle leiden.

Die Regierung der nationalen Erhebung ist entschlossen, ihre vor dem deutschen Volke übernommene Aufgabe zu erfüllen. Sie tritt daher heute hin vor den Deutschen Reichstag mit dem heißen Wunsch, in ihm eine Stütze zu finden für die Durchführung ihrer Mission. Mögen Sie, meine Männer und Frauen, als gewählte Vertreter des Volkes den Sinn der Zeit erkennen, um mitzuhelfen am großen Werk der nationalen Wiedererhebung.

In unserer Mitte befindet sich heute ein greises Haupt. Wir erheben uns vor Ihnen, Herr Generalfeldmarschall. Dreimal kämpften Sie auf dem Felde der Ehre für das Dasein und die Zukunft unseres Volkes. Als Leutnant in den Armeen des Königs für die deutsche Einheit, in den Heeren des alten deutschen Kaisers für des Reiches glanzvolle Aufrichtung, im größten Kriege aller Zeiten aber als unser Generalfeldmarschall für den Bestand des Reiches und für die Freiheit unseres Volkes.

Sie erlebten einst des Reiches Werden, sahen vor sich noch des großen Kanzlers Werk, den wunderbaren Aufstieg unseres Volkes, und haben uns endlich geführt in der großen Zeit, die das Schicksal uns selbst miterleben und mit durchkämpfen ließ.

Heute, Herr Generalfeldmarschall, läßt Sie die Vorsehung Schirmherr sein über die neue Erhebung unseres Volkes. Dies Ihr wundersames Leben ist für uns alle ein Symbol der unzerstörbaren Lebenskraft der deutschen Nation. So dankt Ihnen des deutschen Volkes Jugend und wir alle mit, die wir Ihre Zustimmung zum Werk der deutschen Erhebung als Segnung empfinden. Möge sich diese Kraft auch mitteilen der nunmehr eröffneten neuen Vertretung unseres Volkes.

Möge uns dann aber auch die Vorsehung verleihen jenen Mut und jene Beharrlichkeit, die wir in diesem für jeden Deutschen geheiligten Raum um uns spüren als für unseres Volkes Freiheit und Größe ringende Menschen zu Füßen der Bahre seines größten Königs.

64. Winston Churchill: Antrittsrede im Unterhaus nach der Ernennung zum Premierminister (1940)

Freitags abends erhielt ich den Auftrag Seiner Majestät, eine neue Regierung zu bilden. Es war der deutliche Wunsch und Wille des Parlaments und der Nation, daß diese Regierung auf einer möglichst breiten Basis gebildet werden und alle Parteien einschließen solle, sowohl diejenigen, die die vorige Regierung unterstützt haben, als auch die Oppositionsparteien. Ich habe den wichtigsten Teil dieser Aufgabe bereits erfüllt. Es wurde ein aus fünf Ministern bestehendes Kriegskabinett gebildet, das durch die Aufnahme der oppositionellen Liberalen die Einheit der Nation repräsentiert. Die Führer der drei Parteien haben sich bereit erklärt, an der Regierung teilzunehmen, sei es im

Kriegskabinett oder in hohen Regierungsfunktionen. Die drei militärischen Ressorts sind besetzt. Es war notwendig, dies binnen eines Tages zu tun, in Anbetracht der außerordentlichen Dringlichkeit und Schwere der Ereignisse. Eine Anzahl anderer Funktionen von entscheidender Wichtigkeit sind gestern vergeben worden, und ich unterbreite Seiner Majestät heute abend eine weitere Liste. Ich hoffe, die Ernennung der hauptsächlichsten Minister während des morgigen Tages abschließen zu können. Die Bestellung der anderen Minister nimmt gewöhnlich etwas längere Zeit in Anspruch; ich bin jedoch sicher, daß bis zur nächsten Unterhaussitzung auch dieser Teil meiner Aufgabe erledigt und die Regierungsbildung in jeder Hinsicht abgeschlossen sein wird.

Ich habe es im öffentlichen Interesse als notwendig erachtet, die Einberufung des Hauses für heute vorzuschlagen. Der Sprecher des Unterhauses war einverstanden und unternahm die notwendigen Schritte gemäß der Vollmacht, die ihm durch Parlamentsbeschluß übertragen worden ist. Am Ende der heutigen Sitzung wird die Vertagung des Unterhauses auf Dienstag, den 21. Mai, beantragt werden, wobei natürlich Vorkehrungen für eine eventuell notwendige frühere Einberufung getroffen werden. Die Geschäftsordnung der nächsten Sitzung wird den Abgeordneten so bald als möglich bekanntgegeben werden. Ich bitte nun das Haus, durch Annahme der von mir eingebrachten Resolution den unternommenen Schritten seine Zustimmung zu geben und der neuen Regierung sein Vertrauen auszusprechen.

Eine Regierung von solchem Ausmaß und von solcher Vielgestaltigkeit zu bilden, ist an sich eine schwere Aufgabe; man muß aber bedenken, daß wir uns im Anfangsstadium einer der größten Schlachten der Weltgeschichte befinden, daß wir an vielen Punkten Norwegens und Hollands kämpfen, daß wir im Mittelmeer kampfbereit sein müssen, daß der Luftkrieg ohne Unterlaß weitergeht und daß wir hier im Lande viele Vorbereitungen treffen müssen. Ich hoffe, man wird es mir verzeihen, wenn ich in dieser kritischen Lage mich heute nicht mit einer längeren Ansprache an das Haus wende. Ich hoffe, daß jeder meiner Freunde und jeder meiner jetzigen oder früheren Kollegen, der von der Regierungsbildung berührt ist, den etwaigen Mangel an Förmlichkeit, mit dem wir vorgehen mußten, nachsehen wird.

Ich möchte dem Hause dasselbe sagen, was ich den Mitgliedern dieser Regierung gesagt habe: »Ich habe nichts zu bieten als Blut, Mühsal, Tränen und Schweiß.«

Wir haben eine Prüfung von der allerschwersten Art vor uns. Wir haben viele, viele lange Monate des Kampfes und des Leidens vor uns. Sie werden fragen: Was ist unsere Politik? Ich erwidere: Unsere Politik ist, Krieg zu führen, zu Wasser, zu Lande und zur Luft, mit all unserer Macht und mit aller Kraft, die Gott uns verleihen kann; Krieg zu führen gegen eine ungeheuerliche Tyrannei, die in dem finsteren, trübseligen Katalog des menschlichen Verbrechens unübertroffen bleibt. Das ist unsere Politik.

Sie fragen: Was ist unser Ziel? Ich kann es in einem Wort nennen: Sieg – Sieg um jeden Preis, Sieg trotz allem Schrecken, Sieg, wie lang und beschwerlich der Weg dahin auch sein mag; denn ohne Sieg gibt es kein Weiterleben. Möge man darüber im klaren sein: kein Weiterleben für das Britische Weltreich; kein Weiterleben für den jahrhundertealten Drang und Impuls des Menschengeschlechts, seinem Ziel zuzustreben. Ich übernehme meine Aufgabe voll Energie und Hoffnung, und bin überzeugt, daß es nicht geduldet werden wird, daß unsere Sache Schiffbruch erleide. So fühle ich mich in diesem Augenblick berechtigt, die Hilfe aller zu fordern, und ich rufe: »Kommt denn, laßt uns gemeinsam vorwärtsschreiten mit vereinter Kraft.«

65. Adolf Hitler: Rundfunkrede am 30. Januar 1945

Deutsche Volksgenossen und Volksgenossinnen!
Nationalsozialisten!
Als mich als Führer der stärksten Partei vor zwölf Jahren der verewigte Reichspräsident von Hindenburg mit der Kanzlerschaft betraute, stand Deutschland im Inneren vor der gleichen Situation wie heute in weltpolitischer Hinsicht nach außen. Der durch den Versailler Vertrag planmäßig eingeleitete und fortgeführte Prozeß der wirtschaftlichen Zerstörung und Vernichtung der demokratischen Republik führte zur allmählich dauerhaft gewordenen Erscheinung von fast 7 Millionen Erwerbslosen, 7 Millionen Kurzarbeitern, einem zerstörten Bauernstand, einem vernichteten Gewerbe und einem dementsprechend auch zum Erliegen gekommenen Handel. Die deutschen Häfen waren nur noch Schiffsfriedhöfe. Die finanzielle Lage

des Reiches drohte in jedem Augenblick zum Zusammenbruch nicht nur des Staates, sondern auch der Länder und der Gemeinden zu führen. Das Entscheidende aber war folgendes: Hinter dieser wirtschaftlichen methodischen Zerstörung Deutschlands stand das Gespenst des asiatischen Bolschewismus damals genau so wie heute. Und so wie jetzt im Großen war in den Jahren vor der Machtübernahme im kleinen Inneren die bürgerliche Welt völlig unfähig, dieser Entwicklung einen wirksamen Widerstand entgegenzusetzen. Man hatte auch nach dem Zusammenbruch des Jahres 1918 immer noch nicht erkannt, daß eine alte Welt im Vergehen und eine neue im Werden ist, daß es sich nicht darum handeln kann, das, was sich als morsch und faul erwiesen hatte, mit allen Mitteln zu stützen und damit künstlich zu erhalten, sondern daß es notwendig ist, das ersichtlich Gesunde an dessen Stelle zu setzen. Eine überlebte Gesellschaftsordnung war zerbrochen, und jeder Versuch, sie aufrechtzuerhalten, mußte vergeblich sein. Es war also nicht anders wie heute im Großen, da ebenfalls die bürgerlichen Staaten der Vernichtung geweiht sind und nur klar ausgerichtete, weltanschaulich gefestigte Volksgemeinschaften die seit vielen Jahrhunderten schwerste Krise Europas zu überdauern vermögen.

Nur sechs Jahre des Friedens sind uns seit dem 30. Januar 1933 vergönnt gewesen. In diesen sechs Jahren ist Ungeheueres geleistet und noch Größeres geplant worden; so Vieles und so Gewaltiges, daß es aber erst recht den Neid unserer demokratischen, nichtskönnenden Umwelt erweckte.

Das Entscheidende aber war, daß es in diesen sechs Jahren gelang, mit übermenschlichen Anstrengungen den deutschen Volkskörper wehrmäßig zu sanieren, das heißt, ihn nicht in erster Linie mit einer materiellen Kriegsmacht auszustatten, sondern mit dem geistigen Widerstandswillen der Selbstbehauptung zu erfüllen.

Das grauenhafte Schicksal, das sich heute im Osten abspielt, das in Dorf und Markt, auf dem Lande und in den Städten den Menschen zu Zehn- und Hunderttausenden zustößt, wird mit äußersten Anstrengungen von uns am Ende trotz aller Rückschläge und harten Prüfungen abgewehrt und gemeistert werden. Wenn das aber überhaupt möglich ist, dann nur, weil sich seit dem Jahre 1933 eine innere Wende im deutschen Volke vollzogen hat. Heute noch ein Deutschland des Versailler Vertrages – und Europa wäre schon längst von der innerasiatischen

Sturmflut weggefegt worden. Mit jenen nie aussterbenden Strohköpfen braucht man sich dabei kaum auseinanderzusetzen, die der Meinung sind, ein wehrloses Deutschland wäre infolge seiner Ohnmacht sicher nicht zum Opfer dieser jüdisch-internationalen Weltverschwörung geworden.

Das heißt nichts anderes, als alle Naturgesetze auf den Kopf stellen! Wann wird die wehrlose Gans vom Fuchs deswegen nicht gefressen, weil sie infolge ihrer Konstitution aggressive Absichten nicht haben kann, und wann wird der Wolf endlich Pazifist, weil die Schafe keinerlei Rüstung besitzen? Daß es – wie gesagt – so bürgerliche Schafe gibt, die das in allem Ernst glauben, beweist nur, wie notwendig es war, ein Zeitalter zu beseitigen, das in seiner Erziehung solche Erscheinungen zu züchten und zu erhalten vermochte, ja ihnen sogar politischen Einfluß einräumte.

Längst ehe der Nationalsozialismus zur Macht gekommen war, tobte bereits der unerbittliche Kampf gegen diesen jüdisch-asiatischen Bolschewismus. Wenn er nicht schon im Jahre 1919/20 Europa überrannte, dann nur deshalb, weil er damals selbst noch zu schwach und zu wenig gerüstet war. Sein Versuch, Polen zu beseitigen, wurde nicht aufgegeben aus Mitleid mit dem damaligen Polen, sondern nur infolge der verlorenen Schlacht vor Warschau. Seine Absicht, Ungarn zu vernichten, ist nicht unterblieben, weil man sich eines anderen besann, sondern weil die bolschewistische Gewalt militärisch nicht aufrechterhalten werden konnte. Der Versuch, Deutschland zu zertrümmern, wurde ebenfalls nicht aufgegeben, weil man etwa den Erfolg nicht mehr wünschte, sondern weil es nicht gelang, den Rest der natürlichen Widerstandskraft unseres Volkes zu beseitigen. Sofort begann das Judentum nunmehr mit der planmäßigen inneren Zersetzung unseres Volkes, und es hatte dabei die besten Bundesgenossen, jene verbohrten Bürger, die nicht erkennen wollten, daß das Zeitalter einer bürgerlichen Welt eben beendet ist und niemals wiederkehren wird, daß sich die Epoche des zügellosen wirtschaftlichen Liberalismus überlebt hat und nur zum eigenen Zusammenbruch führen kann, daß man vor allem die großen Aufgaben der Zeit nur zu meistern vermag unter einer autoritär zusammengefaßten Kraft der Nation, ausgehend von dem Gesetz der gleichen Rechte aller und daraus folgend erst der gleichen Pflichten, genau so wie umgekehrt die Erfüllung dieser gleichen Pflichten auch zwangsläufig zu gleichen Rechten führen muß.

So hat der Nationalsozialismus inmitten einer gigantischen wirtschaftlichen, sozialen und kulturellen Aufbautätigkeit vor allem auch erziehungsmäßig dem deutschen Volke jene Rüstung gegeben, die überhaupt erst in militärische Werte umgesetzt werden konnte. Die Widerstandskraft unserer Nation ist seit dem 30. Januar 1933 so ungeheuer gewachsen, daß sie nicht mehr vergleichbar ist mit der früherer Zeitalter. Die Aufrechterhaltung dieser inneren Widerstandskraft aber ist zugleich der sicherste Garant für den endgültigen Sieg!

Wenn Europa heute von einer schweren Krankheit ergriffen ist, dann werden die davon betroffenen Staaten sie entweder unter Aufbietung ihrer ganzen und äußersten Widerstandskraft überwinden oder an ihr zugrundegehen. Allein auch der Genesende und damit Überlebende überwindet den Höhepunkt einer solchen Krankheit nur in einer Krise, die ihn selbst auch auf das äußerste schwächt. Es ist aber deshalb erst recht unser unabänderlicher Wille, in diesem Kampf der Errettung unseres Volkes vor dem grauenhaftesten Schicksal aller Zeiten vor nichts zurückzuschrecken und unwandelbar und treu dem Gebot der Erhaltung unserer Nation zu gehorchen. Der Allmächtige hat unser Volk geschaffen. Indem wir seine Existenz verteidigen, verteidigen wir sein Werk. Daß diese Verteidigung mit namenlosem Unglück, Leid und Schmerzen sondergleichen verbunden ist, läßt uns nur noch mehr an diesem Volk hängen. Es läßt uns aber auch jene Härte gewinnen, die notwendig ist, um auch in schlimmsten Krisenpunkten unsere Pflicht zu erfüllen; das heißt nicht nur die Pflicht dem anständigen ewigen Deutschland gegenüber, sondern auch die Pflicht gegenüber jenen wenigen Ehrlosen, die sich von ihrem Volkstum trennen. Es gibt deshalb in diesem Schicksalskampf für uns nur ein Gebot: Wer ehrenhaft kämpft, kann damit das Leben für sich und seine Lieben retten. Wer der Nation aber feige oder charakterlos in den Rücken fällt, wird unter allen Umständen eines schimpflichen Todes sterben.

Daß der Nationalsozialismus diesen Geist in unserem deutschen Volke erwecken und erhärten konnte, ist seine größte Tat. Wenn einmal nach dem Abklingen dieses gewaltigen Weltdramas die Friedensglocken läuten werden, wird man erst erkennen, was das deutsche Volk dieser seelischen Wiedergeburt verdankt: Es ist nicht weniger als sein Dasein auf dieser Welt.

Vor wenigen Monaten und Wochen noch haben die alliierten Staatsmänner ganz offen das deutsche Schicksal gekennzeichnet.

Sie wurden daraufhin von einigen Zeitungen ermahnt, klüger zu sein und lieber etwas zu versprechen, auch wenn man nicht die Absicht habe, das Versprochene später einzuhalten. Ich möchte in dieser Stunde als unerbittlicher Nationalsozialist und Kämpfer meines Volkes diesen anderen Staatsmännern einmal für immer die Versicherung abgeben, daß jeder Versuch der Einwirkung auf das nationalsozialistische Deutschland durch Phrasen Wilsonscher Prägung eine Naivität voraussetzt, die das heutige Deutschland nicht kennt.

Aber es ist überhaupt nicht entscheidend, daß in den Demokratien die politische Tätigkeit und die Lüge als unlösbare Bundesgenossen in Erscheinung treten, sondern entscheidend ist, daß jedes Versprechen, das diese Staatsmänner einem Volk abgeben, heute überhaupt völlig belanglos ist, weil sie selbst nicht mehr in der Lage sind, je[mals] irgendeine solche Versicherung einlösen zu können. Es ist nicht anders, als wenn ein Schaf einem anderen die Versicherung abgeben wollte, es vor einem Tiger zu beschützen. Ich wiederhole demgegenüber meine Prophezeiung: England wird nicht nur nicht in der Lage sein, den Bolschewismus zu bezähmen, sondern seine eigene Entwicklung wird zwangsläufig mehr und mehr im Sinne dieser auflösenden Krankheit verlaufen. Die Geister, die die Demokratien aus den Steppen Asiens gerufen haben, werden sie selbst nicht mehr los. All die kleinen europäischen Nationen, die im Vertrauen auf alliierte Zusicherungen kapitulierten, gehen ihrer völligen Ausrottung entgegen. Ob sie dieses Schicksal etwas früher oder etwas später trifft, ist – gemessen an seiner Unabwendbarkeit – völlig belanglos. Es sind ausschließlich taktische Erwägungen, die die Kremljuden bewegen, in einem Fall sofort brutal und im anderen Fall zunächst etwas zurückhaltender vorzugehen. Das Ende wird immer das gleiche sein.

Dieses Schicksal aber wird Deutschland niemals erleiden! Der Garant dafür ist der vor zwöf Jahren erfochtene Sieg im Inneren unseres Landes. Was immer auch unsere Gegner ersinnen mögen, was immer sie deutschen Städten, den deutschen Landschaften und vor allem unseren Menschen an Leid zufügen, es verblaßt gegenüber dem unkorrigierbaren Jammer und Unglück, das uns treffen müßte, wenn jemals die plutokratisch-bolschewistische Verschwörung Sieger bliebe.

Es ist daher am 12. Jahrestag der Machtübernahme erst recht notwendig, das Herz stärker zu machen als jemals zuvor und in sich den heiligen Entschluß zu erhärten, die Waffen zu führen, ganz gleich wo und ganz gleich unter welchen Umständen, – so lange, bis am Ende der Sieg unsere Anstrengungen krönt.

Ich möchte an diesem Tage aber auch über etwas anderes keinen Zweifel lassen: einer ganzen feindlichen Umwelt zum Trotz habe ich einst im Innern meinen Weg gewählt und bin ihn als Unbekannter, Namenloser gewandert bis zum endgültigen Erfolg. Oftmals totgesagt und jederzeit totgewünscht, abschließend doch als Sieger! Mein heutiges Leben wird aber ebenso ausschließlich bestimmt durch die mir obliegenden Pflichten.

Sie ergeben zusammengefaßt nur eine einzige, nämlich: für mein Volk zu arbeiten und dafür zu kämpfen. Von dieser Pflicht kann mich nur der entbinden, der mich dazu berufen hat. Es lag in der Hand der Vorsehung, am 20. Juli durch die Bombe, die anderthalb Meter neben mir krepierte, mich auszulöschen und damit mein Lebenswerk zu beenden. Daß mich der Allmächtige an diesem Tag beschützte, sehe ich als eine Bekräftigung des mir erteilten Auftrages an. Ich werde daher auch in den kommenden Jahren diesen Weg kompromißloser Vertretung der Interessen meines Volkes weiterwandeln, unbeirrt durch jede Not und jede Gefahr und durchdrungen von der heiligen Überzeugung, daß am Ende der Allmächtige den nicht verlassen wird, der in seinem ganzen Leben nichts anderes wollte, als sein Volk vor einem Schicksal zu retten, das es weder seiner Zahl noch gar seiner Bedeutung nach jemals verdient hat.

Ich appelliere in dieser Stunde deshalb an das ganze deutsche Volk, an der Spitze aber an meine alten Mitkämpfer und an alle Soldaten, sich mit einem noch größeren härteren Geist des Widerstandes zu wappnen, bis wir – wieder wie schon einmal – den Toten dieses gewaltigen Ringens den Kranz mit der Schleife auf das Grab legen dürfen: »Und ihr habt doch gesiegt!«

Ich erwarte von jedem Deutschen, daß er deshalb seine Pflicht bis zum Äußersten erfüllt, daß er jedes Opfer, das von ihm gefordert wird und werden muß, auf sich nimmt, ich erwarte von jedem Gesunden, daß er sich mit Leib und Leben einsetzt im Kampf, ich erwarte von jedem Kranken und Gebrechlichen oder sonst Unentbehrlichen, daß er bis zum Aufgebot seiner letzten Kraft arbeitet; ich erwarte von den Bewohnern der Städte, daß sie die Waffen schmieden für diesen Kampf, und ich erwarte vom Bauern, daß er unter höchstmöglicher eigener Einschränkung das Brot gibt für die Soldaten und Arbeiter dieses

Kampfes. Ich erwarte von allen Frauen und Mädchen, daß sie diesen Kampf – so wie bisher – mit äußerstem Fanatismus unterstützen. Ich wende mich mit besonderem Vertrauen dabei an die deutsche Jugend. Indem wir eine so verschworene Gemeinschaft bilden, können wir mit Recht vor den Allmächtigen treten und ihn um seine Gnade und seinen Segen bitten. Denn mehr kann ein Volk nicht tun, als daß jeder, der kämpfen kann, kämpft, und jeder, der arbeiten kann, arbeitet, und alle gemeinsam opfern, nur von dem einen Gedanken erfüllt, die Freiheit, die nationale Ehre und damit die Zukunft des Lebens sicherzustellen.

Wie schwer auch die Krise im Augenblick sein mag, sie wird durch unseren unabänderlichen Willen, durch unsere Opferbereitschaft und durch unsere Fähigkeiten am Ende trotzdem gemeistert werden. Wir werden auch diese Not überstehen. Es wird auch in diesem Kampf nicht Innerasien siegen, sondern Europa, – und an der Spitze jene Nation, die seit eineinhalbtausend Jahren Europa als Vormacht gegen den Osten vertreten hat und in alle Zukunft vertreten wird: Unser Großdeutsches Reich, die deutsche Nation!

66. Theodor Heuss: Rede bei der Weihe des Mahnmals im Vernichtungslager Bergen-Belsen (1952)

Wir Deutschen wollen, sollen und müssen, will mir scheinen, tapfer zu sein lernen gegenüber der Wahrheit, zumal auf einem Boden, der von den Exzessen menschlicher Feigheit gedüngt und verwüstet wurde. Denn die bare Gewalttätigkeit, die sich mit Karabiner, Pistole und Rute verziert, ist in einem letzten Winkel immer feige, wenn sie, gut gesättigt, drohend und mitleidlos, zwischen schutzloser Armut, Krankheit und Hunger herumstolziert. Wer hier als Deutscher spricht, muß sich die innere Freiheit zutrauen, die volle Grausamkeit der Verbrechen, die hier von Deutschen begangen wurden, zu erkennen. Wer sie beschönigen oder bagatellisieren wollte oder gar mit der Berufung auf den irregegangenen Gebrauch der sogenannten »Staatsraison« begründen wollte, der würde nur frech sein.

Ich habe das Wort Belsen zum erstenmal im Frühjahr 1945 aus dem britischen Rundfunk gehört, und ich weiß, daß es vielen in diesem Lande ähnlich gegangen ist. Wir wußten – oder doch ich wußte – Dachau, Buchenwald bei Weimar, Oranienburg, Ortsnamen bisher heiterer Erinnerungen, über die jetzt eine schmutzig-braune Farbe geschmiert war. Dort waren Freunde, dort waren Verwandte gewesen, hatten davon erzählt. Dann lernte man frühe das Wort Theresienstadt, das am Anfang sozusagen zur Besichtigung durch Neutrale präpariert war, und Ravensbrück. An einem bösen Tag hörte ich den Namen Mauthausen, wo sie meinen alten Freund Otto Hirsch »liquidiert« hatten, den edlen und bedeutenden Leiter der Reichsvertretung deutscher Juden. Ich hörte das Wort aus dem Munde seiner Gattin, die ich zu stützen und zu beraten suchte. Belsen fehlte in diesem meinem Katalog des Schreckens und der Scham, auch Auschwitz.

Diese Bemerkung soll keine Krücke sein für diejenigen, die gern erzählen: Wir haben von alledem nichts gewußt. Wir haben von den Dingen gewußt. Wir wußten auch aus den Schreiben evangelischer und katholischer Bischöfe, die ihren geheimnisreichen Weg zu den Menschen fanden, von der systematischen Ermordung der Insassen deutscher Heilanstalten. Dieser Staat, dem menschliches Gefühl eine lächerliche und kostenverursachende Sentimentalität hieß, wollte auch hier tabula rasa – »reinen Tisch« – machen, und der reine Tisch trug Blutflecken, Aschenreste – was kümmerte das? Unsere Phantasie, die aus der bürgerlichen und christlichen Tradition sich nährte, umfaßte nicht die Quantität dieser kalten und leidvollen Vernichtung.

Dieses Belsen und dieses Mal sind stellvertretend für ein Geschichtsschicksal. Es gilt den Söhnen und Töchtern fremder Nationen, es gilt den deutschen und ausländischen Juden, es gilt auch dem deutschen Volke und nicht bloß den Deutschen, die auch in diesem Boden verscharrt wurden.

Ich weiß, manche meinen: War dieses Mal notwendig? Wäre es nicht besser gewesen, wenn Ackerfurchen hier liefen, und die Gnade der sich ewig verjüngenden Fruchtbarkeit der Erde verzeihe das Geschehene? Nach Jahrhunderten mag sich eine vage Legende vom unheimlichen Geschehen an diesen Ort heften. Gut, darüber mag man meditieren; und Argumente fehlen nicht, Argumente der Sorge, daß dieser Obelisk ein Stachel sein könnte, der Wunden, die der Zeiten Lauf heilen solle, das Ziel der Genesung zu erreichen nicht gestatte.

Wir wollen davon in allem Freimut sprechen. Die Völker, die hier die Glieder ihres Volkes in Massengräbern wissen, gedenken ihrer, zumal die durch Hitler zu einem volkhaften

Eigenbewußtsein schier gezwungenen Juden. Sie werden nie, sie können nie vergessen, was ihnen angetan wurde; die Deutschen dürfen nie vergessen, was von Menschen ihrer Volkszugehörigkeit in diesen schamreichen Jahren geschah.

Nun höre ich den Einwand: Und die anderen? Weißt du nichts von den Internierungslagern 1945/46 und ihren Roheiten, ihrem Unrecht? Weißt du nichts von den Opfern in fremdem Gewahrsam, von dem Leid der formalistisch-grausamen Justiz, der heute noch deutsche Menschen unterworfen sind? Weißt du nichts von dem Fortbestehen der Lagermißhandlung, des Lagersterbens in der Sowjetzone, Waldheim, Torgau, Bautzen? Nur die Embleme haben sich dort gewandelt.

Ich weiß davon und habe nie gezögert, davon zu sprechen. Aber Unrecht und Brutalität der anderen zu nennen, um sich darauf zu berufen, ist das Verfahren der moralisch Anspruchslosen, die es in allen Völkern gibt, bei den Amerikanern so gut wie bei den Deutschen oder den Franzosen und so fort. Es ist kein Volk besser als das andere, es gibt in jedem solche und solche. Amerika ist nicht »God's own country«, und der harmlose Emanuel Geibel hat einigen subalternen Unfug verursacht mit dem Wort, daß am deutschen Wesen noch einmal die Welt genesen werde.

Und waren die Juden das »auserwählte Volk«, wenn sie nicht gerade auch zu Leid und Qual auserwählt waren? Mir scheint, der Tugendtarif, mit dem die Völker sich selber ausstaffieren, ist eine verderbliche, armselige Angelegenheit. Er gefährdet das klare, anständige Vaterlandsgefühl, das jeden, der bewußt in seiner Geschichte steht, tragen wird, das dem, der die großen Dinge sieht, Stolz und Sicherheit geben mag, ihn darum aber nicht in die Dumpfheit einer pharisäerhaften Selbstgewißheit verführen darf. Gewalttätigkeit und Unrecht sind keine Dinge, die man für eine wechselseitige Kompensation gebrauchen soll und darf. Denn sie tragen die böse Gefahr in sich, im seelischen Bewußtsein sich zu steigern; ihr Gewicht wird zur schlimmsten Last im Einzelschicksal, ärger noch im Volks- und Völkerschicksal. Alle Völker haben ihre Rachebarden, oder, wenn diese ermüdet sind, ihre Zweckpublizisten in Reserve.

Es liegen hier die Angehörigen mancher Völker. Die Inschriften sind vielsprachig, sie sind ein Dokument der tragischen Verzerrung des europäischen Schicksals. Es liegen hier auch viele deutsche Opfer des Terrors und wie viele am Rande anderer Lager? In Belsen sollten gerade die Juden, die noch irgendwo greifbar waren, vollends verhungern oder Opfer der Seuchen werden. Sicher ist das, was zwischen 1933 und 1945 geschah, das Furchtbarste, was die Juden der Geschichte gewordenen Diaspora erfuhren. Dabei war etwas Neues geschehen.

Judenverfolgungen kennt die Vergangenheit in mancherlei Art. Sie waren ehedem teils Kinder des religiösen Fanatismus, teils sozialökonomische Konkurrenzgefühle. Von religiösem Fanatismus konnte nach 1933 nicht die Rede sein. Denn den Verächtern der Heiligen Schriften des Alten und des Neuen Bundes, den Feinden aller religiösen Bindungen war jedes metaphysische Problem denkbar fremd. Und das Sozialökonomische reicht nicht aus, wenn es nicht bloß an Raubmord denkt. Aber das war es nicht allein. Im Grunde drehte es sich um etwas anderes. Der Durchbruch des biologischen Naturalismus der Halbbildung führte zur Pedanterie des Mordens als schier automatischem Vorgang, ohne das bescheidene Bedürfnis nach einem bescheidenen quasi moralischen Maß. Dies gerade ist die tiefste Verderbnis dieser Zeit. Und dies ist unsere Scham, daß sich solches im Raum der Volksgeschichte vollzog, aus der Lessing und Kant, Goethe und Schiller in das Weltbewußtsein traten. Diese Scham nimmt uns niemand, niemand ab.

Albert Schweitzer hat seine kulturethische Lehre unter die Formel gestellt: »Ehrfurcht vor dem Leben«. Sie ist wohl richtig, so grausam paradox die Erinnerung an dieses Wort an einem Orte klingen mag, wo es zehntausendfach verhöhnt wurde. Aber bedarf sie nicht einer Ergänzung: »Ehrfurcht vor dem Tode?«

Im ersten Weltkrieg sind zwölftausend junge Menschen jüdischen Glaubens für die Sache ihres deutschen Vaterlandes gefallen. Im Ehrenmal meiner Heimatstadt waren auch sie in ehernen Lettern mit den Namen aller anderen Gefallenen eingetragen, Kamerad neben Kamerad. Der nationalsozialistische Kreisleiter ließ die Namen der jüdischen Toten herauskratzen und den Raum der Lücken mit irgendwelchen Schlachtennamen ausfüllen. Ich spreche davon nicht, weil Jugendfreunde von mir dabei ausgewischt wurden. Das war mein schlimmes Erkennen und Erschrecken, daß die Ehrfurcht vor dem Tode, dem einfachen Kriegstode, untergegangen war, während man schon an neue Kriege dachte.

Das Sterben im Kriege, am Kriege hat bald die furchtbarsten Formen gewählt. Auch hier in Belsen hat der Krieg dann, mit Hunger und Seuchen als kostenlose Gehilfen zur Seite, gewütet. Ein zynischer Bursche, ein wüster Gesell mochte sagen: In der Hauptsache waren es ja bloß Juden, Polen, Russen, Franzosen, Belgier, Norweger, Griechen und so fort! Bloß? Es waren Menschen wie du und ich, sie hatten ihre Eltern, ihre Kinder, ihre Männer, ihre Frauen! Die Bilder der Überlebenden sind die schreckhaftesten Dokumente.

Der Krieg war für dieses Stück Land im April 1945 vorbei. Aber es wurde als Folge von Hunger und Seuchen weitergestorben. Britische Ärzte haben dabei ihr Leben verloren. Doch ich bin in den letzten Tagen von hervorragender jüdischer Seite gebeten worden, gerade in dieser Stunde auch ein Wort von diesem Nachher zu sagen, von der Rettungsleistung an den zum Sterben bestimmten Menschen, die durch deutsche Ärzte, durch deutsche Pfleger und Schwestern im Frühjahr und Frühsommer 1945 vollbracht wurde. Ich wußte von diesen Dingen nichts. Aber ich ließ mir erzählen, wie damals vor solchem Elend Hilfswille bis zur Selbstaufopferung wuchs, ärztliches Pflichtgefühl, Scham, vor solcher Aufgabe nicht zu versagen, christliche, schwesterliche Hingabe an den Gefährdeten, der eben immer »der Nächste« ist. Ich bin dankbar dafür, daß mir dies gesagt und diese Bitte ausgesprochen wurde. Denn es liegt in dieser Bewährung des unmittelbaren Rechten und Guten doch ein Trost.

Rousseau beginnt eines seiner Bücher mit der apodiktischen Erklärung: »Der Mensch ist gut.« Ach, wir haben gelernt, daß die Welt komplizierter ist als die Thesen moralisierender Literaten. Aber wir wissen auch dies: Der Mensch, die Menschheit ist eine abstrakte Annahme, eine statistische Feststellung, oft nur eine unverbindliche Phrase; aber die Menschlichkeit ist ein individuelles Sich-Verhalten, ein ganz einfaches Sich-Bewähren gegenüber dem anderen, welcher Religion, welcher Rasse, welchen Standes, welchen Berufes er auch sei. Das mag ein Trost sein.

Da steht der Obelisk, da steht die Wand mit den vielsprachigen Inschriften. Sie sind Stein, kalter Stein. Saxa loquuntur, Steine können sprechen. Es kommt auf den einzelnen, es kommt auf dich an, daß du ihre Sprache, daß du diese ihre besondere Sprache verstehst, um deinetwillen, um unser aller willen!

67. Gottfried Benn: Rede bei der Verleihung des Büchner-
   Preises (1951)

Ein Mann aus West-Berlin, ein gebürtiger Norddeutscher, zu
dieser Stunde in der alten Hauptstadt Hessens, im Begriff, den
nach dem Namen des berühmtesten hessischen Dichters genannten Literaturpreis entgegenzunehmen – eine ungewöhnliche
Situation. Die Situation wird noch ungewöhnlicher, wenn man
sich überlegt, daß der, nach dem der Preis heißt, mit vierundzwanzig Jahren starb und der, der ihn annimmt, in den Sech-
zigerjahren steht. Der Dorfjunge aus Goddelau, Sohn eines
Arztes, und der Dorfjunge aus Mansfeld, Sohn eines Pfarrers
– übrigens beide Ärzte –, kommen in diesem Augenblick in
Berührung.

Was verbindet sie, was verbindet die Generationen, was hebt
die Landesgrenzen auf, was überbrückt die Lebensalter – es ist
die Richtung gewisser Figuren, ihr Aufbruch, ihr Inhalt, ihr
Ziel – will man dem einen Namen geben, so hieße er Produktion, Bemühung um Ausdruck und Stil, so hieße er Wille, gewisse Besitztümer, schwer lastende innere Besitztümer des
Menschen, die nicht überall erkennbar sind, aber fast seinen
Rang bestimmen, der Mitwelt darzustellen.

Der Mitwelt darzustellen – hier zögere ich schon. Vielleicht
hat diese Wendung die Sonne noch zu lieb und auch die Sterne,
und wir müssen, sie verlassend, in ein dunkleres Reich hinab –
vielleicht ist es nur der Drang, qualvolle innere Spannungen,
Unterdrücktheiten, tiefes Leid in monologischen Versuchen
einer kathartischen Befreiung zuzuführen.

Bevor ich hierherreiste, las ich noch einmal den ›Woyzeck‹.
Schuld, Unschuld, Armseligkeit, Mord, Verwirrung sind die
Geschehnisse. Aber wenn man es heute liest, hat es die Ruhe
eines Kornfeldes und kommt wie ein Volkslied mit dem Gram
der Herzen und der Trauer aller. Welche Macht ist über dieses
dumpfe menschliche Material hinübergegangen und hat es so
verwandelt und es bis heute so hinreißend erhalten?

Wir rühren an das Mysterium der Kunst, ihre Herkunft, ihr
Leben unter den Fittichen der Dämonen. Die Dämonen fragen
nicht nach Anstand und Gepflegtheit der Sitte, ihre schwer-
erbeutete Nahrung ist Tränen, Asphodelen und Blut. Sie
machen Nachtflüge über alle irdischen Geborgenheiten, sie
zerreißen Herzen, sie zerstören Glück und Gut. Sie verbinden
sich mit dem Wahnsinn, mit der Blindheit, mit der Treulosig-

keit, mit dem Unerreichbaren, das einander sucht. Wer ihnen ausgeliefert ist, ob vierundzwanzig oder sechzig Jahre, kennt die Züge ihrer roten Häupter, fühlt ihre Streiche, rechnet mit Verdammnis. Die Generationen der Künstler hin und her – solange sie am Leben sind, die Flüchtigen mit der Reizbarkeit Gestörter und mit der Empfindlichkeit von Blutern, erst die Toten haben es gut, ihr Werk ist zur Ruhe gekommen und leuchtet in der Vollendung.

Aber dies Leuchten in der Vollendung und das Glück der Toten, es täuscht uns nicht. Die Zeiten und Zonen liegen nahe beieinander, in keiner ist es hell, und erst nachträglich sieht es aus, als ob die Worte auf Taubenfüßen kamen. Wenn die Epochen sich schließen, wenn die Völker tot sind und die Könige ruhen in der Kammer, wenn die Reiche vollendet liegen und zwischen den ewigen Meeren verfallen die Trümmer, dann sieht alles nach Ordnung aus, als hätten sie alle nur hinaufzulangen gebraucht und hätten herabgeholt die großen, die leuchtenden, die fertig liegenden Kränze, aber es war einst alles ebenso erkämpft, behangen mit Blut, mit Opfern gesühnt, der Unterwelt entrissen und den Schatten bestritten.

Die Lebenden und die Toten, die Generationen hin und her – erst von weitem sieht man, wie es ineinandergreift. Wir fahren durch die Städte, sehen die Fenster aufleuchten, die Bars erstrahlen, die Paare schlängeln sich im Tanz, und in einem der Häuser wohnt nach hinten einer dieser Flüchtigen und schlägt die Welt wie einen Mantel um sein Herz, um es zu stillen. Tragen sie auch nicht alle ihr Werk, wie Büchner seinen Woyzeck ins Sichere und Reine, mangeln sie auch in vielem der Erfüllung, hausen sie auch, um mit Jeremias zu reden, in den Felsen und tun wie die Tauben, die da nisten in den hohlen Löchern – so nisten sie doch in den Reichen, wo das Unverlöschliche brennt, das nicht erhellt und nicht erwärmt, das sinnlos ist wie der Raum und die Zeit und das Gedachte und das Ungedachte und doch allein von jenem Reflex der Immortalität, der über versunkenen Metropolen und zerfallenden Imperien von einer Vase oder einem geretteten Vers aus der *Form* sich hebt unantastbar und vollendet.

Das waren alte und neue Gedanken von mir, die mir kamen, als ich den Woyzeck las, bevor ich hierherreiste. Nun stehe ich in seiner Heimat und erlebe sie und sehe berühmte und bedeutende Persönlichkeiten vor mir, um diesen Dichter zu ehren. Aber vom Dichter wenden sich meine Gedanken nun zu seiner

Stadt, für mich persönlich ist die Tatsache, in Darmstadt zu sein, mit Vorstellungen verbunden, die weit zurückgehen. Ich möchte daher meine Erinnerungen damit beginnen, einen Darmstädter zu begrüßen, der mit mir anfing und mit mir durchstand, einen Generationsgenossen, dessen mit violetter Tinte geschriebene Postkarten mich in den zwanziger Jahren öfter in Berlin erreichten, der Absender wohnte, soweit ich mich erinnere, Kiesstraße 114, es ist einer der früheren Preisträger, Herr Kasimir Edschmid, den ich bis heute nicht von Angesicht zu Angesicht kannte, vor dem ich mich hiermit kameradschaftlich verneige. Dann bewegt es mich, den Präsidenten der Akademie, Herrn Dr. Pechel, zu sehen, über dessen persönliches Schicksal im Krieg mich zwei gemeinsame Freundinnen von ihm und mir immer unterrichteten, zwei Musikerinnen, von denen die eine in Darmstadt ihre Heimat hatte. Schließlich war diese Stadt der Hort der Schule der Weisheit, jener Weisheit, deren wir so sehr bedürfen, und die wir in Europa allein nicht mehr fanden. Auch Hartung tritt vor meinen Blick, dessen Theater jetzt unter Herrn Sellner seinen Ruhm erneuert. Mit einem Wort, diese Stadt ist in den Gedanken meiner Generation immer lebendig gewesen, hat sie mitaufgebaut und wird sie überleben. Sie wird sie, nehme ich an, vor allem in dieser Akademie überleben, die heute feiert, wenn sie fortfährt auf ihrem Weg, die Stätte zu werden, in der das Gesellschaftliche mit dem Genialen, das Überlieferte mit der Originalität, die Auflockerung, die Fruchtbarkeit und die Eröffnung sich mit der Kritik und der Philologie verbindet, wenn sie die Dämonen neben den Engeln duldet, um die Güter des Abendlandes, die Güter des Mittelmeeres und die Güter des Nordens in die neue atlantische Universalität zu überführen. Dieser Akademie vor allem gelten meine Wünsche, Ihnen allen gilt mein Dank, und damit nehme ich in Ehrerbietung den Preis entgegen.

68. Gunter Groll: Besprechung des Films ›Nero‹ (1955)

I

›Nero‹ ist ein Film der italienischen Firma ›Spettacolo‹. Und so ist er auch.

II

In diesem Spektakulum spielt Gino Cervi, weiland Peppone, den Nero – und zwar so, als habe er nie den Peppone gespielt. Freilich, das tückische Grinsen... da weiß man nicht recht: grinst Nero so heimtückisch, weil er so heimtückisch ist, oder grinst Cervi so heimtückisch, weil ihn Neros Heimtücke heimlich belustigt? Nun, es vergeht ihm schon noch. Als dem orgienfrohen Kaiser am Ende übel wird, spielt Cervi das so glaubhaft, daß man meint: jetzt ist nicht nur dem Kaiser, jetzt ist auch dem Cervi schlecht geworden. Kein Wunder, meint man.

III

Den Seneca spielt Picasso. Nicht Pablo Picasso, sondern Lamberto Picasso, ein Naturalist, dem man einen ziemlich langen Bart anklebte, aus dem heraus er Sätze von Seneca murmelt. Der Kaiser schaut dann immer drein, als dächte er ans Abitur.

IV

Die stille Heldin, eine Dame namens Akte, spielt eine Dame namens Milly Vitale. Trüb und bleich geht Akte, beziehungsweise Milly Vitale (keine sehr vitale Milly), durch mehrere Akte, in denen mehrere Halbakte auftauchen; Milly, beziehungsweise Akte, ihrerseits weicht keinen Millimeter vom rechten Wege, kommt aber trotzdem um. Hier kommen alle um. Durch Schwert, Dolch, Messer, Gift, Wasser, Feuer, Ziegelsteine – sogar mit dem Sofakissen wird jemand erstickt. Und natürlich bleiben auch Senecas Pulsadern nicht lange ungeöffnet.

V

Nero, der alte Zundelfrieder, zündet Rom hier höchstpersönlich an – beziehungsweise: er zündet persönlich den von Akte in einem Brotlaib versteckten Brief des Apostels Paulus an; daraus entsteht, allen Ernstes, zunächst ein Gardinenbrand, und allmählich brennt dann die ganze Stadt. Es ist ungeheuer symbolisch, wenn auch, historisch gesehen, ein wenig frei.

VI

Als Nero sich dann, auf allgemeinen Wunsch, selber umbringt, erwartet man mit einiger Sicherheit das bekannte Zitat: »Welch

ein Künstler geht mit mir verloren!« Doch das kommt nicht.
Aus Trotz.

VII

Aber schließlich: es wäre, wenn dieser Nero das spräche, auch
wirklich nicht sehr passend.

69. Charles de Gaulle: Proklamation zur Lösung der Algerienfrage (1960)

In einer von Erschütterungen heimgesuchten Welt sieht Frankreich sich vor große Probleme gestellt, die zugleich große
Prüfungen sind. Frankreich wäre nicht Frankreich, wenn das
anders wäre. Es muß sich der Zeit anpassen und sich den hoff-
nungsvollen, aber unerbittlichen Gegebenheiten fügen, die
die Welt umgestalten.

Nachdem es während des letzten Krieges, trotz der Katastrophe am Anfang, seine Unabhängigkeit, Einheit und Inte-
grität gewahrt, sich dann einer tiefgehenden wirtschaftlichen,
technischen und sozialen Umwandlung unterzogen und im
Zeitraum von zwei Jahren seine politischen Kräfte erneuert
hat, nachdem es einen beachtlichen Teil an der Organisation
zur Verteidigung der freien Welt übernommen, sich mit Eifer
für den Aufbau Europas eingesetzt, die Schaffung einer Atom-
macht eingeleitet und – wir haben es soeben erlebt – mit zwölf
afrikanischen Republiken und der madagassischen Republik
das veraltete System der Kolonisation zu fruchtbarer und
freundschaftlicher Zusammenarbeit gewandelt hat, – nach alledem kann Frankreich als eine moderne, selbstsichere und unter-
nehmungsfreudige Nation gelten. Um sich den Weg in die
Zukunft weiter zu ebnen, muß es die Probleme seiner Beziehungen zu Algerien und der Befriedung dieses zerrissenen
Landes lösen.

Meiner Aufgabe und meiner Pflicht entsprechend, habe ich
den Weg gewählt, der zu gehen ist, und auf Vorschlag der Regierung bitte ich das französische Volk um seine Zustimmung.
Zweimal schon habe ich diese Möglichkeit wahrgenommen:
1945, als das Drama zu Ende war, um die Wendung zu einer
politischen Erneuerung und die Abschaffung der totalitären

Sklaverei zu beschließen; 1958, um eine Verfassung zu schaffen, die den Wiederaufbau unseres Staates ermöglicht und zugleich unseren Gebieten in Übersee die Selbstbestimmung läßt. Heute nun wende ich mich zum dritten Male unmittelbar an die Nation. Das französische Volk wird aufgerufen, am 8. Januar durch Volksentscheid zu bestimmen, ob es, wie ich es von ihm erbitte, billigt, daß die algerische Bevölkerung, sobald Friede sein wird, selbst über ihr Schicksal entscheidet. Das bedeutet: entweder mit der französischen Republik zu brechen, zu ihr zu gehören oder sich ihr anzuschließen. Es versteht sich von vornherein, daß Frankreich die Wahl bestätigen wird. Niemand kann sich über die außerordentliche Bedeutung täuschen, die der Antwort des Landes zukommt. Für Algerien wird das den Völkern zuerkannte Recht, über ihr Schicksal zu bestimmen, den Beginn eines ganz neuen Lebens bedeuten. Manche mögen bedauern, daß Gewohnheiten, Befürchtungen und Vorurteile unlängst die Assimilation der Mohammedaner verhindert haben – sofern dies möglich war. Aber die Tatsache, daß diese acht Neuntel der Bevölkerung ausmachen und daß dieses Verhältnis sich ständig zu ihren Gunsten verschiebt, die Entwicklung der Menschen und der Dinge, wie die Ereignisse und besonders der Aufstand sie ausgelöst haben, und schließlich alles, was sich in der Welt ereignet hat und noch ereignet, machen solche Betrachtungen illusorisch und solches Bedauern überflüssig.

Das Algerien von morgen wird algerisch sein. Die Algerier werden ihre Angelegenheiten selbst regeln, und es wird nur von ihnen abhängen, einen Staat zu gründen, der seine eigene Regierung, seine eigenen Institutionen und Gesetze hat.

Frankreich wird feierlich über seine Zustimmung entscheiden, in einem Geiste, der die anderen Völker zu befreien heißt, sobald der Augenblick dazu gekommen ist – und diese willens sind, selbst niemanden zu unterdrücken. Frankreich wird diesen Entschluß in seinem Interesse und mit der Hoffnung fassen, es in Zukunft nicht mehr mit einem chaotischen, aufrührerischen, sondern mit einem friedlichen und verantwortungsbewußten Algerien zu tun zu haben.

Wenn indessen die algerische Bevölkerung im Zustand des Friedens eines Tages zu entscheiden haben wird, so muß sie ihre Wahl auf Realitäten gründen und nicht blind jenen folgen, die sie in ein verzweifeltes Chaos stürzen. Welches sind die Realitäten? Es gibt neben den Mohammedanern mehr als eine

Million Einwohner europäischen Ursprungs, die ebenso Eingesessene sind und genau dasselbe Daseinsrecht haben, die in ihrer Gesamtheit für das Leben Algeriens wichtig und, was auch geschehen mag, Frankreichs Kinder sind. Frankreich ist entschlossen, sie zu schützen, ebenso die Mohammedaner, die unter allen Umständen Franzosen bleiben wollen.

Was für Mißverständnisse, Feindseligkeiten und Wunden es auch gegeben haben mag, für den einfachen gesunden Menschenverstand ist es selbstverständlich, daß die mohammedanischen und französischen Gemeinschaften miteinander leben, arbeiten und freiwillig zum Wohl derselben Institutionen beitragen, wobei allerdings jede Gruppe besondere Garantien für ihre Rechte, ihre Lebensweise und ihre Sicherheit braucht.

Nun bedarf aber Algerien, um zu leben, sich zu entwickeln, wohlhabend und modern zu werden, der Unterstützung. Die nötige Hilfe bringt ihm Frankreich. Im Jahre 1960 haben wir in Algerien auf alle mögliche Art und Weise mehr als 400 Milliarden alte Francs investiert. Die administrativen, ökonomischen, technischen und sozialen Aufbauleistungen in Algerien erlauben keinen Vergleich mit denen irgendeines anderen Volkes in irgendeinem anderen Gebiet der Welt. 250000 Mohammedaner, die in der Verwaltung, der Justiz, dem Schulwesen und in der Armee auf beiden Seiten des Mittelmeeres tätig sind, nehmen schon leitende öffentliche Stellen ein oder bereiten sich darauf vor. 100000 weitere werden an Universitäten, technischen Schulen und anderen Lehrzentren für leitende Posten oder als Lehrer auf den verschiedensten Gebieten herangebildet. 400000 verdienen in der Hauptstadt ihren Lebensunterhalt und den ihrer Familien, sei es daß sie diese in Algerien zurückließen oder sie zu sich genommen haben. Im Laufe von drei Jahren hat sich die Zahl der mohammedanischen Schulkinder verdoppelt. Sie wird sich in den kommenden drei Jahren noch einmal verdoppeln. Welche Macht außer Frankreich würde eine solche Beihilfe leisten? Wer aber könnte sich ihre Weiterführung vorstellen, wenn der Bruch aufrechterhalten wird?

In der Tat scheint alles dem Algerien von morgen nahezulegen, mit Frankreich verbunden zu bleiben. Dieses Frankreich ist ihm von allem Anfang an brüderlich gesonnen, nicht nur um der vielfachen Bande willen, die im Laufe von mehr als einem Jahrhundert geknüpft wurden, sondern auch auf Grund der Erwartungen, die es in ein blühendes und freundschaftliches Algerien setzt, trotz oder gerade wegen der traurigen

Ereignisse der letzten sechs Jahre und ihrer Wunden, die es heute zu heilen gilt. Frankreich ist aber nur gesonnen, sich mit einem Algerien zu verbünden, in dem die Zusammenarbeit der Gemeinschaften gesichert ist, und zwar mit einem Algerien, in dem eine jede Gemeinschaft verfassungsmäßige Garantien erhält, und mit einem Algerien, das auf allen jenen Gebieten mit uns zusammengeht, wo es unsere Hilfe in Anspruch nimmt.

Es gilt, unverzüglich vorbereitende Schritte zu unternehmen: Auf Grund des Volksentscheids sollen, falls die Antwort des Volkes positiv ausfällt, die staatlichen Gewalten, Exekutive und Nationalversammlung im Hinblick auf die Selbstbestimmung für die Gesamtheit des Landes organisiert werden. Staat und Verwaltung sollen dezentralisiert werden zugunsten einer regionalen Aufteilung in Departements, die die geographischen und ethnischen Unterschiede Algeriens berücksichtigt. Schließlich sollen zwischen dem Mutterland und Algerien Organe geschaffen werden, die für die allgemeinen Belange zuständig sind, wie zum Beispiel der Constantine-Plan. Selbstverständlich gelten diese Institutionen nur bis zu dem Tage, an dem die gültige Volksbefragung sie entweder bestätigt oder abwandelt oder verwirft. Aber inzwischen werden sie Algerien helfen, den Weg einzuschlagen, der zu einer vernünftigen Lösung führt.

In dem Maße, wie diese Lösung deutlicher hervortritt, wird Frankreich den Dienst bemessen, den seine Armee in Algerien leistet und weiterhin leisten wird. In was für einem Meer von Blut und Elend wäre dies Land versunken, hätten unsere Soldaten, Franzosen wie Muselmanen und Afrikaner, in ihrer Pflicht zur Erhaltung der öffentlichen Ordnung versagt? Von nun an läßt sich das Ende des Dramas absehen, weil sie in langem und mutigem Einsatz die Sicherheit in allen Regionen des Landes soweit wiederhergestellt haben, daß im Laufe der letzten acht Tage der Aufstand eine geringere Anzahl von Opfern gefordert hat als die Unfälle im Verkehr oder bei der Arbeit. Und was die Möglichkeiten für eine zukünftige Vereinigung Algeriens und Frankreichs anbetrifft, so denke man nur an die zahllosen menschlichen Kontakte zwischen unseren Truppen und der Bevölkerung! Um ihretwillen kann Frankreich heute den Frieden vorschlagen.

Ja, wir schlagen den Frieden vor: Wir sind bereit, die Abgeordneten derer zu empfangen, die uns bekämpfen. Hat man erst den letzten Zwischenfällen und Attentaten ein Ende gesetzt, wird die Regierung mit den verschiedenen algerischen Parteien und insbesondere mit den Führern der Rebellion die Bedingungen aushandeln können, unter denen die freie Selbstentscheidung erfolgen kann. Daher wird die positive Entscheidung unseres Volkes zugleich ein Appell zur Beendigung der Kämpfe und zu einem friedlichen Ausgleich sein.

Französische Frauen und Männer, das freie und bedeutungsvolle Ja, das der Präsident der Republik, General de Gaulle, von Euch fordert, wird der Entschluß Frankreichs sein. Es wird Algerien die Möglichkeit einer freien Zukunft geben. Es wird der Welt beweisen, daß die französische Nation heute wie immer einig, weise und großherzig ist. Und was für eine Unterstützung wird Euer Ja mir bei dieser schwierigen Aufgabe bedeuten!

Es lebe die Republik!
Es lebe Frankreich!

70. Christian Schütze: Gestanzte Festansprache (1962)

Hochverehrter Herr Präsident, meine Herren Minister, Staatssekretäre, Bürgermeister, Referenten, Dezernenten und Assistenten, hochgeschätzte Männer und Frauen unseres Kulturlebens, Vertreter der Wissenschaft, der Wirtschaft und des selbständigen Mittelstandes, geehrte Festversammlung, meine Damen und Herren!

Wenn wir uns heute hier zusammengefunden haben, um miteinander diesen Tag zu begehen, so geschieht das nicht von ungefähr. Denn gerade in einer Zeit wie der unseren, da die echten menschlichen Werte mehr denn je unser ernstes, tiefinnerstes Anliegen sein müssen, wird von uns eine Aussage erwartet. Ich möchte Ihnen keine Patentlösung vortragen, sondern lediglich eine Reihe von heißen Eisen zur Diskussion stellen, die nun einmal im Raum stehen. Was wir brauchen, sind ja nicht fertige Meinungen, die uns doch nicht unter die Haut gehen, sondern was wir brauchen, ist vielmehr das echte Gespräch, das uns in unserer Menschlichkeit aufrührt. Es ist das Wissen um die Macht der Begegnung bei der Gestaltung des zwischenmenschlichen Bereichs, das uns hier zusammengeführt hat. In diesem zwischenmenschlichen Bereich sind die

Dinge angesiedelt, die zählen. Ich brauche Ihnen nicht zu sagen, was ich damit meine. Sie alle, die Sie im besonderen und hervorragenden Sinne mit Menschen zu tun haben, werden mich verstehen.

In einer Zeit wie der unseren – ich sagte es bereits –, in der die Optik der Dinge gleichsam allenthalben ins Wanken geraten ist, kommt es mehr denn je auf den einzelnen an, der um das Wesen der Dinge selbst weiß, der Dinge als solcher, der Dinge in ihrer Eigentlichkeit. Wir brauchen aufgeschlossene Menschen, die dazu in der Lage sind. Wer sind diese Menschen? – werden Sie mich fragen, und ich antworte Ihnen: Sie! Indem Sie sich hier versammelt haben, beweisen Sie deutlicher, als Worte es könnten, daß Sie bereit sind, Ihrem Anliegen Nachdruck zu verleihen. Dafür möchte ich Ihnen danken. Aber auch dafür, daß Sie mit diesem Bekenntnis zu einer guten Sache der Flut des Materialismus, in der um uns herum alles zu versinken droht, ein energisches Halt entgegensetzen.

Um es gleich vorweg zu sagen: Sie sind hierhergekommen, um Wegweisung zu empfangen, um zu hören. Sie erwarten von dieser Begegnung auf zwischenmenschlicher Ebene einen Beitrag zur Wiederherstellung des mitmenschlichen Klimas, der Nestwärme, die unserer modernen Industriegesellschaft in so erschreckendem Maße zu fehlen scheint ...

Aber was bedeutet das für uns in unserer konkreten Situation hier und jetzt? Die Frage aussprechen heißt, sie stellen. Ja, es heißt noch viel mehr. Es heißt, uns ihr aussetzen, uns ihr stellen. Das dürfen wir nicht vergessen. Der moderne Mensch vergißt das aber in der Hast und im Getriebe des Tages gar zu leicht. Sie jedoch, die Sie zu den Stillen im Lande gehören, wissen darum. Unsere Probleme entstammen ja einem Bereich, den zu pflegen wir gerufen sind. Die heilsame Betroffenheit, die von dieser Tatsache ausgeht, reißt Horizonte auf, die wir uns nicht einfach dadurch verstellen sollten, daß wir uns gelangweilt abwenden. Es gilt, mit dem Herzen zu denken und die menschliche Antenne auf die gleiche Wellenlänge zu schalten. Keiner weiß heute besser als der Mensch, worauf es im letzten ankommt.

71. John F. Kennedy: Rede vor dem Schöneberger Rathaus in Berlin (1963)

Meine Berliner und Berlinerinnen!

Ich bin stolz, heute in Ihre Stadt zu kommen als Gast Ihres hervorragenden Regierenden Bürgermeisters, der in allen Teilen der Welt als Symbol für den Kampf und den Widerstandsgeist West-Berlins gilt. Ich bin stolz, auf dieser Reise die Bundesrepublik Deutschland zusammen mit Ihrem hervorragenden Herrn Bundeskanzler besucht zu haben, der während so langer Jahre die Politik bestimmt hat nach den Richtlinien der Demokratie, der Freiheit und des Fortschritts. Ich bin stolz darauf, heute in Ihre Stadt in der Gesellschaft eines amerikanischen Mitbürgers gekommen zu sein. General Clay, der hier tätig war in der Zeit der schwersten Krise, durch die diese Stadt gegangen ist, und der wieder nach Berlin kommen wird, wenn es notwendig werden sollte.

Vor zweitausend Jahren war der stolzeste Satz, den ein Mensch sagen konnte, der: Ich bin ein Bürger Roms! Heute ist der stolzeste Satz, den jemand in der freien Welt sagen kann: »Ich bin ein Berliner!« Wenn es in der Welt Menschen geben sollte, die nicht verstehen oder die nicht zu verstehen vorgeben, worum es heute in der Auseinandersetzung zwischen der freien Welt und dem Kommunismus geht, dann können wir ihnen nur sagen, sie sollen nach Berlin kommen. Es gibt Leute, die sagen, dem Kommunismus gehöre die Zukunft. Sie sollen nach Berlin kommen! Und es gibt wieder andere in Europa und in anderen Teilen der Welt, die behaupten, man könne mit den Kommunisten zusammenarbeiten. Auch sie sollen nach Berlin kommen! Und es gibt auch einige wenige, die sagen, es treffe zwar zu, daß der Kommunismus ein böses und ein schlechtes System sei; aber er gestatte es ihnen, wirtschaftlichen Fortschritt zu erreichen. Aber laßt auch sie nach Berlin kommen!

Ein Leben in der Freiheit ist nicht leicht, und die Demokratie ist nicht vollkommen. Aber wir hatten es nie nötig, eine Mauer aufzubauen, um unsere Leute bei uns zu halten und sie daran zu hindern, woanders hinzugehen. Ich möchte Ihnen im Namen der Bevölkerung der Vereinigten Staaten, die viele Tausende Kilometer von Ihnen entfernt auf der anderen Seite des Atlantik lebt, sagen, daß meine amerikanischen Mitbürger sehr stolz darauf sind, mit Ihnen zusammen selbst aus der

Entfernung die Geschichte der letzten achtzehn Jahre teilen zu können. Denn ich weiß nicht, daß jemals eine Stadt achtzehn Jahre lang belagert wurde und dennoch lebt mit ungebrochener Vitalität, mit unerschütterlicher Hoffnung, mit der gleichen Stärke und mit der gleichen Entschlossenheit wie heute West-Berlin.

Die Mauer ist die abscheulichste und die stärkste Demonstration für das Versagen des kommunistischen Systems. Die ganze Welt sieht dieses Eingeständnis des Versagens. Wir sind darüber keineswegs glücklich, denn, wie Ihr Regierender Bürgermeister gesagt hat, die Mauer schlägt nicht nur der Geschichte ins Gesicht, sie schlägt der Menschlichkeit ins Gesicht. Durch die Mauer werden Familien getrennt, der Mann von der Frau, der Bruder von der Schwester, Menschen werden mit Gewalt auseinander gehalten, die zusammen leben wollen.

Was von Berlin gilt, gilt von Deutschland: Ein echter Friede in Europa kann nicht gewährleistet werden, solange jedem vierten Deutschen das Grundrecht einer freien Wahl vorenthalten wird. In siebzehn Jahren des Friedens und der erprobten Verläßlichkeit hat diese Generation der Deutschen sich das Recht verdient, frei zu sein, einschließlich des Rechtes, die Familien und die Nation in dauerhaftem Frieden wieder vereint zu sehen im guten Willen gegen jedermann.

Sie leben auf einer verteidigten Insel der Freiheit. Aber Ihr Leben ist mit dem des Festlandes verbunden, und deswegen fordere ich Sie zum Schluß auf, den Blick über die Gefahren des Heute hinweg auf die Hoffnung des Morgen zu richten, über die Freiheit dieser Stadt Berlin, über die Freiheit Ihres Landes hinweg auf den Vormarsch der Freiheit überall in der Welt, über die Mauer hinweg, auf den Tag des Friedens in Gerechtigkeit. Die Freiheit ist unteilbar, und wenn auch nur einer versklavt ist, dann sind nicht alle frei. Aber wenn der Tag gekommen sein wird, an dem alle die Freiheit haben und Ihre Stadt und Ihr Land wieder vereint sind, wenn Europa geeint ist und Bestandteil eines friedvollen und zu höchsten Hoffnungen berechtigten Erdteils, dann können Sie mit Befriedigung von sich sagen, daß die Berliner und diese Stadt Berlin zwanzig Jahre lang die Front gehalten haben. Alle freien Menschen, wo immer sie leben mögen, sind Bürger dieser Stadt West-Berlin, und deshalb bin ich als freier Mann stolz darauf, sagen zu können: Ich bin ein Berliner!

72. Flugblatt des Provisorischen Komitees zur Vorbereitung einer studentischen Selbstorganisation (Freie Universität Berlin, 1966)

Von diesem Gespräch haben wir nichts zu erwarten. Die Misere der Universität ist die Misere derer, die an ihr studieren müssen. Unerträglich sind die Zustände an der Freien Universität für uns Studenten.

Wir müssen uns herumschlagen mit schlechten Arbeitsbedingungen, mit miserablen Vorlesungen, stumpfsinnigen Seminaren und absurden Prüfungsbestimmungen. Wenn wir uns weigern, uns von professoralen Fachidioten zu Fachidioten ausbilden zu lassen, bezahlen wir mit dem Risiko, das Studium ohne Abschluß beenden zu müssen.

Administration und Senat erklären die Misere der Universität zur Misere des *einzelnen* Studenten, nicht um sie zu lösen, sondern um sie los zu sein. Der gesellschaftlichen Forderung nach Mehrausstoß von anpassungswilligen Spezialisten entsprechen sie mit der Reglementierung des Studiums, verschärft durch die Drohung der Zwangsexmatrikulation. Wer in dieser Situation die Autonomie der Universität beschwört, tut das, um zu verschleiern. Die Disziplinierung der Studentenschaft vernichtet mit den Resten des liberalen Studiums auch die Illusion der Selbstverwirklichung. In der Fabrik »Universität« soll der Student seine Scheine machen und am Feierabend als Privatmann der erlernten Humanität sich hingeben. Wer sich damit nicht abfinden will, für den wird das Herausfallen aus der Universität zur Gewißheit, denn der Formierungsprozeß ist offensiv, die Disziplinierung geht an den traditionellen Reservaten nicht vorbei.

Vor fünf Monaten hatten wir genug von der bornierten Arroganz, mit der Administration und Senat über unsere Schwierigkeiten hinweggehen. *Vor fünf Monaten schien es auch klar, daß die Studentenschaft eine Lösung ihrer Probleme nur mehr von sich selbst erwarten kann.* Aber wir fielen hinter unsere Forderungen zurück. Die Protestaktion wurde zur Feierstunde, wir erwarteten ernsthaft, daß die konventionelle, bereits integrierte Studentenvertretung unsere Forderungen nachdrücklich vertreten, unsere Probleme praktisch lösen könnte.

Die Studentenvertretung kann nur im konzessionierten Rahmen agieren. Im Clinch mit den Autoritäten macht sie aus unseren Forderungen Konzessionen. Nach fünf Monaten

Kollaboration ruft uns der AStA zu diesem Gespräch mit dem Rektor, bei dem der Mensch Lieber verständnisvoll in das Publikum horcht, während der Funktionär Lieber beschämt in der Ecke wartet.

Von diesem Gespräch haben wir nichts zu erwarten.

An unserer Lage wird sich nichts ändern, solange nicht diejenigen *sich selbst organisieren,*

die es wirklich betrifft

die ausscheiden oder ausgeschieden werden

die diese Freie Universität nicht mehr aushalten

die sich mit ihr nicht mehr arrangieren wollen

die sich bewußt verweigern.

73. Charles de Gaulle: Ansprache im polnischen Fernsehen (1967)

Mit meinem Besuch in Polen wollte ich Ihnen ein Zeugnis der Freundschaft Frankreichs bringen. Ich wollte mich auch von den großen Wandlungen überzeugen, die Sie nach Überwindung unerhörter Leiden des Krieges mit bewundernswertem Mut bewerkstelligt haben. Ich gedachte, mit Ihrer Regierung die Zusammenarbeit unserer beiden Völker zu verstärken. Schließlich hatte ich den Wunsch, eine Pilgerfahrt in Ihr Land zu unternehmen, wo ich vor fast einem halben Jahrhundert gedient habe, also zu einer Zeit, da Polen nach 125 Jahren der Teilung und Unterdrückung seine Unabhängigkeit, Einheit und Freiheit wiedererlangt hatte. Heute danke ich Gott dafür, daß er meine Wünsche erhört hat.

Was die Freundschaft betrifft, so hat der großartige Empfang, den mir Ihre großen Städte Warschau, Krakau, Kattowitz, Danzig und viele andere Ortschaften bereitet haben, die außerordentliche Herzlichkeit, mit der Ihre Bevölkerung mich umgeben hat, die unermeßliche Flut der Ovationen, die in meiner Person Frankreich durch unzählige polnische Männer, Frauen und Kinder zuteil wurden, den eklatanten Beweis dafür erbracht, daß unsere beiden Länder, die seit jeher in ihren Gedanken und Herzen miteinander verbunden waren, es heute mehr denn je sind.

Wie eindrucksvoll sind doch die von Ihnen vollbrachten Wandlungen! Ich habe gesehen, daß nach schrecklicher Verwüstung Polen wiederaufgebaut wurde, daß es zwar seiner Landwirtschaft verbunden blieb und sie weiterentwickelte, zugleich jedoch eine mächtige Montanwirtschaft und eine moderne Industrie schuf; seine Kohlengruben, seine Eisenhütten und seine Stahlwerke sind vorbildlich, und die rasche Entwicklung seiner Schulen und Universitäten führt seine Jugend dem Fortschritt entgegen. Doch ich habe vor allem gesehen, daß Polen in seiner ethnischen Einheit festgefügt ist, innerhalb seiner Grenzen mit seinem tausendjährigen Glauben, seiner immerwährenden Hoffnung und seiner eigenen nationalen Seele.

Polen und Frankreich, beide reich an Mitteln und Eifer, werden künftig viel gemeinsam zu unternehmen haben, um so mehr, als sich Polen und Franzosen in jeder Hinsicht so sehr ähnlich sind. Das gilt für die Wirtschaft, die Kultur und die Wissenschaft. Das gilt auch für die Politik. Niemals im Laufe der Jahrhunderte haben sich unsere beiden Völker bekämpft. Im Gegenteil, die Erfolge und das Unglück des einen waren immer verknüpft mit dem Erfolg und Unglück des anderen. Der Weltkrieg hat es im Blut und in den Tränen der Rückschläge und dann in der Freude der Befreiung wieder gezeigt. Jetzt müssen wir uns für den Frieden vereinen, für den Frieden, der allein jeder Nation das volle Verfügungsrecht über sich selbst zu gewährleisten vermag, für den Frieden, der in Europa nur durch die Entspannung, dann durch die Verständigung und schließlich die Zusammenarbeit zwischen allen Völkern unseres Kontinents errichtet werden kann, ungeachtet der Wunden, die ihre Konflikte und die von ihren Regimen errichteten Schranken geschlagen haben.

Ich stehe nun kurz vor meiner Rückreise. Ich grüße diejenigen unter Ihnen, die schon lebten, als ich in meiner Jugend unter ihnen weilte, diejenigen, die dann die Tragödie überstanden haben, welche ihr Vaterland und das meinige zu vernichten drohte, und diejenigen schließlich, die danach geboren sind und dank ihrer Jugend die Hoffnung Polens bedeuten. Allen Polen sage ich aus ganzem Herzen Adieu. Es lebe das teure, edle und tapfere Polen!

74. Norbert Jankowski: An die Regierungsparteien und die
Opposition (1970)

Sehr geehrte Herren!
Sie haben sich vor und nach den Bundestagswahlen gegenseitig
bei dem Versuch übertroffen, die Reformfreudigkeit Ihrer
Parteien zu beweisen. Seit drei Jahren schon, seit die Studenten
auf die Straße gehen, reden Sie so viel von Reformen, daß man
das Wort »Reform« kaum noch hören mag. Geschehen ist aber
praktisch nichts. Oder wollen Sie im Ernst behaupten, wir seien
mit der Reform des Bildungswesens und mit der Demokratisierung von Staat und Gesellschaft vorangekommen? Ist es
denn demokratisch, daß sich die politische Mitwirkung des
Bürgers darauf beschränkt, alle vier Jahre einmal zur Wahl zu
gehen, daß er dabei über Kandidaten zu entscheiden hat, die
von Parteifunktionären hinter verschlossenen Türen bestimmt
worden sind, und daß er in der übrigen Zeit in politischer Unmündigkeit gehalten wird? Ist es demokratisch, daß in Parlamenten und Parteien ebenso wie in den Betrieben und Universitäten einige Mächtige die Entscheidungen treffen – über den
Kopf der Abgeordneten, Mitglieder, Arbeitnehmer und Studenten hinweg? Ist es demokratisch, daß ein Drittel aller in der
Bundesrepublik erscheinenden Zeitungen und fast ein Fünftel
der Illustrierten von zwei übermächtigen Großverlegern herausgegeben werden? Ist es demokratisch, daß ganze sieben
Prozent der 300000 Studenten aus Arbeiter- und drei Prozent
aus Landwirtsfamilien stammen? Ist es demokratisch, daß seit
der Gründung der Bundesrepublik vor zwanzig Jahren die drei
Millionen selbständigen Großverdiener rund 70 Prozent des neu
geschaffenen Privatvermögens für sich reservierten, während
die siebenmal größere Gruppe der Arbeitnehmer sich mit
30 Prozent begnügen mußte? Ist es demokratisch, wenn bei
uns viele sogenannte Sachentscheidungen – etwa im Aufwertungsstreit und bei der Streichung von Subventionen – nicht
auf Grund von politischem Sachverstand, sondern mit ständigem Schielen auf den angeblichen Volkswillen getroffen werden? Sie reden immerzu vom mündigen Staatsbürger, den Sie
heranbilden wollen. Aber sind Sie nicht mit schuld daran, daß
diesen Bürger sein persönlicher Wohlstand mehr interessiert als
seine staatsbürgerlichen Rechte und Pflichten – weil Sie ihn
darin mit Waschmittelparolen wie »Stabilität, Sicherheit und
Wohlstand« noch bestärken? Seit vielen Jahren haben die Stu-

denten gegen diese Zustände protestiert. Vergebens. Als sie auf die Straße gingen, um ihren Forderungen Nachdruck zu verleihen, hielten Sie ihnen entgegen, Steine und faule Tomaten seien keine Argumente. Gewiß nicht. Aber Tatsache ist doch, daß die Studenten mit ihren berechtigten Forderungen und konkreten Vorschlägen zu Ausbildungsreformen erst gehört wurden, als sie sich nicht mehr aufs Argumentieren verließen. Zehn Jahre haben Sie gebraucht, um ein Ausbildungsförderungsgesetz zu verabschieden – über ein Ordnungsrecht gegen aufsässige Studenten waren Sie sich jedoch mit den Ministerpräsidenten der Länder in zwei Monaten einig. Wären die ungeheure Energie und Tatkraft, die Sie fast ein Jahrzehnt lang auf die Notstandsgesetzgebung vergeudeten, in Reformen des Bildungswesens investiert worden, dann hätten wir jetzt sicher keine Hochschulkrise, keine Schulmisere, keinen Lehrermangel. Die Ausrede, daß Sie in Bonn keine Zuständigkeiten dafür gehabt hätten, ist zu billig. Sie haben selbst gesagt, die Geschichte werde nicht danach fragen, ob Sie die Zuständigkeit für die notwendigen Reformen hatten, sondern was Sie getan haben. Was haben Sie getan, um zu verhindern, daß in einigen Jahren Zehntausende von Abiturienten vor den wegen Überfüllung geschlossenen Toren der Universitäten stehen werden? Nichts. Sehen Sie nicht, daß das Urteil der Geschichte schon feststeht?

75. Bruno Heck: Antwort auf das offene Schreiben Norbert Jankowskis (1970)

Das neue muß dem alten abgerungen werden.

Dieser Briefwechsel soll der Auseinandersetzung und doch wohl auch der Verständigung zwischen Studenten und Politikern dienen. Insofern wäre uns nicht geholfen, wenn wir einander oder unserem jeweiligen Publikum nach dem Munde redeten. Ganz einfach ist das nicht in einer Zeit, in der Konfrontation leicht zur gehaltlosen Pose gerät und in der die Redewendung: »Ich spreche jetzt ganz offen« fast schon ein Indikator für eine besonders geschickte Verschleierung geworden ist. Jene Politiker in allen Parteien, die sich auf diese Weise jetzt mit Studentenkontakten dekorieren, denen das Wort »Reform« auf einmal so geläufig von den Lippen geht, sie haben durch ihre behende Anpassung erreicht, daß fast schon jede Kritik – berechtigte und unberechtigte – zur modischen Floskel nivelliert worden ist. Daran haben auf der anderen Seite jene Studenten kräftig mitgewirkt, die aus dem Instrumentarium der Kritik ein Mittel gemacht haben, mit dem sich in der Studentenschaft Einfluß gewinnen und behaupten läßt. Das Gespräch muß stattfinden, aber es muß versachlicht werden.

Wir wollen einander nicht nach dem Munde reden, also muß ich Ihnen sagen, daß mir die Art Ihrer Fragestellung nicht besonders gefällt. Wie ein Richter ziehen Sie die Parteien vor Ihren Anklagethron und verlangen von ihnen ein umfassendes Schuldeingeständnis. Was befähigt eigentlich einen Studentenvertreter, die bisherigen Mühen und Anstrengungen der Politiker und aller Bürger und den inneren Zustand der Bundesrepublik derartig apodiktisch zu verurteilen? Welches sind die Idealmaße der Demokratie, an denen Sie das Bildungswesen und die Mitverantwortung der Bürger, den parlamentarischen Betrieb und die publizistischen Verhältnisse, die Vermögensverteilung und den Entscheidungsmechanismus sowie das auf die Mehrung des Wohlstandes gerichtete Interesse des Bürgers messen, um sie für schlecht zu befinden? Erlauben Sie mir auch auf die Gefahr hin, daß ich onkelhaft auf Sie wirke, ein Beispiel.

Im allgemeinen sind es gerade die lebendigsten Studenten, die in den ersten Semestern im Eifer der wissenschaftlichen Entdeckungen eine »Theorie« entwickeln, von der sie fest überzeugt sind, daß sie die bisherige Wissenschaft von Plato bis Kant, von Leibniz bis Heisenberg oder von Hippokrates bis Barnard zum alten Eisen befördert. Dann entstehen jene genialischen Seminararbeiten, die auf ein sorgfältiges Studium an Material großzügig verzichten und den Hochschullehrer wissen lassen, daß er den neuen Meister seiner Disziplin unter seinen Schülern hat. Erst später stellen diese Studierenden fest, daß das Neue in mühseliger Kleinarbeit dem Alten abgerungen werden muß, daß die wissenschaftliche Tradition zwar überhöht, aber nicht verachtet sein will.

Nicht viel anders ist es im Bereich der staatsbürgerlichen Verantwortung. Es ist nicht möglich, irgendwann einen Strich unter die Geschichte zu ziehen und ein neues Jahr Null auszurufen. Gerade die Revolutionen haben immer wieder bewiesen, daß sich die Kontinuität nicht durchbrechen läßt: sie folgt ihnen als Restauration auf dem Fuße. Weshalb diese Bemerkungen auf Ihre Fragen?

Nun, um Sie zu bitten, in Ihren Urteilen die Wirklichkeit nicht zu übersehen. Ich behaupte zum Beispiel im Ernst, wir seien mit der Reform des Bildungswesens vorangekommen. Wir haben die Zwergschulen abgeschafft und ein neuntes Schuljahr eingeführt; der neue Typ der Hauptschule ist geschaffen und der Zugang zu den höheren Bildungseinrichtungen breit geöffnet worden. Ich darf Sie umgekehrt fragen: Wollen Sie im Ernst behaupten, daß der sprunghafte Anstieg der Studentenzahlen von 150000 auf 300000 und 400000, wie er allmählich Wirklichkeit wird, kein »Vorankommen« ist? Bildungsrat und Wissenschaftsrat wurden geschaffen – letzterer schon lange, ehe sich die Radikalisierung der Studentenschaft andeutete, die Sie für den Ausgangspunkt der derzeitigen Reformdiskussion halten. Wir haben, um neuere Ergebnisse zu nennen, Gesetze zur Berufsausbildung und zur Ausbildungsförderung beschlossen. Ich muß Ihre Kritik akzeptieren, daß das Ausbildungsförderungsgesetz zehn Jahre auf sich warten ließ. Ich bin sogar bereit, noch weiterzugehen und zu sagen, daß es in seiner jetzigen Form bei weitem nicht der Schlußpunkt unserer Bemühungen sein kann. Aber andererseits dürfen Sie nicht vergessen, daß es auch in den Jahren vor dem Gesetz Ausbildungsförderung in Milliardenhöhe gegeben hat.

Für Sie gerät jede Kritik zur Frage an die Demokratie. Machen Sie es sich damit nicht etwas zu leicht? Ganz gewiß müssen die Chancen der Arbeiterkinder, zu einer Universitätsausbildung zu gelangen, verbessert werden. Der Staat muß die finanziellen Barrieren beseitigen; aber der wichtigste Auftrag bleibt hier bei der Pädagogik. Im anderen Teil Deutschlands sind zeitweise die Quoten der sozialen Schichten im Bildungswesen staatlich verordnet worden, ein Verfahren, das im Interesse der Leistungsfähigkeit des Staates nicht aufrechterhalten werden konnte. Immerhin ist die Verteilung dort immer noch günstiger als bei uns. Ich nehme jedoch nicht an, daß Sie deshalb der Meinung sind, das Regime in Pankow sei demokratisch. Vielleicht merken Sie an diesem Beispiel, daß der Begriff »Demokratisierung« eine leere, leider aber nicht ganz ungefährliche Formel ist; denn so, wie Sie ihn gebrauchen, setzt er eine Ideologie voraus, die ihm einen neuen, totalen Sinn gibt. Ich glaube nicht, daß diese totalitäre Ideologie dem entspricht, was Sie eigentlich meinen und wollen.

Wenn ein Bürger sich außerhalb der Wahlen um das Geschick seines Landes nicht kümmert, wird er der Verantwortung nicht gerecht, die ihm die Demokratie auferlegt. Chancen zur Mitwirkung bieten sich zur Genüge an. Jedermann kann Mitglied in den Parteien werden; der Information und der Meinungsäußerung sind prinzipiell keine Grenzen gesetzt. Meine Partei versucht darüber hinaus, den Bürger in besonderer Weise am politischen Geschehen zu beteiligen. Wir haben mit dem Berliner Programm begonnen und werden das fortsetzen, in Stadt und Land alle Bürger, unabhängig von ihrer Parteizugehörigkeit, einzuladen, sich an der Meinungsbildung zu beteiligen. Wir wollen wirklich ein Forum der Aussprache werden, das allen offensteht. Hier und da ist darüber hinaus begonnen worden, die Kandidaten der Kommunal- und Landtagswahlen durch Vorwahlen der Bevölkerung bestimmen zu lassen. Ich sehe hier einen Weg, der erprobt werden muß, ob er generell gangbar ist. Sie haben mir harte Fragen gestellt, und ich habe Ihnen ohne besondere Schonung geantwortet. Ich lade Sie ein, mir zu widersprechen. Ich bin jederzeit bereit, den Streit der Meinungen fortzusetzen. Gerade Politiker sind darauf angewiesen, immer wieder dazuzulernen. Unser Gespräch wird jedoch nur dann eine fruchtbare Basis haben, wenn wir jede Selbstgefälligkeit hinter uns lassen und unsere Meinung, ehe wir sie äußern, jeweils am Gewissen für das Ganze, für Staat und Demokratie, messen.

76. Wolfgang Mischnick: Antwort auf das offene Schreiben
    Norbert Jankowskis (1970)

Sie stehen mit Ihrer Kritik nicht allein...

Studenten und Hochschulen insgesamt waren zu allen Zeiten so etwas wie der Seismograph der Gesellschaft. Sie nahmen und nehmen Entwicklungen unter einer noch ruhigen Oberfläche wahr, artikulieren die Unruhe in der Gesellschaft, fordern Veränderungen. Meine Freunde und ich haben lange vor dem eruptiven Ausbruch des studentischen Protests der Jahre 1967 und 1968 die Fülle konstruktiver Vorschläge aus dem studentischen Bereich nicht nur zur Kenntnis genommen, sondern uns mit ihnen und ihren Vertretern ernsthaft auseinandergesetzt. Wir haben die »außerparlamentarische« Initiative für ein

Ausbildungsförderungsgesetz zur parlamentarischen Vorlage gemacht und damit aus der Opposition heraus ein Gesetz erzwungen, das von den Regierungsparteien bereits in die nächste Legislaturperiode verschoben worden war. (Daran ändert auch die Tatsache nichts, daß das Gesetz weder Ihren noch unseren Vorstellungen in vollem Umfang entspricht.)

Die FDP hat – um ein zweites Beispiel zu nennen – in Übereinstimmung und direktem Kontakt mit vielen Studenten- und Jugendverbänden gegen die Verabschiedung der Notstandsgesetze gekämpft.

Ich biete Ihnen eine Zusammenarbeit, die ja vom Goodwill der Beteiligten abhängt, nicht als Lösung Ihrer berechtigten Forderung nach Demokratisierung von Staat und Gesellschaft an. Ich will Ihnen damit nur deutlich machen: Sie stehen mit Kritik und Forderung nach Reformen nicht allein. Sie haben auch – und davor meine ich bestimmte studentische Organisationen warnen zu müssen – kein Monopol darauf. Lassen Sie mich ebenfalls einige Fragen stellen.

Wer hat die Beseitigung der »Kreßbronner Kreise«, die Öffentlichkeit der Parlamentsausschüsse, jener Stellen, wo die Entscheidungen fallen, gefordert? Wer tritt für das Prinzip der namentlichen Abstimmung im Bundestag ein, wer für die Einführung von Vorwahlen, wer für eine Demokratisierung aller Bereiche der Gesellschaft, gerade auch der Parteien?

Wer verlangt ein Presserechtsrahmengesetz und eine Beschränkung der Marktanteile von Verlagen?

Wer hat einen Wahlkampf der Argumente anstatt der Waschmittelwerbung geführt? Wer hat seinen Wahlkampf unter das Leitmotiv der Reform, der Veränderung anstatt der Sicherheit, des »Keine Experimente« gestellt?

Wer arbeitet für eine Beteiligung aller Bürger am Zuwachs des Wirtschaftsvermögens, wer für die Verwirklichung der Chancengleichheit im Bildungswesen? Wer hat die Forderungen der Studenten nicht mit dem vordergründigen Argument von Ausschreitungen abgetan, wer hat das geplante Ordnungsrecht an den Hochschulen als Versuch, politisch Mündige zum Schweigen zu bringen, abgelehnt? – Die Freien Demokraten.

Diese und andere Forderungen werden sich nicht alle und nicht in vollem Umfang in der begonnenen Legislaturperiode verwirklichen lassen. Aber die Weichen für eine fortschrittliche Politik werden gestellt. Deshalb hat die FDP sich für eine Partnerschaft des Fortschritts mit der SPD entschieden und der CDU/CSU die Möglichkeit gegeben, ihr Demokratieverständnis in der Opposition zu schärfen.

Ich habe bewußt darauf verzichtet, Ihnen unser Parteiprogramm und seinen Niederschlag in der Regierungserklärung wiederzugeben. Worum es mir geht, ist der Ausdruck des gemeinsamen Willens aller fortschrittlichen Kräfte in diesem Staat zur materiellen Ausfüllung und Weiterentwicklung der im Grundgesetz formell verbrieften demokratischen Rechte.

77. Herbert Wehner: Antwort auf das offene Schreiben Norbert Jankowskis (1970)

Gewalt ist keine Alternative

In Ihrem Brief haben Sie mir eine Reihe von Fragen gestellt, die es sicherlich wert wären, Punkt für Punkt im einzelnen behandelt zu werden. Aber die Veranstalter, die uns sozusagen zu einem Austausch offener Briefe veranlassen, haben mir für den Umfang der Antwort eine Grenze gesetzt. Dies zwingt und veranlaßt mich, den Versuch zu unternehmen, Ihre Fragen nicht einzeln dem Buchstaben, sondern im ganzen und dem Sinn nach zu beantworten.

Ihr Grundanliegen – es klingt bei mehreren Fragen durch – ist offenkundig das Bildungswesen. Hier gestehe ich freimütig, daß es Fehler und Versäumnisse auf seiten der Politiker gegeben hat, auch auf seiten sozialdemokratischer Politiker. In dem Punkt also keinen Streit. Aber ich glaube, es hat wenig Sinn, jetzt im nachhinein mit dem Finger auf diesen oder jenen Minister oder Professor zu zeigen und nach Schuldigen zu suchen; wir müssen gemeinsam – und dazu ist die Hilfe aller erforderlich, der Studenten, der Assistenten und der Professoren – neue Wege einschlagen. In einer Demokratie – und das ist nun einmal ein angeborener Nachteil der Demokratie – geht es nicht so schnell, wie wir alle uns das wünschen. Ich kann verstehen, daß junge Menschen da ungeduldiger sind als ältere, die haben erfahren müssen, wie schwer das oft ist, Stein um Stein zusammenzutragen und Widerstand um Widerstand zu überwinden. Aber der Bundeskanzler Brandt hat zum Beispiel in die neue Bundesregierung einen Mann als Wissenschaftsminister berufen, von dem wir glauben, daß er die Probleme kennt und in den Griff bekommt. Ich weiß, daß auch diese Berufung schon kritisiert worden ist. Ich bin weder für Vorschußlorbeeren noch für Vorschußdornenkronen; ich bin dafür, dem Mann zu helfen, damit er tun kann, was zu tun notwendig ist.

Einen Ausgangspunkt für seine Arbeit haben wir noch im vorigen Bundestag gesetzt, als wir für den Bund eine Rahmenkompetenz auf dem Gebiete des Bildungswesens in das Grundgesetz hineinbeschlossen haben. Sie sagen in Ihrer letzten Frage, die Berufung auf Zuständigkeiten sei eine billige Ausrede, und berufen sich dabei auf ein Zitat, das nicht von mir, sondern von einem prominenten Mitglied einer anderen Partei stammt. Ich bekenne mich zum Grundgesetz der Bundesrepublik Deutschland in allen seinen Punkten. Wenn wir erst einmal anfangen, dieses Grundgesetz an irgendeiner Stelle – zum Beispiel der der Zuständigkeiten – für unwesentlich anzusehen, dann kommt sehr bald auch anderes ins Rutschen. Da halte ich es mit unserem Bundespräsidenten Dr. Heinemann, der gesagt hat, das Gesetz – und schon gar das Grundgesetz – sei der Schutz des Schwachen; der Starke brauche kein Gesetz. Dies ist auch der Grund, warum wir uns ein Jahrzehnt hindurch Mühe um die Notstandsgesetzgebung gegeben haben, die Sie ebenfalls kritisieren. Ich bin stolz darauf, daß wir für Zeiten, in denen die normale Gesetzgebung nicht ausreicht, weder eine Diktatur alliierter Generale noch eine Diktatur eines deutschen Politikers zugelassen, sondern dem Bürger und der Demokratie für solche Zeiten soviel Rechte wie eben möglich gesichert haben. Damit brauchen wir uns im Vergleich mit keinem anderen demokratischen Land zu verstecken.

Wir haben das gegen erhebliche Widerstände getan, aber nicht ohne die Argumente und Vorschläge zu bedenken und zum Teil auch zu berücksichtigen, die von den Gegnern vorgetragen wurden. Ich schreibe das nicht, um die damalige Debatte noch einmal heraufzubeschwören, sondern um an diesem Beispiel zu zeigen – vom Gesetzentwurf der damaligen Bundesregierung Kiesinger ist ja nach Beratung durch das Parlament nicht ein Stein mehr auf dem anderen geblieben –, daß Bürger und Organisationen in unserem Lande keineswegs vier Jahre lang in Unmündigkeit dahindämmern müssen, sondern sehr wohl Einfluß auf das politische Leben ausüben können und auch ausüben. Dabei ist es nicht so, wie aus einer Ihrer Fragen hervorzugehen scheint, als gäbe es nur eine Alternative zwischen Argumentieren und Randalieren oder gar Randalieren und Resignieren. Es gibt auch die Alternative wirksamer Demonstration ohne Gewalt. Es ist jetzt gerade 80 Jahre her, daß in Paris beschlossen wurde, alljährlich am 1. Mai Arbeiterdemonstrationen durchzuführen – und was ist in diesen 80 Jahren erreicht worden? Ich erinnere Sie an den Spott und die Skepsis, mit der in den ersten Nachkriegsjahren die Forderung nach der 5-Tage-Woche oder der 40-Stunden-Woche betrachtet wurde, als sie bei solchen Demonstrationen zum ersten Male vorgetragen wurden. Da hat es keine Gewalt gegeben bei diesen Demonstrationen, aber das Ziel ist in vielen Bereichen der Wirtschaft erreicht.

Allerdings: Geschenkt wird niemandem etwas, auch nicht in den Parteien und Parlamenten. Da muß man für seine Überzeugung eintreten und gute Argumente parat haben. Nur: Wenn Sie meinen, daß etwa in unserer Partei oder in unserer Fraktion oder im Deutschen Bundestag Entscheidungen von einigen Mächtigen über den Kopf der Abgeordneten oder Mitglieder hinweg getroffen würden, dann hätte ich Sie gerne einmal dabei gehabt, wenn wir in unserer Fraktion oder auf einem Parteitage manchmal bis in die Nächte hinein debattiert und uns die Köpfe heiß geredet haben, um schließlich – und auch das gehört zur Demokratie – durch einen Beschluß der Mehrheit zur Entscheidung zu kommen. Demokratie kostet Mühe auch für den einzelnen Bürger. Da macht man es sich etwas zu einfach, wenn man nur auf die »Waschmittelparolen« der Parteien hinweist. Plakate müssen plakativ sein. Aber es ist doch falsch, zu meinen, Wahlkämpfe bestünden nur aus Plakaten. Da tun Sie mit Ihrer Frage unrecht all den vielen Kandidaten und Funktionären, die während eines solchen Wahlkampfes in ungezählten Versammlungen landauf, landab, bis hinein ins kleinste Dorf, die Politik ihrer Partei dargestellt, erläutert und sich der Diskussion gestellt haben. Dabei übersehen Sie auch, mit welchem Aufwand an Schriften, Broschüren und Zeitschriften wir versucht haben, unsere Gedanken vorzutragen. Das nicht zur Kenntnis zu nehmen, sondern – weil dies bequemer ist – im Vorübergehen die Plakate zur Notiz zu nehmen und sich darüber zu ärgern, das ist doch zu wenig.

Ich muß hier abbrechen, obwohl noch einiges zu sagen wäre, zum Beispiel über das Pressewesen und die Vermögensbildung. Da muß ich verweisen auf das, was Willy Brandt in seiner Regierungserklärung angekündigt hat. Meine Antwort mag Ihnen an manchen Stellen ein wenig rauh erschienen sein – so rauh wie Ihre Fragen. Ich halte das nicht für einen Fehler, solange wir bereit sind, aufeinander zu hören, aufeinander zuzugehen und – wenn schon nicht mehr – doch wenigstens Vertrauen in den ehrlichen Willen des anderen zu haben.

78. Rainer Barzel: Aus einer Rede im Deutschen Bundestag bei der Debatte über das Erfurter Treffen (1970)

Die Bundestagsfraktion der CDU/CSU hat das Treffen des Bundeskanzlers mit dem Vorsitzenden des Ministerrates unterstützt und alles unterlassen, was etwa dieses Treffen hätte verhindern oder seinen Erfolg beeinträchtigen können.

Wir haben den Bericht des Herrn Bundeskanzlers und seine gestrigen Einlassungen mit großer Aufmerksamkeit gehört. Der Beifall von Erfurt spricht für sich selbst und beweist nach 25 Jahren der Teilung, daß die Deutschen sich als ein Volk empfinden und die Selbstbestimmung wünschen.

Am 9. März haben wir erklärt, und das gilt weiter: Die CDU/CSU ist für Gespräche und Verhandlungen mit Ost-Berlin, mit Polen, mit der Sowjetunion und mit anderen. Wir werden nach den Ergebnissen urteilen. Gelingt es, *wirkliche Fortschritte für die Menschen und für eine europäische Friedensordnung* zu erreichen, so würden wir das begrüßen. Dagegen würde etwa ein Gewaltverzichtsabkommen zwischen Bonn und Ost-Berlin, das lediglich in den Archiven verstaubt, während an der Mauer in Berlin und entlang der Demarkationslinie weiter geschossen wird, von uns bekämpft werden.

Wir wollen Frieden nicht auf dem Papier, sondern in der Wirklichkeit. Und Frieden, das ist nicht nur eine Sache des Fernseins von Krieg. Frieden ist da am sichersten, wo sich jedermann ungehindert aus allen Quellen informieren kann, wo er ebenso seine kritische Meinung sagen darf. Denn wo es so bestellt ist, ist Krieg unmöglich, weil kein Platz mehr ist für Volksverhetzung und Demagogie. *Friedenspolitik* muß also die *Freizügigkeit der Ideen,* der Informationen, der Meinungen und der Menschen zum Ziel haben.

Wir sind gegen Formeln und für Lösungen, wie die Debatte dieses Hauses am 25. Februar im einzelnen ausweist, wir sind gegen Klischees und Rechthaberei, und wir sind dafür, jede Chance wahrzunehmen.

Der Herr Bundeskanzler hat das Erfurter Gespräch als einen Beginn bezeichnet, und er hat in Erfurt und vorher – was sein gutes Recht ist – viel Grundsätzliches dazu gesagt. Dazu bestand und besteht auch Anlaß. Denn dieser historische Vorgang wirft doch die Frage auf, wie wir *unsere Staatlichkeit* und unsere *geschichtliche Kontinuität* begreifen.

Eine Nation, die aufhört, ihre *Einheit* zu wollen, gibt sich selbst auf. Eine Demokratie, die sich darauf einläßt, über Preise zu diskutieren, zu denen das *Selbstbestimmungsrecht* zum Handelsobjekt werden könnte, gibt sich selbst auf. Ein Rechtsstaat, der *geltendes Recht* als politisch hinderliche Zwirnsfäden abtut, hört auf, Rechtsstaat zu sein.

Für uns sind *Berlin* und die *Lage ganz Deutschlands* mehr als lästiger Ballast, den man möglichst bald loswerden sollte, um nach allen Himmelsrichtungen politisch freier zu werden. Für uns ist diese Last eine menschliche und geschichtliche Verpflichtung. Sie eröffnet die Chance, historisch an Europa wiedergutzumachen, was Hitler Europa angetan hat. Indem wir bereit sind, für eine *europäische Friedensordnung* auch schmerzhafte Opfer zu bringen, entsprechen wir dieser Verpflichtung. Vergäben wir aber alles das etwa zugunsten der Stärkung ,der sowjetrussischen Hegemonie in Europa, indem wir das Konzept der Sowjetunion zugrunde legten, so täten wir allen Europäern einen schlechten Dienst.

Sollte irgendwer glauben, er würde mehr politischen Spielraum für die Bundesrepublik Deutschland gewinnen, wenn er zuvor diesen Ballast abgeworfen hätte, so müßte er vorher die Frage beantworten, wie man wohl europäisch freier werden kann, indem man die sowjetrussische Vormachtstellung stärkt.

Am Weg der deutschen Geschichte stehen, Herr Bundeskanzler, die Toten von Buchenwald, denen Sie die Ehre erwiesen haben, stehen Tote durch Hitler ebenso wie Tote durch Stalin, aber da stehen auch die Toten der Mauer und des Stacheldrahts, Tote durch Ulbricht. Und an diesem Wege stehen Vertriebene und Flüchtlinge, gefallene Soldaten und Hinterbliebene. Alle *diese Opfer der Gewalt* wären das nicht geworden, wenn statt Gewalt Recht und Selbstbestimmung geherrscht hätten.

Ihre gestrige *Grundsatzrede in Erfurt*, Herr Bundeskanzler, findet an einigen Stellen unsere Zustimmung. Zu anderen Stellen haben wir Fragen oder Kritik anzumelden. Wir behalten uns vor, auf diese Punkte später zurückzukommen und auch Aussagen zur Debatte zu stellen, die uns widersprüchlich erscheinen.

Heute möchten wir zunächst die Position unterstützen, die Sie in Sachen *Berlin* bezogen haben. Wir sind Ihrer Meinung, wenn Sie sagen: Der eigentliche Souverän, das deutsche Volk, muß eines Tages selbst und frei über sein Schicksal entscheiden können. Die konkreten Punkte, die Sie als lösungsbedürftig im Interesse der Menschen und des Zusammenhalts der Nation bezeichnen, entsprechen ganz überwiegend dem Katalog, den wir in früheren Debatten den früheren Regierungen von dieser Stelle aus vorgeschlagen hatten...

Wir möchten aber der Bundesregierung auch dieses sagen: Für eines gibt es keinen Preis; über eines lassen wir nicht einmal mit uns reden: die Selbstbestimmung. Wir haben Krieg und Hitler erlebt. Wir wissen deshalb, was es heißt, selbst bestimmen zu können und zu dürfen, was man tut. Es ist schlimm genug, daß wir den Deutschen drüben die Selbstbestimmung nicht erwirken konnten. Nun aber noch diese Nichtselbstbestimmung drüben etwa zu besiegeln, das kann von uns keiner verlangen, und das soll von uns keiner erwarten. Aus der Haltung der Menschen in Erfurt und in Weimar sprach nicht die Billigung der Spaltung Deutschlands.

Wie man hört, gibt es in Bonn Verantwortliche, die meinen, wir müßten uns »einpassen in den Trend der Entspannungspolitik der USA« und deshalb auch »unser Verhältnis zur Sowjetunion entlasten«. Zur Entspannung gehören zwei. Immer wieder hat der Westen und haben auch wir Vorschläge gemacht. Das muß geduldig fortgesetzt werden. Nur, jeder in den USA, jeder in der freien Welt und sehr viele darüber hinaus werden uns Respekt und Unterstützung geben – und das ist nicht zeitlich befristet –, wenn wir an den Zielen festhalten, die kein Bürger eines freien demokratischen Landes preisgeben kann.

Die unüberschreitbare Grenze allen Entgegenkommens der deutschen Politik gegenüber wem auch immer, auch gegenüber der DDR, auch gegenüber Polen, auch gegenüber der Sowjetunion, ist das, was die Unabhängigkeitserklärung der USA so formuliert – ich zitiere das –:

Folgende Wahrheiten erachten wir als selbstverständlich:

daß alle Menschen gleich geschaffen sind,

daß sie von ihrem Schöpfer mit gewissen unveräußerlichen Rechten ausgestattet sind, daß dazu Leben, Freiheit und das Streben nach Glück gehören,

daß zur Sicherung dieser Rechte Regierungen unter den Menschen eingesetzt werden, die ihre rechtmäßige Macht aus der Zustimmung der Regierten herleiten,

daß, wenn immer irgendeine Regierungsform sich als diesen Zielen abträglich erweist, es das Recht des Volkes ist, sie zu ändern oder abzuschaffen und eine neue Regierung einzusetzen und diese auf solchen Grundsätzen aufzubauen.

Dieses große Ziel, meine Damen und Herren, können wir nicht in einem Schritt für unsere Landsleute erreichen. Wir erwarten auch nicht, daß die neue Regierung das in einem Schritt tut. Aber jede Veränderung, der wir etwa zustimmen könnten, muß ein Mehr an menschlichen Rechten bedeuten und den künftigen Weg zur freien Selbstbestimmung nicht erschweren oder verbauen, sondern erleichtern. Daran werden wir Verhandlungspositionen und Ergebnisse messen.

Ziel der deutschen Außenpolitik in Europa muß sein und bleiben eine *europäische Friedensordnung*, in der alle Deutschen ihr politisches Schicksal selbst bestimmen können. Wir werden zu nichts unsere Zustimmung geben, was den Weg zu diesem Ziel verbaut. Deshalb sollte die Bundesregierung schon dem Deutschen Bundestag nur Ergebnisse vorlegen, die auch der Zustimmung der Deutschen hüben und drüben, wenn möglich, in einer *Volksabstimmung*, sicher sein könnten. Dies ist, meine Damen und Herren, wie wir meinen, der Ruf der Menschen, die dem Kanzler des freien Deutschlands Beifall zollten, weil sie selbst frei sein wollen.

79. Gustav Heinemann: Aus einer Ansprache bei der Bremer Schaffermahlzeit (1970)

Ich weiß, daß ich schon längst durch einige kritische Äußerungen oder auch nur durch skeptisches Infragestellen von manchem, was bisher unbesehen fortgeführt worden ist, bei einigen konservativen Gemütern in den Verdacht geraten bin, ein »Bilderstürmer« zu sein. Ich kann es aber beispielsweise nicht ganz ernst nehmen, wenn meine Abneigung gegen rote Teppiche oder gegen die vollständige Beherrschung der Neujahrsempfänge beim Bundespräsidenten durch Politiker und hohe

Beamte als Gegnerschaft zu Traditionen schlechthin gedeutet wird. Ich weiß sehr wohl, daß alle geistigen, gesellschaftlichen, kulturellen und politischen Gegebenheiten auch auf Traditionen gründen. Sogar das, was wir Umbrüche, Revolutionen und Reformen nennen, beruht nicht selten darauf, daß Erkenntnisse oder Forderungen früherer Tage neu aufgegriffen oder weitergeführt werden.

Traditionen sind mit anderen Worten keineswegs das Privileg konservativer Kräfte. Noch weniger gehören sie in die alleinige Erbpacht von Reaktionären, obgleich diese am lautstärksten von ihnen reden. Auch ist es sehr wohl möglich, bestimmte Vorgänge sehr verschieden zu deuten und – was vollends interessant ist – für sehr unterschiedliche Traditionsauffassungen in Anspruch zu nehmen. Es kann – so meine ich – nicht um die Frage gehen: Tradition ja oder nein? Die Alternative besteht vielmehr darin, an welche Traditionen angeknüpft werden soll und in welchem Sinne wir eines historischen Vorganges gedenken. Ich will ein Beispiel nennen.

Im Jahre 1967 wurde in der ganzen protestantischen Welt der 450. Jahrestag des Anschlagens der Reformationsthesen durch Luther an die Schloßkirche in Wittenberg gefeiert. Zumal in Wittenberg versammelten sich Repräsentanten des Protestantismus von weit her. Nur nebenbei sei daran erinnert, daß lediglich aus der Bundesrepublik Deutschland niemand teilnehmen durfte. Interessanter ist es, daß die DDR die Erinnerung an den Thesenanschlag auch in eigene Regie nahm und daraus neben den kirchlichen Feiern auf eigene Weise ein Politikum machte. Die DDR rückte den Thesenanschlag in das Licht des Klassenkampfes. Er war für sie ein Signal in der Zeit des Überganges vom Feudalismus zum Kapitalismus. Indem Luther die alte Kirche mit ihrem großen Grundeigentum und mit ihrer hierarchischen Gliederung angriff, versetzte er einer der vornehmlichen Stützen der Feudalwirtschaft und der ständischen Rechtsungleichheiten einen schweren Stoß, ohne freilich, wie ihm die kommunistische Würdigung vorhält, die vollen Konsequenzen zu ziehen. Das tat nur Thomas Müntzer als Anführer im Bauernkrieg um 1525, der deshalb für das kommunistische Verständnis stark in den Vordergrund tritt. Luthers Thesenanschlag war indessen 1967 nicht der einzige Anlaß zu politischen Feiern in der DDR. Da galt es, auch des 900jährigen Bestehens der Wartburg und der 150. Wiederkehr des Wartburgfestes der Deutschen Burschenschaften von 1817 zu gedenken. Da galt es, daran zu denken, daß 100 Jahre zuvor, nämlich 1867, ›Das Kapital‹ von Karl Marx erschien und daß 50 Jahre zuvor, nämlich 1917, die bolschewistische Revolution in Rußland durchbrach. Indem die DDR das Jahr 1967 auf diese Weise zu einem Jahr vielfacher Jubiläen machte, kam es ihr darauf an, sich selbst als ein abschließendes Ergebnis langfristiger historischer Entwicklungen in Deutschland zu fundieren und ein eigenes Nationalbewußtsein für ihre Menschen zu fördern, daß sie vom reaktionären Westen unseres Vaterlandes abheben soll.

Das Verständnis von Tradition, das mir als sinnvoll erscheint, hat der 1914 als Kriegsgegner ermordete Franzose Jean Jaurès einmal so umschrieben: »Nicht Asche verwahren, sondern eine Flamme am Brennen halten.« Aber welche Flamme? Und in welchem Sinne? Das sollte immer wieder das Thema sein. Ich glaube, daß wir einen ungehobenen Schatz an Vorgängen besitzen, der es verdiente, ans Licht gebracht und weit stärker als bisher im Bewußtsein unseres Vokes verankert zu werden.

Seit Jahren habe ich es mir zur Gewohnheit gemacht, bei Besuchen in den Landkreisen und Städten unseres Landes an Hand von Chroniken und Kirchenbüchern nachzuforschen, was es in den verschiedenen Landschaften unseres Vaterlandes an freiheitlichen Regungen oder gar an örtlichen Aufständen gegeben hat. Es ist erstaunlich kümmerlich, was man dabei in der umfangreichen Produktion an Städtebüchern und dergleichen findet. Mein Interesse gilt dabei nicht nur den Vorläufern und örtlichen Verästelungen der Revolution von 1848/49 wie etwa dem Hambacher Fest von 1832 oder den Kämpfen auf den Barrikaden in Elberfeld oder um Rastatt im badischen Aufstand 1849, an denen – was zur Erklärung meines Interesses gesagt sein mag – Männer aus der urgroßväterlichen Generation meiner mütterlichen Vorväter beteiligt waren. Glücklicherweise hat es auch in Deutschland lange vor 1848 nicht wenige freiheitlich und sozial gesinnte Männer und Frauen gegeben, auch ganze Gruppen und Stände, die sich mit der Bevormundung der Herrschenden nicht abfinden wollten. Ich denke z. B. an die Stedinger Bauern, die schließlich 1234 dem Erzbischof von Bremen unterlagen. Oder ich denke an die sogenannten Salpeterer, die in der ersten Hälfte des 18. Jahrhunderts im Hotzenwald bei Säckingen und Waldshut im Südschwarzwald in mehreren Aufständen insbesondere gegen den

Fürstabt von St. Blasien für ihre bäuerliche Freiheit fochten, bis ihre Anführer durch den Kaiser von Österreich nach Ungarn verbannt wurden. Der Kaiser von Österreich wollte sie u. a. zur Ablieferung von Stalldung zwingen, um daraus Salpeter für Schießbaumwolle für seine Kriege zu gewinnen. Kennzeichnend für unser mangelhaftes Geschichtsbewußtsein scheint mir, daß auch Einwohner des Südschwarzwaldes so gut wie nichts von den Kämpfen der Salpeterer wissen, obwohl sie sich praktisch vor ihren Hoftüren abgespielt haben und in manchen Fällen die eigenen Urahnen daran beteiligt gewesen sind. Dabei müßten ihnen solche Ereignisse weit mehr bedeuten als jene Kriege, die Kaiser und Könige zur Ausweitung ihrer Macht geführt haben.

Einer demokratischen Gesellschaft, so meine ich, steht es schlecht zu Gesicht, wenn sie auch heute noch in aufständischen Bauern nichts anderes als meuternde Rotten sieht, die von der Obrigkeit schnell gezähmt und in Schranken verwiesen wurden. So haben die Sieger die Geschichte geschrieben. Es ist Zeit, daß ein freiheitlich-demokratisches Deutschland unsere Geschichte bis in die Schulbücher hinein anders schreibt.

80. S-r: On her majesty's service – Winter über James Bond (1971; Filmkritik)

Ian Flemings größter Reißer. Der beste Bond, den es je gab. So haben Harry Saltzman und Albert »Chubby« Broccoli, die beiden versierten Produzenten, formuliert...

Der James Bond des Berner Oberlandes, an dem sich bekanntlich Hunderte von hiesigen Statisten vor Jahresfrist kalte Füße in den Leib gestanden haben, hebt sich gegenüber seinen Vorläufern in drei wesentlichen Punkten ab. Zum ersten brutzeln Spannung und Nervenkitzel während gut zwei Dritteln des vorliegenden Oeuvres auf Sparflamme und die Phantasie der Realisatoren vermag sich erst am halsbrecherischen Spiel von Skikanonen (Luggi Leitner und andere), Kameramännern (Willy Bogner) und Bobfahrern zu entzünden. Zum andern: In Beziehung auf Raffinesse und technisierten Klimbim, der den früheren Filmen nicht wegzudenkende Würze verlieh, ist der smarte James gleichsam auf die Pfahlbauerstufe zurückgefallen. Erst richtig im Saft ist er, wenn er das diesmal recht groß und attraktiv ausgefallene Pflichtkontingent von verführerischen Evastöchtern »dienstlich« durch die Mangel dreht. Last und least schließlich ist Belami 007 durch den neuen Mann, einen gewissen George Lazenby, verkörpert, dem nicht nur die ironische Distanz seines Vorgängers im Dienst, Sean Connery (der ja auch nicht gerade eine Offenbarung war), abgeht, sondern der überdies auch dank seiner die Dimension eines Schellfisches erreichenden Ausdrucksstärke für sich das Prädikat in Anspruch nehmen kann, einer der unbegabtesten Schauspieler zu sein.

Doch in Sachen Parfum, Schmetterlinge und Kaviar ist der gute George alias James auf dem Damm und berückend hart am Ball. Von der Story sei nur so viel verraten, daß James die super-coole Diana Rigg den Meeresfluten entwindet und dafür sowohl ein paar stahlharte Schwinger in die Magengrube oder auf den Solarplexus wie eine Pistole in den Nacken und – später – ein paar Trümpfe in die Hand bekommt. Und gleich gehts hoch nach der Alpenfestung Piz Gloria, wo gloriös Ernest Stavros Blofeld alias Graf de Beauchamp (Telly Savalas) haust, der – o Schreck – das gesamte Abendland dem Untergang weihen will. Natürlich wird 007 alsobald entdeckt, und der Film leitet über in den tollen zweiten Teil mit atemberaubenden Hasch-mich auf Skis, im Wagen (Autodrom von Lauterbrunnen!), in einer nervenzersägend wirklichkeitsnahen Lawine (Petersgrad) und schließlich noch im halsbrecherisch durch die Kurven schlitternden Bob. Zu guter Letzt (man atmet auf) kommen die weniger Bösen in Helikoptern angesurrt und sprengen die trutzige Schilthornfeste der rabenschwarzen Schurken trotz Gegenwehr aus originalgetreuen Sturmgewehren in die Luft. Man glaubt, der Seelenschmus mit der sichtlich fröstelnden Diana Rigg könne wieder aufgenommen werden – und richtig, die Hochzeit findet auch statt –, doch weit gefehlt: Blofeld ist ja gar nicht hinüber, und die letzten Schüsse verfehlen ihr Ziel nicht...Peter Hunt, der Regisseur, weiland Cutter und Chef des »Second Unit«-Teams bei den früheren Bond-Filmen, ist ein Mann der brillanten, atemverschlagenden Spezialeffekte. Beim Ski-Inferno, beim Eisrennen und der Bobfahrt zeigt er den Meister – hinreißende Minuten treiben einem den kalten Schweiß auf die Stirn. Der Rest dagegen fällt abgrundtief ab.

81. Willy Brandt: Aufruf zur Abstimmung über die Ostverträge (1972)

Liebe Mitbürgerinnen und Mitbürger!
Der Deutsche Bundestag steht vor einer schwerwiegenden Entscheidung. Anfang Mai wird über die Ostverträge abgestimmt. Dabei geht es um unseren deutschen Beitrag zur internationalen Entspannung, zur Verständigung zwischen den Völkern und zur Sicherung des Friedens. Es geht auch darum, ob das Berlin-Abkommen in Kraft tritt.

Die Welt wartet gespannt auf diese Entscheidung. Denn die Regierungen im Westen und im Osten wollen mit ihren Bemühungen weiterkommen, die Zusammenarbeit zu verstärken und die Folgen des Kalten Krieges zu überwinden. Sie wollen den kostenverschlingenden Rüstungswettlauf unter Kontrolle bringen und die Gefahren militärischer Konflikte ausschalten. Es besteht die Chance, daß die Teile Europas einander näherkommen und daß dadurch auch die Spaltung Deutschlands gemildert werden kann. Wir Deutsche dürfen dabei nicht abseitsstehen.

Schlußstrich unter die Vergangenheit.
Die Verträge von Moskau und Warschau gehören in diesen Zusammenhang. Sie sind unser Anteil an dieser weltpolitischen Entwicklung. Sie bedeuten aber noch mehr: Sie sind ein Wendepunkt für unsere Beziehungen mit der Sowjetunion und mit der Volksrepublik Polen. Diese Beziehungen sind noch immer schwer belastet durch den Zweiten Weltkrieg und seine Folgen. Wer die Lage verbessern will, muß einen Schlußstrich unter die Vergangenheit ziehen.

Die Bundesregierung stellt sich dieser Aufgabe. Sie hat nichts preisgegeben, was nicht längst verloren war. Sie verzichtet natürlich nicht auf das Selbstbestimmungsrecht für alle Deutschen. Selbstverständlich verzichtet sie nicht auf die Mitgliedschaft im westlichen Verteidigungsbündnis und in den Europäischen Gemeinschaften. Die Ostverträge enthalten überhaupt nur einen Verzicht: Beide Seiten verzichten auf Anwendung von Drohung mit Gewalt.

Das Risiko des Scheiterns.
Würden wir die Verträge scheitern lassen, so ginge das zu Lasten der Berliner. Auch die Verhandlungen mit der DDR würden dann Schaden leiden.

Mehr noch: Die Entspannung zwischen Ost und West würde gestört. Und unsere Bundesrepublik geriete in die Gefahr der Isolierung.

Ich achte alle begründeten Einwände. Von Illusionen müssen wir uns immer frei halten. Aber es wäre unvernünftig und gefährlich, das Risiko des Rückschlages und der Isolierung einzugehen.

Wir müssen die Chancen nutzen, die sich aus den Ostverträgen und aus dem Berlin-Abkommen ergeben. Solche Chancen bieten sich nicht oft. Wer sie verpaßt, schadet den Interessen Deutschlands und der Deutschen. Er tut viele Schritte zurück, wo es doch darauf ankommt, Fortschritte zu machen. Auf dem Weg zur Entspannung, zur Verständigung, zur Sicherung des Friedens.

Ihr *Willy Brandt*
Bundeskanzler der Bundesrepublik
Deutschland

82. Damenrede auf einem Altherrentag des Corps ›Rhenania‹ Heidelberg (1975)

Hochverehrte Damen!

Es ist für mich eine große Ehre und ein besonderes Vergnügen, daß ich als jüngster Fuchs würdig befunden wurde, die Damenrede zu halten, wo doch gerade sie besondere Anforderungen an Geist, Verstand und Rednergabe stellt – alles Eigenschaften, die mir durchaus nicht in überreichlichem Maße in die Wiege gelegt wurden.

Ich bitte deshalb, meine Rede mit wohlwollender Nachsicht als den Versuch zu betrachten, dem Anspruch Giraudouxs gerecht zu werden, der da verlangte: »Eine Damenrede sei wie ein Abendkleid, nicht zu lang, aber das Wesentliche bedeckend, das aber dennoch den Blick auf einiges freigibt und dadurch ein gewisses Interesse erweckt.«

Heute abend sind hier ja überwiegend Ehepaare, also Menschen, die die schönste Verbindung zweier Seelen, die Ehe nämlich, eingegangen sind. Aber sie ist auch die gefährlichste, wenn man Ehe als die Anfangsbuchstaben von »Errare humanum est« deutet (»Irren ist menschlich«).

Es muß schon etwas dran sein, denn nicht umsonst wird gerade Pallas Athene die »Göttin der Weisheit« genannt, war sie doch die einzige, die unverheiratet blieb. Dabei kommt es doch wirklich nur auf die richtige Ergänzung an. Nach Cocteau ergeben beispielsweise »Frauen mit Vergangenheit und Männer mit Zukunft eine nahezu ideale Mischung«!

Ein chinesischer Spruch hingegen meint:

Wenn Du eine Stunde glücklich sein willst,
So betrinke Dich.
Wenn Du drei Tage glücklich sein willst,
Dann heirate.
Wenn Du acht Tage glücklich sein willst,
Schlachte ein Schwein.
Und wenn Du ein Leben lang glücklich sein willst,
Dann werde Gärtner.

Mit deutscher Gründlichkeit und corpsstudentischem Charme wurde daraus die höchste Stufe des Glücks errechnet: Sie erreicht ein jung verheirateter Gärtner, der sich nach dem Schweineschlachten betrinkt!

Die chinesischen Weisen waren also skeptisch, was die Dauer des Glücks bei Frauen angeht. Was mag der Grund dafür sein? Etwa, weil Frauen immer versuchen – merklich oder unmerklich –, ihren Willen durchzusetzen? Sie versuchen es ja gerade um so entschlossener, je weniger sie wissen, was sie wollen. Hierbei entwickelt jede mit einer unglaublichen Findigkeit eigene Methoden und Programme, ja ganze Systeme, wie beim Roulette. Das ist aber schon von alters her immer so gewesen.

Als Caesar um 47 v. Chr. das Land der Pharaonen einnahm und die junge Königin Cleopatra den Thron ihrer Väter verlor, ließ sie sich von einem ergebenen Sklaven, in einen Teppich eingerollt, heimlich in den Königspalast tragen. Vor Caesar wurde sie wieder ausgerollt, worauf ihr Kampf mit allen weiblichen und modischen Künsten begann, getreu dem Motto: »Die Frau ist kein Raubtier, sondern vielmehr die Beute, die dem Raubtier auflauert.«

Hier zeigt sich Ihre große Macht, meine hochverehrten Damen! Sie üben sie aus in der Lust, uns zu gefallen, nicht zuletzt auf unseren Festen.

Manche Menschen neigen dazu, von Engeln zu sprechen. Ich möchte unterlassen, diese himmlischen Vergleiche zu bemühen, nicht weil sie mir nicht liegen, sondern weil sich mir als Naturwissenschaftler bei dem großen Abstand zwischen Himmel und Erde unweigerlich die Frage nach der Größe der Entfernung aufdrängt, für die es aber durchaus Maßstäbe gibt. Denn ein gefallener Engel braucht bekanntlich neun Monate, um niederzukommen; es ist allerdings auch möglich, daß er schon in einer schwachen Stunde fällt.

Nun, das sind himmlische Engel, das ist ferne von uns. Wir haben heute abend in Ihnen, meine hochverehrten Damen, ganz reizende irdische Geschöpfe unter uns, mit denen wir schon einige starke Stunden verlebt haben, die aber auch hoffentlich schwächer zu werden versprechen.

Vergessen Sie nicht, daß wir Sie auf allen Gebieten verehren, während wir Männer bescheiden im Hintergrund bleiben. Denken Sie einmal an die Musik, wo in unzähligen Liedern, Arien und Hymnen Frauen besungen und verherrlicht werden. Was hingegen gibt es über Männer? Ich kenne da nur ein einziges Lied: »Ein Männlein steht im Walde ...«.

Uns Männer betrachten Sie bitte, obwohl oder gerade weil wir von der Kunst, der Musik und der Literatur oft sträflich vernachlässigt werden, als Ihre Edelsteine, die von Ihnen geschliffen werden und stets zu Ihrer Verfügung stehen, die aber auch von Zeit zu Zeit zwecks Reinigung ein Bad im Alkohol benötigen.

Sie aber, meine sehr verehrten Damen, kann man wohl am treffendsten mit dem Wein vergleichen. Die einen sind so lieblich und sanft wie der Wein, die anderen so spritzig und schäumend wie der Sekt. Und dann gibt es noch diejenigen Damen, die aus beiden gemischt sind, und das sind die kalten Enten.

Auch sollten wir Männer die Damen stets so behandeln und genießen wie den Wein, nämlich mit unseren fünf Sinnen:

Das *Auge* erkennt, ob der Wein oder die Dame hell oder dunkel, leicht oder schwer, jung oder alt, moussierend oder still ist.

Das *Gefühl* prüft beim Wein wie bei den Damen die richtige Temperatur: ob sie zu kalt sind – vom Eis gekommen – oder schon Zimmertemperatur haben.

Die *Nase* prüft das Bukett des Weines ebenso wie den verführerischen Duft.

Das *Ohr* lauscht dem Gläserklang wie dem Wohlklang der Stimmen unserer Damen.

Und last not least der *Geschmack*: er entscheidet über die Güte und Reife des Weines, während er auf der Zunge zergeht.

So bitte ich alle Herren, ihr Glas zu erheben und es, wie an-

gedeutet, mit allen fünf Sinnen in Gedanken an unsere Damen
zu genießen!

Die Schönheit ihrer Gestalt,
Die Schärfe ihres Geistes,
Vor allem die Güte ihres Herzens
Leben hoch! Hoch! Hoch!

83. Flugblatt des Forums Jugend und Armee, Bern

WARUM WIR TROTZDEM MILITÄRDIENST LEISTEN

Hallo Kollege,
Wir vom FORUM JUGEND UND ARMEE sind uns natür-
lich voll bewußt, daß im Moment so ungefähr alles lustiger
und interessanter wäre, als für 17 Wochen in die Rekruten-
schule einzurücken, denn:
- Du wirst körperlichem *Streß* ausgesetzt sein,
- Oft mit *wenig Schlaf* auskommen müssen,
- Ungewohnte militärische *Formen* beachten und
- Eine *Uniform* tragen müssen,
- Vielleicht über *wenig Geld* verfügen,
- Während 17 Wochen fremden Leuten *gehorchen müssen,*
- Du kannst Deine *Persönlichkeit* kaum voll entfalten,
- Du wirst über *wenig Freizeit* verfügen,
- Oft auch *Gefahren* ausgesetzt sein,
- Gelegentlich mit einem *einfacheren Essen* auskommen müs-
sen,
- Und überhaupt ja den ganzen Dienst *nicht freiwillig* leisten.
Trotz alldem sind wir der Überzeugung, daß der Militärdienst
vorläufig noch eine *nötige* Pflicht ist, denn:
- Kriege gibt es noch und noch,
- In Mitteleuropa stehen sich trotz Friedens- und Abrüstungs-
gesprächen rund 150 Divisionen verschiedener Mächte ge-
genüber, von denen wir nicht wissen, wann, wo und wer sie
gegen wen einmal einsetzen wird,
- Aus Fernsehen und Zeitung erfährst Du täglich, daß Länder, die keine Armee haben, einfach zum Spielball der Mächtigen werden.
Wenn wir die Anstrengungen des Dienstes nicht auf uns neh-

men, werden eines Tages unter Umständen fremde Soldaten
dies für uns in unserem Lande tun, denn:

JEDES LAND HAT EINE ARMEE, ENTWEDER DIE EIGENE
ODER EINE FREMDE

Frage: Kennst Du Länder, wo dies nicht zutrifft?
Der beiliegende *Kaugummi* soll Dir beim Nachdenken helfen,
er beruhigt und versüßt Dir die ersten Minuten im neuen
Leben!

Mit freundlichen Grüßen
FORUM JUGEND UND ARMEE BERN

(Rückseite des Flugblatts)
FORUM JUGEND UND ARMEE

Wer sind wir?	Verein junger Schweizerinnen und Schweizer bis 30 Jahre
Was wollen wir?	Verständnis wecken für die Problematik einer dynamischen Sicherheitspolitik der Schweiz und die Notwendigkeit einer schlagkräftigen Armee Ein Gegengewicht schaffen zu der einseitigen Informationspraxis gewisser Gruppierungen.
Wie arbeiten wir?	Vorträge, Diskussionen, Informationsmeetings, Flugblattaktionen
Wie wird man Mitglied?	Schriftliche Beitrittserklärung ohne Beitragspflicht
Wovon leben wir?	Freiwillige Beiträge auf Postscheckkonto 30-36 245 Bern
Wo informiere ich mich?	Forum Jugend und Armee Bern Postfach 3028 *Spiegel/Bern*

84. Das Manifest der ersten organisierten Opposition in der
    DDR (1977, Ausschnitte)

IV. Zur inneren Situation der DDR
Warum wird der Abstand DDR – BRD in der Arbeitsproduktivität, nach Lenin dem letztlich entscheidenden Kriterium für
die Überlegenheit einer Gesellschaftsordnung, in den entscheidenden volkswirtschaftlichen Zweigen immer größer?

Warum ebben die Wellen der Ausreise-Anträge und die Versuche zur Republikflucht, selbst unter Einsatz des Lebens, nicht ab?

Warum treten 94 Prozent aller DDR-Bürger, also auch die Mehrheit der Funktionäre, Abend für Abend die geistige Republikflucht an und schalten auf ARD und ZDF? Weil der polit-ideologische Psychoterror unerträglich, die Flucht in eine andere Welt Notwendigkeit zum Überleben ist!

Warum steigt der Verbrauch von Arzneimitteln in der DDR überdurchschnittlich hoch, wobei der Verbrauch der »LMA«-Tabletten (»Leck mich am Arsch«, DDR-Kürzel für Psychopharmaka) sogar sechsfach höher liegt als der anderer Medikamente?

Warum hat die DDR Weltspitze bei Ehescheidungen, Selbstmordraten und Alkoholmißbrauch?

Wo liegen die Defekte dieser Gesellschaft? ...

Der ostdeutsche Arbeiter kann genauso klug, erfinderisch und geschickt wie sein westdeutscher Kollege sein. Aber will er? Hat er den Ehrgeiz, die Arbeitsproduktivität höher zu treiben? Hat er den Anreiz, mehr Geld auf ehrliche Weise, durch echte Leistungssteigerung zu verdienen? Oder soll er Kraft, Werkzeug und Material aus dem Betrieb nicht besser für den privaten Job nach Feierabend einsetzen? Jeder, der in Industrie oder Landwirtschaft, im Gesundheitswesen oder Verkehr, im Handel oder als kleiner Staatsangestellter arbeitet, sieht: Die nicht arbeiten, leben am besten. Soll man es ihnen nicht nachtun?

Die DDR hat angeblich Arbeitskräftemangel, aber die vorhandenen Fachleute können oft nicht sinnvoll ausgelastet werden, weil es an Material, Energie, Transportkapazität oder ähnlichem fehlt. Der Plan wird schon in der Brigade-Abrechnung mit dem Bleistift erfüllt, die Leistung gefälscht, damit die Lohntüte stimmt.

So entstehen Millionen-Verluste. Dann hetzen Überstunden, Sonn- und Feiertagsarbeit die Werktätigen. Der Lohnfonds wird wiederum weit überzogen, die Lücke zwischen Angebot und Nachfrage noch mehr aufgerissen.

Es fehlt an Ersatzteilen, die wertmäßig Pfennige ausmachen, aber ganze Produktionsabschnitte fallen dadurch aus. Zeit, Sprit und Arbeitskraft gehen massenweise verloren beim Kreuz und Quer durch die Republik, um das Nötigste an Engpässen zu überwinden. Wiederum versickern Millionen.

Jeder Kapitalist ginge bei dieser Wirtschaftsweise zugrunde.

Bei uns zahlt der Arbeiter und Bauer für die Unfähigkeit des bürokratischen Apparates mit niedrigerem Lebensstandard als im Westen. ...

Wir fragen: Hat die Arbeiterklasse für den Acht-Stunden-Tag oder das pausenlose Schichtsystem gekämpft? Die Familien sind Tag und Nacht getrennt, aber die Partei erhebt den Finger: Erzieht eure Kinder sozialistischer, sie sind labil! Am Wochenende darf Vater zur Kampfgruppe, Mutter übt ZV *(Zivilverteidigung)*, der Sohn GST *(Gesellschaft für Sport und Technik, Organisation zur vormilitärischen und wehrsportlichen Erziehung und Ausbildung)*, die Tochter DRK – alles zum Schutz der Politbüro-Kaste!

Von der Woche wollen wir gar nicht reden: Zeitungsschau, Agitatoren-Gespräch, Versammlungen in Partei, Gewerkschaft, FDJ, DSF *(Gesellschaft für Deutsch-Sowjetische Freundschaft)*, Partei-, FDJ- und Gewerkschaftsschuljahr – und überall die gleiche Leitartikel-Litanei.

Die Kollektivierung ist total, selbst das gemeinsame Mittagessen am Sonntag wird ersetzt durch Pflichtdemonstrationen, Pflichtbegrüßungen, Pflichtverabschiedungen, meist eines Sowjet-Touristen.

Marx pflegte über einen Potentaten Frankreichs, der seine Berufsjubler auf Reisen stets mit sich führte und ihnen nach erfolgtem Gebrüll heiße Würste spendierte, zu sagen: Hoch die Würste, hoch der Hanswurst. Wir fordern die Einführung der Titulatur eines obersten DDR-Hanswurstes!

Da läßt der Generalsekretär (welch symbolische Verknüpfung von Militärbrutalität und bürokratischem Habitus!) X als Schauspieler mit allem Brimborium ausreisen und am gleichen Tag die Arbeiterfamilie Y verhaften und einsperren, weil sie auch ausreisen wollte.

Da weinen sich die minderjährigen Arbeiterkinder – Vater Schlosser, Mutter Verkäuferin – die Augen aus nach ihren Eltern. Sie sitzen bei der alten Oma, weil ihre Eltern der Meinung waren, sie könnten einer schriftlichen internationalen Verpflichtung des Staatsoberhauptes vertrauen.

Da werden familiär verbundene Menschen, Künstler, Wissenschaftler und Techniker, von allen Westkontakten abgeblockt, so wie die Funktionäre, weil der Klassengegner mit ihnen sicher am leichtesten fertig würde. Aber die persönlichen Bekannten der Sekretärskaste, gleichfalls Künstler,

Wissenschaftler und Techniker, bekommen Ein- und Ausreise-erlaubnis auf Dauervisum, wann und wie sie möchten.

Nach Marx ist das Recht ein gleicher Maßstab für ungleiche Individuen, sonst hört es auf, Recht zu sein. Wir stellen fest: Die DDR ist demnach ein Staat mit absoluter Rechtsunsicherheit. Die nackte Willkür regiert. Wann verhaftet man die Rechtsbrecher? Wann beruft das Parlament das Staatsoberhaupt wegen Bruchs der Verfassung und des Amtseides ab? Wann bestraft das Oberste Gericht das Politbüro wegen willkürlichen Menschenhandels, 50000 Westmark pro freigelassenen Kritiker?

Schreiben wir das 18. Jahrhundert? Befinden wir uns an einem Fürstenhof in Hessen? Gibt es neben einem Klassiker Marx nicht auch noch einen deutschen Klassiker Schiller, der den Verkauf von Landeskindern gegeißelt hat? Wie alt ist die Forderung nach Gedankenfreiheit? ...

Wir fordern eine andere Politik: reale, kostendeckende Preise, entsprechend reale Planung, reale, den jetzigen Stand des Lebensniveaus garantierende Einkünfte für die Arbeiter, Handwerker, Angestellten. Die hohen Einkommen müssen festgefroren und teilweise gesenkt werden. Durch reale Preise werden sie kräftiger abgeschöpft. Die Preis- und Lohnentwicklung muß je Fünfjahrplan zugunsten der Produzenten in Industrie und Landwirtschaft mit dem realen Wirtschaftswachstum gekoppelt werden. Nicht für alle aus dem großen Topf, sondern alles für die arbeitenden Menschen mit niedrigem Einkommen!

Wir fordern, daß die Funktionäre nicht höher als der Arbeiter mit einem durchschnittlichen DDR-Einkommen bezahlt werden. Dieses liegt nach Ansicht unserer Genossen in der Zentralverwaltung für Statistik bei etwa 600 Mark monatlich. Sämtliche Privilegien der Funktionäre müssen gestrichen werden. Zusammengenommen ist das die Chance, die bestehenden Beschlüsse zur Reduzierung des Apparates wirklich umzusetzen.

Wir fordern: Schluß mit den unverantwortlichen Ausgaben für den Leistungssport, für kulturlose Schlagerproduzenten und Fernsehdilettanten. Was ist eine Goldmedaille wert, die 25 Millionen Mark kostet? Warum verdient ein Fußballprofi 2000, aber ein hochqualifizierter Facharzt mit allen Nachtdienstzuschlägen 1500 Mark? ...

Wir fordern nachdrücklich die Beseitigung des Verbots, über Fragen der Lebensqualität, besonders über die ökologischen Probleme öffentlich zu diskutieren. Die Gefahren für die Gesundheit unserer Bürger müssen beim Namen genannt und abgewandt werden. Die Datschisten an den Seeufern sollten enteignet werden. Wir brauchen ruhige Erholungsplätze für überarbeitete Werktätige.

Genossen, propagiert unsere Kritik, popularisiert das Ideengut der Reformkommunisten Europas und Japans, fordert die Veröffentlichung der grundsätzlichen Dokumente der westeuropäischen und japanischen Bruderparteien, entlarvt mit allen Mitteln die widerlichen Praktiken der selbsternannten Parteibürokraten auf Lebenszeit! Zeigt den moralischen Verfall der SED, beweist, wie widerlich Karrieristen, Zyniker, angepaßte Apparatschiks mit den primitivsten Regeln menschlichen Anstandes unablässig auf Kriegsfuß leben!

Propagiert und organisiert! Die weltweite Tendenz in der internationalen Arbeiterbewegung läuft auf den Verfall der moskowitischen Theorie und Praxis hinaus. Es entwickelt sich ein schöpferischer, undogmatischer, demokratisch-humanistischer Reformkommunismus. Die Zeiten des kommunistischen Feudalsystems weichen einer Renaissance und Aufklärung, die Vertrauen auch wieder bei Deutschlands Arbeitern erreichen kann. Nur so werden wir die Probleme der Zukunft unseres deutschen Volkes verantwortlich mit beeinflussen können.

Berlin, Oktober 1977

BDKD, Zentrale Koordinierungsgruppe

(Die kursiv in Klammern gesetzten Erläuterungen stammen von der SPIEGEL-Redaktion.)

85. Oper: Auf hohem Roß zum Klopapier. Artikel über die Verschwendungssucht an den europäischen Musikbühnen (1980, Ausschnitte)

In Berlin wurde der Chef der Deutschen Oper, der Cello-Virtuose Siegfried Palm, im Handstreich durch den Regisseur Götz Friedrich abgelöst. Ein fälliger Wechsel – meuchlings inszeniert?

In München lagen sich August Everding und Wolfgang Sawallisch, der Hausherr und der Generalmusikdirektor der Bayerischen Staatsoper, in den Haaren. Machtkampf à la Komödienstadel?

In Hamburg hat der Aufsichtsrat der Staatsoper den Intendanten Christoph von Dohnányi finanziell an die Kandare gelegt. Putsch der Pfennigfuchser?

In Kassel mobilisierte der künftige Intendant Giancarlo del Monaco durch Gagenkürzungen und Kündigungen einen Aufstand von Ensemble und Publikum. Absolutistischer Größenwahn?

Und so weiter: In Wien, wo die Oper stets wie geölt auf Grund läuft, herrschen Saus und Braus. Lorin Maazel, der ab September 1982 die abgeschlaffte Staatsoper wieder flott machen möchte, soll dafür jährlich rund 700000 Mark kassieren, und von solch alpenländischer Prasserei will weder der Unterrichtsminister Sinowatz noch der Bundeskanzler Kreisky gewußt haben.

In der Mailänder Scala, in der seit längerem der künstlerische Direktor, der Generalsekretär, der Chef-Bühnentechniker, acht Geiger, der Erste Oboist und wenigstens viele Millionen Mark fehlen, hat nun auch der Musikchef Claudio Abbado das Handtuch geworfen.

Londons Royal Opera pfeift auf dem letzten Loch. Spenden und Staatszuschüsse sind zu knapp, die Premiere von „André Chénier« mußte bereits gestrichen werden, die Feuilletons kondolieren.

Nun gehören in der Oper Schmiere und Staatstheater, Feudalgehabe und Possenspiel seit je zusammen wie Tristan und Isolde. Intendanten haben schon immer am liebsten sich selbst inszeniert, und die Kulturbürokraten warfen ihr Auge des Gesetzes immer dann auf allzu pompöse Kulissen, wenn sie sich nicht gerade selbst in dem »millionenverschlingenden, kulinarisch-musikalischen Lotterbett des Bürgertums« (»Neue Zeitschrift für Musik«) wählerwirksam aalten. ...

Die tonangebenden Musiktheater Europas sind längst Großunternehmen der Unterhaltungsindustrie – von staatlichen Gnaden. Die Betriebsausgaben der Deutschen Oper Berlin beispielsweise beliefen sich schon 1978 auf über 52 Millionen, die des Münchner Nationaltheaters auf 63,4 Millionen Mark. Zwischen 40 und 50 Millionen schießt der Staat jährlich zu. An jedem Spieltag wird jeder der 2209 Plätze der Wiener Staatsoper heute mit 100 Steuer-Mark subventioniert.

Und das trotz steigender Einnahmen, denn die Oper hat Hausse. Um die 90 Prozent – Rekord seit Jahren – sind die größten Bühnen im Durchschnitt ausverkauft. Für den Wagner-»Ring« standen die Hamburger bis zu 28 Stunden Schlange, der Kölner Mozart-Zyklus war zehnfach überbucht.

Doch Zuschuß und Zulauf gelten einem verkrusteten Genre. Die Opernhäuser, einst aristokratische Spielwiesen mit ständigem Repertoire-Zuwachs, sind zu kostspieligen Antiquitätenläden verdorrt: Zeitgenössische Werke machen heute nur noch drei Prozent des Repertoires aus.

Bislang haben sich die staatlichen Kulturmanager um das Geständnis gedrückt, mit welcher Absicht sie die teuren Museen denn eigentlich so spendabel am Leben erhalten. Man kann ihnen als Geldgebern sicherlich das Recht nicht absprechen, bei den Opernhäusern mitzureden – nur müßten sie auch etwas zu sagen haben.

Statt dessen prangern dann ihre Buchhalter genau den Luxus an, der von Staats wegen gefördert wird. Die Durchschnittskosten für Dekorationen und Kostüme pro Neuinszenierung, zeterte der Bayerische Oberste Rechnungshof, seien von 66000 Mark (1972) auf 159000 Mark (1978) gestiegen. Die Ausstattung der vorletzten »Arabella« habe noch drei, die der letzten schon zehn Wagenladungen beansprucht.

Sicher, 66000 Mark für die in Berlin bestellte »Opera bestial« auszugeben und deren Partitur dann in der Schublade zu verstecken ist ein Ärgernis, 356000 Mark für Puccinis »Mädchen aus dem goldenen Westen« zu verpulvern, das bislang nicht einmal auf die Bühne gekommen ist, ein Skandal.

Skandalöser aber als solche schon vor der Palm-Ära beanstandete Mißwirtschaft, die gern von der Freiheit der Künste vernebelt wird, ist die Heuchelei, mit der Politiker sie anprangern: Bei jedem Premieren-Spektakel, Star-Gastspiel und Gala-Abend halten sie doch in Parkett und Wandelgängen hof wie weiland die Fürsten. Wer die Oper als Laufsteg mißbraucht, darf nicht die Couturiers schelten. ...

Solange sich die Bundesdeutschen fast 60 Musikbühnen leisten und die Politiker sie mit Millionen ausstatten, solange die muffigen Singstätten wie ein Luxusweibchen verhätschelt werden, dem Künstler und Politiker gleichermaßen beiwohnen, sind die Klagelieder über ein paar Mark zuviel für Pappmaché ebenso komische Oper wie das Kompetenzgerangel um Klopapier.

86. Werbetexte

Die Beispiele sind locker gruppiert: zuerst kurze Slogans, geordnet nach Zurufs-, Kennzeichnungs-, Kausal- und Implikationstyp; dann Texte mit auffallenden Stilmerkmalen; dann Beispiele für die Aufhänger-Technik; schließlich einige umfangreichere Werbetexte aus Zeitung und Fernsehen.

Schenk Vollkommenheit – schenk BRAUN (Rasierapparat)

Immer mit der Ruhe und einem KAFFEE HAG
  (Koffeinfreier Kaffee)

Kennen Sie den LSK-COMPAKT? Den Leichtschwung-Kurzski von ATTENHOFER? Wenn nicht, dann müssen Sie das unbedingt nachholen.

Weg mit der Bürste! Jetzt gibt es SAPTIL (Waschmittel)

ROTH-HÄNDLE FILTER – der moderne Typ einer klassischen Cigarette

LADY L von SIEMENS – es gibt keinen besseren Geschirrspüler

BACARDI schenkt den Zauber der Karibischen See (Rum)

Heißgeliebt und kalt getrunken – DOORNKAAT

Bei SCHARNOW gehört die Badehose zum Skigepäck
  (Reisebüro)

Erst wenn eine Möbelwand zentimetergenau in jeden Raum paßt, spricht BEHR von Variabilität

Nobody is perfect
(VW-Werbung. Bild eines VW-Fahrers beim Radwechsel)

Wer anatomisch richtig sitzen will, muß seinen Stuhl im Sitzen verstellen können. Bitte! STOLL GIROFLEX
(Büromöbel)

Mit HENKELL begonnen – glücklich das Jahr (Sekt)

Männer mögen MEN (Rasier-Wasser)

Für eine neue Sportfahrer-Klasse – das AUDI 100 Coupé S

Mag sein
daß ein Aperitif wie CINZANO APERITIVO AMARO vielen einfach zu teuer ist. Grund genug für Sie, ihn sich zu leisten. Männlich, exklusiv, angenehm bitter – CINZANO APERITIVO AMARO – für Männer, die mehr leisten

Mut zur Muße – MERIAN (Zeitschrift)

Vor der Rasur – für die Rasur – nach der Rasur – ARDEN FOR MEN (Rasierwasser)

Die Eleganz der Extras – das ist die Extravaganz dieser Sitzgruppe – COR Sitzmöbel

Executive – die neue Top-Herrenserie – executive – die souverän männliche Note, herb und trocken, lang anhaltend – executive – by ATKINSONS

Zum guten Ton gehört DUAL (Plattenspieler)

Der ELASTI hält mehr als er verspricht (Büstenhalter)

Red nicht RUM – sag gleich HANSEN (Rum)

Gehen Sie einer Pfanne auf den Grund...
(und kaufen Sie sie nur, wenn sie dieses Gütezeichen trägt): TEFLON (Spezialpfannenbelag)

Wir verkaufen keine Katze im Sack – Wir nennen die Dinge beim Namen – HAMBURG-MANNHEIMER – die große Lebensversicherung
(Mit einem Foto einer jungen Katze, die halb in einem Sack steckt)

Der Schnellste an der Börse – ein Rechner von SIEMENS – SIEMENS SYSTEM 400
(Mit einem Foto vom Gedränge im Börsensaal)

Man kann auch bei schwankendem Kurs Gewinn an Bord holen: mit der langfristigen ADIG-Anlage
(Investment-Gesellschaft. Mit Foto eines Hochseefischerbootes bei starkem Seegang)

Wenn Sie auf dem Zuckerhut stehen
wird Ihnen klar, warum sich Rio die schönste Stadt der Welt nennt – KUONI Sonderflüge nach Brasilien
(Reisebüro – erste Zeile im Fettdruck)

Was hat LINDE mit Kunststoffen zu tun?
Kunststoffe sind sowohl in der Technik als auch im täglichen Leben unentbehrlich geworden. Die Ausgangspunkte zur Herstellung von Kunststoffen liefert die Petrochemie. (Foto) Erdöl und Erdgas enthalten verschiedene Kohlenwasserstoffverbindungen. Bei der Verarbeitung von Erdölfraktionen werden durch thermische Spaltung kohlenwasserstoffreiche Gasgemische erzeugt. (Foto) Durch Tieftemperaturprozesse werden diese Gasgemische zerlegt und reine Kohlenwasserstoffe gewonnen, die die Basis für eine Vielzahl von Kunststoffen sind – Tieftemperatur- und Verfahrenstechnik sind ein Arbeitsgebiet der LINDE AG
(mit zwei Industriefotos)

Ein ESSO-Ziel – jedem Auto seinen zweiten Frühling! Verjüngungskur – jetzt das preiswerte Autopflege-Multipack aus dem ESSO-Shop. Macht Ihr Wagen nach den Strapazen des Winters einen matten Eindruck? Sieht er älter aus als er ist? Dann gönnen Sie ihm die wohlverdiente Verjüngungskur. Jetzt erst recht, da bei ESSO ein günstiger Frühlingswind weht. Auf ESSO-Tankstellen liegt nämlich das praktische Autopflegemultipack für Sie bereit. Mild wie der Frühling ist sein Preis: nur DM 9.85! Wenig Geld für einen großen weichen ESSO-Schwamm, ein ESSO Auto-Shampoo (reicht für 30–35 mal waschen), ein ESSO Autowaschtuch und einen ESSO Chromglanz. Aber es kommt noch besser: Sie erhalten dazu gratis den unentbehrlichen Wassereimer. Einen besonders praktischen übrigens, aus farbigem Kunststoff, mit Deckel. Auf daß Ihr Wagen in neuem Glanz erstrahle. Es lebe der Frühling! ESSO – wir tun mehr für Sie

Schuppenschreck
man findet sie überall – heimtückisch – jeder Bürste zum Trotz liegen sie auf Kleiderkragen und Schultern – peinlich – Schuppen – die Folge falscher Haarpflege – das Zeichen kranker Kopfhaut – doch jetzt gibt es die WELLAMED ANTISCHUPPENKUR – der kombinierte Schuppenschreck – das dermatokosmetisch reine WELLAMED Shampoo reguliert die Funktion der Talgdrüsen. – Waschaktive Substanzen machen Ihr Haar sauber – damit das Bioschwefel-Fluid seine spezielle Wirkung voll entfalten kann – damit WELLAMED Tonic noch zuverlässiger gegen Schuppen wirken kann – damit die Funktionen der Kopfhaut wirksam stabilisiert werden – so gibt Ihnen WELLAMED die Garantie, daß Sie Schuppen in einem Monat loswerden – verjagt von der WELLAMED Antischuppenkur – dauerhaft – Schuppenschreck – die WELLAMED Antischuppenkur von WELLA – erhältlich bei Ihrem Coiffeur, in Drogerien und Apotheken.
(Fernsehwerbung)

Es ist eine Freude, Frau zu sein – ganz Frau und wirklich schön zu sein – entdecken Sie mit MISS TOP, wie schön Sie sein können – MISS TOP von LEJABY.
(Fernsehwerbung für Büstenhalter)

Für mich – FAMILIA Birchermüsli – FAMILIA Birchermüsli schmeckt *viel* besser – weil es Äpfel und Honig enthält – FAMILIA mit viel kühler Milch anrühren – und Sie haben eine köstlich erfrischende, vollständige Mahlzeit. Wenn Sie es wünschen, können Sie frische Früchte oder Beeren beifügen. Ein Butterbrot dazu – voilà! FAMILIA ist ein kleines Fest für alle, ein Schmaus, der in Schuß hält – wer FAMILIA probiert hat, bleibt bei – FAMILIA.
(Fernsehwerbung)

1. Danton: Rede vor dem Revolutionstribunal (1794), in der Fassung von Georg Büchner

Herman Ihr Name, Bürger.

Danton Die Revolution nennt meinen Namen (PERSONIFI-ZIERUNG). Meine Wohnung ist bald im Nichts (METAPHER) und mein Name im Pantheon der Geschichte (METAPHER – RHYTHMISIERUNC – ELLIPSE).

Herman Danton, der Konvent beschuldigt Sie, mit Mirabeau, mit Dumouriez, mit Orléans, mit den Girondisten, den Fremden und mit der Faktion Ludwigs XVII. konspiriert zu haben.

Danton Meine Stimme, die ich so oft für die Sache des Volkes ertönen ließ, wird ohne Mühe die Verleumdung zurück-weisen (METONYM). Die Elenden, welche mich anklagen, mögen hier erscheinen, und ich werde sie mit Schande be-decken (AUFFORDERUNG – METAPHER – CODA). Die Ausschüsse mögen sich hierher begeben, ich werde nur vor ihnen ant-worten (PARALLELSTRUKTUR). Ich habe sie als Kläger und als Zeugen nötig (ZWEIERGRUPPE). Sie mögen sich zeigen (AUFFORDERUNG – VARIATION).

Übrigens, was liegt mir an euch und eurem Urteil (ALLITE-RATION – RHETORISCHE FRAGE)? Ich hab es euch schon ge-sagt: das Nichts wird bald mein Asyl sein (REFRAIN); – das Leben ist mir zur Last (ALLITERATION – PARALLELSTRUK-TUR), man mag es mir entreißen (ALLITERATION – META-PHER), ich sehne mich danach, es abzuschütteln (METAPHER– RHYTHMISIERUNG).

Herman Danton, die Kühnheit ist dem Verbrecher, die Ruhe der Unschuld eigen (GEGENSATZ).

Danton Privatkühnheit ist ohne Zweifel zu tadeln (ZUGE-STÄNDNIS – EINSCHRÄNKUNG). Aber jene Nationalkühnheit (GEGENSATZ), die ich so oft gezeigt, mit welcher ich so oft für die Freiheit gekämpft habe (ELLIPSE–PARALLELSTRUKTUR– WIEDERHOLUNG–WACHSENDE GLIEDER – STEIGERUNG), ist die verdienstvollste aller Tugenden (ALLITERATION – CODA). – Sie ist meine Kühnheit (KETTE – VERDEUTLICHUNG), sie ist es (ANAPHER), der ich mich hier zum Besten der Republik

gegen meine erbärmlichen Ankläger bediene (ALLITERA-
TION – HYPERBEL – GEGENSATZ). Kann ich mich fassen, wenn
ich mich auf eine so niedrige Weise verleumdet sehe (RHETO-
RISCHE FRAGE – RHYTHMISIERUNG)? – Von einem Revolu-
tionär wie ich darf man keine kalte Verteidigung erwarten.
Männer meines Schlages (ALLITERATION) sind in Revolu-
tionen unschätzbar (PARALLELSTRUKTUR – VARIATION –
HYPERBEL), auf ihrer Stirne schwebt das Genie der Frei-
heit (PERSONIFIZIERUNG – METONYM – ALLITERATION).
Mich klagt man an (EMPHATISCHE UMSTELLUNG), mit
Mirabeau, mit Dumouriez, mit Orléans konspiriert, zu den
Füßen elender Despoten gekrochen zu haben (ANAPHER –
ASYNDETON–METONYM–HYPERBEL–RHYTHMISIERUNG); mich
fordert man auf (ANAPHER – PARALLELSTRUKTUR), vor der
unentrinnbaren, unbeugsamen Gerechtigkeit zu antworten
(ALLITERATION). – Du elender Saint Just, wirst der Nach-
welt für diese Lästerung verantwortlich sein (ZURUF –
SPRUNG – CODA)!

Herman Ich fordere Sie auf, mit Ruhe zu antworten; gedenken
Sie Marats, er trat mit Ehrfurcht vor seine Richter.

Danton Sie haben die Hände an mein ganzes Leben gelegt
(METAPHER – HYPERBEL), so mag es sich denn aufrichten und
ihnen entgegentreten (AUFFORDERUNG – RHYTHMISIERUNG –
WACHSENDE GLIEDER); unter dem Gewicht jeder meiner
Handlungen werde ich sie begraben (METAPHER). – Ich bin
nicht stolz darauf. Das Schicksal führt uns den Arm (ZUGE-
STÄNDNIS – METAPHER), aber nur gewaltige Naturen sind
seine Organe (METAPHER–EINSCHRÄNKUNG–CODA). Ich habe
auf dem Marsfelde dem Königtume den Krieg erklärt
(METONYM), ich habe es am 10. August geschlagen, ich habe
es am 21. Januar getötet und den Königen den Königskopf
als Fehdehandschuh hingeworfen (ANAPHER – PARALLEL-
STRUKTUR–WACHSENDE GLIEDER–STEIGERUNG–VERGLEICH).
Wenn ich einen Blick auf diese Schandschrift werfe (ALLI-
TERATION), fühle ich mein ganzes Wesen beben (META-
PHER – HYPERBEL – RHYTHMISIERUNG). Wer sind denn die,
welche Danton nötigen mußten, sich an jenem denkwürdi-
gen Tage (ALLITERATION) zu zeigen (RHETORISCHE
FRAGE)? Wer sind denn die privilegierten Wesen (UM-
SCHREIBUNG), von denen er seine Energie borgte (ANAPHER –
PARALLELSTRUKTUR – IRONIE)? – Meine Ankläger mögen
erscheinen (ZURUF)! Ich bin ganz bei Sinnen, wenn ich es

verlange. Ich werde die platten Schurken (Umschreibung) entlarven und sie in das Nichts zurückschleudern (Metapher), aus dem sie nie hätten hervorkriechen sollen (Metapher – Anapher – Coda).

Herman Hören Sie die Klingel nicht?

Danton Die Stimme eines Menschen, welcher seine Ehre und sein Leben verteidigt, muß deine Schelle überschreien (Metonym). Ich habe im September die junge Brut der Revolution mit den zerstückten Leibern der Aristokraten geätzt (Metapher). Meine Stimme hat aus dem Golde der Aristokraten und Reichen dem Volke Waffen geschmiedet (Metonym – Metapher – Parallelstruktur). Meine Stimme (Anapher) war der Orkan, welcher die Satelliten des Despotismus (Metapher) unter Wogen von Bajonetten (Metapher) begrub (Metapher – Coda – Steigerung).

Herman Danton, Ihre Stimme ist erschöpft, Sie sind zu heftig bewegt. Sie werden das nächste Mal Ihre Verteidigung beschließen, Sie haben Ruhe nötig. – Die Sitzung ist aufgehoben.

Danton Jetzt kennt ihr Danton – noch wenige Stunden, und er wird in den Armen des Ruhmes entschlummern (Personifizierung – Euphemistische Umschreibung – Coda).

Charakteristisch für Dantons (Büchners) Stil sind die kühnen Metaphern und Metonyme, sein Hang zur Rhythmisierung und zu Wiederholungsstrukturen. Sehr großzügig ist Danton auch in der Verwendung der Hyperbel. An den von ihm verwendeten Bildern fällt die Spannung zwischen Abstraktion und Konkretion auf. Danton gefällt sich, wie die meisten Redner jener Zeit, einerseits in der Beschwörung mythischer Abstraktionen (»Revolution«, »Genie der Freiheit«, »Arme des Ruhms«, »das Schicksal«, das »Nichts«), andererseits in krudestem Realismus (»die junge Brut der Revolution mit den zerstückten Leibern der Aristokraten geätzt«).

Die Argumentation beschränkt sich auf die Erinnerung an frühere Leistungen. Dantons rednerisches Geschick besteht darin, daß er sich Gelegenheit dazu schafft, obwohl man ihn nur nach seinen Beziehungen zu den Konterrevolutionären befragt. Den ersten Anlauf dazu nimmt er in einem Nebensatz (»Meine Stimme, die ich so oft für die Sache der Revolution ertönen

ließ...«), die zweite Gelegenheit bietet sich, als Herman von
Dantons Kühnheit spricht. Schließlich gelingt ihm die großartige Wendung »Sie haben die Hände an mein ganzes Leben
gelegt. So mag es sich denn aufrichten...«

Danton hat drei Leitmotive: »Das Leben ist mir zur Last« –
»Die Elenden, welche mich anklagen, mögen hier erscheinen« –
»Männer meines Schlages sind in Revolutionen unschätzbar«.

Das erste Motiv gibt zwar Gelegenheit zu elegisch-erhabe-
nen, sublimen Effekten, hat aber höchstens einen moralischen
Wert. Und es steht dem dritten Motiv im Weg. Wie will
Danton die Fraktion der Gemäßigten unter seinen Richtern
für sich gewinnen, wenn er sich so lebensmüde zeigt? Sie
zittern ja alle um ihr eigenes Leben und würden sich bestenfalls
für jemanden einsetzen, der noch Kraft genug hätte, sie zu
führen. So erreicht Danton schließlich nicht mehr als einige
flüchtige Momente der Exaltation bei der Beschwörung
revolutionärer Ideale (»Freiheit«) und vergangener Taten. Ob
Dantons Redegewalt ihn hätte retten können, wenn Herman
nicht geschickt unterbrochen hätte, ist zweifelhaft.

2. Norbert Jankowski: An die Regierungsparteien und die
Opposition (1970)

Sehr geehrte Herren!
Sie haben sich vor und nach den Bundestagswahlen gegenseitig bei dem Versuch übertroffen (IRONIE), die Reformfreudigkeit Ihrer Parteien zu beweisen. Seit drei Jahren schon, seit die
Studenten auf die Straße gehen (ANAPHER), reden Sie so viel
von Reformen, daß man das Wort »Reform« kaum noch hören
mag. Geschehen ist aber praktisch nichts (GEGENSATZ). Oder
wollen Sie im Ernst behaupten (RHETORISCHE FRAGE), wir
seien mit der Reform des Bildungswesens und mit der Demokratisierung von Staat und Gesellschaft (ZWEIERGRUPPEN –
WACHSENDE GLIEDER) vorangekommen? Ist es denn demokratisch, daß sich die politische Mitwirkung des Bürgers darauf
beschränkt, alle vier Jahre einmal zur Wahl zu gehen, daß er
dabei (ANAPHER) über Kandidaten zu entscheiden hat, die von
Parteifunktionären hinter verschlossenen Türen bestimmt
worden sind, und daß er (ANAPHER) in der übrigen Zeit
in politischer Unmündigkeit gehalten wird (RHETORISCHE

Frage – Dreiergruppe)? Ist es demokratisch (Anapher), daß in Parlamenten und Parteien (Alliteration) ebenso wie in den Betrieben und Universitäten (Zweiergruppen) einige Mächtige die Entscheidungen treffen – über den Kopf der Abgeordneten, Mitglieder, Arbeitnehmer und Studenten hinweg (Rhythmisierung – Emphatische Umstellung)? Ist es demokratisch, daß ein Drittel aller in der Bundesrepublik erscheinenden Zeitungen und fast ein Fünftel der Illustrierten von zwei übermächtigen Großverlegern herausgegeben werden? Ist es demokratisch, daß ganze sieben Prozent der 300000 Studenten aus Arbeiter- und drei Prozent aus Landwirtsfamilien stammen? Ist es demokratisch, daß seit der Gründung der Bundesrepublik vor zwanzig Jahren die drei Millionen selbständigen Großverdiener rund 70 Prozent des neu geschaffenen Privatvermögens für sich reservierten, während die siebenmal größere Gruppe (Umschreibung) der Arbeitnehmer sich mit 30 Prozent begnügen mußte (Gegensatz)? Ist es demokratisch, wenn bei uns viele sogenannte Sachentscheidungen (Ironie) – etwa im Aufwertungsstreit und bei der Streichung von Subventionen – nicht auf Grund von politischem Sachverstand, sondern mit ständigem Schielen (Metapher) auf den angeblichen Volkswillen (Ironie) getroffen werden (Gegensatz)? Sie reden immerzu vom mündigen Staatsbürger, den Sie heranbilden wollen (Zugeständnis). Aber sind Sie nicht mit schuld daran, daß diesen Bürger sein persönlicher Wohlstand mehr interessiert als seine staatsbürgerlichen Rechte und Pflichten (Gegensatz) – weil Sie ihn darin mit Waschmittelparolen (Metapher) wie »Stabilität, Sicherheit und Wohlstand« noch bestärken (Rhetorische Frage)? Seit vielen Jahren haben die Studenten gegen diese Zustände protestiert. Vergebens (Ellipse). Als sie auf die Straße gingen, um ihren Forderungen Nachdruck zu verleihen, hielten Sie ihnen entgegen, Steine und faule Tomaten seien keine Argumente. Gewiß nicht (Ellipse – Zugeständnis). Aber Tatsache ist doch, daß die Studenten mit ihren berechtigten Forderungen und konkreten Vorschlägen zu Ausbildungsreformen (Zweiergruppe) erst gehört wurden, als sie sich nicht mehr aufs Argumentieren verließen. Zehn Jahre haben Sie gebraucht (Emphatische Umstellung), um ein Ausbildungsförderungsgesetz zu verabschieden – über ein Ordnungsrecht gegen aufsässige Studenten waren Sie sich jedoch mit den Ministerpräsidenten der Länder in zwei Monaten einig (GEGENSATZ–KREUZSTELLUNG). Wären die ungeheure Energie und Tatkraft (IRONIE), die Sie fast ein Jahrzehnt lang auf die Notstandsgesetzgebung vergeudeten, in Reformen des Bildungswesens investiert worden, dann hätten wir jetzt sicher keine Hochschulkrise, keine Schulmisere, keinen Lehrermangel (ANAPHER–ASYNDETON). Die Ausrede, daß Sie in Bonn keine Zuständigkeiten dafür gehabt hätten, ist zu billig. Sie haben selbst gesagt, die Geschichte werde nicht danach fragen, ob Sie die Zuständigkeit für die notwendigen Reformen hatten, sondern was Sie getan haben (BUMERANG – GEGENSATZ). Was haben Sie getan (KETTE), um zu verhindern, daß in einigen Jahren Zehntausende von Abiturienten vor den wegen Überfüllung geschlossenen Toren der Universitäten stehen werden (METONYM – RHETORISCHE FRAGE)? Nichts (ELLIPSE). Sehen Sie nicht, daß das Urteil der Geschichte schon feststeht (RHETORISCHE FRAGE – RHYTHMISIERUNG – CODA)?

Was den Stil betrifft, so fällt auf, daß wenige Metaphern gebraucht werden, daß hingegen die Stilfiguren der Frage und der Anapher bis zum Exzeß ausgebeutet werden. Recht oft zeigen sich Ansätze zur Rhythmisierung. Kunstvoll konstruierte und kurze, schlagende Sätze wechseln ab.

In argumentatorischer Hinsicht ist interessant, wie geschickt Zahlenmaterial verwendet wird. Das erweckt den Eindruck von Wissenschaftlichkeit und erlaubt zugleich, bei genügender Vereinfachung, die Konstruktion schlagender Gegensätze. Jankowski nennt Prozente, wo das Argument im Mißverhältnis, und Summen, wo das Argument in der Größenordnung liegt. Je nach Bedarf greift er zur beeindruckend runden, festen Zahl (300 000 Studenten) oder zum verschwommenen Superlativ (Zehntausende von Abiturienten). Welchen Wert Jankowski auf Zahlen legt, zeigt sich z. B. in der Tatsache, daß er Zahlen auch nennt, wo sie unwichtig oder gut bekannt sind (Gründung der Bundesrepublik vor zwanzig Jahren).

Jankowski bezichtigt die Parteien der Irreführung, Untätigkeit und Widersprüchlichkeit. Das gelingt ihm durch Häufung, Vereinfachung und Zuspitzung der ungelösten Hauptprobleme. Was bei dieser »Abrechnung« der Passiva auf der Aktivseite gegenübersteht, wird verschwiegen, verstohlen angedeutet (»praktisch nicht«, »sind Sie nicht mit schuld daran...«)

oder abgewertet (»Schielen auf den angeblichen Volkswillen«, »Waschmittelparolen«, »Energie und Tatkraft, die Sie...auf die Notstandsgesetzgebung vergeudeten«). Die Maßnahmen der Studenten werden von Jankowski entweder aufgewertet (»berechtigte Forderungen«, »konkrete Vorschläge«) oder, wo es not tut, euphemistisch umschrieben (»auf die Straße gehen«, »sich nicht mehr aufs Argumentieren verlassen«). Wo er Zugeständnisse macht, sind sie ironisch oder werden sofort eingeschränkt.

Geschickt hat Jankowski den Streitpunkt zu seinen Gunsten verschoben. Anstatt die Gegner zu fragen, ob sich nicht z. B. »die politische Mitwirkung des Bürgers darauf beschränkt, daß er alle vier Jahre einmal zur Wahl geht«, setzt er das einfach als Tatsache voraus und fragt nur noch, ob dieser Zustand »demokratisch« sei. Und das können natürlich auch die Gegner nicht gut behaupten.

Neben diesen offenen Techniken der Demagogie benützt Jankowski auch getarnte. Dazu gehört die ideologische Sprachregelung in der Feststellung, daß sich die »Großverdiener« 70% des »neu geschaffenen Privatvermögens« (von wem geschaffen?) »reservierten«, während sich die Arbeitnehmer mit 30% »begnügen mußten«.

Gruppierung der rhetorischen Figuren
nach den drei Grundfunktionen der Rede

A. darstellen/ erklären (docere)	B. gefallen/ reizen (delectare)	C. ergreifen/ mitreißen (movere)
Beispiel	Refrain	Rhythmisierung
Vergleich	Variation	Coda
Detaillierung	Alliteration	Alliteration
Augenschein	Rhythmisierung	Anapher
Sentenz	Refrain	Kette
Definition	veralteter Ausdruck	Doppelung
Streifen	Neubildung	Refrain
Schein-Übergehen	Fremdwort	Verdeutlichung
Vorgriff	Stilbruch	Bekräftigung
Rückgriff	Metapher	Gegensatz
Litotes	Metonym	Steigerung
Paradox	Umschreibung	Hyperbel
Wortspiel	Hyperbel	Häufung
Ironie	Litotes	Detaillierung
	Paradox	Augenschein
	Wortspiel	rhetorische Frage
	Ironie	Anruf
	Syllepse	emphatische Umstellung
	Zweier- und Dreiergruppe	Ellipse (Raffung)
	Kreuzstellung	Sprung
	Versprechen der Kürze	in medias res
	Bescheidenheit	Satzbruch
	Anheimstellung	Parallelstruktur
	Zugeständnis	Aufrütteln

Gruppierungen der rhetorischen Figuren
nach den vier Änderungskategorien

A. Figuren durch Zufügung (adiectio):

Doppelung	Beispiel
Anapher	Vergleich
Kette	Augenschein
Refrain	Sentenz
Verdeutlichung	Häufung
Bekräftigung	Vorgriff
Variation	Rückgriff
Umschreibung	(Hyperbel)
Detaillierung	

Die durch Zufügung gewonnenen Figuren sind großenteils
Figuren der Wiederholung. Sie dienen entweder der Aufbauschung (amplificatio) des Redeumfangs oder dem Nachdruck
(Emphase). Sie haben also entweder schmückende (ornatus)
oder affektische Funktion.

B. Figuren durch Auslassung (detractio):

Litotes	Syllepse
Emphase	Asyndeton
Paradox	Streifen
Wortspiel	Vorgriff
Ironie	Sprung

Die durch Auslassung gewonnenen Figuren sind Mittel der
Anspielung. Sie wirken im Sinn des »delectare« (Reiz- und
Rätselwirkung, Humor, Einbeziehen des Hörers), aber auch
im Sinn des »docere« (indirekte, geraffte Technik der Darstellung).

C. Figuren durch Auswechseln (immutatio):

veralteter Ausdruck	Metapher
Neubildung	Metonym
Fremdwort	Umschreibung
Stilbruch	

Die durch Auswechseln entstehenden Figuren sind vor allem
Tropen (lexikalische Variationen, Schein-Synonyma); sie
dienen vor allem der Abwechslung (delectare).

D. Figuren durch Umstellen (transmutatio):

emphatische Umstellung	Vorgriff
Kreuzstellung	Rückgriff
Einschub	Rhythmisierung
Satzbruch	

Die durch Umstellung gewonnenen Figuren gehören fast alle in den syntaktischen Bereich. Sie dienen vorwiegend dem »delectare«, können aber auch affektisch wirken (movere).

Gruppierung der gesammelten Reden nach Typen

	Nr.
Ansprache (Truppen- ansprache)	16, 26, 28, 29, 37, 47, 48, 49
Bittschrift (Supplik, Petition)	22, 25, 36, 45
Festrede	39, 41, 48, 50, 61, 67, 73, 82,
Gebet	32
Hetzrede (harangue)	3, 9, 11, 13, 49, 51, 62
Kunstkritik	54, 60, 61, 67, 77
Parlaments- und Parteirede	2, 3, 4, 17, 19, 20, 21, 22, 27, 46, 51, 52, 53, 56, 57, 58, 59, 62, 63, 64, 65, 69, 75, 76, 77, 78, 80, 81
Predigt	1, 5, 9, 12, 15, 32, 33, 34, 48, 49,
Proklamation (Aufruf)	6, 7, 8, 27, 28, 29, 37, 38, 43, 62, 64, 65, 69, 71, 73, 81
Manifest (Kommuniqué)	30, 35, 40, 50, 52, 56, 57, 58, 59, 63, 72, 74, 84
Nachruf (Nekrolog)	2, 13, 31, 33, 42, 66
Schmährede (Pamphlet), Anklage	3, 4, 6, 7, 9, 10, 12, 13, 15, 18, 24, 33, 44, 54, 74, 79, 84, 85
Verteidigungsrede (Plädoyer)	10, 19, 20, 21, 23, 24, 52, 55, 65, 75, 76, 77, 83

Bibliographie

1. Redesammlungen

Borchardt, Rudolf (Hrsg.): Deutsche Denkreden. München 1925.

Büchner-Preis-Reden 1951–1971. Mit einem Vorwort von Ernst Johann. Stuttgart 1972.

Deutsche Parlamentsdebatten. Band 1: 1871–1918. Hrsg. v. Axel Kuhn. Vorwort v. Gustav W. Heinemann. Einleitung v. Eberhard Jäckel. Band 2: 1919–1933. Hrsg. v. Detlef Junker. Vorwort v. Golo Mann. Einleitung v. Eberhard Jäckel. Band 3: 1949–1970. Hrsg. u. eingeleitet v. Eberhard Jäckel. Vorwort v. Günter Grass. Frankfurt a. M. 1970–71.

Deutsche Reden in schwerer Zeit. 3 Bände. Berlin 1914–15.

Fischer, Peter (Hrsg.): Reden der Französischen Revolution (dtv-Band 6019). München 1974.

Goldschmit, Rudolf K. (Hrsg.): Das Buch der deutschen Reden. Dokumente deutscher Redekunst. Stuttgart 1925.

Hinderer, Walter (Hrsg.): Deutsche Reden. Stuttgart 1973.

Kippenberg, Anton und Friedrich von der Leyen (Hrsg.): Das Buch deutscher Reden und Rufe. Leipzig 1943.

Lohmeier, Georg: Bayerische Barockprediger. München 1961. (Auswahl unter dem Titel: Geistliches Donnerwetter, dtv-Band 460.)

Mollat, Georg (Hrsg.): Reden und Redner des ersten deutschen Parlaments. Osterwied 1895.

Müller, Wolfgang (Hrsg.): Große Reden aus drei Jahrtausenden. Mit einer Einführung v. Heinrich Lützeler. Stuttgart o. J.

Peter, Karl Heinrich (Hrsg.): Reden, die die Welt bewegten. Stuttgart 1959. Taschenbuchausgabe in zwei Bänden unter dem Titel: Proklamationen und Manifeste zur Weltgeschichte. München o. J.

Pohl, Gerhart (Hrsg.): Unsterblichkeit. Deutsche Denkreden aus zwei Jahrhunderten. Berlin 1942.

Scharfarschik, Walter (Hrsg.): Herrschaft durch Sprache. Politische Reden. Stuttgart 1973.

Strich, Fritz (Hrsg.): Deutsche Akademie-Reden. Bern 1923.

2. Lehrbücher, Einführungen, historische Darstellungen

Ammann, Hermann: Die menschliche Rede. Lahr 1925.

Arbusow, L.: Colores rhetorici. Eine Auswahl rhetorischer Figuren und Gemeinplätze. Göttingen 1948.

Aristoteles: Rhetorik. Deutsch von F. G. Sieveke. München 1973.

Bailey, Dudley: Essays on Rhetoric. New York 1965.

Barner, Wilfried: Barockrhetorik. Untersuchungen zu ihren geschichtlichen Grundlagen. Tübingen 1970.

Bartels, Rudolf: Lehrbuch der Demagogik.

Berlo, David K.: The Process of Communication. New York 1961.

Blair, H.: Cours de rhétorique. 4. Aufl. Genf 1808.

Böckmann, Paul: Formgeschichte der deutschen Dichtung. Hamburg 1949.

Bouterwek, Friedrich: Geschichte der Poesie und Beredsamkeit seit dem Ende des 13. Jahrhunderts. 4 Bände. Göttingen 1801–19.

Clarke, M. L.: Die Rhetorik bei den Römern. Göttingen 1968.

Curtius, Ernst Robert: Europäische Literatur und lateinisches Mittelalter. 2. Aufl. Bern 1954, Kapitel 3–8.

Damaschke, Adolf: Volkstümliche Redekunst. Jena 1918.

Damaschke, Adolf: Geschichte der Redekunst. Eine erste Einführung. Jena 1921.

Dessoir, Max: Die Rede als Kunst. München 1940.

Dockhorn, Klaus: Macht und Wirkung der Rhetorik. Bad Homburg, Berlin u. Zürich 1968.

Dovifat, Emil: Rede und Redner. Ihr Wesen und ihre politische Macht. Leipzig 1937.

Dovring, Karin: The Road of Propaganda. The Semantics of Biased Communication. New York 1959.

Drach, Erich: Die redenden Künste. Leipzig 1926.

Drach, Erich: Redner und Rede. Berlin 1932.

Dubois, Jacques, Francis Edeline u. a.: Allgemeine Rhetorik. München 1974.

Dyck, Joachim: Ticht-Kunst. Deutsche Barockpoetik und rhetorische Tradition. Bad Homburg v. d. H., Berlin u. Zürich 1966.

Eisenhut, Werner: Einführung in die antike Rhetorik. Darmstadt 1972.

Elertsen, H.: Moderne Rhetorik. Rede und Gespräch in der Wirtschaft und im öffentlichen Leben. 6. Aufl. Hamburg 1972.

Erdmann, Karl Otto: Die Kunst, Recht zu behalten. Methoden und Kunstgriffe des Streitens. 5. Aufl. Berlin 1952.

Fischer, Ludwig: Rhetorik. In: Grundzüge der Literatur- und Sprachwissenschaft. Herausgegeben von Heinz Ludwig Arnold und Volker Sinemus. Band 1: Literaturwissenschaft (dtv-Band 4226). 2. Aufl. München 1974.

Frank-Böhringer, Brigitte: Rhetorische Kommunikation. Quickborn bei Hamburg 1963.

Geißler, Ewald: Rhetorik. Leipzig u. Berlin. 2 Bände. 2. Aufl. 1918.

Geißner, Hellmut: Rede in der Öffentlichkeit. Eine Einführung in die Rhetorik. Stuttgart 1969.

Gerathewohl, Fritz: Deutsche Redekunst. 5. Aufl. Bad Homburg 1949.

Gordon, George N.: Persuasion. The Theory and Practice of Manipulative Communication. New York 1971.

Hamilton, William Gerald: Parlamentarische Logik und Rhetorik. Basel 1950 (engl. 1808).

Heubaum, Alfred: Geschichte des deutschen Bildungswesen seit der Mitte des 17. Jahrhunderts. Berlin 1905.

Hildebrandt-Günther, Renate: Antike Rhetorik und deutsche literarische Theorie im 17. Jahrhundert. Marburg 1966.

Jens, Walter: Von deutscher Rede. München 1969. (Taschenbuchausgabe: dtv 806.)

Jens, Walter: Rhetorik. In: Merker/Stammler, Reallexikon der deutschen Literaturgeschichte. 2. Aufl. Band 3, 5. Lieferung. Berlin 1971.

Klaus, Georg: Die Macht des Wortes. Berlin 1972.

Kopperschmidt, Josef: Rhetorik. Einführung in die persuasive Kommunikation. Stuttgart 1974.

Kurka, Eduard: Wirksam reden – besser überzeugen. Einführung in die sozialistische Rhetorik. Halle (Saale) 1970.

La théorie de l'argumentation. (Festschrift für Chaim Perelman) Louvain u. Paris 1963.

Lamy, B.: La rhétorique ou l'art de parler. 6. Aufl. Den Haag 1737.

Lausberg, Heinrich: Handbuch der literarischen Rhetorik. 2 Bände. München 1960.

Lausberg, Heinrich: Elemente der literarischen Rhetorik. Eine Einführung für Studierende der romanischen Philologie. München 1963.

Lemmermann, Heinz: Lehrbuch der Rhetorik. Die Kunst der Rede und des Gesprächs. 2. Aufl. München 1968.

Lentz, Carl Georg Heinrich: Geschichte der christlichen Homiletik, ihrer Grundsätze und der Ausübung derselben in allen Jahrhunderten der Kirche. Braunschweig 1839.

Linsenmayer, Anton: Geschichte der Predigt in Deutschland von Karl dem Großen bis zum Ausgang des 14. Jahrhunderts. München 1886.

Merkel, Gottfried: Predigt/Rede. In: Fischer Lexikon: Literatur 2/2. Frankfurt a. M. 1965.

Morier, Henri: Dictionnaire de poétique et de rhétorique. Paris 1961.

Müller, Adam: Zwölf Reden über die Beredsamkeit. Mit einem Essay und einem Nachwort v. Walter Jens. Frankfurt a. M. 1967.

Nass, Otto: Staatsberedsamkeit. Ein staats- und verwaltungswissenschaftlicher Versuch. Hrsg. v. Klaus Otto Nass. Köln 1973.

Perelman, Chaim und L. Obrechts-Tyteca: Traité de l'argumentation. 2 Bände. Paris 1958.

Philippi, Adolf: Die Kunst der Rede. Leipzig 1896.

Possart, Ernst von: Die Kunst des Sprechens. Berlin 1909.

Reiners, Ludwig: Die Kunst der Rede und des Gesprächs. Bern u. München 1955.

Roedemeyer, Friedrich Karl: Rede und Vortrag. Berlin 1933.

Roedemeyer, Friedrich Karl: Die Sprache des Redners. München u. Berlin 1940.

Stötzer, Ursula: Deutsche Redekunst im 17. und 18. Jahrhundert. Halle (Saale) 1962.

Sturminger, Alfred: 3000 Jahre politische Propaganda. Wien u. München 1960.

Theremin, Franz: Die Beredsamkeit eine Tugend oder Grundlinien einer systematischen Rhetorik. Gotha 1888.

Volkmann, Richard: Die Rhetorik der Griechen und Römer in systematischer Übersicht. Hildesheim 1963.

Weithase, Irmgard: Zur Geschichte der gesprochenen deutschen Sprache. 2 Bände. Tübingen 1961.

Weller, Maximilian: Das Buch der Redekunst. Die Macht des gesprochenen Wortes in Wirtschaft, Technik und Politik. Düsseldorf 1954.

Weller, Maximilian: Die besten Regeln der Rhetorik aus zwei Jahrtausenden. Aussprüche zur Redekunst in der systematischen Anordnung eines Lehrbuchs. Düsseldorf 1969.

Winkler, Christian: Elemente der Rede. Die Geschichte der Theorie in Deutschland von 1750–1850. Halle (Saale) 1931.

Zielke, Wolfgang: Rhetorik programmiert lernen. Ein Lernprogramm zur Einführung in die Grundlagen praxisnaher Rhetorik. München 1971.

Zimmermann, Hans Dieter: Die politische Rede. Der Sprachgebrauch Bonner Politiker. Stuttgart, Berlin, Köln u. Mainz 1969.

3. Einzeluntersuchungen

Burke, Kenneth: Die Rhetorik in Hitlers ›Mein Kampf‹ und anderen Essays zur Strategie der Überredung. Frankfurt a. M. 1967.

Dyck, Joachim: Philosoph, Historiker, Orator und Poet. Rhetorik als Verständnishorizont deutscher Literaturtheorie des 17. Jahrhunderts. In: Arcadia 4 (1969).

Fischer, Ludwig: Gebundene Reden. Dichtung und Rhetorik in der literarischen Theorie des Barock in Deutschland. Tübingen 1968.

Gauger, Hildegard: Die Kunst der politischen Rede in England. Tübingen 1952.

Geißner, Hellmut: Rhetorische Kommunikation. In: Sprache und Sprechen. Hrsg. v. W. L. Höffe u. H. Geißner. Düsseldorf u. Ratingen 1969.

Geißner, Hellmut: Rhetorische Analytik. In: Proceedings of the Sixth International Congress of Phonetic Sciences. Prag 1967. Prag 1970.

Gellert, Christian Fürchtegott: Wie weit sich der Nutzen der Regeln in der Beredsamkeit und Poesie erstrecke. – Von den Ursachen des Vorzugs der Alten vor den Neuern in den schönen Wissenschaften, besonders in der Poesie und Beredsamkeit. In: Sämtliche Werke. Band 5. Karlsruhe 1818.

Goth, Joachim: Nietzsche und die Rhetorik. Tübingen 1970.

Grieswelle, D.: Propaganda der Friedlosigkeit. Eine Studie zu Hitlers Rhetorik 1920–1933. Stuttgart 1972.

Hagemann, Walter: Die Rede als Gegenstand der Forschung. In: Publizistik 2 (1957).

Heintze, Horst: Beredsamkeit und Rhetorik in der Französischen Revolution. In: Im Dienste der Sprache (Festschrift für Viktor Klemperer). Halle 1958.

Herder, Johann Gottfried: Haben wir Deutsche Ciceronen? und Sollen wir Ciceronen auf der Kanzel halten? Aus: Von einigen Nachbildungen der Römer. Von der Ausbildung der Rede und Sprache in Kindern und Jünglingen. In: Sämtliche Werke. Band 1. Berlin 1877.

Hinderer, Walter: Das kluge Amphibium. Über Adam Müller. In: Der Monat 243 (1968).

Hocke, Gustav René: Manierismus in der Literatur. Reinbek bei Hamburg 1959.

Klotz, Volker: Slogans. In: Sprache im technischen Zeitalter 17 (1963).

Kopperschmidt, Josef: ›Kritische Rhetorik‹ statt ›Moderner wissenschaftlicher Rhetorik‹. In: Sprache im technischen Zeitalter 45 (1973).

Lausberg, Heinrich: Rhetorik und Dichtung. In: Der Deutschunterricht 18 (1969) 6.

Linn, Marie-Luise: Studien zur deutschen Rhetorik und Stilistik im 19. Jahrhundert. Marburg 1964.

Magaß, Walter: Das öffentliche Schweigen. Gibt es Maßstäbe für die Kunst der öffentlichen Rede in Deutschland? Heidelberg 1967.

Mayer, Hans: Rhetorik und Propaganda. In: Zur deutschen Literatur der Zeit. Reinbek 1967.

Mayer, Hans: Anmerkungen zu Reden von Adolf Arndt. In: Adolf Arndt, Geist der Politik. Reden. Berlin 1965.

Meyer, Herman: Schillers philosophische Rhetorik. In: Zarte Empirie. Stuttgart 1963.

Mittelberg, Ekkehart: Wortschatz und Syntax der ›Bild-Zeitung‹. Marburg 1967.

Naumann, Friedrich: Die Kunst der Rede. In: Werke. Politische Schriften. Hrsg. v. Theodor Schieder. Band 5. Köln u. Opladen 1964.

Neumeister, Christoph: Grundsätze der forensischen Rhetorik, gezeigt an Gerichtsreden Ciceros. In: Langue et parole. Hrsg. v. H. Lausberg und W. Babilas. Heft 3, München 1964.

Pelster, Theodor: Die politische Rede im Westen und Osten Deutschlands. Vergleichende Stiluntersuchungen mit beigefügten Texten. (Wirkendes Wort, Beiheft 14) Düsseldorf 1966.

Sandow, Jürgen: Studien zur Rhetorik im Deutschen Bundestag. In: Publizistik 7 (1962).

Schmidt-Henkel, Gerhard: Zitate und Wunschbilder als Mittel politischer Werbung. In: Sprache im technischen Zeitalter 17 (1963).

Schmolke, Michael: Reden und Redner vor den Reichspräsidentenwahlen im Jahr 1932. In: Publizistik 8 (1963).

327

Stolt, Birgit: ›docere‹, ›delectare‹ und ›movere‹ bei Luther. In: Deutsche Vierteljah-resschrift für Literaturwissenschaft und Geistesgeschichte 44 (1970).

Stolt, Birgit: Studien zu Luthers Freiheitstraktat. Mit besonderer Rücksicht auf das Verhältnis der lateinischen und der deutschen Fassung zueinander und die Stilmittel der Rhetorik. Stockholm 1969.

Storz, Gerhard: Unsere Begriffe von Rhetorik und vom Rhetorischen. In: Der Deutschunterricht 18 (1966) 6.

Topitsch, Ernst: Über Leerformeln. In: Probleme der Wissenschaftstheorie (Fest-schrift für Viktor Kraft). Wien 1960.

Ueding, Gert: Schillers Rhetorik. Idealistische Wirkungsästhetik und rhetorische Tradition. Tübingen 1971.

Viehbrock, Helmut: Der Stil in der Krise und Beobachtungen über den Stil der poli-tischen Rede in England seit 1938. In: SB. d. Wiss.-Polit. Gesellschaft an der Univ. Frankfurt a. M. 2 (1963) 1.

Vossler, Karl: Beredsamkeit und Umgangssprache. In: Gesammelte Aufsätze. Mün-chen 1923.

Weinrich, Harald: Die Semantik der kühnen Metapher. In: Deutsche Vierteljahres-schrift für Literaturwissenschaft und Geistesgeschichte 37 (1963).

Weinrich, Harald: Linguistik der Lüge. Kann Sprache die Gedanken verbergen? Heidelberg 1966.

Winkler, Lutz: Studie zur gesellschaftlichen Funktion faschistischer Sprache. Frank-furt a. M. 1970.

Wychgram, Marianne: Quintilian in der deutschen und französischen Literatur des Barock und der Aufklärung. In: Friedrich Mann's Pädagogisches Magazin, H. 803. Langensalza 1921.

Zimmermann, Hans Dieter: Anleitung zur Schmähschrift anhand von Beispielen. In: Sprache im technischen Zeitalter 20 (1966).

4. Zur Werbung

Biehle, Herbert: Werberhetorik. Essen 1957.

Galliot, M.: Essai sur la langue de la réclame contemporaine. Toulouse 1955.

Leech, Geoffrey N.: English in Advertising. A Linguistic Study of Advertising in Great Britain. London 1966.

Michlingk, Paul: Elementare Werbelehre. Essen 1958.

Ogilvy, D.: ›Confessions of an Advertising Man‹ Dell Books. New York 1964.

Packard, Vance: Die geheimen Verführer. Der Griff nach dem Unterbewußten in jedermann. 11. Aufl. Düsseldorf 1969.

Römer, Ruth: Anzeigenwerbung. Düsseldorf 1968.

Seyffert, Rudolf: Werbelehre. Band 1. Stuttgart 1961.

Spitzer, Leo: Amerikanische Werbung als Volkskunst verstanden. In: Sprache im technischen Zeitalter 18 (1964).

Verzeichnis der Texte mit Quellennachweisen